Sachsen

Praxis Sprache 8

Sprechen
Schreiben
Lesen

Herausgegeben von Wolfgang Menzel

Erarbeitet von Ute Hirth
Regina Nußbaum
Roswitha Radisch
Günter Rudolph

Illustriert von Konrad Eyferth

westermann

Liebe Schülerinnen und Schüler,

ihr findet in diesem Buch auf vielen Seiten Aufgaben und Materialien in den Farben **Türkis** und **Rot**, unter denen ihr auswählen könnt:

- **Türkise Aufgaben, Texte und Übungsmaterialien** sind etwas einfacher und kürzer. Sie geben euch Hilfestellungen, die ihr für eure Arbeit nutzen könnt.
- **Rote Aufgaben, Texte und Übungsmaterialien** sind etwas schwieriger und umfangreicher.

Die **Lupen**, die ihr auf verschiedenen Seiten findet, beinhalten Seitenverweise. Dort werdet ihr auf Seiten geführt, auf denen ihr noch einmal etwas nachlesen oder vertiefen könnt.

Druck A[3] / Jahr 2015
Alle Drucke der Serie A sind im Unterricht parallel verwendbar.

Redaktion: Regina Nußbaum
Layout und Herstellung: Sandra Grünberg
Typographisches Konzept: Janssen Kahlert Design & Kommunikation GmbH
Umschlaggestaltung: Janssen Kahlert Design & Kommunikation GmbH
Druck und Bindung: westermann druck GmbH, Braunschweig

ISBN 978-3-14-**120808**-5

Inhalt

Über mich und andere: Recht und Unrecht

Entdeckungen: Printmedien

Die Welt der Bücher: *Dem Täter auf der Spur*

Fantasie und Wirklichkeit: Form im Aufbruch

Ein *Krimi* und sein Drehbuch

Dialekte – Mundarten

UNSERE ZEITUNG

KOLUMBUS KURIER

ZEITUNG DER KLASSE 8a

Kolumbus-Schule 12. Mai 20..

Klassenfahrt der 8a in den Harz

Kletterspaß im Hochseilgarten

St. Andreasberg. Ein Besuch im Hochseilgarten war für die Klasse 8a der Höhepunkt ihrer 5-tägigen Harzfahrt.

Der Hindernisparcour mit Seil- und Hängebrücken, Netzen und Kletterwänden stellte die Klasse vor eine besondere Herausforderung. Aber schon nach kurzer Zeit fühlten sich alle sicher im Hochseilgarten und der Spaß am Klettern konnte beginnen.

Im Team mussten an 95 Stationen spannende Aufgaben gelöst werden. ...

Voll in Action: Jolina im Hochseilgarten

Rechtschreibung und Zeichensetzung

Sprache und Sprachgebrauch

Sprache und Sprachgebrauch

Gewusst wie: Arbeitstechniken

Gewusst wie: Arbeitstechniken

Über mich und andere:

Recht und Unrecht

Literatur begegnen

→ Zu einem Jugendbuch Stellung nehmen

Juul – Ein Jugendbuch

Gregie de Maeyer
Koen Vanmechelen

JUUL HATTE LOCKEN.
Rote Locken.
Kupferdraht.
Das riefen ihm die anderen nach: „Kupferdraht!
Du hast Scheiße im Haar!
Rote Scheiße!"
Deshalb hat Juul die Schere genommen.
Locke um Locke hat er sich abgeschnitten.

JUUL HATTE EINEN KAHLEN KOPF.
„Billardkugel! Murmel! Eierkopf!", riefen sie ihm nach.
Deshalb hat Juul eine Mütze aufgesetzt.
Die Mütze rutschte bis auf seine Ohren.
Dadurch standen sie weit zur Seite ab.
Und alle riefen: „Segelohr. Schweineohr. Elefant.
Flatter mit den Ohren. Flieg weg."
Juul würde gern fliegen, weit weg, und nie mehr
zurückkommen.
Mit einem kurzen, heftigen Ruck hat er sich beide
Ohren vom Kopf gerissen.

DIE MÜTZE RUTSCHTE ÜBER SEINE AUGEN.
Weil die Ohren nicht mehr da waren, um sie zu halten.
Deshalb sah er nichts mehr.
Juul stieß gegen alles.
Gegen Freunde, gegen Wände, gegen Tische, gegen Schränke,
gegen Pfosten.
Und die Mütze fiel zu Boden.
Er sah Sternchen. Sein Kopf begann sich zu drehen und zu kreiseln.
Um nicht hinzufallen, riss Juul die Augen weit auf.

„SCHAUT NUR, SCHAUT! JUUL SCHIELT!“, riefen alle zugleich.
„Schielauge! Schiefgucker!“
Und Juul machte die Augen zu.
Er wollte nichts mehr sehen. Nie mehr.
Mit den Daumen hat er sich die Augen aus den Höhlen gedrückt.
Sie flogen wie warme Murmeln auf den Boden.
Ohne zu rollen.
DAS TAT WEH. SEHR, SEHR WEH.
So weh, dass Juul anfing zu stottern.
Er brachte kein richtiges Wort mehr heraus.
Und alle riefen: „Sto-sto-stotterfritz!“
Und: „Sta-sta-stammelfratz!“

DESHALB HAT JUUL SEINE ZUNGE
in die Steckdose gesteckt.
Die Hälfte seines Mundes war schwarz verbrannt.
Die Zunge ... verschwunden.

JUUL TAUMELTE VOR SCHMERZ.
Er schwankte von links nach rechts.
Manchmal sah es aus, als würden seine
Beine gleich wegknicken.
„Krumme Beine! Juul hat krumme Beine!“, riefen alle im Chor.
„Lahmarsch! Hinkebein!“
Da ist Juul zum Bahndamm gelaufen.
Er hat seine Beine auf die Gleise gelegt.
Dann ist ein Zug gekommen.
Der Zug zog eine lange rote Spur über die Gleise.

JEMAND FAND JUUL IM STRASSENGRABEN.
Jemand setzte Juul in einen Rollstuhl.
Und alle riefen:
„Schaut, da fährt Juul. Juul ohne Beine. Rollstuhljuul.“
Er zog und riss an den Rädern, um schnell wegzukommen.
Aber die Kinder erwischten ihn.
Sie schmierten Hundedreck auf die Rollstuhlräder.
Da hinein musste Juul mit den Händen fassen.
Um wegfahren zu können.

VOR WUT HAT JUUL SEINE HÄNDE unter kochendes Wasser gehalten,
um sie ein für alle Mal sauber zu machen.
Seine Hände waren verbrannt. Voller Wunden. Voller Blasen,
die aufplatzten und anfingen zu eitern. Juul hatte sich schrecklich
verbrannt. Seine Hände wurden amputiert. Das verlangte der Doktor.

„SCHAUT“, RIEFEN ALLE. „JUUL HAT ARME WIE WÜRSTE.“
„Wurstjuul!“, riefen sie.
Da ließ Juul sich zum Zoo tragen.
Dort hat er einen Arm durch das Gitter des Löwenkäfigs gesteckt.
Der Löwe riss mit einem enormen Biss Juuls Arm vom Rumpf.

DEN ANDEREN ARM hat Juul in die Fahrstuhltür gesteckt.
Er fühlte nichts, als sein Arm im ersten Stock zurückblieb.

JUUL HATTE NUR NOCH SEINEN RUMPF, und alle riefen:
„Wie schade, dass der Rumpf da ist.
Sonst könnten wir mit dem Kopf Fußball spielen.“
Gemeinsam zogen sie an Juul, bis sich der Kopf
vom Rumpf löste.
Aber es war schwer, mit Juuls Kopf Fußball zu spielen.
Juul sprang nicht richtig.
Einwurf, das ging ja noch, aber Freistoß war schwierig.
Sogar ein Elfmeter ging daneben.
Noch bevor sie ein Tor mit Juul geschossen hatten,
hörten die Kinder mit dem Fußballspiel auf.
Sie ließen ihn auf dem Elfmeterpunkt zurück.

DA KAM NOORTJE.
Sie rollte Juul bis zu ihrem Puppenwagen.
Sie legte ihn hinein und ging mit ihm nach Hause.
Sie wusch ihn.
Sie streichelte ihn und sagte liebe Worte.
Sie legte Juul auf den Puppenstuhl.
Lange betrachtete sie ihn, bis sie endlich fragte:
„Was ist denn mit dir passiert?“
Sie nahm einen Bleistift und steckte ihn in Juuls Mund.
Sie gab ihm ein Stück Papier.
Und da begann Juul zu schreiben ...

1 Nach dem Lesen nimmt sich jeder erst einmal Zeit und schreibt auf, welche Gedanken ihm durch den Kopf gehen.
- Lest anschließend eure Notizen vor.
- Tauscht euch nun im Gespräch darüber aus.

2 Manches, was Juul anfangs passiert, kommt euch vielleicht bekannt vor. Welche Erfahrungen habt ihr gemacht? Sprecht darüber.

3 Im Text über Juul folgen viele Abschnitte einem dreischrittigen Muster: **Aktion – Kritik – Reaktion.** Untersucht, für welche Abschnitte das zutrifft, und begründet eure Antworten.

4 Wie kommt es, dass das Verhalten der Kinder immer mehr eskaliert?
- Belegt eure Antworten anhand von Textstellen.
- Wie bewertet ihr diese Eskalation?

5 Untersucht nun einmal die Rolle der Kinder im Text genauer. Schreibt auf:
- Was genau tun sie?
- Was macht sie eigentlich so stark?
- Welche Hinweise dazu gibt euch der Text?
  Notiert entsprechende Zeilen.

6 Die Autoren haben für ihr Jugendbuch „Juul" eine sachliche, nüchterne **Form** gewählt.
- Warum haben sie das eurer Meinung nach getan?
- Welche Wirkung hat das auf euch als Leser?
- Was fällt euch an der **sprachlichen Gestaltung** besonders auf?
  Nennt Textstellen als Beleg.

7 Lest den Text mit verteilten Rollen laut. Bringt dabei die unterschiedlichen Haltungen und Situationen der Beteiligten zum Ausdruck.

8 Noortje erteilt Juul das Wort und lässt ihn erzählen, was ihm widerfahren ist.
- Versetze dich in Juuls Lage und schreibe in der **Ich-Form**. So kannst du beginnen: *Als ich am Anfang des Schuljahres in die neue Klasse kam, …*

9 Diskutiert: Was hätte man denn tun können, damit so etwas wie Juul Kindern gar nicht erst passiert?
- Wer könnte eingreifen und Hilfe leisten?
- An wen könnte man sich in seiner Not wenden?

10 Schreibe nun einmal deine persönliche Meinung zu diesem Buch auf. Versuche, etwas zu den folgenden Aspekten zu sagen:

Aufbau und Sprache des Textes:
- Wie ist der Text aufgebaut?
- Was fällt sprachlich auf: direkte Rede, Gedankenrede, Kommentare?

Kurze Wiedergabe des Inhalts:
- Wovon handelt der Text: Ereignisse, Auseinandersetzungen?
- Wo spielt sich die Handlung ab: ein Ort, mehrere Orte?
- Welche Figuren kommen vor? Wie stehen sie zueinander?

Deutung des Textes:
- Wie verstehe ich den Text: Was ist nicht zu verstehen? Was gibt mir Rätsel auf?
- Welche Fragen stellt der Text selbst: Kann ich sie beantworten? Bleiben auch Fragen offen?
- Was bedeutet der Text für meine Gegenwart: Lässt er sich auf mich oder auf meine Umgebung übertragen?

Schreiben und Präsentieren

→ Ein Problem erörternd erschließen

Wie ihr in der Auseinandersetzung mit dem Jugendbuch „Juul“ gemerkt habt, ist es nicht immer ganz einfach, die richtigen Entscheidungen zu treffen. Das gelingt jedoch zunehmend besser, wenn ihr euch intensiv mit Problemen befasst und schrittweise Lösungen erarbeitet. Versucht das einmal an folgendem Beispiel.

Manchmal muss man sich von anderen abgrenzen.

1 Schreibe diesen Satz in dein Heft.
Unterstreiche die Schlüsselwörter.
Formuliere das Problem als Frage.

→ Analyse des Themas

2 Leite Teilfragen ab und lege dazu eine Mindmap an.

→ Teilfragen ableiten

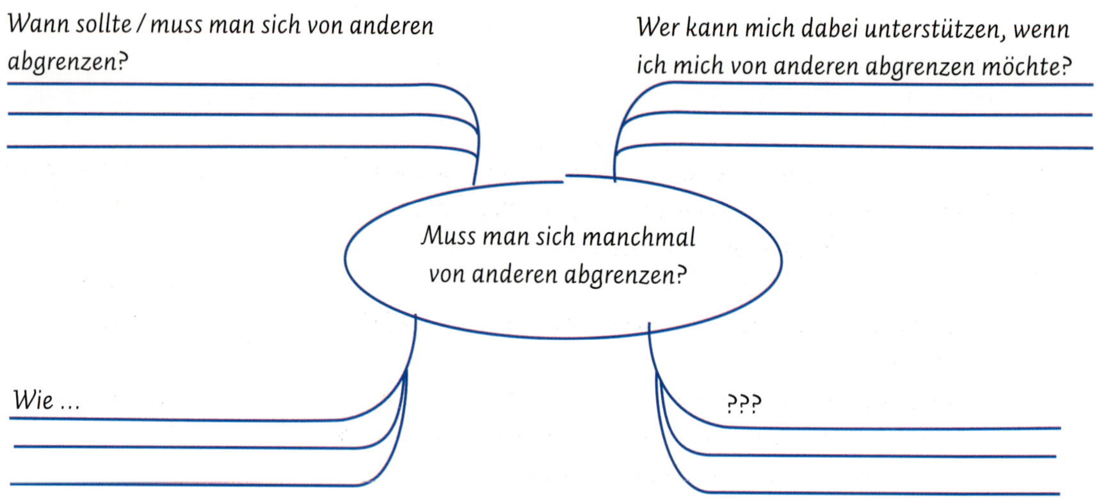

3 Ordne folgende Antworten in deine Mindmap ein und ergänze weitere:

→ Stoffsammlung

- wenn jemand gemobbt wird;
- wenn man etwas nicht verantworten kann, z. B. etwas, das in der Clique geplant wird;
- wenn Gewalt im Spiel ist;
- weil man durch andere Schaden erleiden kann;
- weil man nicht immer alles mitmachen kann (andere Standpunkte, Einstellungen ...);
- man kann sich von den anderen zurückziehen;
- manchmal muss man sich Unterstützung holen oder sich selbst gegen die anderen wehren.

4 Anhand eurer Mindmap könnt ihr nun eine Gliederung vorbereiten. Dazu formuliert ihr zuerst aus euren Hauptästen treffende Oberbegriffe.

→ **Oberbegriffe finden**

Beispiele:

Warum muss man sich manchmal von anderen abgrenzen? ≙ **Ursachen** (für Abgrenzung von anderen)
Wann sollte man sich von anderen abgrenzen? ≙ ...
Wie kann man sich bei Bedarf von anderen abgrenzen? ≙ ...
Was erreicht man manchmal durch Abgrenzung von anderen? ≙ ...

5 Diskutiert folgenden Gliederungsvorschlag:

→ **Ordnen/Gliedern**

Hauptteil:

1. Ursachen und Anlässe für die Abgrenzung von anderen
- *Gefahr für sich selbst oder andere*
- *Verstöße gegen Werte und Normen*

2. Wege zur Abgrenzung von anderen
- *Rückzug*
- *Unterstützung holen*
- *Gegenwehr*

6 Jetzt kannst du mit dem Schreiben deines Konzepts beginnen. Halte den im folgenden Beispiel dargestellten Aufbau von Argumenten ein. Schreibe sachlich distanziert.

→ **Konzept/Entwurf schreiben**

Manchmal muss man sich von anderen abgrenzen und darf nicht alles mitmachen,	**Argument 1** Behauptung
weil man sonst gegen bestehende Werte und Normen verstößt.	Begründung
Ich lehne es z. B. strikt ab, wenn einige aus meiner Clique andere bestehlen. Egal, was es ist, es bleibt Diebstahl.	Beispiel
Wenn sie erwischt werden, kommt es zu peinlichen Aussprachen bzw. Strafen, und einen schlechten Ruf wird man so schnell nicht wieder los.	Folgerung
Abgrenzen muss man sich aber unbedingt dann, wenn für einen selbst oder auch andere körperliche oder seelische Gefahren drohen.	**Argument 2** Überleitung/Behauptung
Denn wenn der Schaden erst einmal entstanden ist, kann man ihn meist so schnell nicht mehr ungeschehen machen.	Begründung
Als Beispiel dafür kann das Mobbing gegen einzelne Schüler genannt werden. Wenn jemand dauernd schikaniert wird, verliert er nicht nur die Lust, in die Schule zu gehen, sondern auch sein Selbstbewusstsein.	Beispiel
Dadurch verschlechtern sich oft die schulischen Leistungen und die ganze Persönlichkeit. Die Chancen auf ein gutes Zeugnis und den Traumberuf verringern sich dadurch zusehends.	Folgerung

Über mich und andere: Recht und Unrecht

7 Für eine komplette Erörterung musst du noch eine **Einleitung** und einen **Schluss** formulieren.
Wähle dafür aus folgenden Möglichkeiten aus.

→ **Einleitung und Schluss**

Einleitungsvarianten:
Erlebnis, persönlicher Gedanke, aktuelles Ereignis, allgemeine Feststellung, Zitat, Redensart, Definition eines Kernbegriffes, Gegensätzliches

Schlussvarianten:
Zusammenfassung, persönlicher oder weiterführender Gedanke, Wunsch, Ausblick, Folgerung aus allen Argumenten

8 Verfasse nun eine vollständige Erörterung.

9 Stellt euch eure Entwürfe in einer **Schreibkonferenz** vor:

→ **Schreibkonferenz: gemeinsame Überarbeitung**

Tipp 1:
Bildet Gruppen mit ca. fünf Schülern und richtet euch einen gemeinsamen Arbeitsplatz ein. Legt Nachschlagewerke für die deutsche Rechtschreibung bereit sowie Bleistift und Radierer.

Tipp 2:
Tauscht eure Entwürfe so aus, dass am Ende jeder jeden Text gelesen und bewertet hat.

Tipp 3:
Prüft jede Erörterung inhaltlich nach folgenden Kriterien:
- Führt die Einleitung unmittelbar zum Thema hin?
- Steht am Ende der Einleitung die zu beantwortende Problemfrage?
- Sind die Argumente im Hauptteil einleuchtend und überzeugend?
- Ist die Reihenfolge der Argumente gut gewichtet?
- Wird der Aufbau der Argumente eingehalten?
- Werden die Argumente durch Überleitungen sinnvoll miteinander verknüpft?
- Rundet der Schluss die Erörterung ab?

Tipp 4:
Streicht auch Verstöße gegen die Orthografie, Grammatik und den Ausdruck an.
Schlagt im Zweifelsfall nach.

Tipp 5:
Prüft auch, ob der innere Aufbau optisch durch Absätze erkennbar ist.

Tipp 6:
Schreibt eure Feststellungen als Tipps/Worturteil unter die Arbeit eurer Mitschüler und signiert mit eurem Namen.
So können Rückfragen gezielt geklärt werden.

10 Überarbeitet eure vollständigen Texte nach den gegebenen Hinweisen aus Aufgabe 9.

Schreiben und Präsentieren

→ Eine Kurzgeschichte untersuchen

Wolfgang Borchert hat viele Kurzgeschichten über Menschen im Krieg und in der Nachkriegszeit geschrieben. Die folgende Geschichte handelt von einem jungen Mann, der in den Trümmern seines zerbombten Elternhauses die Küchenuhr seiner Eltern findet.

1 Lasst euch die Kurzgeschichte von eurer Lehrerin oder eurem Lehrer vorlesen.

Freie und Hansestadt Hamburg, 1945

Die Küchenuhr

Wolfgang Borchert

Sie sahen ihn schon von Weitem auf sich zukommen, denn er fiel auf. Er hatte ein ganz altes Gesicht, aber wie er ging, daran sah man, dass er erst zwanzig war. Er setzte sich mit seinem alten Gesicht zu ihnen auf die Bank. Und dann zeigte er ihnen, was er in der Hand trug.

Das war unsere Küchenuhr, sagte er und sah sie alle der Reihe nach an, die auf der Bank in der Sonne saßen. Ja, ich habe sie noch gefunden. Sie ist übrig geblieben.

Er hielt eine runde tellerweiße Küchenuhr vor sich hin und tupfte mit dem Finger die blau gemalten Zahlen ab.

Sie hat weiter keinen Wert, meinte er entschuldigend, das weiß ich auch. Und sie ist auch nicht so besonders schön. Sie ist nur wie ein Teller, so mit weißem Lack. Aber die blauen Zahlen sehen doch ganz hübsch aus, finde ich. Die Zeiger sind natürlich nur aus Blech. Und nun gehen sie auch nicht mehr. Nein. Innerlich ist sie kaputt, das steht fest. Aber sie sieht noch aus wie immer. Auch wenn sie jetzt nicht mehr geht.

Er machte mit der Fingerspitze einen vorsichtigen Kreis auf dem Rand der Telleruhr entlang. Und er sagte leise: Und sie ist übrig geblieben.

Die auf der Bank in der Sonne saßen, sahen ihn nicht an. Einer sah auf seine Schuhe und die Frau sah in ihren Kinderwagen. Dann sagte jemand:

Sie haben wohl alles verloren?

Ja, ja, sagte er freudig, denken Sie, aber auch alles! Nur sie hier, sie ist übrig. Und er hob die Uhr wieder hoch, als ob die anderen sie noch nicht kannten.

Aber sie geht doch nicht mehr, sagte die Frau.

Nein, nein, das nicht. Kaputt ist sie, das weiß ich wohl. Aber sonst ist sie doch noch ganz wie immer: weiß und blau. Und wieder zeigte er ihnen seine Uhr. Und was das Schönste ist, fuhr er aufgeregt fort, das habe ich Ihnen ja überhaupt noch nicht erzählt. Das Schönste kommt nämlich noch: Denken Sie mal, sie ist um halb drei stehen geblieben. Ausgerechnet um halb drei, denken Sie mal!

Dann wurde Ihr Haus sicher um halb drei getroffen, sagte der Mann und schob wichtig die Unterlippe vor. Das habe ich schon oft gehört. Wenn die Bombe runtergeht, bleiben die Uhren stehen. Das kommt von dem Druck.

Er sah seine Uhr an und schüttelte überlegen den Kopf. Nein, lieber Herr, nein, da irren Sie sich. Das hat mit den Bomben nichts zu tun. Sie müssen nicht immer von den Bomben reden. Nein. Um halb drei war ganz etwas anderes, das wissen Sie nur nicht. Das ist nämlich der Witz, dass sie gerade um halb drei stehen geblieben ist. Und nicht um Viertel nach vier oder um sieben. Um halb drei kam ich nämlich immer nach Hause. Nachts, meine ich. Fast immer um halb drei. Das ist ja gerade der Witz.

Er sah die anderen an, aber die hatten ihre Augen von ihm weggenommen. Er fand sie nicht. Da nickte er seiner Uhr zu: Dann hatte ich natürlich Hunger, nicht wahr? Und ich ging immer gleich in die Küche. Da war es dann fast immer halb drei. Und dann, dann kam nämlich meine Mutter. Ich konnte noch so leise die Tür aufmachen, sie hat mich immer gehört. Und wenn ich in der dunklen Küche etwas zu essen suchte, ging plötzlich das Licht an. Dann stand sie da in ihrer Wolljacke und mit einem roten Schal um. Und barfuß. Immer barfuß. Und dabei war unsere Küche gekachelt. Und sie machte ihre Augen ganz klein, weil ihr das Licht so hell war. Denn sie hatte ja schon geschlafen. Es war ja Nacht.

So spät wieder, sagte sie dann. Mehr sagte sie nie. Nur: So spät wieder. Und dann machte sie mir das Abendbrot warm und sah zu, wie ich aß. Dabei scheuerte sie immer die Füße aneinander, weil die Kacheln so kalt waren. Schuhe zog sie nachts nie an. Und sie saß so lange bei mir, bis ich satt war. Und dann hörte ich sie noch die Teller wegsetzen, wenn ich in meinem Zimmer schon das Licht ausgemacht hatte. Jede Nacht war es so. Und meistens immer um halb drei. Das war ganz selbstverständlich, fand ich, dass sie mir nachts um halb drei in der Küche das Essen machte. Ich fand das ganz selbstverständlich. Sie tat das ja immer. Und sie hat nie mehr gesagt als: So spät wieder. Aber das sagte sie jedes Mal. Und ich dachte, das könnte nie aufhören. Es war mir so selbstverständlich. Das alles war doch immer so gewesen.

Einen Atemzug lang war es ganz still auf der Bank. Dann sagte er leise: Und jetzt? Er sah die anderen an. Aber er fand sie nicht. Da sagte er der Uhr leise ins weißblaue runde Gesicht: Jetzt, jetzt weiß ich, dass es das Paradies war. Das richtige Paradies.

Auf der Bank war es ganz still. Dann fragte die Frau: Und Ihre Familie?

Er lächelte sie verlegen an: Ach, Sie meinen meine Eltern? Ja, die sind auch mit weg. Alles ist weg. Alles, stellen Sie sich vor. Alles weg.

Er lächelte verlegen von einem zum anderen. Aber sie sahen ihn nicht an.

Da hob er wieder die Uhr hoch und er lachte. Er lachte: Nur sie hier. Sie ist übrig. Und das Schönste ist ja, dass sie ausgerechnet um halb drei stehen geblieben ist. Ausgerechnet um halb drei.

Dann sagte er nichts mehr. Aber er hatte ein ganz altes Gesicht. Und der Mann, der neben ihm saß, sah auf seine Schuhe. Aber er sah seine Schuhe nicht. Er dachte immerzu an das Wort Paradies.

2 Bevor ihr über *Die Küchenuhr* sprecht, sollt ihr in zwei oder drei Sätzen aufschreiben, was euch **spontan** zu dieser Kurzgeschichte einfällt.
- Stellt eure Ergebnisse vor.
- Sprecht nun darüber, worum es in dieser Kurzgeschichte geht.

3 Macht euch die Szene auf der Bank klar, indem ihr eine Skizze mit **Sprech-** und **Gedankenblasen** dazu zeichnet. Wenn ihr nicht so gut zeichnen könnt, genügen auch grob skizzierte Figuren. Klärt vor dem Zeichnen aber noch diese Fragen:
- Wie viele Personen sitzen eigentlich auf der Bank? Lest dazu noch einmal in den Zeilen 1–18 nach.
- Was könnten die Personen sagen?
- Was könnten sie über den jungen Mann denken?

4 Stell dir vor, **du** hättest auch auf der Bank gesessen, als der junge Mann von seiner Küchenuhr erzählte.
- Was hättest du über den jungen Mann gedacht?
- Wie hättest du dich ihm gegenüber verhalten?
- Was hättest du ihn gefragt?

5 Arbeitet zu zweit oder in kleinen Gruppen zusammen und erschließt euch Borcherts Kurzgeschichte mit Hilfe der folgenden **Leitfragen:**

Fragen zum Ort:
- An welchem Ort spielt die Geschichte?
- Was erfahrt ihr über den Ort der Handlung?
- Versetzt euch in eine der Hauptfiguren und „schaut“ euch mit ihren Augen um. Vermutet, was ihr alles von der Bank aus sehen würdet.

Fragen zur Zeit:
- In welcher Zeit spielt die Geschichte?
- Welche Verbindung seht ihr zu Wolfgang Borcherts Leben?

Fragen zur Handlung:

- Erzählt, was in dieser Kurzgeschichte geschieht.
- Schätzt einmal, wie lange die erzählte Handlung in Wirklichkeit gedauert haben könnte.
- Die Kurzgeschichte hat zwei Erzählebenen, die ineinander übergehen. In der ersten Ebene erzählt Borchert, wie der junge Mann sich mit seiner kaputten Küchenuhr zu den Leuten auf die Bank setzt. Worum geht es aber in der zweiten Erzählebene?

Fragen zu den literarischen Figuren:

- Wer ist die Hauptfigur der Geschichte?
- Was erfahrt ihr über die Hauptfigur?
- Welche Nebenfiguren gibt es?
- Welche Informationen über die Nebenfiguren enthält die Geschichte?
- Vermutet, was die Nebenfiguren über die Hauptfigur denken könnten.
- Trotz seines traurigen Schicksals lacht die Hauptfigur an manchen Stellen. Wie erklärt ihr euch dieses Lachen?
- Was ist das eurer Meinung nach für ein Lachen? Stellt euch die Situation genau vor und versucht dann, das Lachen des jungen Mannes mit einigen dieser Adjektive zu beschreiben: *glücklich, verlegen, froh, befreiend, verzweifelt, hoffnungslos, überschwänglich, begeistert, trostlos, verrückt, hysterisch, wahnsinnig, nervös ...*
- Schlagt den Begriff Trauma in einem Lexikon nach und erklärt, warum der junge Mann traumatisiert ist.

Fragen zum zentralen Gegenstand der Kurzgeschichte:

- Wie beschreibt Borchert die Küchenuhr?
- Erklärt, warum die Uhrzeit halb drei für die Hauptfigur so wichtig ist.
- Woran erkennt ihr, dass die Küchenuhr der zentrale Gegenstand ist?
- Welche symbolische Bedeutung hat die Küchenuhr für die Hauptfigur?
- Lest Textstellen vor, in denen der junge Mann die Küchenuhr fast wie eine lebende Person behandelt **(Personifikation).**

Fragen zum Anfang und zum Schluss:

- Was ist das Besondere am Anfang der Kurzgeschichte?
- Was ist euch am Schluss aufgefallen?
- Vermutet, wie die Geschichte weitergehen könnte.
- Was bedeutet ein offener Schluss für den Leser?

Fragen zur Sprache:

- Enthält die Kurzgeschichte eher kompliziert oder eher einfach gebaute Sätze? Nennt Beispiele.
- Wie reden die Figuren in dieser Kurzgeschichte: eher alltäglich und einfach oder eher hochtrabend und anspruchsvoll? Lest auch hier Beispielformulierungen vor.

6 Im folgenden Merkkasten findet ihr die zehn wichtigsten Merkmale von Kurzgeschichten. Lest sie durch und weist nach, welche dieser Merkmale auf Wolfgang Borcherts Kurzgeschichte *Die Küchenuhr* zutreffen.

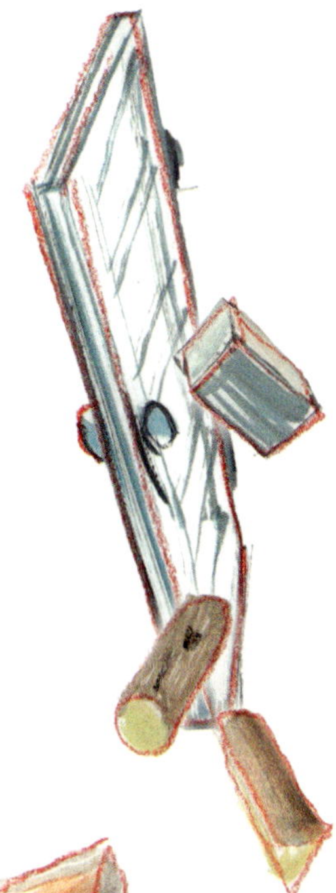

M

Kurzgeschichten

Die ersten deutschen Kurzgeschichten entstanden um 1920. Sie handeln von der Sinnlosigkeit des Krieges und vom Leben und Leiden der Menschen in der Kriegs- und Nachkriegszeit. Neben Wolfgang Borchert haben auch Schriftsteller wie Heinrich Böll, Elisabeth Langgässer, Ilse Aichinger oder Wolfdietrich Schnurre Kurzgeschichten geschrieben. Kurzgeschichten besitzen einige typische Textmerkmale, die aber nicht immer alle zutreffen müssen.

Die zehn wichtigsten Merkmale einer Kurzgeschichte:

1. **offener Anfang:** Die meisten Kurzgeschichten haben keine Einleitung, sondern beginnen ganz unvermittelt. Der Leser wird sozusagen direkt in die Handlung „gestoßen".
2. **begrenzte Anzahl von Figuren:** Es gibt nur wenige Figuren in einer Kurzgeschichte. Sie werden kaum beschrieben. Oft haben sie noch nicht einmal einen Namen.
3. **„Momentaufnahme" der Hauptfigur(en):** Ähnlich wie bei einem Schnappschuss mit einem Fotoapparat berichtet die Kurzgeschichte in einer erzählten „Momentaufnahme" von einer entscheidenden Situation im Leben der Hauptfigur(en). Die Hauptfiguren befinden sich meist in einer problematischen Situation.
4. **räumlich begrenzter Ort:** Die Handlung spielt meist nur an einem einzigen Ort, zum Beispiel auf einer Bank oder in einer Küche.
5. **offener Schluss:** Kurzgeschichten haben oft einen offenen Schluss. Die Handlung bricht dann einfach ab und wird nicht zu Ende erzählt. Daher haben Kurzgeschichten auch meistens kein *Happy End.*
6. **personaler Erzähler:** Kurzgeschichten werden oft in der Er- oder Sie-Form erzählt. Dabei stehen meist die Gedanken und Gefühle der Hauptfigur(en) im Vordergrund.
7. **sachlicher Erzählstil:** Der Erzähler berichtet das Geschehen sachlich, ohne es emotional zu bewerten.
8. **einfacher Satzbau:** Lange und komplizierte Sätze werden in Kurzgeschichten vermieden. Es überwiegt ein einfacher Satzbau, zum Beispiel kurze Hauptsätze.
9. **Alltagssprache:** Die Sprache der Kurzgeschichte ist an die Alltagssprache angelehnt.
10. **zentraler Gegenstand:** In manchen Kurzgeschichten haben einzelne Gegenstände eine besondere Bedeutung.

Über mich und andere: Recht und Unrecht

Schreiben und Präsentieren

→ Zu einer Kurzgeschichte eine Theaterszene gestalten

Wolfgang Borcherts Kurzgeschichte *Die Küchenuhr* könnt ihr zu einer eindrucksvollen Theaterszene ausgestalten. So könnt ihr dabei vorgehen:

1. *Theater-Teams bilden:* Teilt eure Klasse in Theater-Teams zu je fünf bis sechs Schauspielern bzw. Schauspielerinnen ein.
   Jedes Team bereitet eine eigene Vorführung vor.

2. *Rollen verteilen:* Jedes Theater-Team arbeitet dann in zwei Gruppen.
   - **Gruppe 1** (drei bis vier Schauspieler): Sie spielen das Gespräch auf der Bank zwischen dem jungen Mann, der Frau mit dem Kinderwagen und den anderen.
   - **Gruppe 2** (zwei Schauspieler): Sie spielen die Mutter und den Sohn in der nächtlichen Küchenszene, die der Junge in seiner Erinnerung wieder aufleben lässt.

3. *Sprechanteile markieren und Text mit verteilten Rollen vorlesen:* Kopiert die Kurzgeschichte für alle, damit jeder seinen Sprechtext mit einem Textmarker kennzeichnen kann. Lest den Text dann als Vorübung mit verteilten Rollen vor.

4. *Rollentexte einüben:* Versetzt euch zuerst einmal gedanklich in eure Figur hinein. Übt dann euren Rollentext ein. Ihr braucht euren Text aber nicht wortwörtlich auswendig zu lernen. Es kommt vielmehr darauf an, dass ihr eure Rolle glaubhaft spielt und ansonsten beim Sprechen auch improvisiert.

5. *Bühnen-Kulissen gestalten:* Sucht euch einen ausreichend großen Raum, in dem ihr ungestört arbeiten könnt. Ihr braucht für jede Gruppe eine Bühne.

Benötigte Requisiten:

Gruppe 1:
- vier Stühle (als Bank)
- ein Kinderwagen oder ein Puppenwagen
- eine Wanduhr (vielleicht die Klassenuhr)

Gruppe 2:
- ein Tisch und zwei Stühle
- ein Teller und Besteck, eine Tasse
- ein Kochtopf und ein Kochlöffel
- Wolljacke und roter Schal

6. *Inszenierung besprechen:* Besprecht innerhalb eures Theater-Teams, wie die beiden Gruppen auf Bühne 1 und 2 bei der Vorführung aufeinander abgestimmt werden können. Hier ein Vorschlag:
   - **Bühne 1:** Die Schauspieler der ersten Gruppe spielen auf Bühne 1 das Gespräch zwischen dem jungen Mann, der Frau und den beiden anderen Männern.
   - Wenn der Sohn sich an die Küchenszene mit seiner Mutter erinnert, sagt er als letzten Satz: *Und dann, dann kam nämlich meine Mutter.* Nach diesem Satz erstarren die drei Schauspieler auf Bühne 1 und bewegen sich nicht mehr.
   - **Bühne 2:** Jetzt kommt der Einsatz der zweiten Gruppe auf Bühne 2. Die beiden Darsteller spielen die Küchenszene vor. Wenn die Szene zu Ende ist, erstarren auch sie zur Bewegungslosigkeit. Die Handlung wechselt wieder zu Bühne 1.
   - **Bühne 1:** Dann spielt die erste Gruppe das Gespräch auf der Parkbank zu Ende.

Schreiben und Präsentieren

→ Einen Dialog für eine Theaterszene schreiben

Beim Markieren der Redeteile ist euch bestimmt aufgefallen, dass in der Küchenszene nur ein einziger Satz wörtlich gesagt wird. Das ist der Satz „So spät wieder.“, den die Mutter jede Nacht um halb drei zu ihrem Sohn sagt, wenn er wieder spät nach Hause kommt.
Im Originaltext steht, dass die Mutter beim Essen nie mehr gesagt hat als nur einen Satz.
Ihr könnt diesen Dialog zwischen Mutter und Sohn für eure Theaterszene ausbauen, damit ihr als Schauspieler auch einen Text zu sprechen habt.

Hier findet ihr einige Tipps, was Mutter und Sohn sagen könnten:

Die Mutter könnte sagen, ...
- ... dass ihr Sohn wieder so spät nach Hause kommt.
- ... dass sie noch Suppe vom Mittag und eine Scheibe Brot für ihn hat.
- ... dass sie in der kalten Küche nicht friert, obwohl sie barfuß ist.
- ... dass sie den Teller und den Löffel spült, damit der Sohn ins Bett gehen kann.

Der Sohn könnte
- ... sich entschuldigen, dass er wieder so spät nach Hause kommt.
- ... sagen, dass er hungrig ist.
- ... fragen, was es zu essen gibt.
- ... feststellen, dass die Mutter wieder barfuß in der kalten Küche steht.
- ... besorgt sagen, dass sie sich nicht erkälten solle.
- ... sie bitten, sich doch Pantoffeln anzuziehen.
- ... fragen, ob er abwaschen solle.
- ... ihr eine Gute Nacht wünschen und zu Bett gehen.

Euer Dialog könnte beispielsweise so beginnen:

Dialog Mutter – Sohn (Küchenszene)

(Der Sohn kommt nachts nach Hause. Als er in die Küche kommt, schlägt die Küchenuhr halb drei. Um seine Eltern nicht zu wecken, macht er kein Licht, sondern sucht in der dunklen Küche etwas zu essen. Aber seine Mutter hört ihn. Wie jede Nacht steht sie auf, geht barfuß in die Küche und macht das Licht an.)

Mutter: So spät wieder, mein Junge.
Sohn: Ja, Mutter, ich weiß. Es ist wieder sehr spät geworden. Tut mir leid.
Mutter: Und du hast noch nicht zu Abend gegessen. Habe ich recht?
Sohn: Ja, das stimmt. Ich habe einen Bärenhunger. Gibt es noch etwas zu essen?
Mutter: Aber sicher, mein Junge. Ich habe dir Suppe auf dem Herd warm gestellt. Die kannst du haben. Und dazu eine Scheibe Brot. Setz dich nur, ich bringe dir die Suppe.

(Die Mutter geht zum Herd, nimmt den Deckel vom Kochtopf und schöpft mit einer Suppenkelle die Suppe in den Teller. Dann nimmt sie eine Scheibe Brot und bringt beides ihrem Sohn.)

Mutter: So, hier kommt ...

Schreiben und Präsentieren

→ Eine Inhaltsangabe schreiben

15–17

1 Lies die Kurzgeschichte *Die Küchenuhr* auf Seite 15–17 noch einmal aufmerksam.

2 In dieser Kurzgeschichte kommen einige wörtliche Reden (ohne Redezeichen!) vor. Gib die folgenden Reden in verkürzter Form so wieder, wie sie in einer Inhaltsangabe stehen müssten:

Dann sagte jemand: Sie haben wohl alles verloren?
Ja, ja, sagte er freudig, denken Sie, aber auch alles! Nur sie hier, sie ist übrig.
→ *Als er gefragt wird, ob ..., bestätigt er ...*

Dann wurde Ihr Haus sicher um halb drei getroffen, sagte der Mann ... Das habe ich schon oft gehört. Wenn die Bombe runtergeht, bleiben die Uhren stehen. Das kommt von dem Druck.
→ *Der Mann weist darauf hin, dass ...*

Er schüttelte überlegen den Kopf. Nein, lieber Herr, nein, da irren Sie sich. Das hat mit den Bomben nichts zu tun. Sie müssen nicht immer von den Bomben reden. Nein. Um halb drei war ganz etwas anderes ...
→ *Er weist diesen Hinweis zurück und sagt, ...*

3 Gib den Anfang der Kurzgeschichte in wenigen den Inhalt zusammenfassenden Sätzen wieder. Verkürze diesen Textanfang, der aus 104 Wörtern besteht, auf ungefähr 30 Wörter.

- Überlege vor allem, welche Adjektive du weglassen kannst.
- Vermeide alle Wiederholungen.
- Gib nur wieder, was für die Geschichte von Bedeutung ist.

Neben die Leute auf einer Parkbank setzt sich ...

Sie sahen ihn schon von Weitem auf sich zukommen, denn er fiel auf. Er hatte ein altes Gesicht, aber wie er ging, daran sah man, dass er erst zwanzig war. Er setzte sich mit seinem alten Gesicht zu ihnen auf die Bank. Und dann zeigte er ihnen, was er in der Hand trug.

Das war unsere Küchenuhr, sagte er und sah sie alle der Reihe nach an, die auf der Bank in der Sonne saßen. Ja, ich habe sie noch gefunden. Sie ist übrig geblieben.

Er hielt eine runde tellerweiße Küchenuhr vor sich hin und tupfte mit dem Finger die blau gemalten Zahlen ab.

4 Entscheidend für eine Inhaltsangabe ist, dass du das Wichtigste des Textes am Schluss „auf den Punkt" bringst. Hier sind vier Angebote dafür. Was haltet ihr für das Wichtigste? Notiert euch den Buchstaben. Und sprecht dann darüber.

Dies ist die tragische Geschichte eines jungen Mannes, der von den Ereignissen eines Bombenangriffs zutiefst verstört ist ...

a) ... und am Verlust seiner geliebten Mutter verzweifelt.
b) ... und doch aus seinen Erinnerungen an die Vergangenheit noch Kraft schöpft.
c) ... und durch die Kriegskatastrophe in völlige Verwirrung gestürzt worden ist.
d) ... und doch seine Zuhörer vom Sinn des Lebens noch überzeugen kann.

5 Ergänze die folgende Inhaltsangabe. Gut wäre es, wenn du dir die Geschichte kopierst und die Stellen, die dir für die Inhaltsangabe besonders wichtig sind, markierst.

Inhaltsangabe zu Wolfgang Borcherts „Die Küchenuhr“

Einleitung:
(Autor) ... (Form) ... (Titel) ... spielt ... in einem Park der zerstörten Stadt Hamburg.

Hauptteil:
(Personen) ... sitzen auf einer Parkbank und sehen einen (Person) ... auf sich zukommen.
Dieser Mann trägt ... bei sich.
Er spricht die Leute auf der Parkbank an und erzählt ihnen ...
Die Zuhörenden trauen sich voller Verlegenheit nicht, ihn anzuschauen.
Auf die Frage ... weist der junge Mann darauf hin ...
Auf die Frage ... erklärt er ...
Den Hinweis des Mannes, dass ..., weist er damit zurück, dass ...
Dann erzählt der Mann von seinen Erlebnissen vor dem großen Bombenangriff.
Voller Freude erzählt er in einer Art Selbstgespräch von ...
Wie sie sich liebevoll um ihn gekümmert habe und ...
Die Leute auf der Bank hören ihm zu, aber ...
Sie können nicht verstehen, dass ...
Die Uhr, erzählt der Mann, sei um ... stehen geblieben, und das sei die Zeit gewesen, zu der ..., und diese Zeit erinnere ihn an ...
Das Wort ... klingt in dem Mann auf der Parkbank noch nach.

Schluss:
In der Kurzgeschichte geht es, auf den Punkt gebracht, darum, ...

6 Ergänze die folgende Inhaltsangabe zu Borcherts Kurzgeschichte *Die Küchenuhr*.
- Schreibe einen einleitenden Satz.
- Fasse die wichtigsten Teile der Geschichte zusammen.
- Gib einige der wörtlichen Reden in verkürzter Form wieder.
  Verwende dabei zusammenfassende Redeformen oder den Konjunktiv I.
- Schreibe im Präsens.
- Bringe am Schluss das Wichtigste der Geschichte auf den Punkt.

Inhaltsangabe zu Wolfgang Borcherts „Die Küchenuhr“

Einleitung:
Die Kurzgeschichte ... von ... spielt in der Zeit ...

Hauptteil:
Zu einem Mann und einer Frau mit ..., die ... sitzen, ... gesellt sich ...
Er trägt ... und beginnt, mit den Leuten zu reden.
Er sagt ...
Auf die Frage des Mannes, ..., antwortet er, ...
Auf die Frage der Frau ...
Dann erzählt er von zu Hause und seiner Mutter, ...
Er bezeichnet seine Vergangenheit als ...
Die Leute auf der Parkbank hören sich ... an.
Am Schluss bricht der junge Mann in ein Lachen aus und betont noch einmal ...
Das Wort ... klingt noch ... nach.

Schluss:
In dieser Geschichte geht es um ...

Literatur begegnen

→ Ein Gespräch über ein Gedicht – Interpretation

1 Lest euch das folgende Gedicht zunächst einmal leise durch. Lest es euch dann auch vor.

Unaufhaltsam

Hilde Domin

Das eigene Wort,
wer holt es zurück,
das lebendige
eben noch ungesprochene
Wort?

Wo das Wort vorbeifliegt,
verdorren die Gräser,
werden die Blätter gelb,
fällt Schnee.
Ein Vogel käme dir wieder,
nicht dein Wort,
das eben noch ungesagte,
in deinen Mund.
Du schickst andere Worte
hinterdrein,
Worte mit bunten, weichen Federn.
Das Wort ist schneller,
das schwarze Wort.
Es kommt immer an,
es hört nicht auf,
anzukommen.

Besser ein Messer als ein Wort.
Ein Messer kann stumpf sein,
ein Messer trifft oft
am Herzen vorbei.
Nicht das Wort.

Am Ende ist das Wort,
immer
am Ende
das Wort.

2 Sprecht zunächst einmal über dieses Gedicht und teilt mit:
- was euch daran auffällt und worüber ihr euch wundert;
- wie das Gedicht aufgebaut ist;
- was das für ein Wort sein könnte, von dem hier die Rede ist;
- welche sprachlichen Gestaltungsmittel ihr entdeckt;
- wie ihr den Titel des Gedichtes versteht;
- welche Fragen sich euch beim Nachdenken über den Text stellen.

3 Lest euch nun das folgende Interpretationsgespräch durch, das mehrere Schülerinnen und Schüler über dieses Gedicht von Hilde Domin geführt haben.
Ihr könnt das Gespräch auch laut lesen. Dazu braucht ihr zwei Jungen und zwei Mädchen als Sprecher.

Interpretationsgespräch über das Gedicht „Unaufhaltsam" von Hilde Domin

Joana: Mir ist gleich beim ersten Durchlesen aufgefallen: Immerzu werden die Wörter *Wort, Worte* wiederholt: zwölfmal, wenn ich richtig gezählt habe.

Pia: Ja, das ist ein Gedicht über das Wort, also über etwas, das man zu jemandem sagt.

Markus: Aber am Anfang weiß man noch nicht genau, über was für Wörter. Was soll denn das heißen: *das ungesprochene Wort?* Versteh ich nicht. Und dann heißt es weiter unten noch mal: *das ungesagte Wort*. Ist es nun gesagt oder nicht?

Pia: Vielleicht ist gemeint, dass man ein Wort eigentlich nicht sagen wollte, dass man es dann aber doch gesagt hat. Ohne zu überlegen, ohne es vielleicht zu wollen?

Paul: Ein unvorsichtiges Wort also. Einfach so rausgeplappert. Und nachher tut es einem leid. Das kennt man doch!

Markus: Noch weiter hinten heißt es dann: *ein schwarzes Wort.* Wieso denn jetzt schwarz?

Joana: Das ist eine Metapher! *Schwarz* heißt so viel wie böse. Ein schlimmes Wort!

Pia: So schlimm, dass die *Gräser verdorren, die Blätter gelb werden und Schnee fällt.*

Joana: Wieder Metaphern! Soll wohl heißen ...

Paul: ... dass so ein böses Wort, wenn du es aussprichst und es jemanden trifft, in ihm alles zerstören kann. Der ist dann vielleicht tot – *verdorrt.* Weil du etwas Böses zu ihm gesagt hast.

Markus: Wieso denn *du?*

Paul: Na, weil du hier direkt mit *du* angesprochen wirst: *dein Wort!*

Markus: Und was kann an meinem Wort so schlimm sein?

Joana: Eine tödliche Beleidigung oder eine Verdächtigung zum Beispiel.

Paul: Ja, und das tut dir nachher leid. Das wolltest du vielleicht gar nicht.

Pia: Nutzt aber nichts! Was raus ist, ist raus! Das kannst du nicht mehr zurücknehmen. *Das schwarze Wort kommt immer an.*

Joana: Genau! Da nützen auch *Worte mit bunten, weichen Federn nichts* – wieder 'ne Metapher, also eine Entschuldigung vielleicht, dass es nicht so gemeint war. Nutzt alles nichts. Da kannst du nichts mehr zurücknehmen.

Markus: Aber dann kommt es: Ein *Messer* soll *besser* sein *als ein Wort.* Das kann doch nicht wahr sein: *ein Messer besser als ein Wort* – und wenn es noch so böse ist. Unglaublich!

Joana: Na, das ist doch auch wieder eine Metapher: *Messer* – das ist eine böse Tat. Vielleicht, dass man jemanden mit Schlägen verletzt.

Markus: Und das soll nicht so schlimm sein wie eine Beleidigung? Kann nicht sein!

Pia: Im Gedicht ist es jedenfalls so gesagt. Schwarze Worte können schlimmer sein als böse Taten. Sie können einen im *Herzen* treffen. Können verleumden und beschämen. Können dich richtig fertigmachen. So, dass du es nie mehr vergisst.

Markus: Gibt es denn überhaupt solche Worte?

Paul: Auf Facebook ist mal ein Mädchen so kaputt gemacht worden, dass sie sich umbringen wollte. Nur mit Worten! Hab ich gelesen.

Joana: *Unaufhaltsam* heißt das Gedicht. Wenn jemand durch ein Wort richtig verletzt wird, dann bleibt das unaufhaltsam hängen. Dann entfaltet das Wort unaufhaltsam seine Wirkung.

PIA: Jedenfalls will die Sprecherin sicher sagen: Sei vorsichtig, ehe du etwas Schlimmes sagst. Was du gesagt hast, ist *unaufhaltsam*. Es wirkt immer weiter.

PAUL: Deswegen hat Hilde Domin dieses Wort *unaufhaltsam* gleich in der Überschrift genannt. So wichtig war es ihr.

MARKUS: Gut, das verstehe ich jetzt. Aber die letzte Strophe – was soll denn das nun wieder heißen?

PAUL: Ja, das ist mir auch nicht klar.

JOANA: Vielleicht, dass das Wort etwas Endgültiges ist.

PIA: Oder dass ein Wort am Ende niemals vergessen wird. Dass es im Gedächtnis bleibt. Für immer.

MARKUS: Ich habe noch mal eine ganz andere Frage: Wir sollen uns doch bei einem Gedicht immer auch seine äußere Form ansehen. Könnt ihr mir vielleicht auch dazu was sagen? Gut, vier Strophen, kurze Verse, das sieht man ja. Aber sonst?

PAUL: Also, ich sehe das so: Die erste Strophe ist eine Frage über das Wort: ob das überhaupt geht, dass man es ungeschehen machen kann. Und am Ende dann die Antwort darauf: dass das, was man einmal gesagt hat, immer bleibt.

JOANA: Und in der zweiten, längeren Strophe geht es darum, was Worte alles anrichten können. Und dass man sich nachher nicht mehr rausreden kann. Das schwarze Wort bleibt.

PIA: Und in der dritten Strophe dreimal *Messer*. Und dass ein böses Wort schlimmer sein kann als eine böse Tat.

MARKUS: Glaub ich immer noch nicht! Aber gut, wenn die Dichterin das meint!

JOANA: Die glaubt eben an die Macht der Wörter. Die muss es als Dichterin ja wissen.

PAUL: Jedenfalls überlege ich mir jetzt genau, ob ich zu jemandem ein *schwarzes Wort* sage.

4 Wertet dieses Gespräch für euch aus:
- Die vier Schülerinnen und Schüler verständigen sich in diesem Gespräch auch mit Hilfe von Fachbegriffen. Nennt dafür Beispiele.
- Gelangen die vier zu einer Interpretation des Gedichtes, der ihr zustimmen könnt? Begründet.
- Welche Gedanken oder Deutungen möchtet ihr noch ergänzen?
- Welche Fragen bleiben nach diesem Gespräch für **euch** noch offen?

5 Führt nun selbst ein Interpretationsgespräch zu diesem Gedicht von Hilde Domin.

Literatur begegnen

→ Eine Interpretation zu einem Gedicht schreiben

1 Der folgende Text ist eine Interpretation zu Hilde Domins Gedicht *Unaufhaltsam.*

- Lest euch diese Interpretation Abschnitt für Abschnitt durch. Schaut auch immer wieder einmal auf das Gedicht selbst, sodass ihr die Aussagen nachvollziehen könnt.
- Achtet beim Lesen auch auf die Anmerkungen am Rand. Sie geben schwerpunktmäßig wieder, worauf der Text in den einzelnen Abschnitten eingeht.

Interpretation zum Gedicht „Unaufhaltsam" von Hilde Domin

Regina Juhnke

Einleitung / Thema

Das Gedicht „Unaufhaltsam“ von Hilde Domin setzt sich mit der verheerenden Wirkung des unbedacht gesagten Wortes auseinander.

Auseinandersetzung mit dem Thema

Kaum hat man es gesagt, „das lebendige / eben noch ungesprochene / Wort“ (Vers 3–5), da macht es sich auf den Weg und entfaltet vollends seine unheilvolle Wirkung. Es verfügt über eine derart ungeheure Macht und besitzt solch zerstörerische Kräfte, dass es Sterben, Tod und Kälte mit sich bringt. Diese überaus negative Wirkung des eigenen Wortes wird sehr anschaulich in den Metaphern der Verse 6–9 zum Ausdruck gebracht:
„Wo das Wort vorbeifliegt, / verdorren die Gräser, / werden die Blätter gelb, / fällt Schnee.“

Metaphern 282

Als Leser werde ich von Anfang an in diese Auseinandersetzung mit einbezogen. So beginnt das Gedicht mit einer rhetorischen Frage, die mich aufmerksam und neugierig werden lässt, so als sollte ich mich selbst auf die Suche nach einer Antwort machen.

Sprachliche Bilder

Doch obwohl man bis zum Vers 18 noch gar nicht wissen kann, welches Wort hier eigentlich genau gemeint ist, ahnt man bereits aufgrund der sprachlichen Bilder in den Versen 6–9, dass sich das lyrische Ich hier intensiv mit einem verletzenden, bösen, kränkenden, beleidigenden oder demütigenden Wort beschäftigt.

Direkte Ansprache des Lesers

In den Versen 10, 11, 13 und 14 wendet sich der lyrische Sprecher dann direkt auch an mich als Leser. Durch die Pronomen *dir, dein, deinen, du* in den Versen 10–14 fühle ich mich unmittelbar angesprochen. So wird mir unausweichlich vor Augen geführt, dass ich mich anstrengen könnte, soviel ich wollte: „das schwarze Wort. / Es kommt immer an, / es hört nicht auf, / anzukommen."

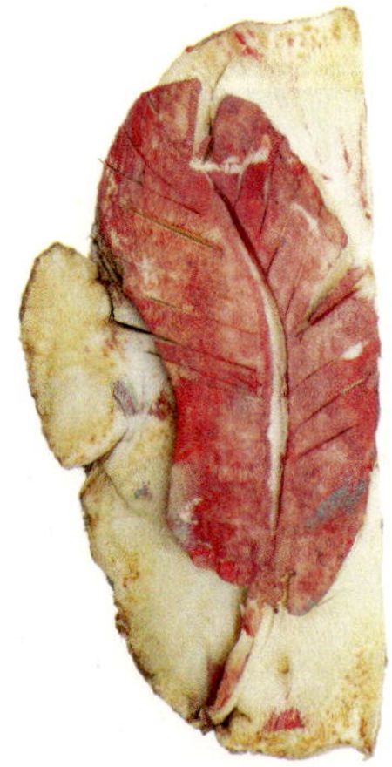

Metapher

Die Metapher „Worte mit bunten, weichen Federn." in Vers 16 deute ich so, dass auch eine Entschuldigung oder eine Abmilderung eine verletzende Äußerung nicht zurückholen und damit unausgesprochen machen kann. Einmal gesagt, macht sich das Wort unaufhaltsam auf den Weg und hört nicht mehr damit auf, unterwegs zu sein. Es führt sozusagen ein Eigenleben – unkontrollierbar und außerhalb von mir. Es hat sich verselbstständigt und es hat einen Vorsprung, der es geradezu uneinholbar macht: „Das Wort ist schneller, / das schwarze Wort."

Bedeutung des Titels

Sprachliche Gestaltung

Von dieser Stelle an wird dem Leser auch die Bedeutung des Titels „Unaufhaltsam" bewusst: Dieses einmal gesagte Wort lässt sich von niemandem aufhalten. Es muss sich dabei um ein sehr verletzendes und herabwürdigendes Wort handeln, das von der Dichterin mit dem Farbadjektiv „schwarz" belegt wird. Die Farbe Schwarz erhält hier eine sehr negative Bedeutung, denn „das schwarze Wort" kann zutiefst verletzen, traurig machen, schwermütig und einsam.

Vergleich

Fragen und mögliche Antworten

Doch damit nicht genug. Die Macht des schwarzen Wortes erfährt noch eine zusätzliche Steigerung, indem es in der dritten Strophe sogar mit einem Messer verglichen – und als weitaus zerstörerischer eingestuft und beschrieben wird. Doch wie kann das sein? Eine Verletzung, die einem durch den Angriff mit einem Messer von jemandem beigebracht wird, ist eine Gewalttat, die äußere und innere Verletzungen bis hin zum Tod zur Folge haben kann. Und im Vergleich dazu soll die Verletzung durch ein böses Wort noch gravierender sein? Das habe ich zunächst nicht verstanden. Aber wenn ich darüber nachdenke, dann erkläre ich mir das so: Ein Messer kann ja auch schon einmal stumpf sein (Vers 23) und die damit verbundene Verletzung wäre dann wenigstens nicht lebensbedrohlich (Vers 24/25: „ein Messer trifft oft / am Herzen vorbei."). Das böse Wort jedoch trifft immer. Es lässt sich also nicht bändigen, sucht sich unerbittlich seinen Weg bis in die Seele eines Menschen – nistet sich ein und entfaltet dort seine zerstörerische Kraft.

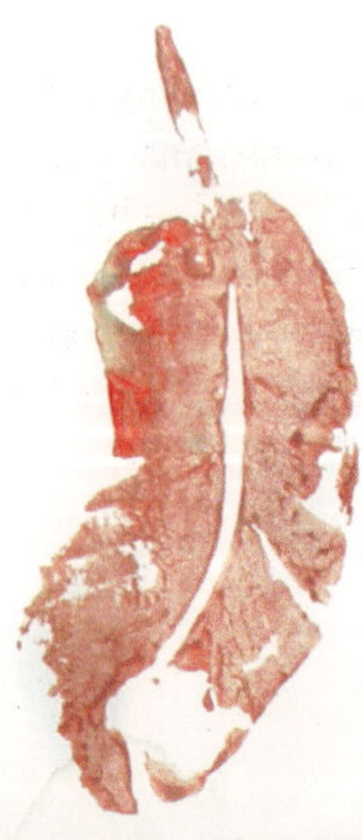

Die vernichtende Wirkung dieses schwarzen Wortes wird auch in den Versen 6–13 sehr anschaulich zum Ausdruck gebracht. Allein das „Vorbeifliegen“ eines solchen Wortes reicht schon aus, um Blätter welken und Temperaturen sinken zu lassen („werden die Blätter gelb, / fällt Schnee.“).

Aufbau und äußere Form: Anzahl der Strophen, Anzahl der Verse, Anzahl von Wörtern in Versen

In insgesamt vier unterschiedlich langen Strophen setzt sich der lyrische Sprecher mit der Wirkung von Worten auseinander: Die erste und dritte Strophe bestehen aus je fünf, die zweite aus 16 und die vierte aus vier Versen. Die Verse setzen sich aus unterschiedlich vielen und dabei recht wenigen Wörtern zusammen: häufig aus lediglich drei Wörtern, höchstens aus sechs und manchmal sogar nur aus einem einzigen Wort.

Sprachliche Gestaltung: Wiederholungen

Dem Gedicht liegt kein Reimschema zugrunde. Die Wiederholung des Begriffes „Wort“ in jeder Strophe ist aber auffällig. Insgesamt zehnmal wird der Begriff ‚Wort‘ in dem Gedicht wiederholt, zusätzlich findet sich zweimal der Plural ‚Worte‘. Neunmal steht das „Wort“ am Ende eines Verses. In diesen Wiederholungen spiegelt sich die Macht des unaufhaltsamen Wortes wider.

Metapher

Ein weiteres sprachliches Gestaltungsmittel in diesem Gedicht ist die Metapher. So handelt es sich sowohl beim vorbeifliegenden Wort in Vers 6 als auch bei Worten „mit bunten, weichen Federn“ (Vers 16) um sprachliche Bilder. In beiden Fällen werden Worte mit Flugobjekten, möglicherweise mit Vögeln, verglichen.

Ansprechen der Sinne

Das Gedicht spricht in seiner Wortwahl darüber hinaus auch mehrfach unsere Sinne an: zum einen das Sehen – durch die häufige Nennung von Farben: „gelb“ (Vers 8), „schwarze“ (Vers 18), „bunten“ (Vers 16) –, zum anderen das Fühlen: die „weichen Federn“ (Vers 16), das stumpfe Messer in Vers 23.

Rhetorische Frage

Auch die Frage in der ersten Strophe ist als sprachliches Gestaltungsmittel zu verstehen: Es handelt sich um keine echte, sondern um eine rhetorische Frage, auf die der lyrische Sprecher mit Beginn der zweiten (und längsten) Strophe selbst die Antworten gibt, indem er die zerstörerische Kraft und den unaufhaltsamen Weg eines Wortes bildlich beschreibt.

Und ab da nimmt der Weg des Wortes dann „unaufhaltsam" seinen Lauf: So stellt die dritte Strophe durch ihren drastischen Vergleich des Wortes mit einem Messer eine weitere Steigerung dar, bevor dann in der vierten Strophe unmissverständlich deutlich wird, dass „immer / am Ende / das Wort (ist)".
Hier wird die Resignation des lyrischen Sprechers auch für mich als Leser greifbar.

Vergleich

Noch nie vorher habe ich mir die Wirkung eines „schwarzen Wortes" so radikal bewusst gemacht. Aber es kann ja wirklich so sein, dass ein solches Wort bei einem anderen Menschen eine derart furchtbare Wirkung hat. Wer kann das wissen? Vielleicht ist das lyrische Ich ja selbst einmal von einem solchen Wort verletzt worden – oder es hat damit selbst jemanden zutiefst verletzt und weiß nun nicht, wie es das jemals wiedergutmachen soll. Manchmal sagt man ja etwas vor lauter Ärger und Wut, das man eigentlich gar nicht so meint. Aber ehe man sich versieht, hat das Wort den anderen bereits verletzt und unendlich traurig gemacht. Und selbst eine Entschuldigung kann diese Verletzung dann nicht mehr rückgängig machen. Die Wunden bleiben auf der Seele zurück – genau so, wie eine äußere Verletzung immer durch eine Narbe sichtbar bleibt.

Abschließende Deutung

Mir persönlich gefällt das Gedicht sehr gut, da es mich zum Nachdenken anregt und weil es mir deutlich gemacht hat, dass man lieber genau überlegen sollte, was man sagt. In einer Auseinandersetzung werde ich hoffentlich an den Vergleich mit dem Messer denken und mich mit „schwarzen Worten" zurückhalten. Denn „schwarze Worte" kommen nicht einfach zurück, wenn man sie ruft.

Persönliche Bewertung

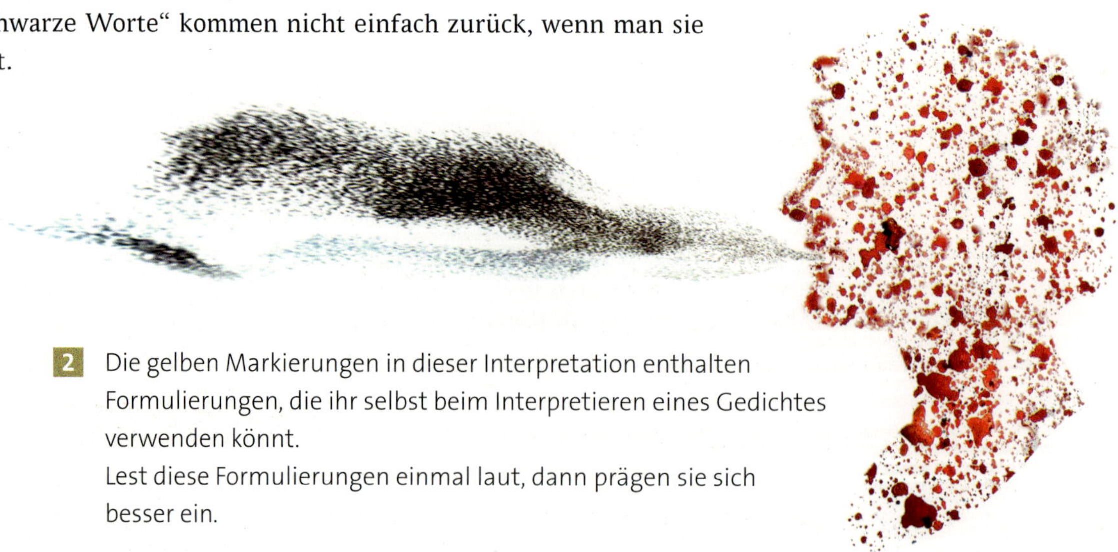

2 Die gelben Markierungen in dieser Interpretation enthalten Formulierungen, die ihr selbst beim Interpretieren eines Gedichtes verwenden könnt.
Lest diese Formulierungen einmal laut, dann prägen sie sich besser ein.

3 Übertragt diese Formulierungen nun in eure Hefte oder Mappen, damit ihr bei Bedarf auf sie zurückgreifen könnt.

4 Tragt das folgende Gedicht von Hans-Curt Flemming vor.

mitten in der schlacht
ist ein
freundliches wort
gefallen
zwischen uns

da liegt es

wer wird es aufheben
und dabei sein
genick entblößen?

5 Setzt euch zunächst in einem Interpretationsgespräch, wie ihr es auf den Seiten 26–28 kennen gelernt habt, mit diesem Gedicht auseinander.

26–28

- Überlegt, ob ihr dieses Gespräch in Gruppen oder im Plenum führen wollt.
- Prüft, ob die folgenden Bausteine für eine Interpretation dieses Gedichtes ergiebig sind.

* ***Sprachliche Gestaltung***

  Lyrischer Sprecher
  Sprachliche Bilder
  Metaphern
  Vergleiche
  Wiederholungen
  Ansprechen der Sinne
  Rhetorische Frage
  Direkte Ansprache des Lesers

* ***Bedeutung des Titels / Fehlen des Titels***

* ***Aufbau und äußere Form***

  Anzahl und Anordnung der Strophen
  Anzahl und Anordnung der Verse
  Anzahl von Wörtern in Versen

* ***Fragen und mögliche Antworten***

6 Schreibe nun eine Interpretation zu diesem Gedicht.
- Beginne mit einer **Einleitung,** die zu einer **Auseinandersetzung mit dem Thema** hinführt.
- Beende deine Interpretation mit einer **abschließenden Deutung** und einer **persönlichen Bewertung.**

Entdeckungen:
Print-
medien

Texte erschließen und verstehen

→ Die Zeitungslandschaft in Deutschland

1 Seht euch die Zeitungen auf dem Foto an:
- Wonach werden die Zeitungen benannt?
- Findet aus der Sammlung überregionale Zeitungen heraus, die man in ganz Deutschland kaufen kann.

M Zeitungen und Zeitschriften

Zeitungen erscheinen täglich oder wöchentlich: Tageszeitung, Wochenzeitung. Sie sind meist auf großen Seiten aus einfachem Papier gedruckt und nicht zusammengeheftet.
Sie informieren hauptsächlich über das aktuelle Tagesgeschehen.

Zeitschriften erscheinen wöchentlich, vierzehntägig, monatlich. Sie haben kleinere, geheftete Seiten und sind meist auf höherwertigem (glänzendem) Papier gedruckt.
Häufig informieren sie über spezielle Themen oder Sachgebiete.

2 Wie heißen Zeitungen in eurem Wohnort?

3 Wann spricht man eigentlich von **Zeitungen** und wann von **Zeitschriften**?
Nennt Beispiele und erklärt die Unterschiede.

4 Wann und wo lesen Leute Zeitung?
- Erzählt von euren Beobachtungen.
- Bei welchen Gelegenheiten und an welchen Orten lest **ihr** gern Zeitung?

5 Bringt Zeitungen von zu Hause mit in die Schule, sodass ihr sie während der Arbeit an diesem Kapitel nutzen könnt.

6 Diese Infografik zeigt das Zeitungsangebot in Deutschland.
Beschreibt, welche Informationen ihr auf den ersten Blick entnehmen könnt.

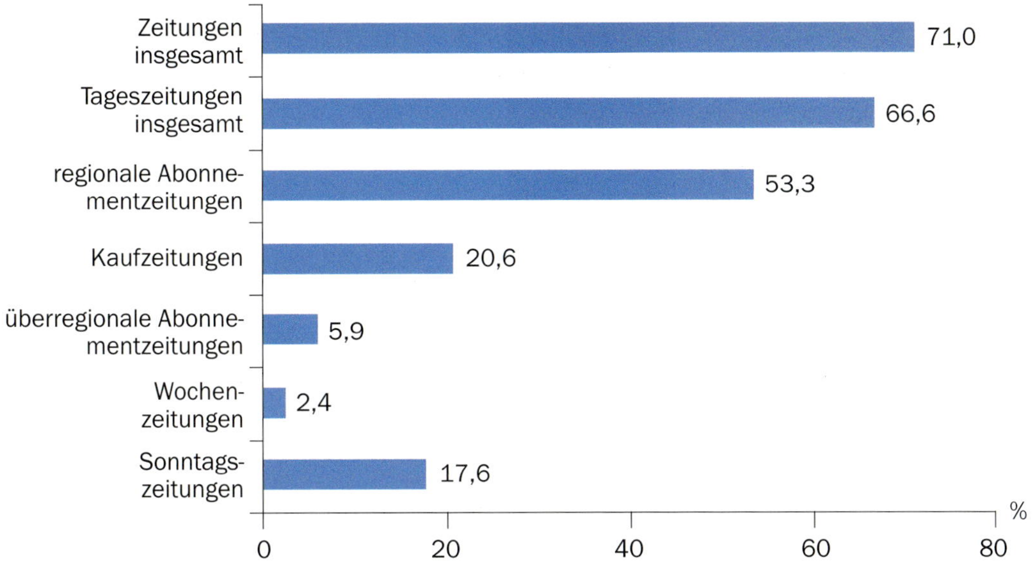

Media Analyse 2012 – Tageszeitungen; Basis: deutschsprachige Bevölkerung ab 14 Jahre

7 Dieses Balkendiagramm zeigt das Zeitungsangebot in Deutschland.
Beschreibt, welche Informationen ihr auf den ersten Blick entnehmen könnt.

8 In diesem Balkendiagramm werden verschiedene Kategorien von Zeitungen genannt.
Welchen Kategorien könnt ihr die folgenden Erklärungen zuordnen?

a) Tageszeitungen werden von vielen Lesern abonniert.
Sie erscheinen regelmäßig an Werktagen.
b) Die Leser kaufen sie z. B. am Kiosk, beim Bäcker oder an der Tankstelle.
c) Diese Zeitungen kann man in ganz Deutschland kaufen.
d) Diese Zeitungen erscheinen nur sonntags.
e) Diese Zeitungen erscheinen einmal in der Woche.

9 Ergänzt den folgenden Lückentext mit Hilfe der Informationen aus der Grafik oben.

Die Zeitungslandschaft in Deutschland

Im Jahr ? haben insgesamt 46,8 Millionen Menschen in Deutschland Zeitung gelesen. Das sind ? % der deutschsprachigen Bevölkerung ab 14 Jahren. Zwei Drittel der über 14-Jährigen lesen also jeden Tag Zeitung. ? % davon entfallen auf die Tageszeitungen. Die Zeitungsleser in Deutschland können zwischen ? verschiedenen Zeitungskategorien auswählen. Am häufigsten werden ? gelesen, die eine Reichweite von ? % aufweisen. Die Reichweite der Kaufzeitungen liegt bei ? %. Überregionale Zeitungsangebote, die sich wachsender Beliebtheit erfreuen, kommen auf eine Reichweite von ? %, das sind 4,2 Millionen.
Der deutsche Zeitungsmarkt ist der größte Europas. Immer mehr Menschen informieren sich aber auch auf den Onlineseiten der Zeitungen.

Tageszeitungen und ihre Leser

Heutzutage können Nachrichten per Internet, Fernsehen und Radio blitzschnell verbreitet werden. Da ist das auf dem Papier gedruckte Wort langsamer.

Trotzdem ist Deutschland immer noch ein Zeitungsland: 46,8 Millionen Leser und Leserinnen über 14 Jahren[1] greifen regelmäßig zu einer Tageszeitung ihrer Wahl.

Zeitungslesen ist keine Frage des Alters. Die Zeitungslektüre wird in jeder Altersgruppe geschätzt. 7,5 Millionen der 14- bis 29-Jährigen (Reichweite 50,3 Prozent) und 16 Millionen der 30- bis 49-Jährigen (Reichweite 69,6 Prozent) lesen regelmäßig eine gedruckte Zeitung – ein Beleg, dass auch Jugendliche und junge Erwachsene das Printmedium nicht missen möchten. Noch stärker genutzt werden die Zeitungen von Menschen im mittleren und höheren Alter. In der Altersgruppe der über 50-Jährigen erzielt das Printmedium eine Reichweite von 81,4 Prozent, das sind 26,3 Millionen Leser täglich.

Was junge Leute in der Tageszeitung interessiert, hat eine Umfrage ermittelt. Auf die Frage „Was lesen Sie im Allgemeinen immer?" antworteten Leserinnen und Leser im Alter von 16 bis 29 Jahren: lokale[2] Berichte (74 Prozent)[3]; Sportberichte (49 Prozent); politische Berichte aus dem In- und Ausland (47 Prozent); Anzeigen (41 Prozent); Nachrichten aus Wissenschaft und Technik (25 Prozent); Feuilleton[4] (24 Prozent); Wirtschaftsteil (20 Prozent); Fortsetzungsromane (3 Prozent).

Nahezu alle Tageszeitungen sind im Internet vertreten. Mit zusätzlichen Online-Zeitungen sollen vor allem auch junge Leute angesprochen und als Leser gewonnen werden. Unter www.zeitung.de findet sich eine Liste sämtlicher Zeitungen mit Aktivitäten im Internet.

1 BDZV-Jahrbuch Zeitungen 2012/13
2 örtlich, ortsnah
3 Alle folgenden statistischen Angaben dieses Artikels stammen aus dem Jahrbuch Zeitungen 2009.
4 Kulturteil der Zeitung mit Beiträgen über Film, Theater, Bücher, Malerei, Musik ...

10 Berichtet von euren Erfahrungen mit Online-Zeitungen.

11 Stellt Vermutungen darüber an, warum eurer Meinung nach mehr ältere als jüngere Leute Tageszeitungen lesen.

12 Fasst aus dem Text „Tageszeitungen und ihre Leser" folgende Informationen zusammen:
- Was lesen junge Leute regelmäßig in der Zeitung?
- Was interessiert sie am meisten, was weniger?
- Was findet ihr an diesen Ergebnissen erfreulich, was vielleicht bedauerlich?

13 **Dem Text „Tageszeitungen und ihre Leser" könnt ihr entnehmen, was junge Leute in der Tageszeitung interessiert.**
- **Fertigt zu den Ergebnissen dieser Umfrage ein Balkendiagramm an.**
- **Achtet auf die Beschriftung und findet eine passende Überschrift.**

14 Und was lest **ihr** am liebsten in der Zeitung? Macht eine Blitzumfrage dazu.

Texte erschließen und verstehen

→ Titelseiten von Zeitungen kritisch unter die Lupe nehmen

1 Hier seht ihr zwei unterschiedliche Titelseiten vom selben Tag. Beschreibt euren ersten Eindruck.

Wulff Staatsanwalt will Strafprozess

Messi & Ronaldo Die schlagen wir auch noch!

Freiburg – Hannover 3:1

Sonnabend, 13. April 2013 0,60 €

Bild

UNABHÄNGIG · ÜBERPARTEILICH

LEIPZIG

www.bild.de

Seit wann ist Treue out?

In der Liebe, im Beruf, unter Freunden: Kann man sich auf nichts mehr verlassen?

7 TAGE

20. April 2013

DAS GROSSE OPEL FRÜHSTÜCK.

Mädchen-Friedhof facebook

Diese Schülerin (15) hat sich getötet, weil Fotos ihrer Vergewaltigung im Netz kursieren!

www.alditalk.de

ALDI talk

Die mobile Freiheit.

ALDI TALK Paket 300

300 Min. SMS

FLAT Gespräche

FLAT Internet 300 MB

FLAT SMS

€ pro 30 Tage

7.99

www.alditalk.de

NACHRICHTEN

TANZ, TUTU, TANZ!

Flexstrom ist pleite

real,- Endlich Sonne. Jetzt wird gegrillt!

NSU-Prozess Türkische Medien bekommen jetzt doch Plätze

LESESTOFF: ACHTUNG, DIE POLLEN KOMMEN! | ZEITGESCHEHEN

Freie Presse

Samstag, 13. April 2013

CHEMNITZER ZEITUNG

Einzelpreis 1,20 Euro

LOKALES

In Holzkirche eröffnet Restaurant

Esche-Museum mit neuem Konzept

IN DIESER AUSGABE

WETTER VOR ORT

Winterschäden: Minister sagt 60 Millionen zu

Klingenthal erhält Auftakt-Weltcup

Hommage an eine Königin

Mia san Schwarz-Gelb

In der Champions League trifft Deutschland auf Spanien, es geht ums große Ganze

Staatsanwalt erhebt Anklage gegen Wulff

Ex-Bundespräsidenten wird Bestechlichkeit vorgeworfen

NSU-Prozess: Gericht kippt Platzvergabe

Karlsruher Richter geben türkischer Zeitung recht

SERVICE-TELEFON: 0800 80 80 123

2 Bei welcher Zeitung handelt es sich um eine sogenannte Boulevardzeitung[1]?

3 Straßenverkaufszeitung und Abo-Zeitung kann man auf den ersten Blick am Layout[2] unterscheiden. Beschreibt die Unterschiede.

4 Achtet auf die Formulierungen und auf den Inhalt der Schlagzeile. Welche Unterschiede zwischen den Titelseiten fallen euch auf?

5 Was erwarten Leser wohl von einer Straßenverkaufszeitung, was von einer Abo-Zeitung? In welchen Situationen würdet ihr eher eine Abo-Zeitung, wann eine Straßenverkaufszeitung kaufen?

[1] von Boulevard *frz.* [bulewar]: breite Straße: Straßenverkaufszeitung
[2] Aufbau und Gestaltung einer Seite mit Texten, Bildern, Grafiken

6 Setzt euch in Gruppen zusammen und untersucht beide Titelseiten nun genauer.

a) Wie ist der Zeitungsname gestaltet, wo ist er platziert?
b) Wie lautet der Aufmacher? (Das ist die dickste Schlagzeile.)
c) Wie ist der Aufmacher gestaltet (Größe der Buchstaben, Farbe, Hintergrund)?
d) Wie lauten andere Schlagzeilen? Wie sind sie gestaltet?
e) Welche Rolle spielen Fotos? Wo sind sie platziert?
f) Was überwiegt anteilmäßig – Fotos oder Texte?
g) Wie viele Werbeanzeigen gibt es? Wo sind sie platziert?

Haltet eure Ergebnisse in einer Tabelle fest:

	Bild	**Freie Presse**
Name:	*rotes Feld mit weißer Schrift* *→ am linken Rand, in der oberen Mitte*	…
Aufmacher:	*Seit wann ist Treue out?* *→ riesige schwarze Buchstaben …*	…
andere Schlagzeilen:	…	…

7 Bewertet die beiden Titelseiten abschließend, indem ihr ihnen einige der folgenden Eigenschaften zuordnet:

aufregend	*bunt*	*ehrlich*	*informativ*	*interessant*
langweilig	*provozierend*	*reißerisch*	*ruhig*	*sachlich*
seriös	*sensationslüstern*	*spannend*	*unterhaltsam*	*unsachlich*
übersichtlich	*glaubwürdig*	*vertrauenswürdig*	*überladen*	*unübersichtlich*

M

Tageszeitungen

Viele Leute haben eine Tageszeitung abonniert und bekommen sie jeden Morgen ins Haus geliefert. Solche Abonnementzeitungen, kurz **Abo-Zeitungen**, kann man auch im Handel einzeln kaufen.

Straßenverkaufszeitungen, auch **Boulevardzeitungen** genannt, werden in der Regel nicht abonniert, sondern sie werden nur im Einzelverkauf angeboten.

Die **Titelseiten** von Zeitungen sollen die Aufmerksamkeit der Leserschaft erregen. Deshalb finden sich hier die aktuellen Nachrichten, die nach der Einschätzung der Journalisten an diesem Tag besonders wichtig und spektakulär sind – und damit für eine große Leserschaft interessant sind. Die Meldungen mit der dicksten Schlagzeile und dem größten Foto nennt man **Aufmacher**.

Bei Boulevardzeitungen ist der Anteil von Schlagzeilen und Bildern deutlich höher als bei Abonnementzeitungen.

8 Nutzt eure Ergebnisse für ein Klassengespräch über Abonnement- und Straßenverkaufszeitungen.

- Worin unterscheiden sie sich? Und worin sind sie sich ähnlich?
- Wie habt ihr die beiden Titelseiten bewertet: Was habt ihr positiv eingeschätzt? Was habt ihr eher kritisch bewertet? Begründet eure Standpunkte.

Texte erschließen und verstehen

→ Eine eigene Titelseite für eine Zeitung gestalten

1 Bildet kleine Gruppen und gestaltet eigene Titelseiten mit interessanten Fotos und Beiträgen. So könnt ihr vorgehen:

Tipp:
Als Material benötigt ihr:
- aktuelle Zeitungen zum Ausschneiden,
- einen großen Bogen Tonkarton,
- Stifte, Schere, Kleber.

Tipp:
- Denkt euch einen Zeitungsnamen aus.
- Schneidet Artikel und Fotos aus, die euch und eure Mitschüler interessieren.
- Trefft die Auswahl gemeinsam.

2 Welche Schlagzeilen und Fotos eignen sich aus eurer Sicht besonders als Aufmacher? Wie sollen sie angeordnet werden?
- Schiebt eure Ausschnitte so lange hin und her, bis ihr mit der Wirkung zufrieden seid.
- Klebt dann alles dicht an dicht auf.

3 Gestaltet die Seiten vor allem so, dass ihr das Interesse möglichst vieler Schülerinnen und Schüler weckt und sie eure Titelseiten gern lesen mögen. Vielleicht dürft ihr eure Titelseiten in der Pausenhalle oder im Flur aufhängen.

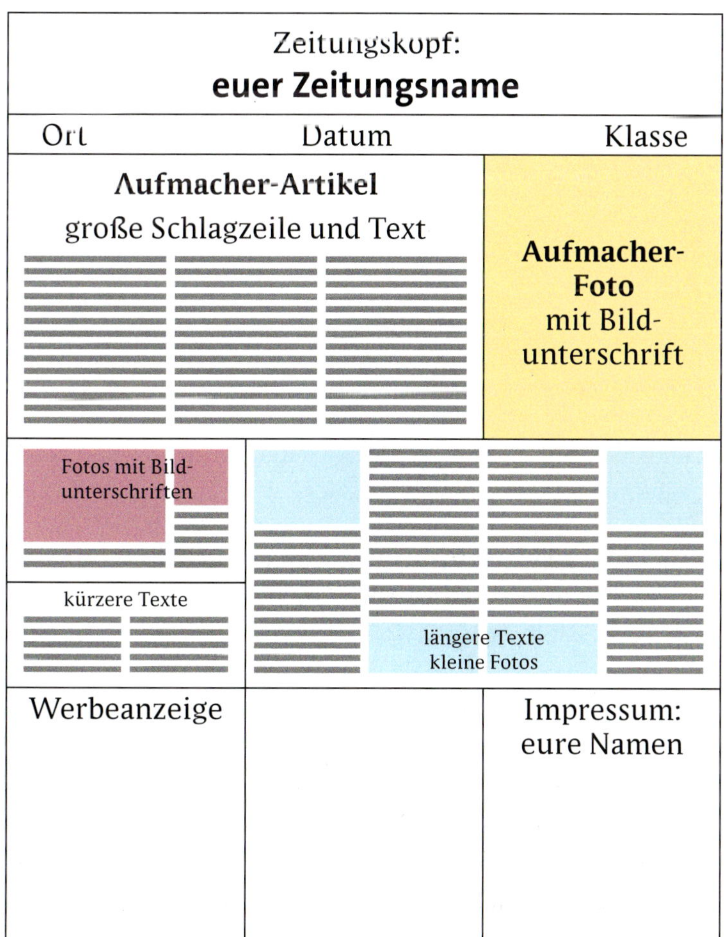

Entdeckungen: Print-Medien

Texte erschließen und verstehen

→ Den Aufbau von Zeitungen untersuchen und präsentieren

Politik *Wirtschaft* *Stadt & Land* *Rund um die Welt* *Kultur* *Sport*

1 Dies sind einige typische Seitenüberschriften, wie es sie so ähnlich in vielen Tageszeitungen gibt. Wo finden die Leser wohl die folgenden Schlagzeilen? Ordnet sie zu.

Einbußen für die Bauwirtschaft
Schüler am Busbahnhof in Gefahr?
Großer Ansturm auf Theater für Kinder
Noch einmal Olympiasieger werden
Parlamentswahlen in Großbritannien
Tigerbaby am Londoner Flughafen eingecheckt

Aufschwung erreicht Lehrstellenmarkt
Brasilianische Klänge beim Gitarrenfestival
Debakel für Hockeyfrauen
„Liebesschlösser" für Verliebte in Paris
Neues Ringen um Frieden in Nahost
Notdienst im Ärztehaus droht das Aus

M

Aufbau von Tageszeitungen

Zeitungsleser möchten ihre Lieblingsseiten schnell finden. Deshalb brauchen Zeitungen täglich eine gewisse Ordnung: die Ordnung nach Sachgebieten. Diese Sachgebiete heißen **Ressorts.**

Wichtige **Ressorts** in der Tageszeitung sind die Sachgebiete **Politik, Wirtschaft, Lokales & Regionales, Kultur (Feuilleton)** und **Sport.**

Die **Seitenüberschriften** in der Zeitung weisen auf die Ressorts hin und dienen dem Leser zur schnellen Orientierung. Außerdem beschreiben Ressorts die **Arbeits- und Fachgebiete der Redakteure:** So wird z. B. der Lokalteil der Zeitung von der Lokalredaktion betreut.

2 Blättert eure Heimatzeitung durch.
- Wie lauten in euren Zeitungen die Seitenüberschriften? Vergleicht sie mit den Seitenüberschriften oben.
- Warum gibt es eigentlich Seitenüberschriften?

3 Untersucht, wie eure Heimatzeitung an verschiedenen Wochentagen aufgebaut ist. Sammelt eine Woche lang je eine Tagesausgabe der Zeitung. Bildet sechs Gruppen – für Montag bis Sonnabend jeweils eine. Notiert:
- die Anzahl der „Bücher" (So nennt man die gefalteten Zeitungslagen.),
- die Seitenüberschriften der verschiedenen Ressorts mit Seitenangaben,
- Sonstiges, z. B. Sonderbeilagen, Prospekte.

4 Besprecht in der Gruppe, was euch an „eurem" Wochentag aufgefallen ist:
- Was sind die Top-Nachrichten?
- Wie stark sind die Ressorts vertreten?
- Wie viele Seiten mit Anzeigen, Werbung und Sonderbeilagen gibt es?

5 Stellt die Ergebnisse übersichtlich in einer Tabelle dar. Ein Beispiel findet ihr hier.

- Tippt eure Tabelle am Computer. Präsentiert sie mit Hilfe von Beamer oder Mediaboard. Oder druckt die Tabelle auf Folie und nutzt einen Overheadprojektor.
- Präsentiert die Ergebnisse eurer Gruppe in einem kurzen Vortrag vor der Klasse.

Also, die Sonnabendausgabe der ‚Freien Presse' besteht aus fünf Büchern und hat insgesamt 54 Seiten. Die Ressorts …

Am Sonnabend ist die Zeitung immer besonders dick. Es gibt mehrere Sonderbeilagen, denn am Wochenende haben die Leute ja mehr Zeit zum Zeitunglesen. Vor allem Anzeigen …

Freie Presse
Sonnabend/Sonntag, 02/03. Februar 2013

1. Buch	Seite
Titelseite	1
Sachsen	2
Zeitgeschehen	3
Kommentar und Hintergrund	4
Politik	5
Wirtschaft und Börse	6–7
Aus aller Welt	8
2. Buch	**Seite**
Chemnitzer Zeitung	9
Chemnitzer Stadtteile	10, 11
Wohin heute	12, 13
Umland Chemnitz	14, 15
Anzeigen	16–19
Lokalsport	20
Sport	21, 22
3. Buch	**Seite**
Kultur und Service	A 1
Roman & Rätsel	A 2
Fernsehen & Radio am Samstag	A 3
Fernsehen & Radio am Sonntag	A 4
Ratgeber	A 5, 6
4. Buch	**Seite**
Auto & Verkehr	B 1
Anzeigen	B 2–5
Bauen & Wohnen	B 6
Anzeigen	B 7, 8
5. Buch (Sonderbeilage)	**Seite**
Reise & Erholung	C 1–3
Anzeigen	C 4
Beruf & Ausbildung	C 5
Anzeigen	C 6–9
Haus, Garten, Freizeit	C 10

6 Führt ein Klassengespräch:

- Was fällt am Aufbau der Zeitung im Laufe der Woche auf? Was ist an jedem Tag gleich, welche Unterschiede gibt es?
- Wie lest ihr Zeitung? Was lest ihr immer zuerst? Und wie findet ihr euch zurecht?

7 Stellt in der nächsten Woche für eure Klasse eine **Wandzeitung** zusammen:

- Bildet dazu Redaktionsteams, die jeweils für ein bestimmtes Ressort verantwortlich sind.
- Jedes Team erhält einen festen Platz an der Pinnwand und kennzeichnet ihn mit einer Seitenüberschrift.
- Wählt für euer Ressort interessante Beiträge aus der Zeitung aus, schneidet sie aus und pinnt sie an die Wand.
- Aktualisiert eure Wandzeitung regelmäßig: Ersetzt veraltete Beiträge durch neue.

Texte erschließen und verstehen

→ Nachrichten recherchieren

In der Heimatzeitung wird ausführlich darüber berichtet, was in eurer Umgebung passiert. Für die lokale Berichterstattung sind die Lokalredakteure zuständig. Sie sind viel unterwegs, um direkt vor Ort zu recherchieren, d.h. Informationen zu sammeln.

1 Hier findet ihr Fotos vom Arbeitsablauf in einer Lokalredaktion. Beschreibt, welche Tätigkeiten ihr erkennen könnt.

2 Ordnet die folgenden Sätze den sechs Fotos zu. Notiert z.B.: *Foto 1: d).* Lest euch dann den Text in der richtigen Reihenfolge vor.

a) Das Ergebnis der Besprechung wird in den Terminplan eingetragen. So hat die Redaktion immer einen Überblick, wer auf welcher Veranstaltung ist.

b) Zurück in der Redaktion geht die Arbeit am Computer weiter. Die Redakteurin schreibt ihren Text. Sie wählt die Digitalfotos am Monitor aus und textet die Bildunterschriften. Sie speichert alles im Zentralcomputer ab.

c) Vor Ort wird recherchiert. Die Redakteurin sammelt Informationen, interviewt z.B. Leute. Sie achtet auf interessante Hinweise und macht sich Notizen …

d) Jeden Morgen bespricht das Redaktionsteam die Termine für den Tag.
- Worüber soll berichtet werden?
- Wer fährt wohin?
- Wie lang sollen die Artikel werden?

e) Fotos zur Dokumentation und zur Veranschaulichung werden mit der Digitalkamera gemacht.

f) Dann geht es los. Die Lokalredakteurin fährt zu ihrem ersten Termin.

1

2

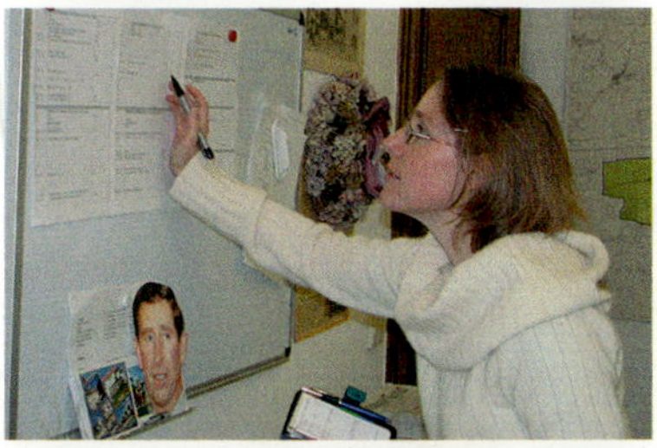

3

4

5

6

Nachrichten aus Deutschland und der Welt

Zur Berichterstattung in der Heimatzeitung gehören auch Nachrichten aus Deutschland und der Welt. Solche Meldungen kaufen die Redaktionen in der Regel bei den großen *Nachrichtenagenturen* ein, die Reporter in aller Welt beschäftigen.
Eine wichtige Nachrichtenagentur in Deutschland ist z. B. *dpa (Deutsche Presse-Agentur)* oder in den USA z. B. *ap (associated press)*. Texte und Fotos gelangen hauptsächlich über Nachrichten-Satelliten zu den Redakteuren.
Im Internet kann jedermann rund um die Uhr die allerneuesten Nachrichten lesen: Sogenannte Nachrichtenticker werden von vielen Onlinezeitungen angeboten.

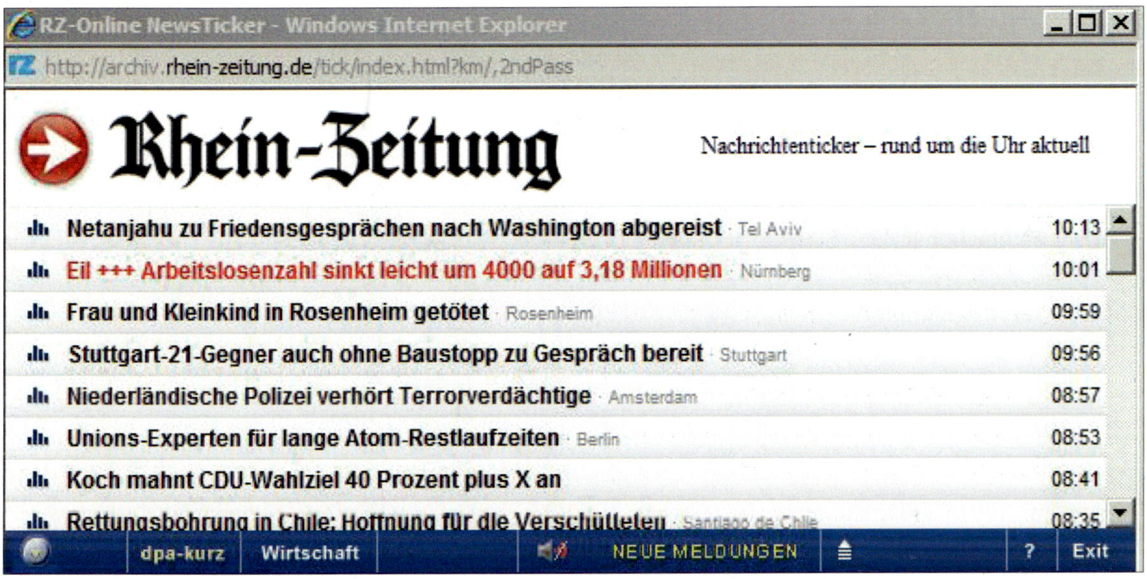

3 Seht euch diesen Ausschnitt aus einem Nachrichtenticker an:
- Welche Nachrichtenagentur hat die Meldungen verbreitet?
- Beschreibt, wie der Nachrichtenticker aufgebaut ist.
- Ordnet sechs Meldungen den Ressorts **Politik** und **Wirtschaft** zu.
- Worum geht es in den anderen beiden Meldungen?
- **Warum ist eine Meldung rot gekennzeichnet? Stellt Vermutungen an.**
- **Ordnet die Meldungen Deutschland, Europa, Asien und Südamerika zu.**

4 Sucht im Internet unter „Nachrichtenticker" oder „Newsticker".
- Ruft verschiedene Adressen auf. Versucht es zum Beispiel unter:

  http://newsticker.sueddeutsche.de
  http://www.stern.de/news2
  http://newsticker.welt.de
  http://www.focus.de/politik/schlagzeilen
  http://www.rhein-zeitung.de/nachrichten/ticker.html

- Vergleicht die Nachrichten, die gerade aktuell verbreitet werden.
  Prüft, ob es sich um dieselben oder um unterschiedliche Meldungen handelt.
- Wie bewertet ihr die Ergebnisse?

Entdeckungen: Print-medien

Texte erschließen und verstehen

→ Überprüfe dein Wissen und Können

1 Welche Erklärung gehört zu welchem Fachbegriff?

a) Zeitung
b) Zeitschrift
c) Abo-Zeitung
d) Boulevardzeitung
e) Ressort
f) Aufmacher
g) Sonntagszeitung
h) dpa
i) Nachrichtenticker

1 Hierbei handelt es sich um eine Nachrichtenagentur. Der volle Wortlaut der Abkürzung lautet Deutsche Presse-Agentur.
2 Sie erscheint täglich oder wöchentlich. Sie ist meist auf großen Seiten aus einfachem Papier gedruckt und nicht zusammengeheftet. Sie informiert hauptsächlich über das aktuelle Tagesgeschehen, z. B. über Sportereignisse, Politik, Wirtschaft ...
3 Dort kann man im Internet rund um die Uhr die allerneuesten Nachrichten lesen. Diesen Service bieten viele Online-Zeitungen an.
4 Diese Zeitung erscheint nur am Sonntag.
5 Sie erscheint wöchentlich, vierzehntägig oder monatlich. Sie hat kleinere, geheftete Seiten und ist meist auf höherwertigem (glänzendem) Papier gedruckt. Häufig informiert sie über spezielle Themen oder Sachgebiete.
6 Viele Leute haben eine Tageszeitung abonniert und bekommen diese jeden Morgen ins Haus geliefert.
7 Die Texte, Bilder und Grafiken werden nach Sachgebieten geordnet, z. B. nach Politik, Wirtschaft, Kultur ...
8 Sie werden in der Regel nicht abonniert, sondern nur im Einzelverkauf angeboten.
9 Das ist die dickste Schlagzeile.

2 Ordne die folgenden Schlagzeilen der entsprechenden Zeitungskategorie zu. Lege dir dazu eine Tabelle an.

Straßenverkaufszeitung	Abonnementzeitung
???	???

a) Startsignal für Kino-Neubau
b) Riesige Killerwale bedrohen entsetzte Urlauber
c) Zeitzeugen-Projekt an Chemnitzer Schulen
d) Mittweidaer stellen Fahrradneuheit vor
e) Erneuter Skandal in der Horror-Kita
f) Quizmaster nach Show gefeuert
g) Motorrad-Weltmeister engagiert sich für den Sachsenring
h) Zehntausende Polizisten jagen Terror-Brüder
i) Bundestag lehnt Frauenquote ab

Schreiben und Präsentieren

→ Journalistische Textsorten und ihre Merkmale kennen

Nachrichten in Kurzform – Meldungen

In der Tageszeitung nehmen Nachrichten einen breiten Raum ein. Die journalistische **Textsorte** Nachricht kommt in zwei Formen vor: als **Meldung,** das ist eine Nachricht in Kurzform, und als **Bericht**, das ist eine Nachricht in der längeren Form.

1 Worum geht es in den folgenden Meldungen? Welche Meldung ist von lokalem, regionalem oder internationalem Interesse?

Europäische Union

An Tieren getestete Kosmetika verboten

Brüssel. An Tieren getestete Kosmetika sind ab sofort EU-weit verboten. Der Bann betrifft alle Produkte, egal, ob sie aus der EU oder aus Nicht-EU-Staaten stammen. Das teilte die EU-Kommission in Brüssel gestern mit. Bisher gab es Ausnahmen für solche Mittel, die auf besonders komplizierte Nebenwirkungen hin erprobt wurden. Tierversuche mit fertigen Schönheits- und Pflegemitteln sind in der EU schon seit 2004 verboten. Seit 2009 dürfen auch einzelne Inhaltsstoffe nicht mehr an Tieren getestet werden. Die Staffelung sollte der Industrie Zeit lassen, um andere Testmethoden zu entwickeln. Das Verbot gilt nur für Inhaltsstoffe, die ausschließlich in Schönheits- und Pflegemitteln enthalten sind. [...]

Stollberg

Polizei sucht Weihnachtsschmuck

Räuchermänner, Nussknacker und Weihnachtsengel stehen seit Wochenbeginn auf der Suchliste der Polizei im Erzgebirge. Diebe haben aus einer Villa in Stollberg eine große Sammlung erzgebirgischer Volkskunst gestohlen. Auch mehrere Weihnachtspyramiden sind verschwunden und selbst gebastelte Weihnachtsberge leer geräumt. Wie die Polizei gestern mitteilte, gehörte die liebevoll gestaltete folkloristische Sammlung dem Besitzer des Hauses, der aber inzwischen verstorben ist. Ein Verwandter kümmert sich um das verlassene Haus und entdeckte jetzt den Einbruch. Die Beute hat einen Wert von etwa 3000 Euro. (oec)

Dresden

Zwei Millionen Euro für Verkehrsprojekte

Für vier regionale Infrastrukturprojekte hat der Freistaat mehr als zwei Millionen Euro bewilligt. Diese Projekte seien vor allem für den Tourismus wichtig, erklärte Wirtschaftsminister Sven Morlok (FDP) in Dresden. So bekommen Niederwiesa (Mittelsachsen) 731775 Euro und Nossen (Kreis Meißen) 467658 Euro für den Straßenausbau. Ehrenfriedersdorf im Erzgebirge erhält 641250 Euro für die Neugestaltung eines Parkplatzes. Zudem fließen in den rechtsseitigen Ausbau des Elberadweges bei Pirna (Schweiz-Osterzgebirge) 320945 Euro.

2 Beschreibt die Sprache, in der Meldungen geschrieben werden.

3 Welche Adjektive passen eurer Ansicht nach am ehesten, um die Sprache von Meldungen zu beschreiben?
gefühlvoll – sachlich – unsachlich – informativ – umgangssprachlich – schriftsprachlich

4 Untersucht, welche W-Fragen die Meldung aus Stollberg beantwortet. Macht euch Notizen und tauscht die Ergebnisse aus. 46

5 Untersucht auch die beiden anderen Meldungen mit Hilfe der W-Fragen. 46

Dreister Diebstahl in Schulsporthalle

Wolfsburg. Einen Laptop, drei Mobiltelefone und einen MP3-Player im Wert von 1 500 Euro erbeuteten unbekannte Täter in der Turnhalle der Eichendorffschule. Die dreiste Tat ereignete sich bereits am Freitag. Die Diebe schlichen sich unbemerkt in die Umkleidekabine, während die Schüler am Sportunterricht teilnahmen.

Rettungsaktion für Kumpel in Chile gestartet

Santiago de Chile (dpa). Mit Hilfe eines Bohrkopfes aus Deutschland ist die mehrmals verschobene Rettungsaktion für die 33 in einer chilenischen Mine eingeschlossenen Bergleute endlich angelaufen. Jeden Tag wird sich der Spezialbohrer „Strata 950" 8 bis 15 Meter tiefer ins Gestein fressen.

Weniger Arbeitslose in Niedersachsen

Hannover. Die Arbeitslosenzahl in Niedersachsen ist im August wieder gesunken. Insgesamt wurden 294 384 Erwerbslose gezählt – im Vergleich zum Juli war das ein Rückgang um 2,5 Prozent, im Jahresvergleich waren es 4,1 Prozent weniger. Das teilte die Bundesagentur für Arbeit am Dienstag in Hannover mit.

6 Worum geht es in diesen drei Meldungen?
- Welche Meldung findet ihr im Nachrichtenticker auf Seite 43 wieder?
- **Welche Meldung ist von lokalem, regionalem oder internationalem Interesse?**

43

7 **Welche Gemeinsamkeiten im Aufbau dieser drei Meldungen kannst du feststellen?**

8 **Welche der folgenden Merkmale passen deiner Ansicht nach am besten, um Meldungen zu beschreiben?**

→ ***kurze und informative Texte mit gleichbleibendem Aufbau***
→ ***lange und gefühlsbetonte Texte mit unterschiedlichem Aufbau***

M

Nachrichten in Kurzform: Meldungen

Meldungen informieren die Leser über aktuelle Ereignisse von allgemeinem Interesse. Sie werden möglichst sachlich formuliert. Meldungen beantworten immer einige der **sechs W-Fragen:**

1. **Was** ist geschehen?
2. **Wer** war daran beteiligt?
3. **Wann** ist es geschehen?
4. **Wo** ist es geschehen?
5. **Warum** ist es geschehen?
6. **Wie** ist das Ganze ausgegangen?

9 Nachrichtentexte sollen die Aufmerksamkeit der Leser erregen.
- Welche dieser drei Meldungen erregt euer Interesse am meisten?
- Begründet eure Einschätzung.

10 Untersucht auch diese drei Meldungen mit Hilfe der W-Fragen.

Schreiben und Präsentieren

→ Das Wichtigste zuerst: Zeitungsberichte

Dachzeile →

Martin-Luther-Straße

Schlagzeile →

Falscher Zebrastreifen

Untertitel →

Jugendliche malten nachts Zebrastreifen auf

Lead (Vorspann) →

Wolfsburg. Diese Randalierer waren besonders kreativ: In der Nacht zu Sonntag malten Jugendliche einen täuschend echten Zebrastreifen auf die Martin-Luther-Straße. Als sie daneben ein geklautes Schild aufstellen wollten, wurden sie von der Polizei überrascht.

Foto mit Bildunterschrift (Spalte rechts) →

Jugendliche hatten in der Nacht zu Sonntag in der Martin-Luther-Straße einen Zebrastreifen aufgemalt.

zweispaltiger Fließtext →

Die Polizisten auf Streife fuhren gegen 1:50 Uhr auf der Martin-Luther-Straße und beobachteten dort mehrere Personen, die vor ihnen die Flucht ergriffen. Nachdem die Beamten einen 17-Jährigen schnappten und sich die Fahrbahn näher anschauten, wussten sie, warum die Unbekannten Reißaus nahmen: Auf der Fahrbahn war in weißer Farbe ganz frisch ein Zebrastreifen aufgemalt. Außerdem waren die Täter offensichtlich dabei gestört worden, auch noch ein Schild „Fußgängerüberweg" aufzustellen. Das hatten sie zuvor am Walther-Flex-Weg gestohlen. Zum fachgerechten Aufbau des Schildes hatten die Täter bereits Vorbereitungen getroffen.

Die Polizei ermittelt jetzt gegen die „Maler" unter anderem wegen Sachbeschädigung.

1 Gebt mündlich wieder, worum es in diesem Zeitungsbericht geht.

2 Bringt die Informationen in die Reihenfolge, die zum Bericht passt.

a) Unbekannte flüchtig, 17-Jähriger geschnappt
b) Ermittlung wegen Sachbeschädigung
c) Frisch gepinselter Zebrastreifen
d) Gestohlenes Verkehrsschild
e) Polizeistreife beobachtet Personengruppe

3 Macht euch Notizen:

- Welche Redaktion hat hier recherchiert?
- Warum war ihr wohl die Nachricht einen etwas längeren Bericht wert?
- Welche Funktion hat das Foto für den Leser?
- Nennt Stellen im Bericht, die umgangssprachlich formuliert sind. Wie wirken diese Formulierungen auf euch?

4 Zeitungsberichte haben sehr oft einen bestimmten Aufbau – so auch dieser Bericht. Beschreibt den Aufbau mit Hilfe der Fachwörter am Rand.

5 Untersucht, welche Antworten auf die W-Fragen bereits die Überschriften und der Lead geben.

6 Das Schaubild rechts zeigt den Aufbau von Zeitungsnachrichten im sogenannten **Lead-Stil.**
Erklärt euch diesen Aufbau.
- Welche Vorteile hat der Lead-Stil für die Leser?
- Weist nach, dass der Bericht *Falscher Zebrastreifen* im Lead-Stil geschrieben ist. 47
- **Prüft, ob die Meldungen auf Seite 45–46 ebenfalls im Lead-Stil verfasst sind.** 45–46

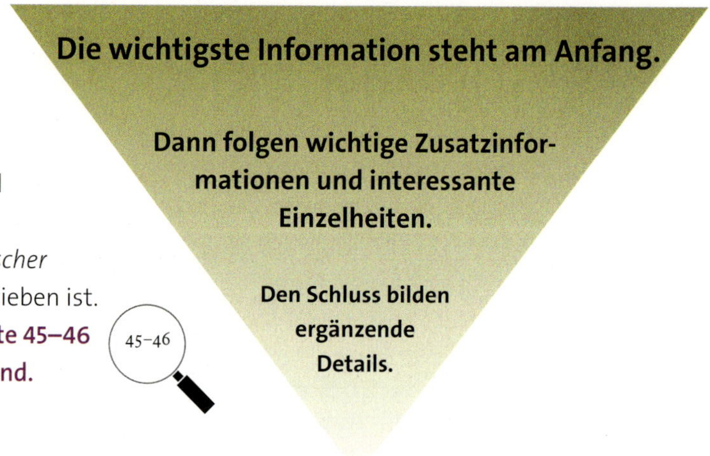

M

Zeitungsberichte

Zeitungsberichte sind Nachrichten, die den Leser ausführlicher informieren. Merkmale von Zeitungsberichten sind:
- die **Schlagzeile**, die durch die **Dachzeile** und den **Untertitel** ergänzt werden kann;
- der fett gedruckte **Vorspann** (Lead), der wichtige W-Fragen beantwortet;
- der mehrspaltige **Fließtext** im Lead-Stil, der dem Prinzip „Das Wichtigste zuerst" folgt;
- die insgesamt sachliche Sprache;
- ergänzende Fotos, die als Blickfang und Aufmerksamkeitserreger dienen.

7 Kürze den Bericht *Falscher Zebrastreifen* auf eine kurze Nachricht von 50 bis 60 Wörtern.
Wichtige Sätze kannst du aus dem Bericht übernehmen.
Achte auf das Prinzip: **Das Wichtigste zuerst**.

8 **In welcher Art von Zeitung könnte wohl folgender Text stehen?**
Schreibe eine passende Schlagzeile auf.

Schulzentrum Nord (7c). Die beliebten Salzbrezeln sind ab sofort wieder im Schulkiosk erhältlich. Der Verkauf war vor drei Wochen wegen Lieferschwierigkeiten eingestellt worden. Hausmeister Werner Jäkel: „Jede Pause kamen Schüler und fragten nach den Brezeln. Jetzt habe ich einen neuen Lieferanten gefunden und gleich 500 Stück bestellt." Erste Test-Käuferinnen beurteilten die Qualität der Brezeln: „Knusprig und salzig, einfach lecker!"

9 **Was könnt ihr aus eurer Schule oder auch über das Freizeit- und Kulturangebot eures Wohnortes berichten?**
- **Achtet auf den richtigen Aufbau: Das Wichtigste zuerst.**
- **Lest anschließend eure Berichte vor.**

Zu Besuch in der Lokalredaktion

Neues aus dem Schülerrat

Beachvolleyballfeld eingeweiht

Jugendbuchautoren in unserer Stadt zu Gast

...

Schreiben und Präsentieren

→ Einen Zeitungsbericht überarbeiten

Neben ausgebildeten Redakteuren schreiben auch freie Mitarbeiter für die Zeitung, z. B. auch Schüler und Studenten. Da kann es vorkommen, dass ein Bericht überarbeitet werden muss, bevor er in der Zeitung abgedruckt werden kann.

1 Der folgende Bericht entspricht nicht ganz den Regeln, die für einen Zeitungsbericht gelten. Lest ihn zunächst einmal aufmerksam.

Viel Spaß im Winter

Zu allgemein! Neue Schlagzeile und Untertitel finden!

Birkenbüttel. Bei dem zurzeit herrschenden ekligen Dauerfrost konnte sich Polizeiobermeister Andreas Müller, liebevoller Vater von drei reizenden Kindern, einen lang gehegten Wunsch erfüllen. Zur Freude seiner jubelnden Familie legte der nette 50-Jährige im gepflegten Garten seines hübschen Wohnhauses am verträumten Ortsrand von Birkenbüttel eine eigene Eisbahn an.

Viel zu viele Adjektive! Sachlicher!

Müller erinnert sich daran, wie die Kinder aus den Dörfern früher im Winter auf den überschwemmten und gefrorenen Wiesen Schlittschuh laufen konnten. Die Idee, selbst eine Eisbahn im Garten zu bauen, hatte Müller schon länger. Als Müller von seinen Kindern Amelie (18), Alexander (14) und Alissa (12) immer mehr bestürmt wurde, gab sich Müller einen Ruck. Müller legte in seinem Garten eine 250 Quadratmeter große Eisfläche an: „Ich habe das Gefälle der Wiese hinter unserem Haus etwas ausgeglichen, eine 10 mal 25 Meter große Folie im Landwirtschaftshandel gekauft und die Ränder der Fläche abgesteckt."

Müller, Müller! Andere Bezeichnungen finden, z. B.: Familienvater ...

Die Birkenbütteler sind dann auch rundum begeistert von der Initiative ihres Nachbarn, zumal bei dieser Eisfläche keine Einbruchgefahr besteht. Ortsbürgermeister Kruse lobt das Engagement von Müller: „Er denkt immer auch an die Dorfgemeinschaft."

Falsche Reihenfolge!

Der anstrengenden Arbeit folgte schnell die Belohnung. „Weil die Wasserfläche auf der Folie viel flacher als in einem Teich ist, war sie innerhalb kurzer Zeit zugefroren", erklärt der Familienvater, „schon nach wenigen Tagen war das Eis fest und die Kinder konnten eislaufen." Mutter Anja berichtet: „Also, zunächst habe ich die Aktivitäten meines Mannes recht skeptisch beäugt, aber dann hat mich schließlich die Begeisterung meiner Kinder angesteckt. Jetzt drehe auch ich mit großem Vergnügen jeden Tag einige Runden auf dem Eis."

Viel zu lang! Wörtliche Reden kürzen oder zusammenfassend wiedergeben.

Bildunterschrift fehlt!

Ihren privaten Eisgarten nutzt die Müller-Family nicht nur im Familienkreis. Viele Kids aus der Nachbarschaft fahren total auf das allabendliche Eis-Event in Müllers Garten ab. Um die coole Stadionatmosphäre perfekt zu machen, stellte der Vater des Projekts sogar noch einen Scheinwerfer auf eine Leiter. Unter „Flutlicht" liefert sich nun die Dorfjugend bis acht Uhr abends geile Eishockeyspiele. Echt abgefahren!

Weniger englische Wörter!
Keine Jugendsprache!
Sachlich bleiben!

2 Warum sollte im Lokalteil über dieses Ereignis berichtet werden?

3 Am Rand des Textes findet ihr Kritikpunkte, die ein Redakteur zur Überarbeitung des Berichtes angemerkt hat. Setzt euch mit diesen Hinweisen auseinander.

4 Überarbeitet den Bericht nun jeweils in Gruppen. Stellt euch dann eure Ergebnisse vor.

5 Schreibe einen Zeitungsbericht über ein interessantes Ereignis aus deiner Umgebung, z. B. über ein Fußballspiel, ein Konzert, ein Stadtteilfest, die Einweihung der Skaterbahn, die Wochenendfahrt mit der Jugendgruppe ...

6 Überprüfe deinen Bericht mit Hilfe der folgenden Checkliste.

Checkliste

- ✓ Ich habe eine interessante Schlagzeile und einen informativen Untertitel formuliert.
- ✓ Der Lead ist kurz und sachlich und enthält die wichtigsten Informationen.
- ✓ Mein Bericht befolgt das Prinzip „Das Wichtigste zuerst".
- ✓ Für die Personen habe ich unterschiedliche Bezeichnungen gefunden.
- ✓ Mein Bericht ist insgesamt sachlich geschrieben.
- ✓ Umgangs- und Jugendsprache habe ich vermieden.
- ✓ Ich habe Adjektive und wörtliche Reden sparsam eingesetzt.
- ✓ Zu meinem Bericht gehört ein Foto mit einer erläuternden Bildunterschrift.

Tipp:
Schreibt und gestaltet eure Zeitungsberichte am Computer. Präsentiert sie dann anderen zum Lesen, z. B. auf der Schulhomepage oder als Wandzeitung. Oder gestaltet eine eigene Klassenzeitung. Anregungen findet ihr auf Seite 186–195 im Kapitel *Unsere Zeitung*.

186–195

Schreiben und Präsentieren

→ Nachrichten kommentieren – Meinungen bilden

Im Februar 2013 wurde in den Medien tagelang darüber berichtet, dass in Fertigprodukten, wie z. B. Lasagne, Pferdefleisch enthalten ist.

Augsburger Allgemeine 15. Februar 2013, 14:42 Uhr

Kommentar

Harte Strafen für Rosstäuscher

Von Sonja Krell

Dem Großteil der Verbraucher treibt allein die Vorstellung, sich ein Stück Pferd auf der Zunge zergehen zu lassen, einen Schauer über den Rücken. Dass Zehntausende Packungen Pferdefleisch in den Handel gelangt sind, ist ein Problem. Der eigentliche Skandal jedoch besteht darin, dass es als Rind etikettiert war.
Der Kunde kann zu Recht erwarten, dass das, was auf der Verpackung steht, auch darin steckt. Wer Waren falsch deklariert, begeht kein Kavaliersdelikt, sondern systematischen Betrug am Konsumenten. Der Ruf, die Lebensmittelkontrollen nun zu verschärfen, greift allerdings zu kurz. Zum einen ist zweifelhaft, dass tatsächlich flächendeckende Tests stattfinden können. Zum anderen sind die Produkte längst verspeist, bis die Ergebnisse vorliegen. Vielmehr müssen harte Sanktionen her. Wer Verbraucher täuscht, handelt illegal – und muss das auch teuer bezahlen.
Klar ist aber: Solange der Großteil der Konsumenten nicht bereit ist, für gutes Essen auch gutes Geld zu bezahlen, wird es für die Industrie interessant sein, minderwertige Rohstoffe einzusetzen. Für 1,25 Euro lässt sich keine hochwertige Tiefkühl-Lasagne herstellen – schon gar nicht mit Rindfleisch.

1 Was ist euch beim ersten Lesen besonders deutlich in Erinnerung geblieben?

2 Inhaltlich kann man diesen Kommentar in drei Teile gliedern. Macht Vorschläge.

3 Setzt euch nun detaillierter mit dem Kommentar auseinander.
- Was war der Anlass zu diesem Kommentar?
- Welche Meinung vertritt die Redakteurin dazu?
- Nennt sprachliche Gestaltungsmittel, durch die sie ihre Meinung zum Ausdruck bringt.

4 Der Kommentar besteht aus drei Teilen.
Der Redakteur
- benennt das Problem,
- nimmt Stellung zum Problem,
- verallgemeinert und zieht Schlussfolgerungen.

Sucht im Kommentar oben die betreffenden Zeilen dazu heraus.

5 Kommentare haben in Zeitungen bestimmte Funktionen. Lest dazu den Merkkasten rechts und macht dann noch einmal die Funktion des Kommentars von Sonja Krell deutlich.

Kommentare

Kommentare in Zeitungen beziehen sich auf ein vorher genanntes Ereignis, also zum Beispiel auf eine Meldung oder einen Bericht. Die Verfasser von Kommentaren bringen darin ihre persönliche Meinung zu einem bestimmten Ereignis zum Ausdruck.

Kommentare können das Ereignis deuten, werten oder Zusatzinformationen und Hintergründe dazu vermitteln. Das geschieht meist zu bestimmten und allgemein bekannten Themen, wie z. B. aktuelle Ereignisse aus Wirtschaft, Sport, Kultur und Alltag.

M

Schreiben und Präsentieren

→ Eine Reportage untersuchen

AUTOBAHNPOLIZEI IN NRW

Raser im Sucher

Jörg Isringhaus

Düsseldorf. Mit einem speziell ausgerüsteten Mercedes überwachen Beamte der Autobahnpolizei täglich ein riesiges Gebiet. Ihre Aufgabe: extreme Raser aus dem Verkehr zu ziehen. Ein harter Job.

Der belgische Geschäftsmann bleibt gelassen. „Es bringt doch nichts, zu diskutieren“, sagt er in fast fehlerfreiem Deutsch und zuckt mit den Achseln. So ist das eben im Leben, mal gewinnt man, mal verliert man. In diesem Fall 67,60 Euro fürs Telefonieren mit dem Handy während der Fahrt. Bearbeitungsgebühr inklusive. „Bei uns zu Hause zahlt man aber weniger“, behauptet der Belgier. „Das glaube ich nicht“, entgegnet Peter Bischoff.

Der 55-jährige Polizeioberkommissar hat den Verkehrssünder auf der A 4 bei Köln erwischt, gemeinsam mit Polizeimeister Michael Hettinger (40). Beide gehen betont freundlich mit dem Vieltelefonierer um. Aggressionen lassen sie gar nicht erst aufkommen, signalisieren sofort Gesprächsbereitschaft. Der Belgier bedankt sich sogar noch für den netten Knöllchen-Plausch. „Rund 80 Prozent der Betroffenen reagieren angenehm, etwa zehn Prozent verhalten sich neutral und die restlichen zehn Prozent werden rüde“, sagt Hettinger. Wer trennt sich schon gerne von seinem geliebten „Lappen“? Denn die beiden Beamten der Autobahnpolizeiinspektion West ahnden keine Kavaliersdelikte, sondern schwere Verstöße gegen die Straßenverkehrsordnung.

Mit ihrem serienmäßigen Mercedes 320 CDI (165 kW/224 PS, ausgestattet mit dem „Proof Video Data System“ ProViDa 2000) verfolgen sie diejenigen, die Abstände nicht einhalten, die unerlaubt überholen oder sich auf dem Seitenstreifen am Stau vorbeischummeln. Vor allem aber jagen sie Raser. Tempo-Junkies, die mindestens 30 Kilometer über dem angegebenen Limit fahren. „Wir sind hauptsächlich auf Fahrverbote für gefährliche Raser aus“, sagt Bischoff ganz deutlich. Alles andere lohne diesen hohen Aufwand nicht.

Ein schwarzer Audi A6 Avant schießt an dem Mercedes vorbei. Nicht nur für diesen regnerischen, nebligen Dezembertag viel zu schnell. Die Polizisten, die immer wieder im Verkehrsstrom mitschwimmen, bis sich ein potenzieller[1] Kandidat findet, hängen sich an den Audi. Jetzt beginnt ein technisch ausgetüfteltes wie kniffliges Prozedere[2]. Über eine Strecke von 300 Metern müssen die Beamten den Vorausfahrenden messen, dabei möglichst denselben Abstand einhalten. Sonst ist die ermittelte Geschwindigkeit ungenau und das von der Kamera in der Frontscheibe aufgezeichnete Video vor Gericht anfechtbar.

[1] möglicher
[2] Verfahren

Hettinger fährt, sagt: „Los!“ Beifahrer Bischoff drückt eine Taste am Bildschirm vor ihm, das System misst. Der Audi muss bremsen, weil sich ein Wagen vor ihn schiebt. „War nichts“, sagt Hettinger. Noch mal. Auf eine gute Gelegenheit warten. Der 40-Jährige gibt das Zeichen, Bischoff startet den Computer. Wieder nichts, der Audi fährt rund 140 km/h in einer 120 km/h-Zone. Zu wenig. Die Beamten wiederholen das Ganze noch zweimal, dann sagt Bischoff: „Wir brechen ab. Zu schlechtes Wetter, zu viel Verkehr.“ Tempo-Rowdies zu jagen, ist ein schwieriges Geschäft.

Deshalb hat Sicherheit höchste Priorität[3]. Höchstens zweimal die Woche muss ein Beamter mit dem Wagen raus. „Nach 350 zurückgelegten Kilometern pro Tag ist man abends schon müde“, sagt Bischoff. Vor jeder Dienstfahrt prüfen die Polizisten Profiltiefe und Reifendruck. Auch unterwegs geht Sicherheit vor, ob bei den erwischten Fahrern, die Hettinger und Bischoff auf den nächsten Parkplatz lotsen, oder bei den Beamten selbst. „In grenzwertigen Situationen brechen wir sofort ab“, erklärt Bischoff.

Unnötige Risiken vermeiden, das lernen die Beamten unter anderem bei dem für sie obligatorischen, alle zwei Jahre stattfindenden Fahrsicherheits-Training. Lernt man dabei auch, seine Augen wie einen Super-Zoom zu benutzen? Hettinger zumindest sieht beim Überholen mit Tempo 120, ob bei einem Fahrzeug der TÜV einen Monat abgelaufen ist. „Alles eine Frage der Übung“, relativiert er. Und scannt sofort wieder den Verkehr. Zeit für Anekdoten. Am schönsten ist die von den beiden Ferraris, die sich auf der Autobahn ein Rennen lieferten. Hettinger erwischte beide mit einer Messung: über 60 km/h zu schnell. Die Ferrari-Fahrer nahmen's sportlich: Vor Gericht begrüßten sie Hettinger lässig mit Handschlag. Entwischt eigentlich auch mal jemand? „Kann mich nicht erinnern“, grübelt Bischoff.

Vier bis zehn Anzeigen schreiben die Beamten pro Tag, betroffen sind meistens Männer. Aber ob Mann oder Frau – er bedauert, dass es kein echtes Unrechtsbewusstsein bei Verstößen gegen das Tempolimit gibt. „Warum halten Sie mich an, die fahren doch alle zu schnell“, bekomme er andauernd zu hören. Merkwürdig findet er das. Draußen rast ein Renault zu schnell in die Baustelle. Hettinger hängt sich dran.

[3] Vorrang

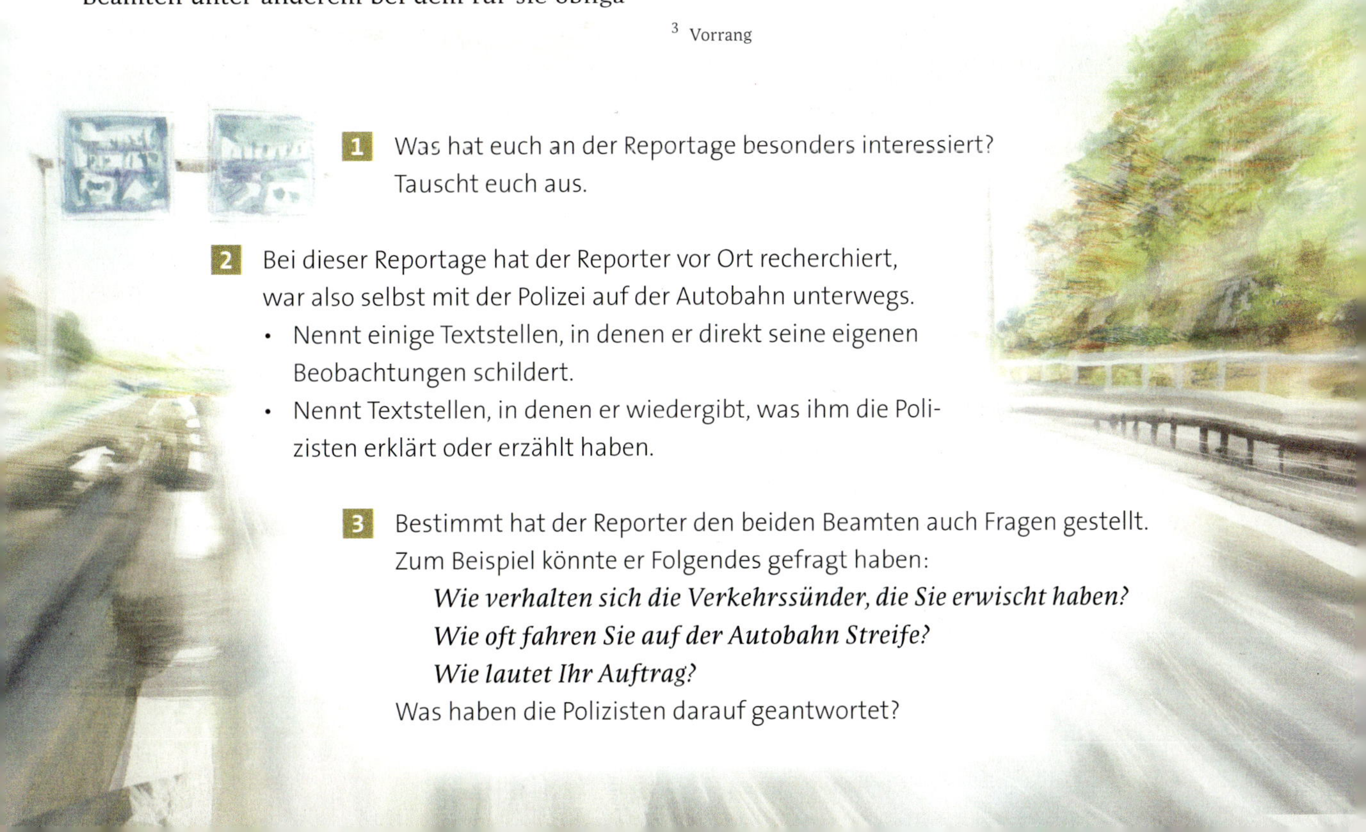

1 Was hat euch an der Reportage besonders interessiert? Tauscht euch aus.

2 Bei dieser Reportage hat der Reporter vor Ort recherchiert, war also selbst mit der Polizei auf der Autobahn unterwegs.
- Nennt einige Textstellen, in denen er direkt seine eigenen Beobachtungen schildert.
- Nennt Textstellen, in denen er wiedergibt, was ihm die Polizisten erklärt oder erzählt haben.

3 Bestimmt hat der Reporter den beiden Beamten auch Fragen gestellt. Zum Beispiel könnte er Folgendes gefragt haben:
Wie verhalten sich die Verkehrssünder, die Sie erwischt haben?
Wie oft fahren Sie auf der Autobahn Streife?
Wie lautet Ihr Auftrag?
Was haben die Polizisten darauf geantwortet?

4 Formuliert einige weitere Fragen, die der Reporter den Polizisten vermutlich gestellt hat.

5 Untersucht die sprachliche Gestaltung der Reportage.
- Welchen sprachlichen „Spannungsmacher“ wendet der Reporter an, um am Anfang der Reportage Spannung zu erzeugen?
- Macht ein kleines Experiment: Setzt von Zeile 45–71 probeweise die Verben in die Zeitformen der Vergangenheit. Was stellt ihr fest?
- Begründet, warum in der Reportage die Zeitform Präsens überwiegt.
- Untersucht den letzten Absatz der Reportage auf Äußerungen,
  ... die Sachliches mitteilen (informativ).
  ... die personenbezogen Gefühle, Befürchtungen ausdrücken (expressiv).
- Hat die Reportage ein offenes oder ein geschlossenes Ende? Begründet.

6 Lest den folgenden Text im Kasten Punkt für Punkt:
Sucht für jeden Punkt ein Beispiel in der Reportage „Raser im Sucher“.

M

Eine Reportage schreiben

Spannende Reportagen informieren die Leser in unterhaltender Weise nicht nur über spektakuläre Ereignisse wie Naturkatastrophen, Expeditionen oder Entdeckungen, sondern auch über interessante Themen aus unserem ganz „normalen“ Alltagsleben.

- Eine Reportage ist ein **tatsachenbezogener Erlebnisbericht,** der viele Sachinformationen enthält.
- Meistens berichten Reporter über Ereignisse, die sie selbst – live – **miterlebt** haben, in der Regel allerdings **nicht in der Ich-Form**.
- Reporter führen die Leser an den Schauplatz der Reportage, lassen sie das Geschehen hautnah miterleben, **zoomen** es dicht für sie heran.
- Die **Hauptzeitform der Reportage** ist das **Präsens**. Mit ihm wird das Geschehen ebenfalls herangezoomt.
- Reporter schildern auch **Atmosphärisches:** Gerüche, Geräusche, Farben, Details ...
- Beteiligte Personen, Zeugen, Experten kommen **direkt** und **indirekt zu Wort.**
- Mit Hilfe von **Fachsprache** stellen Reporter Dinge und Sachverhalte korrekt dar. Mit Hilfe von salopper **Umgangssprache** erzeugen sie eine dichte Atmosphäre.
- Reporter können die Ereignisse **kommentieren**, auch ihre **Gedanken** und **Gefühle** mitteilen.
- Die **Schlagzeile** soll die Aufmerksamkeit der Leser erregen.
- Der **Lead** informiert kurz über den Inhalt.
- Besonders wichtig ist ein **spannender Anfang,** der zum Weiterlesen verleitet. Viele Reportagen beginnen deshalb mit einer interessanten Einzelheit, die mitten in das Geschehen hineinspringt.
- Die Reportage lebt vom **Wechsel** zwischen sachlich informierenden und persönlich gefärbten Abschnitten, in denen das Thema die verbindende Klammer bleibt.
- Am Schluss der Reportage wird noch ein **letzter Höhepunkt** gesetzt.

Schreiben und Präsentieren

→ Notizen und Schreibplan für eine Reportage nutzen

1 „Geocaching“ ist ein spannendes Hobby, das eine Reportage wert ist. Lies den folgenden Text, um dich zunächst über das Thema zu informieren.

GPS-Gerät

Geocaching

(*geo* griech. *Erde* und *cache* engl. *geheimes Lager*, gesprochen: [ˌdʒiːoʊ̯kæʃɪŋ], in Deutschland zumeist [ˌgeːokɛʃɪŋ])

Geocaching, auch GPS-Schnitzeljagd genannt, ist eine Art elektronische Schatzsuche oder Schnitzeljagd. Die Verstecke (*Geocaches*, kurz *Caches*) werden anhand geografischer Koordinaten im Internet veröffentlicht und können anschließend mit Hilfe eines GPS-Empfängers gesucht werden. Ein Geocache ist in der Regel ein wasserdichter Behälter, in dem sich ein Logbuch sowie verschiedene Tauschgegenstände befinden. Jeder Besucher trägt sich in das Logbuch ein, um seine erfolgreiche Suche zu dokumentieren. Anschließend wird der Cache wieder an der Stelle versteckt, an der er zuvor gefunden wurde. Der Fund wird im Internet auf der zugehörigen Seite vermerkt. So können auch andere Personen – insbesondere der Verstecker – die Geschehnisse rund um den Geocache verfolgen.

Geocache: Behälter

Den **ersten Geocache** vergrub Dave Ulmer am 3. Mai 2000 in der Nähe der Stadt Portland im US-Bundesstaat Oregon an der Position 44° 17‘ 28“N, 122° 24‘ 48“W. Er bestand aus einem Plastikeimer mit CDs, einer Videokassette, Geldscheinen, einem Buch, einer Steinschleuder und einer Konservendose mit Bohnen. Anschließend veröffentlichte er die Koordinaten des Verstecks in der Newsgroup. Einen Tag nach der Veröffentlichung wurde es von Mike Teague als Erstem gefunden. Drei Tage später erstellte dieser eine private Website, auf der er die wachsende Anzahl an Verstecken und deren Koordinaten dokumentierte.

Geocache: Inhalt

Über 1,5 Mio. **aktive Caches** existieren heute weltweit laut der Datenbank des größten Geocache-Verzeichnisses *geocaching.com* (Stand: September 2011), davon befinden sich über 197 000 in Deutschland. Der erste Cache in Deutschland wurde am 2. Oktober 2000 von Ferenc Franke südlich von Berlin versteckt und trägt den Namen *First Germany*. Schätzungen zufolge begeben sich in Deutschland jedes Jahr rund 25 000 Menschen auf die GPS-Jagd.

Geocache: Versteck

2 Tausche dich mit anderen über den Spielverlauf, den ersten Geocache und die Verbreitung des Spiels in Deutschland aus.

Entdeckungen: Print-medien

3 Für eine Reportage über „Geocaching" braucht man nicht nur Sachinformationen, sondern unbedingt auch „Live"-Eindrücke. Deshalb haben Reporter zwei „Geocacher" begleitet. Lest ihre Notizen. Auf welchen Notizzetteln findest du Informationen über ...

a) ...Namen, Alter, Wohnort ...?
b) ... den Weg und die Suche nach dem Cache?
c) ... Beobachtungen zur Umgebung?
d) ... das Auffinden des Caches?
e) ... Zitate von Geocachern über ihr Hobby?

Zettel 1

Sophie (13) und Leon (14),
Schüler aus Weimar/Thüringen
Hobby: Geocaching, gehen mehrmals im Monat auf Schatzsuche, suchen im Internet ein Ziel in der Nähe
Was muss man als Geocacher können? Karten lesen, Rätsel lösen, GPS-Gerät beherrschen, gut zu Fuß sein

Zettel 2

Samstag, 11 Uhr Vormittag
Theaterplatz, mitten in Weimar
Leon und Sophie: feste Turnschuhe, GPS-Empfänger, Taschenlampe
Koordinaten eingeben und los:
durch Straßen der Altstadt, über Brücken, Treppen
dann Stadtrand, Wiesen, Hügel, Wald ...
laufen stundenlang, trotz kühlem Sommertag ins Schwitzen geraten,
immer wieder angestrengte Blicke auf das GPS
immer wieder Richtung kontrollieren:
beratschlagen: Da lang? Oder doch lieber dort entlang? Sophie: „Je schwieriger die Suche ist, desto mehr Spaß macht sie auch."

Zettel 3

Endlich! Versteckt hinter Gestrüpp:
der Eingang zu einer engen Höhle, drinnen dunkel, feucht, moderig
vorsichtig an Felswand entlangtasten
Sophie: „Hier muss es sein, aber wo?"
Leon: „Ich hab ihn!", zieht behutsam einen „Stein" unter Vorsprung hervor, schüttelt ihn, klingt hohl und dumpf
„Stein" täuschend echt aussehende Attrappe:
lässt sich aufschieben wie ein Kästchen
Inhalt: kleines Spielzeugauto, Bleistift,
Papierrolle, darauf steht „Dies ist ein Geocache, Teil eines weltweiten Spiels", Leon schreibt:
„Leon & Sophie" DfdC (Danke für den Cache) und tauscht das Auto gegen ein Plastikfigürchen,
Behälter wieder ins Versteck zurücklegen

Zettel 4

Leon: „Den meisten Spaß macht es, den Cache aufzuspüren. Aber ich freue mich auch jedes Mal, die Dose zu öffnen."
Sophie: „Man kommt an Orte, die man vorher nie besucht hat ... nur weil dort etwas versteckt ist."
Sophie: „Toll ist auch die Zusammengehörigkeit zwischen den Geocachern. Wir sind Teil von etwas, das nicht alle wissen."

4 **Nutze diese Notizen und den Sachtext auf Seite 55 für eine Reportage. Aber du musst nicht alle Informationen verwenden, sondern du kannst auswählen. Sieh beim Schreiben immer mal wieder auf die Tipps des Schreibplans auf der gegenüberliegenden Seite.**

Schreibplan

Tipp 1: Lass die **Schlagzeile** etwas reißerisch klingen, das erregt Aufmerksamkeit.

Tipp 2: Informiere im **Lead** kurz über das Ereignis, wichtige Personen, Ort und Zeit.

Tipp 3: Springe mit einem interessanten Detail mitten ins Geschehen hinein. So erzeugst du gleich am **Anfang** Spannung.

Tipp 4: **Informiere** eher sachbezogen über das Ereignis, ähnlich wie im Lead. Verwende auch Wörter, die das Geschehen bewerten: *spannend, richtig gut ...*
Lass Experten oder Zeugen zu Wort kommen und füge wörtliche Reden ein.

Tipp 5: **Unterhalte** deine Leser mit weiteren interessanten Einzelheiten.
Zoome das Geschehen für die Leser dicht heran: Schildere anschaulich, was man in der Umgebung wahrnehmen kann: Gerüche, Geräusche, Farben.
Charakterisiere die Hauptperson(-en).
Lass sie direkt oder indirekt zu Wort kommen.
Kommentiere das Gesagte.

Tipp 6: Gib weitere **Sachinformationen** zum Ereignis, zu der/n Hauptperson/en.
Füge auch hier wieder wörtliche Reden ein.

Tipp 7: Zoome zum **Schluss** das Geschehen noch einmal heran: mit der Schilderung einer Detailbeobachtung und/oder einem besonderen Zitat, das in die Zukunft verweist

Tipp 8: Und für alles gilt: Hauptzeitform ist das **Präsens!**

5 Schreibe mit Hilfe des folgenden Textgerüstes eine Reportage. Die Informationen, die du dafür benötigst, findest du auf Seite 55–56.
Natürlich musst du nicht alles verwenden, sondern du kannst auswählen.
Sieh beim Schreiben auch immer mal wieder auf die Tipps im Schreibplan oben.

55–56

Moderne Schatzsucher

Beim „Geocaching“ muss man Karten lesen, ... Sophie und Leon aus Weimar können das richtig gut. Die beiden Jugendlichen sind ...

„Ich hab ihn“, ruft Leon plötzlich und zieht behutsam einen „Stein“ unter einem Vorsprung hervor. Vorsichtig schüttelt er ihn. ...

Geocaching heißt diese wundersame Art der Beschäftigung. Sie ist eine Art moderner Schnitzeljagd. Das Wort „Geo“...

Um 11.00 Uhr treffen sich Sophie und Leon am Theaterplatz in Weimar. Sie geben die Koordinaten in das GPS-Gerät und los geht's. ...

Nun stehen die beiden Schüler in einer engen Höhle. Den ganzen Tag haben sie auf diesen Moment gewartet. Dunkel ist es hier ...

Mehrmals im Monat machen sich Sophie und Leon auf die Suche nach ... Dazu brauchen sie nur ...

Suche per GPS klingt einfach. Doch meist führt der Weg querfeldein. Und selbst am Fundort ist der Cache ...

Zwei Dinge gefallen der 13-Jährigen an diesem Hobby: ...

Leon macht es zwar am meisten Spaß, ... „Aber ich freue mich auch ...“

„DfdC“ schreibt Leon. Das steht für ... Eine Abkürzung, die nur echte Geocacher verstehen.

6 Stellt eure Reportagen in der Schreibkonferenz vor und überarbeitet sie. Nutzt dafür die Checkliste auf Seite 58.

→ Als Reporter unterwegs: Recherchieren – Schreiben – Präsentieren

1 Sammelt Ideen für eigene Reportagen. Überlegt, was und wo ihr recherchieren möchtet.

Die Recherche vorbereiten

- Wichtig! Für viele Recherchen müsst ihr vorher das Einverständnis der betroffenen Personen, Firmen, Vereine ... einholen und einen Termin für die Recherche vereinbaren (per Telefon, Brief, Fax, E-Mail).
- Sich vorab informieren (Fachbücher, Lexika, Internet, Prospekte ...).
- Fragen formulieren, die ihr stellen möchtet.
- Sich überlegen, wie die Informationen festgehalten werden sollen (Notizblock, Kamera, Rekorder, Camcorder). Technische Geräte vorher ausprobieren!
- Absprechen, wer welche Aufgabe übernimmt.

Rechercheergebnisse auswerten

- Notizen zusammentragen, sortieren und vervollständigen: Was ist bei euch besonders „hängengeblieben“? Das ist vermutlich auch für andere interessant. Woran erinnert ihr euch sonst noch?
- Entscheiden, was ihr von den Notizen in der Reportage verwenden wollt.

56

2 Überarbeitet eure Reportagen in einer Schreibkonferenz. Präsentiert sie in der Schülerzeitung, auf der Schulhomepage oder auf Facebook. Auch viele Tageszeitungen haben ein Online-Angebot für Schüler.

Anregungen für eine Recherche

→ live dabei beim Fußballspiel, beim Basketballfinale, beim Judo-Training ...
→ ein Tag auf dem Reiterhof, dem Bahnhof, im Freizeitpark, Einkaufszentrum, Zoo ...
→ unterwegs mit der Jugendfeuerwehr, dem Sportverein, der Konfirmandengruppe ...
→ Schulsekretärinnen, Schulhausmeistern, Sozialarbeitern ... über die Schulter geguckt

Aufgaben während der Recherche vor Ort

- Notizen machen über alles, was korrekt wiedergegeben werden muss: *Namen, Berufe, Alter, Fachausdrücke, Zahlen, Fakten ...*
- Vorgänge in Stichwörtern festhalten.
- Fragen stellen: Antworten kurz notieren. Besonderes wortwörtlich aufschreiben.
- Auf Details achten: Was fällt am Raum / Ort auf? *Beleuchtung, Farben, Einrichtung, Temperatur, Geräusche, Gerüche ...*
  Wer ist anwesend, wer kommt vorbei? Was sind das für Leute? *Kleidung, Frisur, Figur, Alter, Gesichtsausdruck, Berufe ...*
  Wie bewegen sich die Menschen: *rasch, zielstrebig, zögernd, unsicher ...?*
  Wie verhalten sich Menschen oder Tiere? Was tun sie? Was geschieht?
  Was kann man nebenbei mithören? Gesprächsfetzen notieren.

Checkliste für das Schreiben der Reportage

✓ Ich habe eine interessante Schlagzeile und einen informativen Lead formuliert.
✓ Mein Anfang ist spannend und verleitet zum Weiterlesen.
✓ Ich habe zwischen sachlich informierenden und persönlich gefärbten Abschnitten gewechselt.
✓ Ich habe anschaulich und verständlich geschrieben, den Leser hautnah ans Geschehen geführt.
✓ Beteiligte habe ich direkt und/oder indirekt zu Wort kommen lassen.
✓ Manchmal habe ich eine Beobachtung kommentiert.
✓ Am Schluss meiner Reportage gibt es noch einen letzten Höhepunkt.

Schreiben und Präsentieren

→ Überprüfe dein Wissen und Können

1 Überarbeite die Abschnitte der folgenden Reportage über kleine Leistungssportler.

Mein Kind ein Star – Gewinnen um jeden Preis?

kleine Sportskanonen / kaum aus den Windeln raus / bis zu acht Stunden täglich trainieren / schinden sich, während Altersgenossen spielen / große Träume: Europameister, Olympiasieger, Werbeverträge / Oder geht es doch nur um die Hoffnungen ihrer Eltern?

- Nutze die Stichwörter, um einen **Lead** zu schreiben.

Sie können gerade mal richtig Fahrrad fahren und düsen schon auf 50-ccm-Maschinen mit Tempo 60 durch den Matsch: Michel R. (6) aus Dresden und John-Harvey O. (9) aus Hecklingen fahren Motocross, seit sie vier Jahre alt sind. Ihre Eltern investieren viel Geld in diesen Sport. Allein die Kinder-Cross-Maschine kostet ein paar Tausend Euro, so Michels Vater. Dazu kämen die Fahrten zu den wöchentlichen Wettkämpfen, Startgelder und Spezialausrüstung.

- Forme die indirekte Rede in wörtliche Rede um. Schreibe sie korrekt auf.

A Zimperlich dürfen die kleinen „Crosser" nicht sein. Beide träumen davon, einmal ganz groß rauszukommen. Und vielleicht winkt ja irgendwann der einträgliche Vertrag als Werksfahrer, von dem dann die ganze Familie leben kann.

B Speziell die Väter von Michel und John-Harvey sind immer dabei und alles in einem: Fahrer, Mechaniker, Trainer und Tröster, wenn's mit dem Gewinnen nicht so klappt.

C Bei John-Harvey steht die ganze Familie hinter dem Hobby: Opa und Vater halten die Maschinen in Ordnung, die Oma ist Zeitnehmerin beim Rennen und die Mutter kümmert sich um Camper und Verpflegung.

- Notiere für die Abschnitte **A, B, C** eine sinnvolle Reihenfolge.
  Tipp: Achte auf die inhaltliche Verknupfung der Abschnitte.

2 Schreibe mit Hilfe der Aussagen unten einen Abschnitt für eine Reportage.
- Gib die meisten Informationen inhaltlich wieder und übernimm nur einiges wortwörtlich.
- Lass auch eigene Kommentierungen und Details mit einfließen.
- So kannst du beginnen:
  Es riecht nach Schweiß und Talkum. Ich treffe Rosa (14) in der Turnhalle des Chemnitzer Sportinternats. Das zierliche Mädchen mit dem braunen Lockenkopf …

Rosa: Ich turne, seit ich vier bin. Seit drei Jahren wohne ich in Chemnitz in einem Sportinternat. Ich trainiere jeden Tag acht Stunden. Dazu kommt noch die Schule. Ich habe kaum Zeit für andere Dinge.
Die Mutter: Rosa will das alles von ganz allein, sie ist enorm ehrgeizig und fleißig.
Die Trainerin: Rosa ist ein Riesentalent. Wir setzen große Hoffnungen in sie.
Der Schulleiter: Bei uns müssen die Kinder viel leisten, sie haben eine 75–80-Stunden-Woche. Anders schafft man es nicht an die Weltspitze.
Rosa: Mein Traum, mein ganz großes Ziel ist Olympia. Da möchte ich unbedingt hin.

Die Welt der Bücher:

Dem Täter auf der Spur

Literatur begegnen

→ Eine Kriminalgeschichte untersuchen

Kriminalgeschichten stehen weit oben auf der Wunschliste der Leser. Sie erzählen in der Regel von Verbrechen, die von der Polizei, von Detektiven oder Privatpersonen untersucht und aufgeklärt werden. Viele Krimis sind vordergründig auf Spannung und Action aus. Andere wieder gewinnen ihre Spannung eher aus psychologischen Sachverhalten. Sie analysieren die menschliche Psyche, wenn sie durch bestimmte Ereignisse „aus der Bahn" geworfen wird.

1 Welche Erfahrungen habt ihr mit Kriminalgeschichten gemacht? Welche Krimiserien sind euch bekannt? Tauscht euch aus.

Unter dem Motto *„Spannendes Mecklenburg-Vorpommern"* startete der Schelfbuch Verlag im Jahr 2010 einen Krimiwettbewerb. Alle Schreibenden wurden aufgerufen, ihr Talent unter Beweis zu stellen. Knapp 140 Autoren reichten ihre Geschichten ein. Eine Fachjury wählte die zehn besten Kurzkrimis aus, die in einem Buch veröffentlicht wurden. Sieger des Wettbewerbs wurde die Geschichte „Das Herz der Störche" von Thomas Eck.

Thomas Eck wurde 1959 in Leipzig geboren, wo er auch aufgewachsen ist und seine Berufsausbildung mit Abitur gemacht hat. Anschließend leistete er seinen Armeedienst in Prora und Rostock. Sein Architekturstudium absolvierte er in Weimar und hat dieses 1986 als Diplom-Ingenieur beendet.
Bis zu seinem Umzug nach Rostock, Ende der 80er-Jahre, hat Thomas Eck als Architekt in Leipzig gearbeitet. In Rostock, Teterow, Güstrow und Berlin setzte er diese Tätigkeit fort. Seit dem Jahre 2004 ist Thomas Eck als Architekt und Mediengestalter selbstständig.

2 Die Kriminalgeschichte mit dem Titel „Das Herz der Störche" klingt sehr ungewöhnlich.
Äußert Vermutungen, wovon diese Geschichte handeln könnte.

Das Herz der Störche

Thomas Eck

[...]
Kurt Uebereit war ein Mann Ende fünfzig, groß gewachsen und stämmig, mit einer ausgeprägten Stirnglatze, dunklen, undurchdringlichen Augen und mit einem tief durchfurchten Gesicht. Anders als es die reine Lehre der Kriminalistik gebietet, hatte er sein ganzes Berufsleben lang nie völlig von den Opfern der Gewaltverbrechen, die er aufzuklären hatte, Abstand halten können. Er litt mit ihnen, wenn sie noch lebten, und fühlte Trauer, wenn sie tot waren,

Ermittler

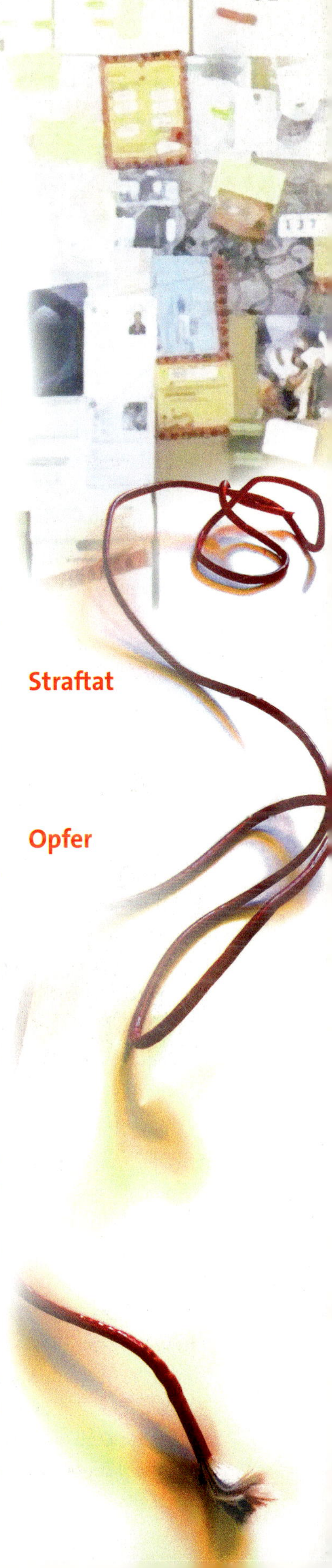

so wie jetzt diese Frau Kaminski, Notariatsangestellte. Einerseits hatte ihn dieses intensiver altern lassen, andererseits jedoch war es ausschlaggebend für die überdurchschnittliche Erfolgsrate seiner kriminalistischen Arbeit. Uebereit war ein Mensch, der von den Schatten dieser Welt dazu getrieben wurde, gegen die Schatten dieser Welt anzukämpfen. Von diesem Antrieb durch das Leid der Opfer hatte er sich nie frei machen können, sich wohl auch nie frei machen wollen.

Und nun dieser Fall! Und dazu dieser *Benjamin Haarschneider*! Als der hier eingeführt wurde, vor einem knappen halben Jahr, fand ihn Uebereit nicht sonderlich sympathisch, wie er damals vor der versammelten Mannschaft des Dezernats stand, mit seinen gelockten Haaren, dem geleckten Anzug und den gelackten Schuhen. [...] Dazu seine manchmal seltsamen Redeweisen, auf jugendlich-cool getrimmt, diese Angewohnheit, auch ungefragt seine Meinung kundzutun – für einen Neueinsteiger nicht unbedingt die Beliebtheit fördernde Eigenheiten. [...]

„Dieser dynamische, junge Kollege und unser alter Hase werden den Ganoven im Lande schon zeigen, wo ihre Grenzen sind", so hatte der Chef seine Entscheidung damals verkündet. Solange die Ganoven uns nicht zeigen, wo unsere Grenzen sind ..., hatte sich Uebereit damals dazu gedacht.

Straftat

Keine zwei Wochen später dringt am helllichten Tag ein Unbekannter in das Haus der Eheleute Kaminski ein, betäubt die schlafende Frau mit Chloroform, fesselt sie an das Bett, in welchem sie liegt, und erstickt sie mit einem Kissen. Die Blutergüsse an ihren Unterarmen zeigen, dass die Dosis offenbar nicht ausreichend war oder nicht optimal verabreicht wurde, denn der Täter hatte das kurzzeitig wieder zu Bewusstsein gekommene Opfer mit seinen Knien am Strampeln zu hindern gesucht. Dies wird auch deutlich durch die Einschnürungen an den Fußgelenken sowie dem linken Handgelenk. Die rechte Hand des Opfers hatte es sogar noch geschafft, sich wieder loszureißen, doch der fehlende Sauerstoff ließ den Organismus der Frau rasch erschlaffen. Das alles ging aus den Unterlagen hervor. Auch, dass die Wäscheleine, die da als Fessel versagt hatte, erst bei 350 kg Zugkraft zerreißt. Uebereit war immer wieder aufs Neue überrascht, welch ungeheure Kräfte ein Mensch freizusetzen vermag, wenn er um sein Überleben kämpft.

Opfer

Der Mord sorgte für Entsetzen nicht nur in der Nachbarschaft der Kaminskis und auch nicht nur in dem 200-Seelen-Dorf, in dem sie lebten, sondern im weiten Umfeld. Die Menschen auf dem Lande kennen einander zum Teil seit Jahrzehnten, viele aus frühesten Kindheitstagen. Der Gedanke, einer aus ihrer Mitte könne zu solch brutaler Handlung fähig sein, erschreckte und schockierte, ja, lähmte sie.

Ein Verbrechen auf dem Dorf wirkt anders als in der Großstadt. In der Stadt erfährt man von derlei Dingen aus der Zeitung, verfolgt an selbiger Stelle, falls überhaupt, die gelegentlichen Sachstandsmeldungen, mit denen man ohnehin nichts zu tun hat, Leute betreffend, die man ohnehin nicht kennt. Irgendwann schreibt ein Journalist, wie das Delikt aufgeklärt wurde, und selbst wenn nicht, hat man die Angelegenheit nach ein paar Monaten

Ermittlung

wieder vergessen. Uebereit wusste, auf dem Dorf ist das nicht so. Auch deshalb hatte er sich in diesen Fall so sehr verbissen, wie es Kriminalisten sonst wohl nur tun, wenn Kinder die Opfer sind.

Dabei war er sich nach wenigen Tagen Ermittlungsarbeit und nachdem alle Laborberichte der Spurensicherung vorlagen, fast hundertprozentig sicher, dass dieser Kaminski seine Frau umgebracht hatte. Bei Gewaltverbrechen dieser Art finden sich die Ursachen und damit die Täter fast immer im unmittelbaren familiären Umfeld, das lehrte ihn seine jahrzehntelange Erfahrung. Daran konnte auch der Umstand nichts ändern, dass es noch immer keinerlei Beweise für Kaminskis Schuld gab. Es gab, streng genommen, auch kein Motiv. Trotz intensiver Recherchen im persönlichen, beruflichen und privaten Umfeld der Eheleute Kaminski war nichts Greifbares zu finden. Aber fehlende Beweise und fehlendes Motiv – das traf auf alle anderen Dorfbewohner gleichfalls zu ...

[...]

So viele Fragen, und die Antwort, das spürte Uebereit jetzt ganz genau, war in diesen Akten zu finden. Er konnte es fühlen beim Blättern in den Seiten, er konnte es riechen in dem süßlichen Nussaroma der Dokumentfolien, er konnte es hören am Kratzen der Aktendullis wie auch am Rascheln des Papiers, wenn er die Protokolle durchblätterte.

Nur sehen konnte er die Antwort nicht. Zu gut waren die entscheidenden Worte und Sätze zwischen Hunderttausenden anderer Buchstaben versteckt.

Als es auf den Feierabend zuging, Wochenende noch dazu, denn es war Freitag, fasste Uebereit einen Entschluss. Er klemmte die erste Ladung Aktenordner unter den Arm und verfrachtete sie in sein Auto, die restlichen Ordner kamen beim zweiten Gang dran. Lesen, analysieren und nachdenken würde er auch zu Hause können.

[...] „Na, Herr Immer-Bereit?", spottete sie [seine Frau Heidi] mit bissiger Stimme, als er die Aktenordner ins Wohnzimmer trug.

[...]

Während er sich erneut in die Aussagen der alten Frau Rust vertiefte, kredenzte seine Frau Kaffee und Streuselkuchen.

Schweigend aßen und tranken sie beide, während er weiterlas. Er war inzwischen bei einer Aussage dieses Rudi Arnold angelangt. Der arbeitete nicht nur – ebenso wie Kaminski – als Lehrer an der Oberschule in Ribnitz-Damgarten, er frönte auch zusammen mit ihm und anderen Männern aus diesem Dorf und einigen Nachbardörfern einem außergewöhnlichen Hobby.

[...]

„Heidi, ... dieser Kaminski, der Hauptverdächtige in diesem Mordfall, du weißt schon, [...], der ist Hobby-Ornithologe und Storchenvater und all so was. Vielleicht hängt es ja damit zusammen. Ich suche doch nur nach irgendeinem Anhaltspunkt in diesem Fall!"

[...]

„Wenn du was über Vögel wissen willst, kauf dir ein Buch oder fahr in den Vogelpark Marlow."

„Vogelpark Marlow?“ Er überlegte. „Warum eigentlich nicht?“ ...

[...]

Kaum im Vogelpark angekommen, übernahm seine Frau das Kommando. Heidelore Uebereit legte fest, dass sie als Erstes die Storchenfütterung besuchen wollten. Dort löcherte sie anschließend den Tierpfleger mit Fragen, die dieser bereitwillig beantwortete. ...

[...]

Als sie zurückgekehrt waren aus der Vogelwelt und Frau Uebereit das Abendessen vorbereitete, begab er [ihr Mann Kurt] sich auf die Suche nach diesem einen Satz, der ihm schon in Marlow durch den Kopf gespukt war.

Nach drei Stunden Querlesen durch die Aktenordner fand er ihn.

„Ja, der Reiner Kaminski, der hat nicht nur ein Herz für Störche. Der hat viel mehr als das. Der hat das Herz der Störche.“

Dieser Friedbert Wandtke hatte das gesagt. Der war, genau wie Kaminski und Arnold, ein Vogelnarr, einer, der jedes Frühjahr die Schwalben im Dorf zählte, im Herbst die Kraniche auf Rügen und Ummanz und das ganze Jahr für die Kormorane stritt.

[...]

In der folgenden Woche hatte Uebereit lange überlegt, ob und wann er Kaminski nochmals vernehmen soll und, vor allem, ob er Haarschneider mit dabeihaben wollte. Der muss es ja auch mal lernen, war das Argument, welches den Ausschlag gab. Dennoch war ihm nicht wohl dabei, schließlich war sein einziges Trumpfass im Ärmel nur eine Karozwei, da führt der kleinste Fehler zum Misserfolg.

[...]

Kaminski antwortete ruhig und konzentriert, angespannt zwar, wie Uebereit bemerkte, aber nicht nervös.

Nach einer Stunde zog er das Tempo an. Immer häufiger wechselte er abrupt die Themen, sprang in Zeiten und Orten vor- und rückwärts, wiederholte mehrfach eine bereits kurz zuvor gestellte Frage. Vor allem aber ließ er Kaminski von nun an keine Sekunde mehr aus den Augen, verfolgte aufmerksam jede Regung des Gesichts und Körpers, lauschte auf feinste Veränderungen im Timbre[1] der Stimme.

Dann ließ er ihn über Störche und Reiher und Kraniche erzählen, um anschließend auf die Umstände am Tag des Mordes zu schwenken.

„Herr Kaminski, erzählen Sie das doch noch mal, warum sind Sie an dem Tag nach Ihrem Unterricht gleich zu Ihrer Ornithologengruppe gegangen?“

Kaminski erzählte.

„Warum war Ihre Frau an dem Tag schon mittags zu Hause?“

Kaminski erzählte.

„Der Herr Arnold gab an, Sie seien ruhig wie immer gewesen an diesem Nachmittag!“

„Ja, warum denn nicht, und wenn der Rudi das sagt ...“

„Hätten Sie nicht besorgt sein müssen um Ihre Frau, wo sie doch krank wurde?“

„Es war nicht so schlimm, sie hatte sich ja hingelegt."

„Sie wussten also, dass sie zu Hause lag?"

„Ja, schon ..."

„Und gingen trotzdem zu Ihren Vogelfreunden?"

„Das habe ich doch schon so oft erzählt. [...] Ich wusste doch, dass es nicht so schlimm um sie stand."

„Nein, natürlich nicht schlimm, sie war bloß tot!"

„Das wusste ich doch nicht. Da wusste ich es noch nicht." Kaminskis Stimme schien erstmals, kaum merklich, zu zittern.

„Der Herr Wandtke meinte, Sie hätten das Herz der Störche?"

„Ja, wenn der Friedbert das so sagt ..."

„Haben Sie das Herz der Störche?"

Kaminski schaute auf. „Ich weiß nicht, was Sie damit meinen." War da ein Schatten in Kaminskis Augen?

„Haben Sie ein Herz für Störche?"

„Ich sage doch, ich weiß nicht, was Sie damit meinen."

„Sie bauen seit zwanzig Jahren Storchenhorste und wissen nicht, ob Sie ein Herz für Störche haben?"

„Doch, ja, ja."

„Haben Sie auch ein Herz für Kinder?"

„Was ...? Ja doch."

„Haben Sie also das Herz der Störche?"

„Ich ... ich weiß nicht ..."

Uebereit stand nun direkt vor Kaminski. Innerlich spürte er deutlich ein „Jetzt". Dann fragte er: „Warum bringen sie ihre Kinder um?"

Kaminski schaute völlig verständnislos. „Ich bringe doch meine Kinder nicht um!"

„So? Ihre Kinder nicht? Wen denn dann?" Flackern in Kaminskis Augen.

„Niemanden. Ich ... bringe niemanden um."

„Und die Störche?", bohrte Uebereit nach.

„Was soll das? Ich bringe doch auch keine Störche um!"

„Ich denke, Sie haben das Herz der Störche?"

„Ich weiß nicht, was Sie von mir wollen!", schrie Kaminski plötzlich.

„Sie haben das Herz der Störche und wissen es nicht?"

„Was weiß ich nicht?", schrie Kaminski nochmals.

„Sie haben das Herz der Störche und wissen nicht, warum sie ihre Kinder umbringen?"

„Ich habe meine Kinder nicht umgebracht! Das würde ich niemals tun!", schrie Kaminski wie von Sinnen.

„Wen dann? Wen haben Sie umgebracht?" Erstmals schrie auch Uebereit.

„Niemanden!" Ein irrlichterndes Flackern in Kaminskis Augen.

„Sie haben das Herz der Störche und wissen nicht, warum sie ihre Kinder umbringen?", wiederholte Uebereit, immer noch sehr laut.

Kaminski schwieg. Er zitterte am ganzen Körper.

„Dann werde ich es Ihnen sagen, Herr Storchenvater Kaminski. In schlechten Sommern, wenn die Nahrung nicht für alle reicht, töten die Störche ihre schwachen Küken, um das Überleben des stärksten Kükens zu sichern. Und wenn es noch schlimmer kommt, fressen sie selbst alle ihre Kinder auf, um ihr eigenes Überleben zu sichern! Warum tun sie das? Für den Nachwuchs im nächsten Jahr. Und das wollen Sie nicht gewusst haben?"

Kaminski hockte kreidebleich auf seinem Stuhl. Dein Motiv, dachte Uebereit. Ich will dein Motiv! Und dein Geständnis!

„Also: Haben Sie das Herz der Störche?", donnerte seine Stimme nochmals.

Da bemerkte er aus dem Augenwinkel heraus, dass Haarschneider, links hinter ihm sitzend, anfing, in einem Hefter zu blättern. Der Schnösel, durchfuhr es ihn. Ein Ermittler muss doch die Fakten im Kopf haben! Irritiert fragte er:

„Was, Herr Kaminski, war es, das Ihre beiden Kinder gefährdete? Was war es, das Sie Ihrer Frau nicht gönnen wollten? Was war es, das nicht für Sie alle vier gereicht hat?"

„Was soll das?", erwiderte Kaminski. „Wir hatten beide Arbeit, haben einigermaßen verdient. Es fehlte uns an nichts Wichtigem."

Uebereit spürte, wie sein Gegenüber die Fassung wiedererlangte. Vergeigt, dachte er, ich hab's vergeigt.

Dann ließ er nochmals seine Stimme donnern: „Die Störche töten nur zum eigenen Überleben. Warum töten Sie?"

„Unsinn. Ich sagte doch, wir hatten genug."

„Es war dieses große Grundstück in Wiethagen, nicht wahr?", ließ sich in dem Moment Haarschneider aus dem Hintergrund vernehmen.

Für eine Zeitspanne, kürzer als jeder Wimpernschlag, war Uebereit bestrebt, sich zu seinem Kollegen umzudrehen. Doch der Routinier hatte sich rechtzeitig wieder unter Kontrolle.

„Wieso ... wissen Sie ...", stammelte Kaminski, urplötzlich kreideweiß.

„Wieso, Herr Kaminski, dachten Sie, dass wir das nicht wissen?", fragte Uebereit.

„Das wusste doch niemand außer ihr!", schrie er. Dann rutschte er auf seinem Stuhl zusammen und begann zu heulen wie ein kleines Kind.

Sie gaben ihm ein Glas Wasser. In einem geeigneten Augenblick machte Haarschneider zu seinem Vorgesetzten eine Daumen-hoch-Geste und nickte dazu anerkennend.

Kaminskis Geständnis ergab, dass sich seine Frau schon vor über fünfzehn Jahren, noch vor der Hochzeit, durch geschickte Manipulationen das Grundstück, welches mehr als fünfzig Jahre im Besitz von Kaminskis Eltern war, auf ihren Namen hatte überschreiben lassen. Sie hatte dazu Vollmachten missbraucht, die seine Eltern für die Abwicklung eines Rückübertragungsanspruchs[2] ausgestellt hatten. Von solchem Juristenkram hatten seine Eltern keine Ahnung, deshalb nahmen sie die Hilfe ihrer Schwiegertochter in spe damals gern an. Kaminski erfuhr davon erst, nachdem sein Vater vor fünf Monaten verstorben war.

Täter

Motiv

Uebereit hatte ihm entgegengehalten, dieses sei arglistige Täuschung und das ganze Rechtsgeschäft somit hinfällig von Anfang an. Doch da war Kaminski nochmals aufgesprungen. „Sie haben keine Ahnung!“, keuchte er. „Da lässt sich nichts mehr beweisen! Alle diese gefälschten Dokumente hatte sie längst vernichtet, meine Eltern als Zeugen tot; was jetzt noch zählt, sind Grundbuch und Notarvertrag, und da ist alles wasserdicht! Die hat uns alle ausgetrickst! Die hat mich und die Kinder mein halbes Leben lang nur angelogen! [...] Sie haben keine Ahnung, wie es dann im Herzen eines Mannes aussieht.“

Uebereit bedeutete dem Wachtmeister durch ein Kopfnicken, Kaminski abzuführen. „Nehmen Sie sich einen guten Anwalt“, riet er ihm.

Lösung

„Woher wussten Sie das mit diesem Grundstück?“, fragte er später seinen Kollegen, als sie den Raum verließen. „Es steht nichts davon in den Ermittlungsakten.“

„Ich wusste es gar nicht, jedenfalls nicht sicher“, wehrte dieser ab. „Ich wusste ja auch nichts über dieses Verhalten der Störche. [...] Ich hatte nur bemerkt, wie Sie den Kaminski genau damit in die Enge getrieben haben. Und dabei fiel mir ein, dass die alte Frau Rust einmal beiläufig etwas von diesem Grundstück erwähnt hatte. Ein paar Jahre zuvor hatte die Frau Kaminski, als sie bei einem Grillabend nicht mehr ganz nüchtern war, sich wohl bei der Frau Rust verplappert.“

Uebereit hob überrascht den Kopf. „Aber Sie haben doch in dieser Akte geblättert, ehe Sie den Einwurf mit der Immobilie brachten?“

„Das war nur ein Bluff, rein instinktiv. Wenn jemand damit rechnen muss, dass ihm das entscheidende Beweisstück im nächsten Augenblick unter die Nase gehalten wird, fällt es ihm ungleich schwerer, länger zu leugnen.“

Uebereit blickte seinen jungen Assistenten an. „Sieh mal an, und ich habe Sie für einen Anfänger gehalten ...“

[...]

[1] Timbre: Klangfarbe
[2] Rückübertragungsanspruch: Nach der deutschen Wiedervereinigung wurde ein „Gesetz zur Regelung offener Vermögensfragen“ verabschiedet, das in der Regel eine Rückübertragung von enteignetem Vermögen vorsieht.

3 Wie hat euch der Krimi gefallen?
Was ist das Besondere an dieser Geschichte?
- Lagt ihr mit euren Vermutungen aus Aufgabe 2 richtig? Tauscht euch aus.
- Gebt den Inhalt dieses Kurzkrimis mit euren eigenen Worten wieder.

4 In welcher Zeile erfahrt ihr, was geschehen ist und wer das Opfer des Verbrechens ist? Lest den entsprechenden Satz vor.

5 Am Rand der Geschichte findet ihr die Bausteine einer Kriminalgeschichte. Erstellt eine Übersicht mit Textbeispielen zu jedem Baustein. Notiert zum Beispiel so:

Baustein	***Zeilen***	***Stichwörter zum Baustein***
Ermittler	... – ...	*Kurt Uebereit, Ende fünfzig, groß ...*
Straftat	... – ...	*Mord an Frau Kaminski ...*

6 Für Kommissar Uebereit ist der Ehemann, Herr Kaminski, der Hauptverdächtige. Obwohl weder Beweise vorliegen noch ein Motiv erkennbar ist, bleibt Uebereit bei seinem Verdacht. Wie begründet er das?

7 Wenn ein Verbrechen in einem Dorf begangen wird, hat das andere Auswirkungen auf die Menschen als bei Straftaten in einer Stadt. Lest noch einmal die Zeilen 41–53. Gebt mit euren Worten wieder, wie Uebereit das begründet.

8 Uebereit, der alte Hase im Kommissariat, und der Neuling Haarschneider müssen den Fall gemeinsam lösen. Wie stehen sie anfangs zueinander?
- Lest noch einmal die Zeilen 15–22.
- Tauscht eure Ergebnisse aus und findet Erklärungen für Uebereits Haltung.
- Überprüft, ob sich in der Beziehung der beiden zueinander im Laufe der Geschichte etwas ändert. Belegt eure Antworten am Text.

9 Durch das Zusammenspiel der beiden Ermittler konnte der Täter schließlich überführt werden. Notiere dir, welche Maßnahmen und Erkenntnisse zur Aufklärung des Falles beigetragen haben.

10 Das war eine harte Nuss für Kommissar Uebereit und seinen Assistenten. Wie könnte der erfolgreiche Tag für die beiden Ermittler ausklingen?

11 Fertigt Figurenkarten zu Uebereit und Haarschneider an.
- Notiert Stichwörter zu *Äußerem, Alter, Eigenschaften, Marotten ...*
- Berücksichtigt dabei auch ihre Entwicklung.
- Sprecht über Gemeinsamkeiten und Unterschiede der beiden.
- Im Verlauf der Arbeit an diesem Kapitel könnt ihr die Karten dann vervollständigen.

Bausteine einer Kriminalgeschichte

M

In Kriminalgeschichten findet man immer wiederkehrende Elemente. Wir nennen sie „Bausteine“.

Ausgangspunkt ist in der Regel ein Verbrechen – **die Tat** –, zum Beispiel ein Mord, ein Raubüberfall, eine Körperverletzung ...

Das **Opfer** ist entweder tot oder spielt in der weiteren Handlung nur eine geringe Rolle.

Im Mittelpunkt stehen die **Ermittlung** des Täters und die **Aufklärung** der Tat. Die Straftat löst ein Ermittlungsverfahren aus.

Es beginnt die Suche nach dem **Täter**. Der Täter ist ein Mensch, der zum Tatzeitpunkt Gesetze verletzt und aus persönlichen Motiven ein Verbrechen begeht.

Ein **Ermittler**, z. B. ein Polizist, ein Detektiv oder eine Privatperson, leitet die Aufklärung des Falles.

Durch das Aufspüren von Indizien sowie durch die Befragung von Zeugen und Personen aus dem Umfeld des Opfers versucht der Ermittler, das **Tatmotiv** aufzudecken und den **Tathergang** zu rekonstruieren.

Manchmal ergibt sich bei der **Lösung** des Falles am Ende eine unerwartete Wende. Letztlich wird der Täter überführt, festgenommen, verhaftet und bestraft.

Literatur begegnen

→ Phasen der Ermittlung eines Täters erschließen

1 Gewinnt die Kriminalgeschichte „Das Herz der Störche" ihre Spannung eurer Meinung nach mehr aus Action oder eher aus psychologischen Sachverhalten? Begründet eure Ansicht.

2 Frau Kaminski wird tot in ihrem Bett aufgefunden. Der Detektiv Kurt Uebereit ist mit der Aufklärung des Falls beauftragt. Nach der Spurensicherung und dem Gutachten der Rechtsmedizin verschafft sich Uebereit einen Einblick in den Tathergang.

- Lies noch einmal die Zeilen 27–40.
- Welche Anhaltspunkte gewinnt die Spurensicherung für den Tathergang? Notiert Stichwörter.

3 Im Verlaufe der Ermittlungen müssen Personen aus dem Umfeld der Familie befragt werden.

- Welche Aussagen machen Rudi Arnold und Friedbert Wandtke über den Hauptverdächtigen Herrn Kaminski? Notiere sie.
- Unterstreiche in deinen Aufzeichnungen die Worte, die Uebereit einen Anstoß für seine weiteren Ermittlungen geben.

4 Uebereit ist überzeugt davon, dass Herr Kaminski seine Frau getötet hat. Er sucht nach einem Motiv. Dazu bestellt er den Ehemann erneut zu einer Vernehmung ins Revier. In den Zeilen 125–185 lernt ihr die Fragetechnik des Kommissars kennen.

- Welche der folgenden Techniken wendet Uebereit an? Nennt Textbeispiele.

Provokationen – in die Falle locken – genaues Beobachten körpersprachlicher Signale – Ermittler wechseln sich bei der Vernehmung ab – persönliche Angriffe – Einschüchterung – Drohung – Verständnis zeigen – den Verdächtigen in einen „emotional aufgewühlten Zustand" versetzen

5 Uebereit lenkt das Gespräch auf die Störche.

- Mit welchen „Tricks" gelingt es dem Kommissar, Herrn Kaminski zu verunsichern?
- Schaut euch dazu genau den Gebrauch des Personalpronomens „sie" und des Anredepronomens „Sie" an.

234–235

6 Der Assistent Haarschneider blufft und „trifft ins Schwarze".
Er erinnert sich an ein Gespräch mit der alten Frau Rust. Und plötzlich ahnt er, was Kaminskis Tatmotiv sein könnte.

- Wie haben die beiden Ermittler den Täter aus der Reserve gelockt? Erzählt die Situation genau nach.
- Bereitet euch zu dritt auf das Rollenlesen der Vernehmung Kaminskis vor.
- Wenn ihr mögt, spielt dann diese Szene nach.

Literatur begegnen

→ Sich zum Tatmotiv positionieren

Die Suche nach dem **Motiv** für eine Straftat ist eine der Hauptaufgaben bei der Aufklärung eines Verbrechens. Oft ist das Motiv in der Vorgeschichte des Täters zu finden. Im Krimi „Das Herz der Störche" hält Kommissar Uebereit Herrn Kaminski für den Mörder seiner Frau. Lange ist er auf der Suche nach dem Motiv für diese grausame Tat.

1 Die Aussage von Friedbert Wandtke über den Hauptverdächtigen führt den Kommissar auf eine Spur, die er verfolgen will.
- Lest vor, was Wandtke über Kaminski aussagt.
- In den Zeilen 187–192 findet ihr Hinweise darauf, was mit dem sprachlichen Bild „Das Herz der Störche" gemeint ist. Gebt mit eigenen Worten wieder, wie ihr dieses sprachliche Bild versteht.

2 Im Vogelpark Marlow hat Uebereit eine Menge über das Leben von Störchen erfahren. Sprecht jetzt auch darüber, welche Tatsache im Verhalten der Störche dem Kommissar einen Anhaltspunkt zum Tätermotiv gegeben hat.

3 In die Enge getrieben, gesteht Kaminski den Mord an seiner Frau.
- Notiert in Stichwörtern, welches Motiv er angibt.
- Vergleicht Kaminskis Erklärung mit den Hauptmotiven, die Menschen zu Straftaten veranlassen.
- Welches Hauptmotiv trifft bei Kaminski am ehesten zu? Begründet.

Hauptmotive für Straftaten:
Habgier, Hass, Eifersucht, Liebe, Neid, Notwehr, Rache, Vertuschung einer Straftat, Wut, Handeln im Affekt, materielle Not ...

4 Hat Herr Kaminski *das Herz der Störche*? Diskutiert darüber und begründet euren Standpunkt.

5 Welcher der folgenden Meinungen könnt ihr zustimmen, welcher eher nicht?

A Ich finde, Kaminski hat nicht das Herz der Störche. Störche töten nur, wenn sie ihre Kinder oder sich selbst nicht mehr ernähren können.

B Störche handeln nur nach Instinkt. In Notsituationen tun sie etwas, was sie als liebevolle Eltern im Normalfall nicht tun. Kaminski ist in keiner dieser Notsituationen.

C Ich finde, Kaminski ist in einer Ausnahmesituation. Er wurde jahrelang von seiner Frau belogen und betrogen. Das kann man tatsächlich mit dem „Herz der Störche" vergleichen.

D Das war ja schließlich keine Tat im Affekt, nachdem er von dem Betrug erfahren hatte. Kaminski hat den Mord kaltblütig geplant und durchgezogen.

E Irgendwie hat er schon das Herz der Störche. Für Kaminski war das eine Notsituation. Das Grundvertrauen in seine Frau war zerstört.

F Die Frage kann man aus meiner Sicht so gar nicht stellen, denn man kann doch Tiere nicht mit Menschen vergleichen. Kaminski kann den Betrug seiner Frau nicht ertragen und wird deshalb zum Mörder.

Literatur begegnen

→ Bausteine eines Ratekrimis ermitteln

1 Jetzt sollt ihr einmal die Ermittler sein.
- Wählt euch einen der beiden folgenden Ratekrimis aus.
- Betrachtet nach dem Lesen auch das dazugehörige Bild.

2 Kommissar Hell, der in beiden Krimis ermittelt, muss sich Aufzeichnungen zu Spuren am Tatort und zu den Aussagen der Zeugen bzw. der Opfer machen.
- Schlüpft in Hells Rolle und schreibt zu eurem ausgewählten Krimi den „Notizzettel“.

3 Vergleicht nun genau die Zeugenaussagen mit den Details auf dem dazugehörigen Bild.
- Wer ist der Täter?
- Wo hast du den entscheidenden Hinweis zur Aufklärung des Falls gefunden?
- Schreibe eine Begründung für deine Lösung.

4 Überprüft, ob auch euer Ratekrimi alle notwendigen Bausteine einer Kriminalgeschichte enthält.
Notiert euch Stichwörter zu den folgenden Bausteinen:

Straftat?
Opfer?
Motiv?
Ermittler/Ermittlung?
Lösung?

5 Stellt den anderen eure Ratekrimis vor und erläutert, wie Kommissar Hell dem Täter jeweils auf die Spur gekommen ist.

Der Anruf

„So, das wär’s.“ Marina Klunke lässt sich erschöpft in einen Sessel fallen und schaut sich noch einmal prüfend um. Jetzt bloß keinen Fehler machen! Aber Marina Klunke kann zufrieden sein. Das Chaos sieht wirklich echt aus.

Nun muss sie nur noch ihre Beute in Sicherheit bringen. Die Frau nimmt den prall gefüllten Rucksack und öffnet die Haustür. Im Vorgarten zwitschern die Vögel. Edeltannen und eine hohe Hecke schützen das Haus vor neugierigen Blicken. Marina Klunke versteckt ihren Rucksack in einem dichten Busch nahe der Straße. Später, wenn alles überstanden ist, wird sie ihn wieder an sich nehmen. Das dürfte kein Problem sein.

Langsam geht sie wieder ins Haus zurück. Was nun zu tun ist, sollte ihr eigentlich leichtfallen. Schließlich macht sie so etwas nicht zum ersten Mal. Aber als sie dann den Telefonhörer abnimmt und den Polizeinotruf drückt, beginnt ihr Puls doch zu rasen und ihr Hals wird trocken.

Augenblicklich meldet sich der Diensthabende.

„Bitte kommen Sie schnell“, schluchzt die Frau, „hier ist eingebrochen worden. Alles ist durchwühlt ...“

„Ihren Namen und Ihre Adresse.“

„Klunke. Marina Klunke. Ich bin bei Nachtigall, in der Fichtengasse 7. Bitte kommen Sie sofort!“

Es ist wenige Minuten nach elf Uhr. Hell sitzt am Steuer seines Dienstwagens. Er kommt von einem Termin am Stadtrand und fährt zurück zur Wache. [...]

„Kollege Hell“, schnarrt es aus dem Funktelefon, „sind Sie schon auf dem Südring?“

Der Kommissar orientiert sich kurz. „Nein, ich bin erst ...“

„Umso besser. Sie müssen gleich noch mal ins Waldstraßenviertel.“ [...]

Am Tor des Grundstücks Fichtengasse 7 erwartet ihn eine junge Frau. Sie trägt Jeans und T-Shirt. Ihr dunkles Haar hat sie unter einem Basecap versteckt. Sie macht nicht den Eindruck, als wohnte sie in dieser feinen Gegend.

Hell stellt sich vor.

Die Frau beginnt zu weinen. „Klunke. Marina Klunke. Ich versorge die Katzen. Nachtigalls sind verreist. Und ich putze hier. Es ist schrecklich. Kommen Sie.“

Schweigend führt Marina Klunke den Kommissar in das verwüstete Wohnzimmer. Die Türen der wertvollen alten Schränke stehen weit auf. Überall liegen Gegenstände herum. Die Bücherregale sind leer gefegt. Selbst vor den großen, in Goldrahmen gefassten Ölgemälden hat der Dieb nicht haltgemacht. Wahrscheinlich vermutete er dahinter einen geheimen Wandtresor. Am schlimmsten aber hat es den intarsienverzierten Sekretär getroffen. Seine Fächer wurden wahrscheinlich mit Hammer und Meißel geöffnet.

Marina Klunke zeigt auf das Telefon. Es liegt zerschmettert auf dem Boden. Die Strippen sind aus der Dose gerissen. „Auch der Anschluss im Schlafzimmer ist zerstört. Bestimmt wollte man mich daran hindern, schnell die Polizei zu benachrichtigen.“

„Und wie haben Sie uns benachrichtigt?“, erkundigt sich der Kommissar eher lustlos. [...] „Von einem Nachbarn aus?“

„Die sind um diese Zeit selten zu Hause. Die arbeiten doch alle. Nein, ich bin zur Telefonzelle an der Ecke gelaufen.“ Marina Klunke wischt sich ihre Tränen aus dem Gesicht. „Zum Glück hatte ich passende Münzen in meinem Portemonnaie.“

„Die hätten Sie sparen können“, sagt Hell, „der Notruf funktioniert auch kostenlos.“

„Wirklich?“ Marina Klunke guckt erstaunt. „Das habe ich nicht gewusst. So etwas ist mir ja auch noch nie passiert.“

Den letzten Satz hat der Kommissar schon nicht mehr gehört. Ihn interessiert die Glasschiebetür, die zur Terrasse führt, jetzt viel mehr. Der Täter muss sie mit einem schweren Hammer zertrümmert haben.

„Da ist er reingekommen“, sagt Marina Klunke. „Wäre ich doch bloß ein bisschen eher hier gewesen. Aber ich fange immer erst um elf Uhr an. Seit zwei Jahren schon. Das muss er gewusst haben.“

„Wahrscheinlich.“ Kommissar Hell blickt noch einmal in den Garten. Der kurz geschnittene Rasen ist von der Sonne verbrannt, und die schmalen, geraden Wege sind mit Platten ausgelegt. Da dürfte es schwer sein, brauchbare Spuren zu finden. Aber das ist ohnehin Aufgabe der Spurensicherung. „Bitte, Frau Klunke, lassen Sie alles so, wie Sie es vorgefunden haben. Und rühren Sie nichts an. Meine Kollegen werden bald hier sein.“

Hell schaut auf seine Uhr. Es ist kurz vor zwölf. [...]

„Haben Sie übrigens eine Ahnung, was alles fehlt?“

„Ein paar wertvolle Vasen auf jeden Fall, ja, und die kleine goldene Kaminuhr. Was er aus den Schränken mitgenommen hat, weiß ich natürlich nicht. Ich bin bloß froh, dass er den Tresor nicht gefunden hat. Nachtigalls haben ihn aber auch wirklich gut versteckt.“

Der Kommissar nickt. „Haben Sie die eigentlich schon benachrichtigt?“

„Natürlich nicht“, antwortet Marina Klunke ein wenig beleidigt. „Wann denn? Hier funktioniert doch kein Telefon mehr und von der Zelle aus habe ich erst einmal die Polizei ...“

„Ist mir klar“, sagt Hell, „entschuldigen Sie. Aber das können Sie ja gleich nachholen. Ich begleite Sie noch bis zur Telefonzelle.“

In diesem Augenblick klingelt es. „Das werden meine Kollegen von der Spurensicherung sein.“

Hell öffnet ihnen. Nach einer kurzen Einweisung verabschiedet er sich. „Frau Klunke, kommen Sie?“

In der Telefonzelle telefoniert gerade ein Mann, eine Frau wartet vor der Tür.

„Da habe ich ja vorhin Glück gehabt, dass die Zelle frei war“, sagt Marina Klunke.

Der Kommissar nickt. „Bis morgen“, sagt er und geht zu seinem Auto. Vielleicht klappt es ja doch noch mit dem Mittagessen.

Während der Fahrt überdenkt Hell noch einmal alles, was er eben gesehen und gehört hat. Plötzlich bremst er und greift zum Funktelefon. „Ich muss noch einmal zurück in die Fichtengasse“, sagt er zum Hauptkommissar Grämlich, „und wenn Sie mir einen Rostbraten besorgen, dann serviere ich Ihnen auch den Täter.“

Ulmenweg
Fichtengasse
Kartentelefon

Der Taschendieb

Nein, das ist wirklich alles andere als ein gemütlicher Bummel durch die vorweihnachtliche City.

Maximilian Hell kommt nämlich vom Gericht. Er hat wieder einmal eine Aussage machen müssen. Himmel, fällt ihm das schwer! Der Kommissar kann sich einfach nicht an die Spielregeln dort gewöhnen. Clevere Verteidiger nutzen solche Schwächen gnadenlos aus. „Gucken Sie das nächste Mal doch bitte etwas genauer hin“, musste er sich heute sagen lassen, „das können unsere Steuerzahler doch wohl verlangen?“

Hell zittert vor Wut. Oder ist es die Kälte? Heute hat es sogar geschneit – der erste Schnee in diesem Winter. Jetzt gönnt er sich erst einmal eine kleine Ablenkung. In einer guten Stunde fällt sowieso der Vorhang. Und bis dahin kann er im Büro nicht mehr viel erledigen.

In einem Süßwarenladen deckt sich der Kommissar mit frischen Gummibären ein. Eine Tüte reißt er sofort auf. Kauend bleibt er vor einem Sportgeschäft stehen. Im Schaufenster stapeln sich Inlineskates. Alles Schrott, denkt Hell, bis auf die dunkelblauen mit den Hyperrollen. Vielleicht sollte er sich zu Weihnachten eine neue Ausrüstung von seinen Eltern wünschen. Hat Philipp nicht auch ...

Weiter kommt Hell in seinen Betrachtungen nicht. Hinter ihm sagt jemand: „Ach herrje, herrjemine.“ Das klingt so jämmerlich, dass Hell sich augenblicklich umdreht. Am Gehwegrand sieht er eine alte Frau. Sie hat die Arme ausgestreckt und sagt immer wieder: „Ach herrje, ach herrjemine.“

Hell stopft seine Tüte Gummibärchen in die Manteltasche und geht zu ihr. „Kann ich Ihnen helfen?“

„Meine Tasche“, jammert die Frau und guckt den jungen Mann mit den langen Haaren unsicher an. „Wie soll ich jetzt nur in meine Wohnung kommen?“

„Haben Sie Ihre Tasche verloren?“

„Weggenommen hat er sie mir“, sagt sie, „einfach weggenommen. Und nun ist er fort.“

Der Kommissar schaut sich um. Die Menschen drängen sich auf dem schmalen Gehweg.

Aber er entdeckt niemanden, dem er hinterherlaufen könnte. „Am besten“, sagt er, „Sie erzählen mir noch einmal in Ruhe, was passiert ist.“ Dabei zeigt er ihr seinen Dienstausweis.

Die alte Frau seufzt. „Was gibt es da zu erzählen? Hier an der Ampel gehe ich immer über die Straße. Das ist am sichersten. Ich stehe also hier und warte auf Grün, da passiert es. Jemand rempelt mich an und reißt mir die Handtasche vom Arm. Dann ist er auch schon wieder weg. Verschwunden im Gewühl. Was wird jetzt bloß aus meinem Schlüssel!“

Mitfühlend schüttelt der Kommissar den Kopf. Natürlich wird er der alten Frau helfen.

„Kommt mir irgendwie bekannt vor“, sagt Hauptkommissar Grämlich. Er räumt schon seinen Schreibtisch auf. Pünktlichkeit geht ihm über alles. Aber es sind ja noch ein paar Minuten bis zum Feierabend. „Momentchen, ich gucke schnell noch einmal nach.“ Grämlich klickert zwei oder drei Minuten am Computer herum, dann sieht er wieder auf. „Hab ich’s doch geahnt. ‚Tasche‘ ist wieder draußen. Mein alter Freund! Wahrscheinlich hat er gleich da weitergemacht, wo er vor zwei Jahren aufhören musste.“

37

Hell schaut auf den Bildschirm. Ein hageres, durchaus sympathisches Gesicht lächelt ihm entgegen. „Fred Lurgenstein“, liest er, „genannt ‚Die Tasche‘. Spezialist für Handtaschenraub. Lauert seinen Opfern, vornehmlich alten Frauen, gewöhnlich an Ampelanlagen auf.“ Und so weiter.

„Worauf warten Sie?“, sagt Grämlich und verschließt seine alte, abgewetzte Aktentasche. Er muss sie vor hundert Jahren gekauft haben. „Herr Lurgenstein wird sich über Ihren Besuch mächtig freuen.“ Der Hauptkommissar zieht seinen Mantel an. „Und grüßen Sie ihn von mir.“

Es ist schon dunkel, als Maximilian Hell das verwahrlost wirkende Anwesen in der Planeten-Siedlung erreicht. Das Haus mit der Nummer 37 steht am Ende der Plutostraße. Gleich dahinter beginnen Wiesen und Felder. Hier draußen am Rand der Stadt liegt der pappige Neuschnee noch als geschlossene Decke. Hell lässt für einen Moment die Scheinwerfer des Dienstwagens an. Deutlich zeichnen sich im Schnee die Fußspuren einer Person ab. Sie führen zu Lurgensteins Haus. „Tasche“ ist also zu Hause. Na bitte!

Fred Lurgenstein ist gar nicht überrascht, als der Kommissar sich vorstellt.

„Dachte ich mir doch, dass bald jemand von Ihnen aufkreuzen würde. Wirklich, sehr aufmerksam. Bitte, setzen Sie sich doch.“ Er rückt einen verschlissenen Sessel zurecht. „Viel mehr kann ich Ihnen allerdings nicht anbieten. Ich hab nicht viel im Haus, und ich wohne auch nur vorübergehend hier, wie Sie wissen.“ Fred Lurgenstein schaut den Kommissar treuherzig an. „Kalli, also der Herr Köstlich, ist nämlich verreist, ich meine, für etwas länger zwar ...“

„Ein Jahr und vier Monate“, bestätigt Hell. „Aber deswegen habe ich mich weiß Gott nicht auf den weiten Weg gemacht.“

„Und noch dazu bei diesem Wetter“, entgegnet ‚Tasche‘ mit unschuldiger Miene, „da möchte man ja keinen Hund vor die Tür jagen.“

Hell nickt dankbar. „Darf ich daraus schließen, dass Sie heute das Haus noch nicht verlassen haben?“

Fred Lurgenstein mustert den Kommissar belustigt. „Das hätten Sie wohl gern, dass ich darauf mit Ja antworte, habe ich recht? Aber nicht mit mir, Herr Kommissar! Natürlich war ich heute schon draußen. Allerdings nur, um Zigaretten zu holen. Das war vor genau“, Lurgenstein guckt auf seine Armbanduhr und überlegt einen Moment, „vor genau zwanzig Minuten.“

„Aha. Ich vermute, die Zigaretten haben Sie an einem Automaten gezogen. Zeugen gibt es also auch nicht.“

„Falsch vermutet, Herr Kommissar“, freut sich Fred Lurgenstein. „Meine Zigaretten pflege ich immer in der ‚Sonne‘ zu holen, das ist eine kleine Kneipe gleich um die Ecke. Da können Sie gern nachfragen.“

„Und dann sind Sie sofort wieder nach Hause gegangen?“

„Sage ich doch die ganze Zeit.“ [...]

„Tja, Herr Lurgenstein“, sagt Hell ernst, „ich fürchte, Sie werden Ihren Kumpel Köstlich eher wiedersehen, als Ihnen lieb ist. Für heute muss ich Sie leider noch einmal aus dem Haus bitten. [...] Nun werden Sie uns wieder auf der Tasche liegen.“

Literatur begegnen

→ Ein Verbrechen aufklären

Der Überfall

Rainer Crummenerl

Es ist Freitagabend. Die Innenstadt atmet langsam aus. Parkplätze und Kaufhäuser leeren sich. Auch in den kleineren Geschäften verlaufen sich nur noch vereinzelt Kunden.

Im „Schmuckkästchen“ am Turmplatz hat die Verkäuferin schon seit einer halben Stunde keine Menschenseele mehr zu Gesicht bekommen. Verstohlen schaut sie auf die Uhr. Noch ein paar Minuten, dann hat das Warten ein Ende.

19.46 Uhr. Eine ältere Dame öffnet die Tür. Sie sieht sehr unschlüssig aus. Auch das noch, denkt die Verkäuferin. Dann lächelt sie die Frau an und fragt: „Kann ich Ihnen behilflich sein?“

Da betritt ein Mann den Laden. Er trägt eine dunkle Trainingsjacke und dünne schwarze Handschuhe. Die Verkäuferin schaut kurz zu ihm auf. In diesem Augenblick zieht sich der Mann eine Wollmütze tief ins Gesicht. Kalt blitzen seine Augen aus schmalen Schlitzen.

„Das ist ein Überfall“, keucht er, „niemand bewegt sich!“

Plötzlich hat er eine Pistole in der Hand. Entsetzt starrt die ältere Dame in den Lauf der Waffe. Langsam hebt sie ihre Arme.

„Runter damit!“, zischt der Mann. „Wir sind doch hier nicht im Kino!“

Die Verkäuferin zeigt ängstlich auf die Ladenkasse und sagt: „Der Chef ist gerade mit dem Geld ...“

„Schnauze!“, raunzt der Mann nur. Er hält ihr eine Plastiktüte entgegen. Dann deutet er auf einige wertvolle Ringe und Ketten. „Rein damit!“, sagt er. „Aber dalli!“

Die Verkäuferin packt den verlangten Schmuck in die Tüte. Regungslos schaut der Mann zu. Nach einer Weile ruft er: „Stopp!“, reißt die Tüte an sich und springt zur Tür. Im Hinauslaufen zischt er: „Kein Alarm, kein Telefon, nichts!“ Drohend zeigt er noch einmal seine Pistole, dann ist er verschwunden.

Die Verkäuferin fasst sich als Erste. „Hilfe“, krächzt sie und will auf die Straße laufen, „das war ein Überfall!“

„Sie haben doch gehört, was er gesagt hat“, kreischt die ältere Dame. Sie breitet ihre Arme aus und versperrt der Verkäuferin den Weg. Stumm starren sich die beiden Frauen an.

[...]

Kurze Zeit später kommt der Juwelier zurück, erfährt von dem Überfall und ruft die Polizei.

1 Jetzt kannst du der Kommissar sein, die Ermittlungen durchführen und einen Fall ganz allein aufklären.
Fasse zuerst die **bekannten** Fakten des Vorfalls zusammen.

Ermittlung:

Welche Straftat wurde begangen?	**Straftat:**
Wer ist das Opfer?	**Opfer:**
An welchem Ort wurde die Tat begangen?	**Tatort:**
Zu welcher Zeit wurde die Tat begangen?	**Tatzeit:**
Welche Zeugen gibt es?	**Zeugen:**

Um mehr Klarheit in den Fall zu bringen, setzt Kommissar Hell die Aufklärung fort mit der Befragung der Beteiligten. Zuerst bittet er die Verkäuferin herein.

Befragung der Verkäuferin

„Ich wollte Sie sowieso sprechen“, sagt die junge Frau. Sie hat sich sichtlich beruhigt und mustert den langhaarigen Kommissar interessiert. „Mir ist da etwas aufgefallen. Als mir der Räuber den Plastikbeutel hinhielt, bemerkte ich an seiner linken Hand eine ziemlich große Tätowierung. Hier etwa.“ Dabei deutet sie auf die Mitte ihres Handrückens.

Hell pfeift anerkennend durch die Zähne. „Das ist doch schon mal etwas“, sagt er. „Konnten Sie vielleicht erkennen, was sie dargestellt hat? Ich meine, nur so ungefähr?“

„Na hören Sie mal, ich hatte ganz andere Probleme!“ Die Verkäuferin verzieht ihr Gesicht. „Aber warten Sie, wenn ich mich richtig erinnere, ja, das könnte ein Stern gewesen sein.“ Sie überlegt noch einen Moment, dann bekräftigt sie: „Doch, ich glaube, ich bin mir da ziemlich sicher. Ein Stern mit einer Inschrift darin. Wie gesagt, auf dem Handrücken.“

Danach bittet Hell den Juwelier herein.

Befragung des Juweliers

„Ich gehe davon aus“, beginnt er [Hell], „dass Sie gut versichert sind?“

„Was heißt gut?“ Der Geschäftsmann zuckt mit den Schultern. „Ich bin versichert, natürlich, alle in dieser Branche sind versichert. Alles andere wäre doch verantwortungslos. Aber was hilft mir das? Meine besten Stücke sind schließlich weg. Die wollte ich eigentlich verkaufen. Interessenten gab es schon!“

„Das sieht man ja“, kann sich Hell nicht verkneifen. Dann fragt er: „Gehen Sie eigentlich immer zur gleichen Zeit zur Bank?“

„Aber ja! Schon seit ... Aber was sollen diese Fragen? Glauben Sie etwa, ich hätte meinen eigenen ...“

„Bitte beruhigen Sie sich“, unterbricht Hell den aufgebrachten Juwelier. [...] „Was ich aber noch gern wissen möchte: Haben Sie die letzte Kundin von heute Abend, die ältere Dame, schon einmal in Ihrem Geschäft gesehen?“

„Nein, da bin ich mir ganz sicher!“

Befragung der älteren Dame

„Sind Sie zum ersten Mal bei diesem Juwelier?“, fragt Hell.

„Ja, Herr Kommissar. Sonst gehe ich immer nur ins Kaufhaus. Da ist es billiger. Aber diesmal habe ich dort nichts gefunden. Da bin ich ganz schnell hierhergekommen. Meine Enkelin hat morgen Geburtstag.“

[...] „Sie kamen ja kurz vor dem Räuber ins Geschäft. Würden Sie mir den Mann noch einmal beschreiben? Bitte versuchen Sie, sich an jede Kleinigkeit zu erinnern!“

Die Frau schüttelt leicht den Kopf. „Ich sehe immer noch diese Pistole vor mir“, sagt sie. „Er hatte sie genau auf mich gerichtet. Und diese kalten Augen!“

„Ich verstehe. Und seine Kleidung? Er hatte doch eine Trainingsjacke an, oder?“

„Ja, das stimmt, eine schwarze. Und schwarze Handschuhe und diese Wollmütze. Aber mehr weiß ich wirklich nicht!“

Hell klappt sein Notizbuch zu. „Vielen Dank für Ihre Hilfe.“

2 Notiere nun die Ergebnisse der Befragung.
Ermittlung:
- Welchen **Anfangsverdacht** hast du? Gibt es dafür **Indizien**?
- Welche **Hinweise** auf den Täter ergeben sich aus der **Zeugenbefragung**?
- Hatte der Täter einen **Komplizen**? Wen?

3 Zu welchem Ergebnis führten deine Ermittlungen? Hast du den Fall gelöst? Wen wird Kommissar Hell verhaften? Vervollständige den Satz und füge deine Begründung hinzu.
„Frau / Herr ..., ich nehme Sie fest, weil ...“

Literatur begegnen

→ Überprüfe dein Wissen und Können

1 Welche der folgenden Aussagen treffen zu? Schreibe die richtigen Buchstaben auf.
a) Krimis schildern in der Regel Straftaten, die von Ermittlern untersucht und aufgeklärt werden.
b) Alle Kriminalgeschichten sind auf Spannung und Action aus.
c) In Kriminalgeschichten erfährt man von Anfang an, wer der Täter ist.
d) Manche Krimis analysieren die menschliche Psyche, wenn sie durch bestimmte Ereignisse stark belastet wird.

2 Welche der folgenden Bausteine gehören in eine Kriminalgeschichte? Schreibe die sechs richtigen Buchstaben auf.

a) Leidensdruck	d) Lösung	g) Täter
b) Zaubersprüche	e) Tat	h) Aufklärung
c) Opfer	f) Körpersprache	i) Motiv

3 Welche Aufgaben gehören zur Aufklärung eines Verbrechens? Ordne die Aufgaben 1–6 den Fragen zu.

Fragen:	**Aufgaben:**
a) Tatmotiv?	1) Fotografieren der Fundstelle
b) Tatzeit?	2) Befragung von Personen aus dem Umfeld des Opfers
c) Tatort?	3) Überprüfung der Alibis Verdächtiger
	4) Überprüfung der finanziellen Situation von Verdächtigen
	5) Untersuchung der persönlichen Beziehung des Opfers zu Personen im Umfeld
	6) Suchen und Sichern von Spuren am Ort des Geschehens

4 Schreibe drei Motive auf, die Menschen zu Straftaten veranlassen können.

5 Welcher Textausschnitt könnte zu einem Krimi gehören? Schreibe deine Begründung auf.

Das kleine Haus am Waldrand war unbewohnt. Schneider blickte sich um. „Lass uns nachsehen“, sagte er dann und ging ums Haus herum. Die anderen folgten ihm. In einer Gartenecke stand ein alter, baufälliger Schuppen. Schneider öffnete die Tür, die nicht verschlossen war. Bilder lehnten an den Wänden. „Ja“, stieß Herr Richter aus, „das sind meine Bilder. Vielen Dank, dass Sie sie aufgespürt haben.“

Auf äußerst brachiale Art und Weise haben bislang Unbekannte am 10. August gegen 2.45 Uhr versucht, einen Geldautomaten aus einem Großmarkt an der Wallstraße zu stehlen. Die Täter fuhren mit einem Fahrzeug rückwärts gegen eine Tür des Marktes und zerstörten diese vollständig. Sie befestigten ein Stahlseil an einem Geldautomaten und versuchten, ihn aus der Verankerung zu reißen. Das Seil hielt der Belastung jedoch nicht stand. Daraufhin flüchteten die Täter.

Die Welt der Bücher:
Dem Täter auf der Spur

Schreiben und Präsentieren

→ Den Aufbau einer Kriminalgeschichte analysieren

In diesem Kapitel lernt ihr, wie man selbst zum Autor von Krimis werden kann. Am Beispiel der Geschichte „Eine aufregende Nacht" sollt ihr zuerst den Aufbau einer Kriminalgeschichte nachvollziehen.

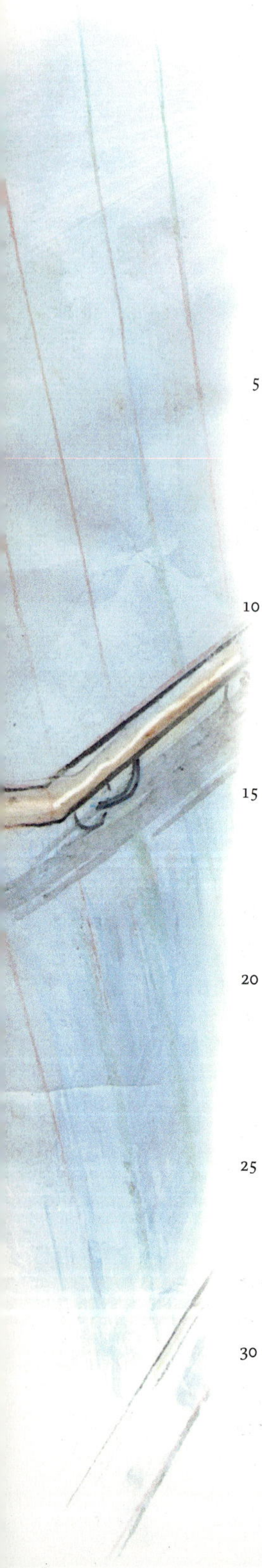

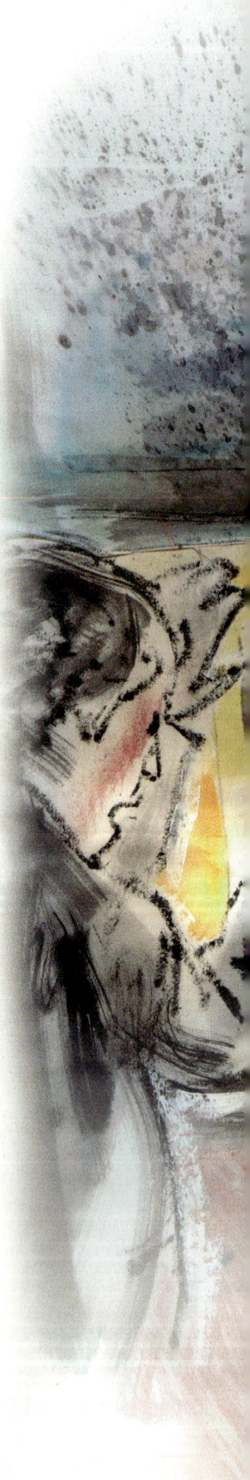

Eine aufregende Nacht

Kommissar Hell ist erst seit ein paar Wochen auf dem Polizeirevier. Sofort nach der Polizeischule musste er von heute auf morgen die Stelle des ausgeschiedenen Kommissars Wurzel übernehmen. Noch hat er keine Wohnung und wohnt deshalb im Hotel „Schwan". Er ist mit Inlineskates unterwegs und liebt Gummibärchen.

Kommissar Hell wälzt sich von einer Seite auf die andere. Er kann nicht einschlafen. Vor dem Hotel quietscht die Straßenbahn. Über ihm zieht jemand die Toilettenspülung – schon zum dritten oder vierten Mal in der letzten halben Stunde. Und der Gast nebenan guckt einen späten Fernsehfilm. Wahrscheinlich ist er schwerhörig. Oder die Wände des Hotels sind entschieden zu dünn.

Hell zieht sich die Decke über den Kopf. Spätestens in vierzehn Tagen wird er den „Schwan" verlassen. Dann ist seine kleine Wohnung endlich renoviert. [...]

In diesem Moment lässt ihn ein Schrei hochschrecken. Hell springt aus dem Bett und fährt in seinen Bademantel. Der Schrei kam aus der Etage über ihm.

Der Kommissar schließt seine Tür auf und sprintet zur Treppe. Ein Mann kommt ihm entgegen. Er trägt einen Mantel und ist außer Atem. „Überfall", keucht er. „Ich bin überfallen worden." Dabei fuchtelt er wild mit den Armen herum.

Der Kommissar hält ihn auf und stellt sich vor. „Kommen Sie, gehen wir nach unten." Kopfschüttelnd folgt ihm der Mann. Inzwischen öffnen sich auch die Türen anderer Zimmer. Gäste gucken heraus und wollen wissen, was passiert ist. Hell beruhigt sie und fordert alle auf, wieder in ihre Zimmer zu gehen. „Ich werde mich später noch einmal melden", verspricht er.

Leider hat der „Schwan" keinen Nachtportier. Deshalb muss Hell jetzt besonders schnell handeln. Zunächst prüft er, ob der Eingang noch verschlossen ist.

Dann ruft er einen Streifenwagen. Sicher ist sicher. Erst jetzt kann sich der Kommissar dem Bericht des völlig verstörten Mannes widmen.

Er nimmt mit ihm in einer Sesselgruppe nahe der Rezeption Platz.

„Ich bin gerade von einem Firmenjubiläum zurückgekommen", beginnt der Mann. „Mir kam gleich etwas komisch vor, denn meine Zimmertür war nicht abgeschlossen, und als ich das Licht anschalten wollte, zischte eine Stimme: ‚Finger weg!' Dann wurde mein Mund zugehalten und irgendjemand zerrte mich in den Sessel."

Der Mann wischt sich den Schweiß von der Stirn. [...] Wortlos zeigt er nach draußen.

Der Streifenwagen ist vorgefahren.

[...]

Rasch weist der Kommissar die beiden uniformierten Polizisten ein: „Sorgen Sie dafür, dass niemand das Haus verlässt." Dann wendet er sich wieder dem Mann zu. „Was wollte man eigentlich von Ihnen? Und wie viele waren es?"

„Zwei. Ein großer und ein kleinerer." Der Mann lacht kurz auf. „Die hatten es auf meinen Musterkoffer abgesehen. Wissen Sie, ich bin Uhrenvertreter, nichts Besonderes, deshalb steige ich auch hier ab."

Hell nickt verständnisvoll. Der Mann deutet auf den Safe neben der Rezeption. „Aber den Koffer lasse ich immer dort einschließen. Das habe ich mir so angewöhnt."

Hell überlegt einen Moment. „Was ich aber nicht begreife: Woher wussten die beiden, dass Sie um diese Zeit nicht in Ihrem Zimmer sein würden? Offenbar haben Sie die Täter ja überrascht."

„Stimmt." Der Mann erhebt sich und zieht seinen Mantel aus. „Darüber habe ich noch gar nicht nachgedacht. Aber warten Sie, heute Morgen beim Frühstück habe ich mich mit dem Kellner unterhalten."

„Mit Robert?"

Der Mann nickt. „Sie kennen ihn?", fragt er erstaunt.

„Ich wohne schon länger in diesem Haus", erklärt Hell, „und Robert übrigens auch. Er hat im Dachgeschoss ein kleines Zimmer, da übernachtet er immer, wenn es mal besonders spät ..."

„Ich weiß", unterbricht ihn der Mann, „das macht er schon seit Jahren so. Ja, und dem Robert habe ich von heute Abend erzählt."

„Sie meinen von dem Firmenjubiläum?"

[...] „Ja, die Party sollte bis heute früh gehen. [...] Aber ich fühlte mich nicht gut. Deshalb bin ich schon eher gegangen."

Hell fröstelt. Jetzt erst merkt er, dass er barfuß ist.

„Verstehe. Und wie ging das dort oben weiter?"

„Die beiden waren über mein Erscheinen genauso überrascht wie ich über das ihre. Der eine, der Größere, glaube ich, stand hinter dem Sessel und hielt mich fest. Er trug Lederhandschuhe. Der andere wollte von mir wissen, wo ich den Koffer versteckt habe. Ich sagte es ihm. Zuerst glaubte er mir nicht. Er wurde wütend und bedrohte mich mit einem Messer." Der Mann schüttelt sich. „Dann kroch er

noch einmal im ganzen Zimmer herum. Schließlich verlangte er nach meiner Brieftasche. Aber da war auch nicht viel drin."

„Und dann gingen sie", vermutet der Kommissar.

„Vorher hielt mir der Kleinere noch mal das Messer unter die Nase. Ich sollte bis fünfzig zählen, bevor ich mich rühre. Wohin sie verschwunden sind, weiß ich nicht."

„Und wie weit ..."

„Ich habe nur bis acht gezählt. Länger hielt ich es nicht aus."

„Dann blieben den beiden also maximal zehn Sekunden bis zu Ihrem Hilferuf. Das wird wohl gerade gereicht haben, um in einem der Zimmer zu verschwinden. Können Sie die beiden beschreiben?", möchte Hell wissen.

[...] „Ich bin so gut wie nachtblind. Ich weiß nur, dass sie sich plötzlich irgendetwas über ihre Köpfe zogen. Und dass der, der mich festhielt, größer war und nichts sagte."

Der Kommissar überlegt einen Moment. „Hat er gar nichts gesagt oder nur wenig?", fragt er dann.

„Nichts hat er gesagt", wiederholt der Mann und stutzt. „Wollen Sie etwa ... meinen Sie, dass er Angst hatte, ich könnte ihn an seiner Stimme erkennen? Tippen Sie auf ... Robert mit einem Komplizen?"

„Ich tippe nie", sagt Hell und steht auf. „Am besten, Sie bleiben jetzt hier unten. Die Täter sind wahrscheinlich noch im Haus. Wenn Sie etwas Verdächtiges bemerken sollten, wenden Sie sich an die Streifenpolizisten vor der Tür. Ich schaue inzwischen mal nach oben. Sagen Sie mir bitte Ihre Zimmernummer, Herr ...?"

„Schumann, ohne h. Die 209."

Hells Augen wandern zum Schlüsselbrett. [...] Und er bemerkt, dass die Nachbarzimmer von Herrn Schumann bewohnt sind. Dort wird er mit seiner Befragung beginnen.

Im Zimmer 208 öffnet ihm eine ältere Dame. Nein, sie habe nichts gesehen oder gehört. Ohne Schlaftabletten komme man hier ja nicht zur Ruhe. Leider. Nur bei dem Schrei, natürlich, da sei sie aufgewacht. Was denn eigentlich passiert sei?

„Nichts, was Sie jetzt noch beunruhigen muss", sagt der Kommissar und schließt die Tür.

Nun die 210. [...] Er klopft. Augenblicklich wird die Tür geöffnet. Eine junge Frau steht vor ihm. Sie ist groß und schlank und hat strubbelige, blonde Haare. „Sie sind der Herr von der Polizei?" Ungläubig betrachtet sie Hells Aufzug.

„Richtig." Hell schaut an sich herunter. Vermutlich sieht er verheerend aus. „Und Dauergast in diesem Hotel. Darf ich? Hell ist übrigens mein Name."

„Butt. Sybille Butt. Bitte kommen Sie herein."

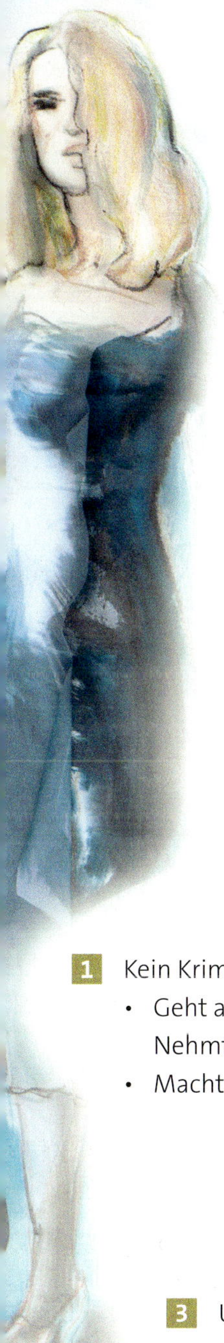

Hell tritt ins Zimmer. Ein untersetzter, kräftiger Mann erhebt sich. Er trägt einen grauen Anzug. „Das ist mein Mann“, sagt die Frau, „wir sind erst vor ein paar Minuten ins Haus gekommen.“

„Da haben Sie also gar nichts ...“

„Doch, doch, das haben wir noch mitbekommen. Es war ja weiß Gott nicht zu überhören.“

„Wunderbar. Dann schildern Sie mir doch bitte, was genau Sie gehört oder gesehen haben.“

„Also, gesehen haben wir gar nichts“, sagt Herr Butt. „Aber als wir nach Hause kamen, hörten wir nebenan eine Männerstimme. Erst dachte ich, er führt wohl Selbstgespräche, und das um diese Zeit. Dann tippte ich auf den Fernseher. Aber dort drüben gibt es gar keinen Apparat.“

Hell sieht den Mann interessiert an. „Ach, Sie kennen Ihren Nachbarn? Sie wissen, dass nebenan ein Herr wohnt?“

„Ich sah ihn heute früh aus seinem Zimmer kommen.“

„Natürlich. Ja, und was haben Sie noch ...“

„Die Stimme wurde immer lauter“, schaltet sich Frau Butt wieder ein. „Es klang so, als bedrohte jemand den Mann.“

„Es waren zwei“, sagt Hell.

„Gesprochen hat aber nur der Kleinere“, entgegnet Frau Butt. „Dann war es plötzlich still. Und dann kam der Schrei. Wir sind gleich raus auf den Korridor, aber da war unser Nachbar schon auf der Treppe. Na ja, und alles andere wissen Sie ja selber.“

„Und noch ein bisschen mehr.“ Hell zurrt seinen Bademantelgürtel fester. „Ich würde Folgendes vorschlagen: Sie packen jetzt Ihre Siebensachen und dann fahren wir gemeinsam aufs Revier.“ [...]

1 Kein Krimi ohne Straftat, Täter, Motiv, Opfer, Ermittler und Lösung.
- Geht auf Spurensuche nach den Bausteinen dieses Krimis. Nehmt dazu den Merkkasten auf Seite 67 zur Hilfe.
- Macht euch zu jedem Baustein kurze Notizen.

67

2 Für die Aufklärung der Straftat muss Kommissar Hell eine Reihe notwendiger Schritte unternehmen. Notiert die Phasen der Ermittlung in der richtigen Reihenfolge.

3 Um den Leser vorerst auf eine falsche Spur zu lenken, wird eine Figur „verdächtig“ gemacht.
- Lest die Textstelle vor.
- Tauscht euch darüber aus, wodurch die Figur in den Kreis der „Verdächtigen“ gerät.

4 Wie kommt Kommissar Hell zu der Überzeugung, dass das Ehepaar Butt den Überfall verübt hat? Wodurch haben die beiden sich verraten? Welches Motiv hatten sie? Notiert eure Begründung. Vergleicht eure Ergebnisse.

Schreiben und Präsentieren

→ Einen Krimi schreiben – den Plot aufspüren

Um die Neugier des Lesers bis zum Ende einer Geschichte aufrechtzuerhalten und die Folgerichtigkeit zu gewährleisten, braucht jeder Krimi ein Handlungsgerüst (Plot), das sich der Autor zu Beginn entwerfen muss.

Plot: *to plot* (engl.): etwas grafisch darstellen; Handlungsgerüst von Texten, Filmen ...

Plot zur Kriminalgeschichte „Eine aufregende Nacht“

▶ 1. Ausgangslage:

Wer erzählt?	Er-Erzähler
Wer ist das Opfer?	Herr Schumann
Was stößt ihm zu?	Herr Schumann wird überfallen.

▶ 2. Der Ermittler:

Was für ein Typ ist er/sie?	junger Kommissar, neu auf dem Revier
Welche Vorlieben/Besonderheiten hat er/sie?	ist mit Inlineskates unterwegs, liebt Gummibärchen

▶ 3. Aufklärungsphase:

Welche Zeugen gibt es?	keine Zeugen, die meisten Gäste schlafen schon
Wer wird befragt?	das Opfer, eine Dame aus Zimmer 208, die Hotelgäste Herr und Frau Butt
Wer ist verdächtig?	Robert, der Kellner, wusste von Schumanns Abwesenheit; Gäste des Hotels
Welche Spuren werden gesichert?	keine Spuren, Einbrecher trugen Handschuhe

▶ 4. Der Täter:

Wer ist der Täter? Wer sind die Täter?	Herr und Frau Butt
Was ist sein/ihr Motiv?	Habgier, wollen den Uhrenkoffer von Herrn Schumann stehlen
Biografische Hintergründe, Erfahrungen?	unbekannt
Wodurch wird er/werden sie überführt?	Das Ehepaar Butt verrät sich selbst: a) Herr Butt kann nicht wissen, dass es nebenan keinen Fernsehapparat gibt, wenn er nicht selbst dort gewesen ist. b) Frau Butt sagt aus, dass nur der Kleinere gesprochen habe. So etwas dürfte sie aber nicht über die Täter wissen, sie kann ja nicht durch die Wand schauen.

▶ 5. Die Lösung des Falls:

Wird der Täter überführt, gefasst, bestraft, verurteilt?	Kommissar Hell bemerkt die Widersprüche und nimmt das Ehepaar Butt mit aufs Revier.

1 Lest den Plot zum Ratekrimi „Eine aufregende Nacht“.

2 Woran erkennt man den Er-Erzähler? Nennt Textbeispiele.

3 Überprüft, in welchen Textzeilen ihr die im Plot enthaltenen Angaben findet. Lest vor.

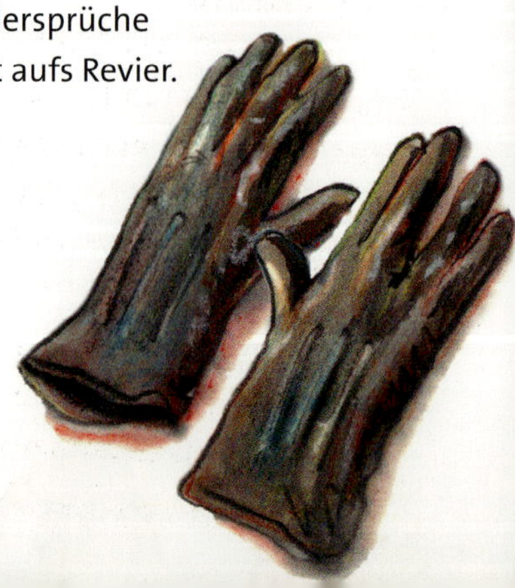

Schreiben und Präsentieren

→ Einen Krimi schreiben – den Einstieg untersuchen

1 Ein guter Einstieg in einen Krimi entscheidet darüber, ob er den Leser fesselt und ihn neugierig auf das weitere Geschehen macht.
Dafür gibt es verschiedene Möglichkeiten. Lest die folgenden Textanfänge.

A Es versprach, ein guter Sommer zu werden. Wenn es regnete, dann meist nachts. Tags schickte die Sonne ihre Strahlen hinunter auf die Erde und somit auch in das große, sprossengeteilte Fenster von Hauptkommissar Uebereit. Immer ab 11.00 Uhr schielte sie um die Gebäudeecke der Rostocker Polizeidirektion und erreichte sein Büro.

Dort saß Uebereit an seinem Schreibtisch und studierte Aktenmaterial. Äußerlich wirkte er dabei ruhig und gelassen, doch dieser Eindruck täuschte. Der Mordfall, der ihn nun schon seit über vier Monaten beschäftigte, verdarb ihm den Appetit auf die chinesischen Glasnudeln wie auch auf das Pfirsichkompott, das er sich aus der Kantine mitgebracht hatte.

B Der deutsche Polizist nimmt mir den Gehstock ab und stützt meinen Arm, als wir die weiße Fähre verlassen und zum ersten Mal einen Schritt auf diese fremde kleine Insel machen, in deren sandigem Grund mein Mann seine letzte Ruhestätte gefunden hatte.

„Sie hatten eine weite Reise, von Dover nach Baltrum. Und nun sind es nur noch wenige Meter." Der Polizist geht in Zivil. Er spricht manierliches Englisch und ist rührend besorgt um mich. Und ein wenig stolz. Immerhin war es seiner Hartnäckigkeit, seinem Gespür zu verdanken, dass nach sechs Monaten die männliche Wasserleiche von Baltrum identifiziert werden konnte.

C Schwere Schritte rissen Carola Bendix aus einem schlafähnlichen Dämmerzustand. Sie starrte in die Dunkelheit und lauschte ins Leere. Ihren Ohren wäre nicht einmal entgangen, wenn am anderen Ende des alten Schlosses eine Stecknadel auf den Fußboden gefallen wäre.

Die Schritte verstummten, und einen Moment lang herrschte absolute Stille. Dann hörte sie ein leises Knarren, mit dem er die Tür zu ihrem Verlies öffnete.

D „Ja, würdest du denn dein Kind verbrennen lassen?", wisperte Trude.

„Schscht!", zischte Ella-Ma. „Denk an Julia!" Sie drehte den Kopf kurz in Richtung ihrer Enkelin, die mit Paul weiter hinten in einer Bank saß.

„Ich frage mich", fuhr Trude unbeirrt fort, „warum die Degenharts darauf bestanden haben."

„Trude!"

Der halblaute Streit weckte Getuschel um sie herum, das die Begräbnisstille durch die weit geöffnete Tür der Totenhalle jagte, hinaus in den plätschernden Regen.

2 Wodurch wird eure Neugier als Leser auf diese Krimis geweckt? Tauscht euch aus.

3 Welche Angaben zu Ort, Zeit und Hauptfigur/en könnt ihr aufgrund dieser Einstiege schon machen? Notiert eure Lösungen stichwortartig. Vergleicht eure Antworten.

4 Könnt ihr Angaben dazu machen, welches Verbrechen wahrscheinlich aufzuklären ist? Lest die Textstellen vor, die eure Meinung belegen.

E Manche Leute haben Angst vor engen Räumen, vor Spinnen oder festen Beziehungen. Einige winden sich bei dem Gedanken, lebendig begraben zu sein oder eine dicke Bohnensuppe mit Fettaugen zu essen. Ich hab da was anderes.

Schon seit Kindertagen gruselte es mich ganz fürchterlich vor diesen Gitterstäben im Wellenbad, ja genau da, wo die Wellen herauskommen, ganz unten im ganz Tiefen. [...]

Und während meine Klassenkameraden Schiss davor hatten, dass King Kong abends zum Schlafzimmerfenster reinschaut, plagten mich Albträume, dass ich im Schwimmbad tauchen musste und mit meinem Fuß dort unten hängen blieb und nicht mehr an die Wasseroberfläche gelangen konnte. [...]

Manchmal glaube ich, meine kindliche und bis ins Erwachsenenalter verschleppte Wellenbadphobie war so etwas wie ein Frühwarnsystem für das, was mich schließlich erwartete.

F Diese alten Gichtknochen! Florentine massierte ihre arthritischen Finger und betrachtete Arthur, der in der mannslangen Badewanne schnarchte.

Sollte sie sich wirklich von ihm trennen?

Er hielt sie kurz. Zu kurz. Fiel krankhafter Geiz schon unter häusliche Gewalt?

Was konnte ihr passieren? Kein Bankkonto – kein Mordmotiv. Arthur pflegte immer zu sagen: „Was ist der Unterschied zwischen der Gründung einer Bank und dem Einbruch in eine solche? – Nun, meine Liebe, es gibt keinen."

Er hortete sein Geld; das wusste Florentine. Sie wusste bis gestern nur nicht, wo.

Die Seife hatte sie vorsorglich weggelegt. Dieses Mal sollte alles perfekt sein.

G „Gosh, darn it! Listen to me! I'm sure, that was not an accident. That was murder, an attempted murder!"

Der junge Brite hatte sehr viel Mühe, sich zum Kriminalkommissariat Wolgast durchzufragen. Nun steht er endlich vor dem zuständigen Ermittler, Kriminaloberrat Fischer.

„Please, I want to make an official announcement. That what's happened to my friend, was not an accident. It was her! That girl! She wanted to kill him."

Heftig knallt er ein Foto auf den Schreibtisch des Kommissars. Ein junges, offensichtlich verliebtes Paar lächelt in die Kamera.

M

Einen Einstieg für eine Kriminalgeschichte schreiben

Der **Einstieg** in einen Krimi sollte den Leser neugierig machen auf den Fortgang der Geschichte.
Er macht den Leser bekannt mit
- den **Figuren** (Geschlecht, Alter, Äußeres, Lebensumfeld),
- dem **Ort** der Handlung (geschlossener Raum oder im Freien),
- der **Straftat** oder der **Andeutung** eines **Verbrechens** und
- der **Erzählperspektive** des Autors.

5 Wodurch wird bei dir als Leser durch die Einstiege E–G die Neugier auf die Krimis geweckt? Tauscht euch aus.

6 Welche Angaben zu Ort, Zeit, Hauptfiguren und Erzählperspektive könnt ihr bei den jeweiligen Einstiegen schon machen? Schreibt sie auf.

Schreiben und Präsentieren

→ Einen Krimi schreiben – Spannung erzeugen

1 Krimis werden vor allem deshalb so gern gelesen, weil sie bis zum Schluss spannend sind. Ein Geheimnis eines Krimis, das erst am Ende gelöst wird, ist oftmals das Motiv des Täters. Dies kann mit seiner Vergangenheit zu tun haben – oder mit dunklen Machenschaften, in die er verstrickt ist.
Welche Ursachen und Umstände könnten eine Täterfigur zu ihrer Straftat getrieben haben? Tauscht euch aus.

Der geheimnisvolle Antiquitätenladen

„Du kannst mich nicht zwingen, hier noch einen einzigen Tag länger zu bleiben! Übermorgen bin ich fort!“, sagte Chuck Ames zu der hässlichen alten Großvateruhr, die in einer Ecke des staubigen Altwarenladens stand. „Ich kündige. Ich bin kein Antiquitätenverkäufer.“

Es war eine Wohltat, laut zu reden, sogar wenn er es nur der alten Uhr erzählte. In diesem alten Laden auf einem hohen Stuhl hinter dem vollgestopften Ladentisch zu sitzen und zu warten, bis höchstens einmal pro Stunde ein Kunde kam, das war der langweiligste Job der Welt.

„Und ich hab gedacht, ich hätte ein Mordsglück gehabt, die Stelle hier zu bekommen“, erinnerte sich Chuck. „Überglücklich war ich! Nun, das war vor einer Woche, und damals war ich noch beträchtlich jünger. Jetzt bin ich klüger geworden.“

Chuck wollte nicht zugeben, dass er laut sprach, um seinen Mut nicht zu verlieren. Irgendwie hatte er das Gefühl, er müsse wachsam sein, auf der Hut sein. Aber wovor? War da vielleicht irgendein Geheimnis um dieses düstere kleine Geschäft und seinen dicken Besitzer Utterback? Oder bildete er sich das alles nur ein?

2 Erst eine Woche arbeitet Chuck bei Mister Utterback. Und schon fühlt er sich unwohl.
- Welche Textstellen belegen dieses Gefühl?
- An welcher Stelle wird auf ein mögliches Geheimnis verwiesen?

3 Auch durch **Andeutungen** kann Spannung erzeugt werden.
Welche Andeutung wird im folgenden Textauszug gemacht?

Utterback ließ sich in seinem Geschäft nur selten blicken. Ab und zu kam er, um besondere Kunden zu bedienen. Diese führte er dann in seine Privaträume im zweiten Stock – das erste Stockwerk war mit Möbeln vollgepropft – und wickelte dort mit ihnen seine Geschäfte ab.

Was das für Geschäfte waren, darüber nachzugrübeln hatte Chuck Zeit genug.

4 In einem Krimi ist die Spannung hauptsächlich in der Analysearbeit des Ermittlers verborgen. Oft wird er auf eine falsche Fährte gelockt.
Sprecht über Täuschungsmanöver der Täter, die Ermittlungen erschweren könnten.

5 Wenn du einen Krimi schreibst, weißt du als Autor, was der Leser anfangs noch nicht weiß. Du kannst also Bemerkungen streuen, die eine Person verdächtig machen, z. B. so:

Autodiebstahl – *In einem Gespräch wird erwähnt, dass der 14-jährige Oscar schon einmal das Auto seines Vaters gefahren hat. So gerät er automatisch in den Kreis der Verdächtigen.*

Einbruch in einem Juwelierladen – *Bei einer Bekannten des Juweliers werden Ohrringe entdeckt, die angeblich zum Diebesgut gehören. So geraten sowohl der Juwelier selbst als auch die Freundin in Verdacht.*

Ordnet die folgenden Verdachtsmomente verschiedenen Straftaten zu:
Brandstiftung – Körperverletzung – Erpressung – Fahrerflucht

a) Eltern stellen fest, dass ihre Tochter ihnen regelmäßig Geld stiehlt.
b) In der Garage des Nachbarn werden leere Benzinkanister gefunden.
c) Obwohl Daniel genug Taschengeld bekommt, reicht das Geld nie fürs Kino, fürs Eisessen, fürs Schwimmbad ...
d) Joshua sagt aus, dass sein Freund bei jeder Gelegenheit gleich ausrastet.
e) Herr Meier erzählt seiner Frau, dass ihm ein Reh ins Fahrzeug gesprungen ist.
f) Der Pizzabäcker freut sich, dass er nun einen Konkurrenten weniger hat.
g) In einer Autowerkstatt wird ein weißer Lieferwagen zum Lackieren gebracht.

6 Ein Krimi lebt ganz besonders vom Detail. So kannst du durch die genaue Beschreibung verschiedener Situationen Spannung erzeugen.

- Schreibe den folgenden Lückentext ab und setze treffende Adjektive ein.
- **Du kannst auch Wörter aus dem folgenden Angebot auswählen:**

schrecklich – erschrocken – dürr – dicht – hell – geistesgegenwärtig – furchtbar – trocken – fröhlich – dunkel – vorsichtig – langsam – behutsam – schneller – drohend – alt – verrückt

Ganz ? dachte Shirin: Was ist das? War diese ? Gestalt ihr wirklich gefolgt? Durch die ? Zweige konnte Shirin nur wenig sehen. Ganz ? und ? bewegte sie sich in Richtung Straße. Sie lief immer ? und ? ... Endlich zeigten ihr die ? Lichter der Autos, dass sie der ? Gefahr wohl vorerst entkommen war. Aber da merkte sie ? ...

M

Im Krimi Spannung erzeugen

Enthalte dem Leser Geheimnisse vor, die erst im Verlauf der weiteren Handlung Zug um Zug aufgelöst werden. So baust du einen **Spannungsbogen** auf.

Baue auch **Spannungsmomente** ein, bei denen dem Leser der Atem stockt: Eine Figur oder auch der Ermittler geraten in Gefahr. Etwas Unerwartetes passiert, womit der Leser nicht rechnet.

Spannung erzeugen auch **Andeutungen** und **Bemerkungen**, mit denen bestimmte Figuren verdächtig erscheinen sollen.
Mit Andeutungen kannst du auch auf künftige, noch unbekannte Ereignisse verweisen.

Benutze **Wörter** und **Ausdrücke**, die etwas Geheimnisvolles oder Schauriges ahnen oder erwarten lassen.

Schreiben und Präsentieren

→ Einen Krimi schreiben – einen Plot entwickeln

In einer Kriminalgeschichte findet immer ein „Kampf" zwischen dem **Ermittler** und dem **Täter** statt.

Die **Ermittlerfigur** ist meist klug, geschickt und findig. Aber sie ist auch nur ein Mensch, und es passieren ihr so manche Pannen und Rückschläge. So wie alle Menschen hat sie auch bestimmte Angewohnheiten und Eigenarten. Sie ist in der Regel sympathisch, trotz einiger Ecken und Kanten.

Auch der **Täter** ist ein Mensch, wenn auch ein böser oder verzweifelter, mit seiner ganz besonderen Biografie, mit seinen Erfahrungen und möglichen Enttäuschungen und einem speziellen Handlungsmotiv.

1 Entwerft nun in Kleingruppen gemeinsam einen **Plot** zu einem „Ratekrimi" mit dem Titel „Der hinterhältige Schütze".
84
Nutzt das Muster auf Seite 84.
Bei der Straftat soll es sich um **Körperverletzung** handeln.
Einige Figuren haben wir schon vorgegeben.
Vervollständigt die Figurenkarten: *Äußeres, Alter, Besonderheiten, Lebensumstände ...*

Figurenkarte

Kommissar Hell: ein junger Kommissar, übernahm gleich nach der Polizeischule die Stelle eines erfolgreichen Vorgängers ...
Sein Chef ist Hauptkommissar Grämlich.

Figurenkarte

Täter: Herr Lasch, Hausbewohner, wohnt im ersten Stock, spielt gut Klavier, hat bei der Befragung den rechten Arm in einem dicken Verband ...

Figurenkarte

Opfer: Philipp, 13 Jahre alt, spielt oft mit seinen Freunden Fußball im Hof, wird durch einen Schuss mit einer Schleuder am Oberschenkel verletzt ...

2 Entscheidet, welche Figuren ihr neben dem Ermittler, dem Opfer und dem Täter für eure Geschichte noch braucht (Hausbewohner, Zeugen ...).
- Legt auch für sie eine Figurenkarte an.
- Seid sparsam mit den Figuren, damit ihr den Überblick behaltet.

3 Legt die Phasen der Ermittlung fest: Spurensicherung (Einweckgummi, Erbse ...), Befragung von ...
- Wer macht sich verdächtig durch seine Aussagen, seine Ansichten zum Fußballspiel der Jungen auf dem Hof?
- Wer legt eine falsche Fährte, um von sich abzulenken?

4 Überlegt, welches Motiv der Täter haben könnte und wie er sich verrät, welchen Fehler er macht.

5 Bevor ihr euch ans selbstständige Schreiben wagt, solltet ihr euch noch einmal zu den Spannung erzeugenden sprachlichen Mitteln verständigen, die ihr schon kennt.
88

Sechs Schritte zum Schreiben einer Kriminalgeschichte

Schritt 1:
Suche nach **einer Idee / einem Einfall** für die Geschichte.
In Tageszeitungen und Zeitschriften wird täglich über Straftaten berichtet.

Schritt 2:
Entwickle einen **Plot** (Handlungsgerüst).
Entwirf dazu eine Übersicht / Skizze.
- Wer ist der Erzähler?
- Wer ist die Hauptfigur in der Geschichte?
- Wer sind die Nebenfiguren (wenige)?
- Welche Straftat ist aufzuklären?
- Was stößt dem Opfer zu?
- Wann und an welchem Ort findet die Straftat statt?
- Wer ermittelt?
- Gibt es Zeugen? Verdächtige?
- Wer ist der Täter? Was ist sein Motiv?
- Wie sieht die Lösung aus?

Schritt 3:
Schreibe einen **Einstieg**, der den Leser neugierig macht. Deute an, dass etwas Schlimmes passiert ist oder jemand in Gefahr ist.

Schritt 4:
Schreibe **Figurenkarten** für die wichtigsten Personen.
Der Ermittler / die Ermittlerin sollte schon ein besonderer Typ sein.
Ordne ihm / ihr spezifische Eigenschaften und Vorlieben zu.
Beschreibe sein / ihr Äußeres.

Schritt 5:
Andeutungen machen den Krimi *spannend*.
Denk dir Gefahren, Stolpersteine, Täuschungsmanöver, falsche Alibis und Gegner aus, die im Verlauf der Aufklärungsarbeit die Ermittlungen behindern.
Überlege, welche **Spuren** der Täter hinterlassen haben könnte, die ihn letztendlich überführen.
Spannend ist ein **Wechselspiel** von *Zeigen* und *Verschweigen*.

Schritt 6:
Am **Schluss** sollte das Verbrechen aufgeklärt werden: Überführung des Täters, Festnahme oder Verurteilung.

6 Nun habt ihr viele wichtige Puzzleteile für das Schreiben einer Kriminalgeschichte bekommen.
- Jetzt schreibt jeder einmal allein den Ratekrimi „Der hinterhältige Schütze“ auf der Grundlage des Plots von Seite 89 (Aufgabe 1–4).
- Denkt daran, ein guter Krimi wartet am Ende mit einer Überraschung auf.
- Wenn du fertig bist, kannst du deinen Text anhand der Checkliste überprüfen.

Checkliste

Ich habe ...
- ✓ in der Einleitung die Ausgangssituation geschildert, Ort und Zeit angegeben, die Straftat beschrieben und das Opfer benannt.
- ✓ die Ermittlungen des Kommissars in der richtigen Reihenfolge dargestellt.
- ✓ die Besonderheiten der Figuren (Figurenkarten) für den Handlungsverlauf der Geschichte genutzt.
- ✓ einige Hausbewohner durch ihre Aussagen „verdächtig“ gemacht.
- ✓ das „Täuschungsmanöver“ des Täters geschickt in der Geschichte verpackt.
- ✓ die Situation an den Schluss gestellt, in der dem Kommissar die „Erleuchtung“ kommt.

Schreiben und Präsentieren

→ Eine Kriminalgeschichte zu Ende schreiben

Paul Sander wendete sich noch einmal um: „Ich habe dir schon hundertmal gesagt, solange du mit diesem Exknacki herumhängst, siehst du keine müde Mark mehr von uns. Ab heute bleibst du nach 20.00 Uhr im Haus. Und du, Eva, sei endlich mal konsequent!"

Er knallte die Tür hinter sich zu, bestieg seinen dunkelblauen VW, und mit quietschenden Reifen raste er davon.

„Ich bin 16", schrie ihm Mandy hinterher, „und ich lasse mir von dir gar nichts sagen, du bist nicht mein Vater!"

„Mandy, so kannst du mit Paul nicht reden. Schließlich leben wir zusammen und er sorgt doch gut für uns. Außerdem hat er recht, dieser Martin ist mit seinen 22 Jahren viel zu alt für dich. Hast du keine Angst? Immerhin hat er zwei Jahre wegen schwerer Körperverletzung im Knast gesessen."

„Martin hat seine Strafe verbüßt, es tut ihm leid, dass er damals im Streit mit seinem Freund so ausgerastet ist. Außerdem geht er regelmäßig zum Antiaggressionstraining. Seinen Führerschein hat er auch gerade gemacht. Er ist ein ganz normaler Kerl, und ich liebe ihn."

„Was weißt denn du schon von Liebe, du wirst noch viele junge Männer in deinem Leben kennen lernen. Da musst du dich nicht dem ersten besten an den Hals werfen."

Wütend warf Mandy ihr angebissenes Käsebrot zurück auf den Teller und verließ die Küche. Sie klemmte den Rucksack auf den Gepäckträger ihres Fahrrads und machte sich auf den sechs Kilometer langen Weg zur Schule.

Ich muss heute Abend unbedingt mit Martin reden. Das war natürlich gestern ein Schock für ihn. Wie wird er sich wohl entscheiden? Diese Frage spukte ihr fortwährend durch den Kopf.

Ein hellgrüner Opel fuhr langsam neben ihr her. Mandy erschrak: „Was willst du schon wieder von mir? Verpiss dich! Wenn du mich nicht endlich in Ruhe lässt, zeige ich dich an. Denkst du, ich weiß nichts von deinen Machenschaften!?"

Oh, da will mich jemand überholen, dachte der Fahrer des Wagens. „Das wagst du nicht, meine Süße. Also, bis später."

Der Opel nahm Tempo auf und verschwand.

***

„Paul hat heute Abend eine wichtige Beratung in seiner Firma. Es kann spät werden. Ich möchte keinen Ärger mit ihm. Du weißt, was er heute früh gesagt hat." Eva rührte konzentriert in einem großen Topf zerkleinerter Pflaumen.

„Ich muss aber dringend noch mal weg, wenigstens eine Stunde, Mama, bitte!"

„Ich kann es dir nicht erlauben. Geh auf dein Zimmer, schau noch ein bisschen fern. Es kommt ein ‚Tatort'. Das siehst du doch so gern."

Nie hält sie zu mir, immer macht sie, was dieser Idiot sagt.

Mandy ging in ihr Zimmer und schaltete den Fernseher ein.

„Na also. Geht doch", dachte die Mutter und rührte weiter ihr Pflaumenmus.

„Kannst du den Fernseher etwas leiser drehen?", rief sie nach nebenan. Doch Mandy schien noch beleidigt zu sein. Sie reagierte nicht.

***

Verflucht, dieser Regen. Man sieht ja so gut wie gar nichts mehr! Diese Chinesen sind verdammt vorsichtig. Haben wieder nicht unterschrieben. Nichts als Ärger. Wieder ein Abend für nichts und wieder nichts! Wie lange kann ich diesen Stress noch aushalten?

Urplötzlich tauchte ein Radfahrer vor ihm auf. Ein harter Schlag gegen seinen Wagen.

Habe ich ihn erwischt? Ich sollte anhalten und nachsehen.

Doch schon sieht er in seinem Rückspiegel die Scheinwerfer eines Autos. Der Fahrer scheint anzuhalten.

Nichts wie weg! So eine Unachtsamkeit könnte mich teuer zu stehen kommen. In meiner Position. Nicht auszudenken! Außerdem sah es so aus, als würde sich jemand um den Radfahrer kümmern.

***

„1-1-2. Guten Abend, hier spricht Frau Bieber, ich befinde mich ungefähr zwei Kilometer vor Alberode auf der Landstraße nach Eisenstadt. Ein junges Mädchen wurde angefahren. Sie ist ansprechbar, hat aber eine Kopfverletzung. Kommen Sie bitte schnell!" ...

1 Ein Fall von Fahrerflucht. Kommissar Breuer wird mit den Ermittlungen beauftragt und sofort zum Tatort geschickt.
Er weiß nicht, was du als Leser schon weißt.
Notiere stichwortartig, welche Schritte er zur Aufklärung des Falls einleiten muss.

2 Schreibe jetzt die Kriminalgeschichte zu Ende.
Gib der Geschichte eine passende Überschrift. Vervollständige zuvor den Plot:

- Welche Spuren konnten am Tatort gesichert werden (Spurensicherung)?
- Wen wird der Kommissar befragen? Zeugenaufruf in der Zeitung?
- Wer hat sich verdächtig gemacht?
- Wer könnte der Fahrer des hellgrünen Opels sein?
- Welches Motiv hat der Täter? Warum hat er den Tatort verlassen?
- Auf welche Weise wird der Täter überführt?

Einen Krimi schreiben

Wenn du selbst einmal einen Krimi schreiben willst, dann musst du zuerst eine **Idee** haben:

Tipp 1:
Welche **Straftat** soll im Mittelpunkt stehen?
Raub, Brandstiftung, Körperverletzung ...?

Tipp 2:
Dann musst du dir ein **Handlungsgerüst** (Plot) aufbauen und dabei folgende Fragen beantworten:

- *Wer soll der **Täter** sein, wer das **Opfer**?*
- *Welches **Motiv** treibt den Täter zum Verbrechen? Eifersucht, Geldgier, Hass ...?*
- *Wer ist der **Ermittler**? Ein Kriminalkommissar, ein Detektiv, eine Privatperson ...?*
- *Welche Nebenfiguren sind erforderlich? Freunde, Nachbarn, Kollegen ...?*
- *Wodurch kann der **Fall gelöst** werden? Wie verrät sich der Täter?*
- *Wodurch kann er überführt/verhaftet werden?*

Tipp 3:
Mit einem **Einstieg**, der Neugier erweckt, ziehst du die Leser in deinen Bann. Stelle möglichst gleich zu Beginn die Hauptfigur vor. Benenne die Straftat, den Tatort und die Tatzeit. Du kannst auch nur Hinweise auf eine mögliche Straftat geben. Das macht neugierig auf mehr.

Tipp 4:
Spannung kannst du erzeugen durch Wörter und Ausdrücke, die etwas Schreckliches erwarten lassen. Durch Andeutung von Geheimnissen oder späteren schlimmen Ereignissen sowie das Legen von falschen Fährten hältst du die Spannung aufrecht.

Schreiben und Präsentieren

→ Überprüfe dein Wissen und Können

1 Wenn du einen Krimi schreiben willst, solltest du in bestimmten Schritten vorgehen. Bringe die folgenden Schritte in eine sinnvolle Reihenfolge. Schreibe: *1. Schritt: eine ...*

einen Einstieg schreiben	**eine Idee suchen**
einen Plot entwickeln	**eine Überraschung für den Schluss entwerfen**
Figurenkarten entwerfen	**Spannungselemente ausdenken**

2 Notiere dir, welche Angaben du dem folgenden **Einstieg** entnehmen kannst. (Erzählperspektive? Ort? Zeit? Personen? Andeutung einer Straftat? ...)

Es war einer jener Tage, die Freddy Forlando hasste. Es war heiß und schwül – und das Schlimmste war, er hatte seit Wochen keinen Auftrag mehr erhalten. Er saß in seinem kümmerlich eingerichteten Detektivbüro und sah fast flehend auf das Telefon. „Die Welt ist auch nicht mehr so, wie sie mal war“, seufzte er und dachte an jene Zeiten, als er ständig zu tun hatte: Raub, Bestechung, Totschlag. Da lief das Geschäft noch. Je komplizierter der Fall war, desto mehr blühte Freddy Forlando auf. Ja, er war wohl ein Privatdetektiv, den man in bestimmten Kreisen als gefährlich einstufte. Aber das war eben lange her.

Eine Fliege brummte durch das stickige Büro, doch Freddy war viel zu träge, sie zu fangen. Plötzlich zerschnitt das Klingeln des Telefons die Stille.

3 Wie kannst du die Ermittlungsphase beim Schreiben eines Krimis spannend gestalten? Schreibe zwei Möglichkeiten auf.

4 Ordne den Fachbegriffen aus der Kriminalliteratur die entsprechenden Erklärungen zu.

Fachbegriffe:
a) Alibi b) Ermittler c) Fahndung d) Indiz e) Motiv f) Verhör

Erklärungen:
1 Die Suche nach einer Person und/oder einem Fahrzeug
2 Beweisstück, entweder am Tatort aufgefunden oder im Rahmen der Ermittlung entdeckt
3 Antrieb, Beweggrund, um ein Verbrechen zu planen und auszuführen
4 Figur, die sich in einem Krimi vornimmt, die Wahrheit herauszufinden; oft ein Polizist oder Privatdetektiv, aber manchmal auch eine Privatperson
5 Methode, aus Zeugen oder Verdächtigen krimineller Handlungen Informationen zu einem Sachverhalt herauszulocken
6 Folgt der Frage „Wo waren Sie am ... um ...?”

Texte erschließen und verstehen

→ Die Epoche des Expressionismus' kennen lerne

1 Schau dir das Bild in Ruhe an. Schreibe anschließend auf, welche Gedanken und Gefühle dir beim Betrachten durch den Kopf gehen.

Jacob Steinhardt: Die Stadt (1913)

2 Hier findet ihr Aussagen anderer Schüler zu dem Bild.
Welchen Meinungen stimmt ihr zu, welchen eher nicht? Was seht ihr anders?

O nein! Das Bild sieht ja gespenstisch aus! Wie aus einem Horrorfilm! Mir gefällt das gar nicht.
Lea

Ich sehe nur Gewühle und Gedränge auf einer viel zu engen Straße in einer unheimlichen Stadt.
Aysun

Na ja, ihr habt schon recht. Aber schaut mal genauer hin. Da ist richtig was los auf dem Bild. Action pur! Malte

Vielleicht liegt das daran, dass es nur wenig Licht gibt. Und die Köpfe über der Frau links oben sehen ja fast aus wie Totenschädel.
Niklas

Hm, stimmt. Es ist von der Farbe her ziemlich düster. Das ist etwas bedrückend.
Timon

3 Betrachtet das Bild noch einmal genauer.
Beschreibt, was euch im Einzelnen auffällt.
Geht dabei so vor:

a) Schaut zuerst auf die **Farben**.
Sind sie eher dunkel oder hell, grell oder sanft?
Welche Akzente sind gesetzt?

b) Welche **Formen** dominieren auf dem Gemälde?
Eher runde oder kantige, schmale oder breite ...?

c) Könnt ihr bestimmte **Linien** auf dem Bild erkennen?
Sind sie eher waagerecht oder senkrecht?
Beschreibt, wodurch sie entstehen.

4 Zählt auf, welche **Details** ihr jetzt auf dem Bild entdecken könnt. Tauscht euch aus. An welchem **Ort** spielt sich die Szenerie ab?

- Wo bleibt euer Blick haften?
- Was nehmt ihr wahr?

5 Schaut euch das Bild nun noch einmal im Ganzen an. Teilt es euch dazu wie ein Gitter ein und fangt oben links an. Beschreibt, was ihr seht und wahrnehmt.

6 Stell dir vor, du wärst auch in dieser Stadt unterwegs. Notiere Stichwörter zu folgenden Fragen:

- Was würdest du denken und was würdest du fühlen?
- Was würdest du gerade tun?
- Was würdest du sehen oder beobachten?

Tauscht eure Ergebnisse anschließend aus.

Elemente der Bildanalyse

M

Farben

Farben unterscheiden sich nach Farbton, Stärke und Helligkeit. Je größer die Unterschiede zwischen zwei oder mehreren Farben sind, desto stärker ist der Kontrast. Farben und ihre Kontraste haben meist eine emotionale Wirkung auf den Betrachter.

Formen

Die Formen eines Bildes ergeben sich aus Umrissen und aus Farben.

Linienführung

Auf vielen Bildern sind Linien erkennbar. Sie entstehen z. B. durch Farben, Formen von dargestellten Objekten oder durch Kontraste.
Die Linienführungen können gerade oder geschwungen bzw. senkrecht, waagerecht oder diagonal sein.
Beim längeren Betrachten von Bildern kann man durch die Anordnung von Elementen, Formen und Farben eine Aufteilung erkennen. Wie ein unsichtbares Raster ermöglicht die Linienführung eine Einteilung des Bildes nach linker und rechter Hälfte, nach oberem und unterem Teil oder in zwei diagonale Hälften.

Fantasie und Wirklichkeit: Form im Aufbruch

7 Vergleicht das Leben und Treiben in unseren Städten heute mit dem auf dem Bild von Seite 94.
Welche Parallelen, Gemeinsamkeiten und Unterschiede könnt ihr entdecken?

8 Das Gemälde „Die Stadt" wurde 1913 von Jacob Steinhardt gemalt.
Lest dazu den Informationstext rechts.
- Welcher Künstlergruppe gehörte Jacob Steinhardt an?
- Überprüft, ob sich etwas von den Zielen der „Pathetiker" im Bild auf Seite 94 widerspiegelt.

9 Schaut jetzt noch einmal mit eurem ganzen Wissen auf das Bild und deutet es.
- Erschließt es zu zweit mit Hilfe der unten stehenden Fragen.
- Schreibt auch auf, welche Fragen für euch noch offenbleiben und was ihr nicht versteht.
- Sprecht danach in der Klasse darüber. Vielleicht finden andere Schüler Erklärungen oder Antworten auf eure Fragen.

Jacob Steinhardt (1887–1968)

Einer der bekanntesten deutsch-jüdischen Expressionisten ist Jacob Steinhardt. Gemeinsam mit zwei weiteren jungen Malern gründete er 1911 die „Pathetiker". Diese expressionistische Künstlergruppe wollte neue Wege in der Kunst einschlagen und mit ihren Bildern die Menschheit vor allem emotional ansprechen. So setzten sich die Künstler vorwiegend mit Themen auseinander, die die menschliche Existenz betreffen, z. B.: das Verlassensein, den Verlust von Identität und Heimat und den Verlust des Glaubens an Gott. Aber nicht nur die Themen, auch die Art der Darstellung wich von allem ab, was bislang in der Kunst bekannt war. Die Expressionisten malten die Wirklichkeit so, wie sie sie in ihrem Inneren empfanden.
Die erste Ausstellung der Gruppe im Jahr 1912 brachte für Steinhardt den künstlerischen Durchbruch mit sich. Großen Erfolg erzielte er 1917 mit der Ausstellung seiner Kriegszeichnungen in Berlin. Der Künstler fertigte aber auch Holzschnitte und Radierungen an. 1933 floh Steinhardt mit seiner Frau und seiner Tochter vor den Nationalsozialisten nach Palästina. Nach Kriegsende arbeitete er als Dozent, später als Leiter einer Kunstschule in Jerusalem.
Am 11. Februar 1968 starb er in Israel.

Möglichkeiten, wie man sich ein Bild erschließen kann

Wie wirkt das Bild auf mich?	→ Welche Gedanken gehen mir beim ersten Anschauen durch den Kopf? → Welche Gefühle weckt das Bild in mir?
Was sehe ich beim Betrachten des Bildes? Was fällt mir besonders ins Auge?	→ Welche Figuren, Orte, Objekte entdecke ich? → Welche Umgebung kann ich erkennen?
Hat das Bild einen Titel?	→ Gibt mir der Titel einen Hinweis auf das Thema? → Wie ist das Thema dargestellt?
Welche besonderen Farben und Formen fallen mir auf? Was fällt mir am Aufbau des Bildes auf?	→ In welcher Anordnung befinden sich die Bildelemente zueinander? Eher konkret oder abstrakt? → Welche Linienführung kann ich erkennen? → Welche Rolle spielt das Licht auf dem Bild? Welche Lichtquellen gibt es?
In welchem Jahr bzw. in welcher Zeit ist das Bild entstanden?	→ Gibt es einen Zusammenhang zwischen dem historischen Hintergrund und dem Gemälde? → Gibt es Hinweise auf bestimmte historische Ereignisse oder künstlerische Bewegungen?
Was weiß ich schon über das Bild und was könnte ich noch in Erfahrung bringen?	→ Um was für ein Bild handelt es sich: Landschaftsbild, Stadtansicht, Porträt, Stillleben ...?

Texte erschließen und verstehen

→ Ein expressionistisches Gedicht kennen lernen

Die Stadt (1911)

Georg Heym (1887–1912)

Sehr weit ist diese Nacht. Und Wolkenschein
Zerreißt vor des Mondes Untergang.
Und tausend Fenster stehn die Nacht entlang
Und blinzeln mit den Lidern, rot und klein.

Wie Aderwerk gehen Straßen durch die Stadt,
Unzählige Menschen schwemmen aus und ein.
Und ewig stumpfer Ton von stumpfem Sein
Eintönig kommt heraus in Stille matt.

Gebären, Tod, gewirktes Einerlei,
Lallen der Wehen, langer Sterbeschrei,
Im blinden Wechsel geht es dumpf vorbei.

Und Schein und Feuer, Fackeln rot und Brand,
Die drohn im Weiten mit gezückter Hand
Und scheinen hoch vor dunkler Wolkenwand.

1 Lasst euch das Gedicht von eurem Lehrer oder von eurer Lehrerin vortragen. Gebt dann euren ersten Eindruck wieder.

2 Welches Thema hat dieses Gedicht?

3 Das Gedicht ist nicht so leicht zu verstehen. Versucht es euch einmal mit folgenden Fragen zu erarbeiten. Findet euch dazu zu zweit oder in kleinen Gruppen zusammen. Haltet eure Ergebnisse schriftlich fest.

a) Schaut euch den Aufbau des Gedichts an. Was fällt euch auf?
b) Welche Stimmung geht eigentlich von dieser Stadt hier aus? Findet Wörter bzw. Verse, die das widerspiegeln.
c) Beschreibt mit euren Worten, was das für eine Nacht ist, von der in Strophe 1 die Rede ist.
d) Es gibt eine Farbe in diesem Gedicht, die zweimal auftaucht. Wo findet ihr sie? Wie versteht ihr diese Verse?
e) Die zweite Strophe beginnt mit einem Vergleich und einer Wortneuschöpfung: *„Wie Aderwerk …“*. Was stellt ihr euch darunter vor? Was soll das wohl über die Stadt aussagen?
f) Schaut euch die Adjektive in den Versen 7 und 8 genauer an. Welche Wirkung geht von ihnen aus? Warum steht ein Adjektiv gleich zweimal in einer Verszeile?

g) In den Verszeilen 7 und 8 gibt es eine weitere Besonderheit, über die man beim Lesen stolpert. Es heißt im Gedicht:

Und ewig stumpfer Ton von stumpfem Sein
Eintönig kommt heraus in Stille matt.

Verständlicher wäre aber folgende Wortstellung:

Und ewig stumpfer Ton von stumpfem Sein
Kommt in matter Stille eintönig heraus.

Welche Wörter werden durch die besondere Wortstellung im Gedicht hervorgehoben? Welche Auswirkungen hat das für die inhaltliche Aussage?

h) Mit einer unvermittelten Aufzählung beginnt die Strophe 3.
- In welcher Reihenfolge werden Anfang, Verlauf und Ende des Lebens in den Versen 9 und 10 benannt? Wie wirkt das auf euch?
- In Vers 11 ist vom „blinden Wechsel" die Rede. Erklärt die Metapher mit euren Worten.

i) Der im Gedicht beschriebenen Stadt droht Gefahr. Welche Hinweise darauf gibt es in der letzten Strophe dafür?

j) Gibt es ein lyrisches Ich? Von welchem Standort aus betrachtet es die Szenerie? Steht es eher unten auf der Straße oder schaut es aus einem Fenster? Oder betrachtet es die Szenerie von oben und überblickt alles?

M

Sonett

Ein **Sonett** ist ein Gedicht nach einer streng aufgebauten Form. Es besteht aus zwei vierzeiligen Strophen (Quartetten). Darauf folgen zwei dreizeilige Strophen (Terzette). Mit dem formalen Einschnitt (Zäsur) zwischen der zweiten und dritten Strophe geht in der Regel auch ein inhaltlicher Kontrast einher.

M

Enjambement

Bei einem **Enjambement** geht ein Satz oder eine Sinneinheit über das Zeilenende eines Verses hinaus (Zeilensprung) und gleitet in den nächsten Vers hinein.

Beim Vortrag sollte man über ein Enjambement nicht einfach „hinweglesen", sondern eine ganz kleine Pause machen, ohne dabei allerdings die Stimme absinken zu lassen.

4 Das Gedicht ist dem Aufbau nach ein Sonett. Gibt es dafür auch inhaltliche Anhaltspunkte? Lest noch einmal die Strophen und klärt:
- Wo beobachtet und beschreibt das lyrische Ich?
- Wo zieht es Schlussfolgerungen und Wertungen für das Leben?

5 Im Gedicht gibt es in den ersten beiden Versen ein Enjambement.
- Klärt zuerst einmal mit Hilfe des Merkkastens, was man darunter versteht.
- Welche Wörter des ersten Verses gehören zum Satz des zweiten Verses?
- Lest jetzt die ersten beiden Verse einmal so, wie es im Kasten beschrieben wird. Welche Wörter werden dadurch besonders betont?
- Findet das zweite Enjambement im Gedicht. Lest es betont vor.

6 Tragt jetzt einmal das gesamte Gedicht ausdrucksstark und gestaltend vor. Achtet dabei auch auf die Enjambements.

7 Erinnere dich nun noch einmal an deinen ersten Eindruck von diesem Gedicht. Was hat sich an deiner Wahrnehmung und Deutung verändert?

8 Zwei Schüler haben sich über das Gedicht „Die Stadt" von Georg Heym unterhalten.
Lest dieses Gespräch mit verteilten Rollen vor.

Gina: Also, ich weiß nicht, aber das ist ein ziemlich düsteres Gedicht. Überhaupt nicht romantisch. Verstanden habe ich auch noch nicht alles.

Kurt: Dann lass es uns mal genauer anschauen. Guck dir zunächst nur die Strophen 1 und 2 an. Ich würde sagen, es geht um eine dunkle Mondnacht in einer Großstadt. Überall sind die Fenster noch beleuchtet. Auch in der zweiten Strophe geht es um das Stadtleben. Da ist eine Metapher drin: „Aderwerk" (Vers 5). Damit könnte der rund um die Uhr pulsierende Straßenverkehr in einer Großstadt gemeint sein. Ich denke, dass unzählig viele Menschen tagein, tagaus durch die Straßen strömen. Ruhephasen scheint es nicht einmal nach Mitternacht zu geben.

Gina: Das habe ich im Urlaub auch schon mal erlebt. Aber lies mal die Verse 7 und 8 im Gedicht. Das Stadtleben scheint nicht nur sehr laut, sondern auch ziemlich monoton zu sein, so als ob alles immer in der gleichen Art und Weise abläuft, denn da steht „ewig", „stumpf" und „eintönig".

Kurt: Na ja, ich verstehe das so, dass die Menschen im ewigen Treiben der Großstadt abstumpfen. Der Krach überfordert die Menschen und macht sie unempfindlich gegen die leisen Töne, lässt sie nicht mehr alles wahrnehmen. Sie sind matt und kraftlos, können scheinbar nichts an ihrer Situation ändern. Vielleicht macht sie das still und sprachlos?

Gina: Ja, das ist gut möglich. Aber ich habe da noch etwas entdeckt. Die Verse 7 und 8 gehören doch inhaltlich zusammen. Ich denke, mit dem Enjambement wird der Wechsel von der pulsierenden Stadt zum eintönigen Alltag betont.

Kurt: Da stimme ich dir zu, denn in Strophe 3 ist auch vom „Einerlei" die Rede, was ja so viel wie „Alltag" heißt. „Eintönig" (Vers 8) könnte man also auch als Verbindung zum „Einerlei" (Vers 9) sehen.

Gina: Da wäre ich gar nicht so schnell darauf gekommen. Aber geh doch noch mal in die dritte Strophe. Was da steht, ist doch ziemlich krass. Da stehen Geburt und Tod direkt nebeneinander und dann auch noch Babylaute im Kontrast zum Schrei eines Sterbenden. Das ist ja ein Wechselbad der Gefühle.

Kurt: Mich beschäftigt diese Strophe auch noch sehr. Stell dir mal vor, wenn es wirklich so wäre, wie es der Dichter hier darstellt: Die Leute in der Stadt sind so „dumpf" und „blind" (Vers 11), dass sie das alles gar nicht mehr wahrnehmen! Wie kann man so gefühlskalt und gleichgültig werden?

Gina: Ziemlich erschütternde Vorstellung! Vielleicht sollen wir deshalb darüber nachdenken, wie schnell das Leben vorbeifliegt? Oder wie wir uns und die anderen Menschen wahrnehmen? Wie wir uns umeinander kümmern? Es gibt auch heute genug Menschen, die nicht wissen, wer ihr Nachbar ist, geschweige denn, ob er Hilfe braucht.

Kurt: Ja, leider. Und was denkst du über die vierte Strophe? Die Personifikationen wirken ja ziemlich bedrohlich.

Gina: Meiner Meinung nach könnte es sich um einen Waldbrand handeln. Auf jeden Fall denke ich, dass der Brand irgendwie die Stadt bedroht. Bestimmt ist er ganz in der Nähe. Das lyrische Ich spricht ja von Feuerschein und Rauchwolkenwand am Horizont. Aber es könnte sich auch um eine Naturkatastrophe handeln. Das steht ja nicht so genau da.

Kurt: Oder es ist nur symbolisch gemeint, also dass die Menschen mit dieser Art zu leben auf Dauer nicht zurechtkommen können, dass sie daran etwas ändern müssen? In

Gedichten steht eben nie alles ganz genau. Vieles ist ausgespart, und wir müssen uns unsere eigenen Gedanken machen. Überrascht hat mich, dass ich dadurch auch so viel über unser Leben heute nachdenken muss.

Gina: Jedenfalls ist das Gedicht von Georg Heym ziemlich ungewöhnlich. Mich würde schon noch interessieren, warum der Autor die Stadt hier auf eine so drastische und pessimistische Art und Weise geschildert hat.

9 Wertet das Gespräch aus.
- An welchen Stellen könnt ihr den Ansichten der Schüler zustimmen? An welchen eher nicht?
- Wo seht ihr etwas anders? Begründet.

10 Welche Gemeinsamkeiten könnt ihr zwischen dem Bild von Jacob Steinhardt und dem Gedicht von Georg Heym entdecken? Bezieht auch die folgenden Informationen aus dem Merkkasten in eure Gedanken mit ein.

M

Expressionismus

Der Expressionismus (*lat.* Expressio – Ausdruck, Expressionismus = Ausdruckskunst) ist eine Kunstepoche, die in Europa ca. 1910 einsetzt und bis etwa 1925 andauert. Sie umfasst alle Kunstrichtungen wie z. B. Malerei und Literatur.

Die überwiegend jungen Künstler dieser Epoche waren mit den vorhandenen Kunststilen nicht mehr einverstanden. Deshalb wandten sie sich bewusst von den bestehenden Kunstauffassungen wie dem Naturalismus, Impressionismus und Jugendstil ab und entwickelten parallel dazu ihren eigenen Stil.

Sie wollten ergreifende und packende Kunstwerke schaffen und begannen, die Wirklichkeit so darzustellen, wie sie sie tatsächlich empfanden. Dabei brachten sie ihr inneres Erleben auf ungewöhnlich drastische Weise zum Ausdruck. Man spricht dabei auch vom „expressionistischen Schrei“.

Zentrale Themen des Expressionismus sind
- die **Großstadt** (Entfremdung, Verlorenheit, Anonymität, Orientierungslosigkeit),
- der **neue Mensch** (Wandlung zu neuer Menschlichkeit, aktive Gestaltung der individuellen Existenz),
- **Technik** (Fabrik und Arbeitsmonotonie) sowie
- **Krieg** und **Tod**.

Die Dichter verwenden in ihren Werken düstere Worte, aber auch überraschende Wortneuschöpfungen oder ungewöhnliche Zusammensetzungen von Substantiven. Sie verändern auch die Wortstellung auf ungewöhnliche Weise.

Typisch für die Malerei im Expressionismus sind beispielsweise der Verzicht auf die naturgetreue Darstellung der Wirklichkeit und gewagte Farbkombinationen.

Die Künstler des Expressionismus rebellieren mit ihrer Ausdruckskunst gegen die wirtschaftlichen, sozialen und politischen Zustände ihrer Zeit und wollen diese Welt durch aufsehenerregende Werke in neuen Formen verändern.

Texte erschließen und verstehen

→ Die Entstehungszeit expressionistischer Kunstwerke untersuchen

1 Der folgende Text enthält einige Hintergrundinformationen über die Zeit, in der der Expressionismus entstanden ist. Lest ihn euch durch.

Industrialisierung

M

Unter dem Begriff *Industrialisierung* versteht man den Wandel in der Produktions- und Wirtschaftsform von der Handarbeit zur Maschinenarbeit. In den Fabriken werden viel mehr Arbeiter als zuvor eingesetzt. Die Massenproduktion hat ein großes Wirtschaftswachstum zur Folge.

Eine Gesellschaft im Umbruch

Im 19. Jahrhundert veränderte sich das Leben der Menschen in allen Bereichen rasant, ganz besonders in **Deutschland**.

Beginn der Industrialisierung

Der Prozess der Industrialisierung begann um 1770 in England. Bedeutende technische Erfindungen wie z.B. die Spinnmaschine, die Dampfmaschine oder erste Verfahren zur Stahlgewinnung veränderten die Arbeits- und Lebensbedingungen der Menschen grundlegend. In Deutschland begann die Industrialisierung um 1830 und erreichte ihren Höhepunkt um 1900. Wie in England konnten nun auch hier durch höhere landwirtschaftliche Erträge und bessere medizinische Versorgung die Menschen länger leben. Dadurch stieg die Bevölkerungszahl in Deutschland von 1866 bis 1914 von rund 40 auf 67,5 Millionen an.

Die gesellschaftliche und politische Situation

Auch die Form des gesellschaftlichen Zusammenlebens änderte sich. In der alten Ständegesellschaft entschied die standesgemäße Geburt über Heirat und Berufswahl eines Menschen. Mit der Industrialisierung wurden die Menschen je nach Besitz an Kapital und Bildungsgrad in drei Klassen eingeteilt. Deshalb spricht man auch von einer Dreiklassengesellschaft. Da der ehemals erste Stand, der Adel, hier die besten Voraussetzungen mitbrachte, besetzten Adlige auch weiterhin die führenden Stellen in Politik und Militär. So kam das 1871 gegründete deutsche Kaiserreich ohne die Beteiligung des Volkes zustande und war ein militärisch ausgerichteter Obrigkeitsstaat[1] mit nur beschränkten parlamentarischen Rechten. Von 1888 bis 1918 gab Kaiser Wilhelm II. die politische Richtung vor und die zweite besitzende Klasse, das Bürgertum, folgte ihm.

Zum Bürgertum zählten verschiedene Gruppen wie z.B. Fabrikbesitzer, Bankiers, Ärzte und Beamte bzw. Handwerker. Zwischen ihnen gab es große Unterschiede in der Lebensweise und dem Einkommen. Gemeinsam war ihnen, dass der Vater pflichtbewusst für das Einkommen sorgte und die Familie mit fast militärischer Strenge führte. Die Mutter kümmerte sich um die Kinder und den Haushalt. Existenzielle Not gab es nur selten.

Die zahlenmäßig größte dritte Klasse aber war die besitzlose Arbeiterklasse, die meist am Existenzminimum lebte.

[1] Obrigkeit: weltliche Machthaber, Regierungsgewalt ausübender Stand, willkürlich festgelegt

Arbeiterleben in der Großstadt

Mit dem Bau von großen Industriebetrieben durch die Unternehmer wuchs auch der Bedarf an Arbeitskräften. Deshalb wanderten immer mehr Menschen vom Land in die Städte – in die direkte Nähe zum Arbeitsplatz. Hatte Berlin 1871 etwa 827 000 Einwohner, so waren es 1905 bereits über 2 Millionen. Da die Arbeiter in den Industriebetrieben trotz einer 6-Tage-Arbeitswoche und einer 13-stündigen täglichen Arbeitszeit jedoch nur geringe Löhne erhielten, stieg die Nachfrage an preiswerten Wohnungen sprunghaft an. Deshalb entstand um den historischen Kern der Städte ein Gürtel dicht gedrängter, minimal ausgestatteter Mietshäuser. Für eine sechsköpfige Familie stand oft nur ein Zimmer zur Verfügung. Die Gemeinschaftstoiletten befanden sich im Treppenhaus oder auf dem Hof.

Doch die Menschen litten nicht nur unter den ärmlichen Wohnverhältnissen, unmenschlichen Arbeitsbedingungen und überlangen Arbeitszeiten, sondern auch unter der Anonymität. Herausgerissen aus der ländlichen Großfamilie, lebten sie nun in sogenannten Kernfamilien ohne soziale Sicherung. Um ihre Lage zu verbessern, schlossen sich die Arbeiter in Parteien und Gewerkschaften zusammen. Diese politische Arbeit versuchte der Staat zu unterbinden. So wurde per Gesetz verboten, Flugblätter zu verteilen und Versammlungen abzuhalten. Personen, die sich politisch betätigten, wurden verhaftet und z. T. ausgewiesen.

Ausbau des Bildungssystems

Da die Industrialisierung immer mehr und vor allem gut ausgebildete Arbeitskräfte brauchte, wurde das Bildungssystem stark ausgebaut. Bildung wurde eine Grundlage für den sozialen Aufstieg von Männern und zunehmend auch von Frauen. Zwar gab es die allgemeine Schulpflicht seit längerer Zeit, doch setzte sie sich erst im Kaiserreich allgemein durch. Dies führte zum Ausbau der Volksschulen, was sich in einer großen Zahl neuer Schulgebäude niederschlug. Aber auch die höheren Schulen entwickelten sich weiter. Dennoch blieben die Gymnasien und Universitäten für Arbeiterkinder meist unerreichbar, da viele schon im Alter von 9 Jahren neben dem Besuch der Schule in den Fabriken zum Lebensunterhalt der Familie beitragen mussten. Somit verschärfte sich die Kluft zwischen Arm und Reich weiter.

Die veränderte Rolle der Frau

Frauen unterstanden im Kaiserreich dem Vater oder Ehemann. Gleichberechtigung gab es nicht.

Der Mann bestimmte, wo die Familie wohnte, wie sie lebte, wie das Geld verwendet wurde. Er allein konnte auch darüber entscheiden, ob seine Frau berufstätig sein durfte. Dennoch veränderte sich die wirtschaftliche und soziale Stellung der Frau im Kaiserreich grundlegend.

Eine Arbeiterfrau musste neben Haushalt und Kindererziehung zusätzlich Fabrikarbeit leisten, um zum Überleben der Familie beizutragen. Aber nicht nur Arbeiterfrauen mussten für den Lebensunterhalt sorgen, sondern auch bürgerliche Frauen, die unverheiratet waren. Sie kümmerten sich deshalb um eine Ausbildung, die ihnen ein eigenständiges Leben ermöglichte.

Mit der Berufstätigkeit stieg auch das Selbstbewusstsein der Frauen. Sie forderten politisches Mitspracherecht und gründeten Vereine. Erste Erfolge errangen sie ab 1900, als auch Mädchen in die Jungengymnasien aufgenommen und zum Studium zugelassen wurden. Erst mit der Einführung der Weimarer Verfassung im Jahr 1919 erhielten die Frauen das Wahlrecht.

Vorherrschende Stimmungen in der Gesellschaft

Geprägt war das Leben aller Menschen um 1900 von einer bis dahin nicht gekannten Mobilität und Technisierung des Lebens, z.B. durch die Entdeckung der Elektrizität und des Telefons, die Entwicklung des Automobils und der Luftfahrt, der Eisenbahn und des Dampfschiffes. Der Ablauf in den Fabriken und die Maschinen gaben nicht nur den Takt für die Produktion, sondern auch für das Leben der Menschen vor. Dadurch entstand das Gefühl, alles Traditionelle würde sich auflösen, der Mensch würde zum Sklaven der Maschinen. Ein Teil der Menschen versank dadurch in einer pessimistischen Grundhaltung und sah keine Lösung für die Konflikte; ein anderer Teil der Menschen jedoch hatte die Hoffnung, dass durch einen großen Krieg die gesellschaftlichen und politischen Probleme zu lösen seien. Deshalb wurde alles Militärische stark überbewertet und viele Menschen nahmen den Ausbruch des Ersten Weltkriegs anfangs sogar begeistert auf. Sie sahen in einem Krieg die Chance, die Welt zu verändern. Aufbruchsstimmung und Weltuntergangsstimmung lagen dicht beieinander, auch bei einigen jungen Künstlern. Umso größer war nach Ausbruch des Krieges das Entsetzen über die Kriegsrealität.

2 Was ist euch nach dem ersten Lesen in Erinnerung geblieben?

3 Über welche verschiedenen Bereiche informiert dieser Text? Orientiert euch an den Überschriften.

4 Lest noch einmal den Abschnitt *Beginn der Industrialisierung* und den Merkkasten zur Industrialisierung auf Seite 101.

101

- Welche Voraussetzungen gab es für den Beginn der Industrialisierung?
- Zu welchen Veränderungen führte das in der Produktion?

5 Erarbeitet euch die fünf weiteren Textabschnitte.
- Teilt dazu die Klasse in fünf Gruppen.
- Jede Gruppe übernimmt einen Abschnitt und schreibt stichwortartig heraus, welche entscheidenden Veränderungen mit der Industrialisierung einhergehen.
- Im Anschluss stellt jede Gruppe ihr Ergebnis vor.

6 Schaut jetzt mit diesem Wissen noch einmal zurück auf das Gemälde von Jacob Steinhardt und das Gedicht *Die Stadt* von Georg Heym. Wie spiegelt sich der gesellschaftliche Umbruch im Bild und im Gedicht wider?

94
97

Texte erschließen und verstehen

→ Expressionistische Lyrik erschließen

Städter (1914)

Alfred Wolfenstein (1883–1945)

Dicht wie die Löcher eines Siebes stehn
Fenster beieinander, drängend fassen
Häuser sich so dicht an, dass die Straßen
Grau geschwollen wie Gewürgte sehn.

Ineinander dicht hineingehakt
Sitzen in den Trams die zwei Fassaden[1]
Leute, ihre nahen Blicke baden
Ineinander, ohne Scheu befragt.

Unsre Wände sind so dünn wie Haut,
Dass ein jeder teilnimmt, wenn ich weine.
Unser Flüstern, Denken ... wird Gegröle ...

– Und wie still in dick verschlossener Höhle
Ganz ungerührt und ungeschaut
Steht ein jeder fern und fühlt: alleine.

[1] Enjambement

1 Tauscht euren ersten Eindruck zu diesem Gedicht aus.

2 Vielleicht könnt ihr ja schon sagen, wovon das Gedicht handelt.
- Was ist das Thema?
- Welche verschiedenen Bereiche werden dargestellt?

3 Versucht einmal, ob ihr die folgenden Sätze den entsprechenden Strophen zuordnen könnt.
a) Die Menschen fühlen sich in ihren Wohnungen nicht geborgen, weil die Nachbarn durch die dünnen Wände alles mithören können.
b) Das lyrische Ich beschreibt die unglaublich eng aneinandergebauten Großstadthäuser, die kaum Platz für die Straßen zulassen.
c) Obwohl sich in der Stadt unzählige Menschen befinden, fühlen sie sich sehr einsam und allein.
d) In den vollgestopften Straßenbahnen sitzen sich die Fahrgäste direkt gegenüber und sind schutzlos allen Blicken ausgesetzt.

4 Wie gelingt es dem Dichter Alfred Wolfenstein sprachlich, die ganz besondere Stimmung einzufangen? Wie schafft er es, die Aufmerksamkeit des Lesers von der Straße der Großstadt auf die Wohnung eines Einzelnen zu lenken?

5 Erschließt euch in Partnerarbeit mit Hilfe folgender Fragen und mit Hilfe des Merkkastens auf Seite 106 die sprachlichen Gestaltungsmittel und die Aussagen des Gedichts. Stellt danach eure Ergebnisse in der Klasse vor.

106

Zur ersten Strophe:

- Findet zwei Vergleiche heraus. Klärt, **was** miteinander verglichen wird und **welche** Vorstellungen dadurch bei euch als Leser entstehen.
- Welche Bedeutung könnte die Personifikation „... drängend fassen Häuser sich so dicht an ...“ haben?
- In der ersten Strophe findet ihr drei Enjambements. Lest noch einmal nach, was darunter zu verstehen ist. Tragt dann die Strophe betont vor.
- Sucht Adjektive und Partizipien aus Strophe 1 heraus. Schreibt sie gesondert auf. Welche Stimmung transportieren die Adjektive und Partizipien? Welche Wirkung hat die Wiederholung?

98

Setzt euch jetzt mit der zweiten Strophe auseinander.

- Worauf richtet das lyrische Ich in dieser Strophe seinen Blick? Was nimmt es wahr?
- In dieser zweiten Strophe ist von „zwei Fassaden Leute“ die Rede. Wie ist das zu verstehen?

Schaut euch das Foto genau an und erklärt die Metapher.

Nehmt das Foto und den folgenden Text zu Hilfe und erklärt die Metapher.

In der zweiten Strophe muss man zuerst das Enjambement erkennen, damit klar wird, dass „zwei Fassaden Leute“ in der Straßenbahn sitzen. Wie stelle ich mir zwei Fassaden aus Leuten vor? In den alten Straßenbahnen gab es einen Mittelgang und rechts und links waren die Sitzbänke längs angeordnet. Fahrgast an Fahrgast – mit dem Rücken zum Fenster – sitzt eng aneinandergereiht auf jeder Seite der Tram mit dem Blick zum Gegenüber.
„Ineinander dicht hineingehakt“ soll wohl heißen, dass die Sitzreihen stark überbelegt sind, die Menschen sitzen zusammengepresst und können sich nicht bewegen – wie die Frontseiten von zwei gegenüberliegenden Häusern.

Zur dritten Strophe:

- Wieder wechselt das lyrische Ich seine Blickrichtung. Wohin schaut es in dieser Strophe?
- Was sagt der Vergleich im neunten Vers über die Wohnhäuser in der Stadt aus?
- In der elften Verszeile findet ihr ein Paradoxon. Unter welchen Umständen wird hier das Flüstern und Denken zu Gegröle?

M

Paradoxon

Ein Paradoxon ist ein rhetorisches Mittel. Es enthält einen Widerspruch, der eine tiefer liegende Wahrheit zum Ausdruck bringen soll. Beispiele:
Weniger ist mehr!
Er ist stärker als der Stärkste.

Zur vierten Strophe:
- Wovon handelt diese Strophe?
- Welches besondere Gefühl wird hier beschrieben?
  Und in welcher sprachlichen Formulierung kommt das zum Ausdruck?
- Merkwürdig! Diese Strophe beginnt mit einem Gedankenstrich.
  Welche Funktion könnte er haben? Wählt aus und begründet: Hervorhebung der Zeile; Weiterführung des Gedankens zur dritten Strophe über die Zeichensetzung; Hinweis auf einen betonten Beginn beim Sprechen des Verses; Ankündigung für eine Zusammenfassung aus dem Vorhergehenden.

6 In den ersten beiden Strophen beschreibt das lyrische Ich seine Beobachtungen. In den letzten beiden Strophen äußert es sich eher wertend hinsichtlich der menschlichen Seele. Schaut einmal, ob ihr eine Entwicklung von der Masse Mensch im Moloch Stadt bis hin zum menschlichen Individuum in der Wohnung feststellen könnt.

7 Schaut euch jetzt noch einmal das lyrische Ich genauer an. Folgt weiter seinem Blick.
- Wo könnte der lyrische Sprecher im Gedicht stehen?
- Stellt der lyrische Sprecher das Geschehen eher ergriffen und gefühlsbetont oder sachlich beobachtend dar?

Lest treffende Textstellen dafür vor.

8 „Erobert" euch mit Hilfe der Leitfragen auf Seite 96 den Inhalt des Bildes neben dem Gedicht. Welche Bezüge findet ihr zwischen dem Gedicht von Alfred Wolfenstein und dem Bild?

96

9 Lasst euch jetzt euer Sachwissen noch einmal durch den Kopf gehen. Begründet dann, warum das Thema „Stadt" gerade um die Jahrhundertwende so eine große Rolle gespielt hat.

M

Wie man sich ein Gedicht erschließen kann

Zum Inhalt:
- Welches Thema wird im Gedicht angesprochen?
- Wovon handeln die einzelnen Strophen?
- Was verwundert mich?
- Was verstehe ich noch nicht?
- Gibt es Fragen, die zunächst offenbleiben?

Zur Form:
- Wie ist das Gedicht aufgebaut?
- Wie viele Strophen, wie viele Verse pro Strophe hat es?
- Welche Reime gibt es? Welche Bedeutung haben sie?
- Gibt es ein lyrisches Ich im Gedicht?
  Von welchem Standpunkt aus könnte es sprechen?
  Welche Hinweise gibt es dazu im Text?

Zur Sprache:
- Gibt es Auffälligkeiten in der Wortwahl und Zeichensetzung?
- Gibt es Besonderheiten bei der Stellung der Wörter?
- Gibt es Wiederholungen? Welche Wirkung haben sie?
- Welche Metaphern gibt es? Was bedeuten diese Metaphern?
- Wo finden sich Vergleiche und Personifikationen?
- Wo treten Adjektive und Verben auf? Was bedeuten sie?
  Welche Stimmung erzeugen sie?

Texte erschließen und verstehen

→ Ein expressionistisches Bild interpretieren

1 Das folgende Bild stammt von dem Maler Ludwig Meidner (1884–1966).
- Schau dir das Bild in Ruhe an. Was kannst du alles entdecken?
- Wie wirkt das Bild auf dich?

Ludwig Meidner: Die brennende Stadt (1912)

96

2 Erschließe dir nun das Bild genauer. Notiere Stichwörter zu folgenden Fragen:
- Welche Farben hat der Maler für sein Bild verwendet? Sind sie eher leuchtend, kräftig oder blass?
- Welche Akzente werden dadurch gesetzt?
- Welche Formen herrschen auf dem Gemälde vor?
- Welchen Bezug haben die Farben und Formen zum Thema des Bildes?
- Welche Linien ergeben sich aus den Farben und Formen?
- Welche Details könnt ihr auf dem Bild ausmachen?
  In welcher Anordnung befinden sie sich zueinander?

Stelle deine Ergebnisse in einem kleinen Vortrag vor.

Texte erschließen und verstehen

→ Ein expressionistisches Gedicht erschließen

1 Das folgende Gedicht trägt den Titel „Weltende".
Was stellst du dir darunter vor?

2 Lies das Gedicht still für dich.
Mach dich damit vertraut.

Weltende (1911)

Jakob van Hoddis (1887–1942)

Dem Bürger fliegt vom spitzen Kopf der Hut,
In allen Lüften hallt es wie Geschrei,
Dachdecker stürzen ab und gehn entzwei
Und an den Küsten – liest man – steigt die Flut.

Der Sturm ist da, die wilden Meere hupfen
An Land, um dicke Dämme zu zerdrücken.
Die meisten Menschen haben einen Schnupfen.
Die Eisenbahnen fallen von den Brücken.

3 Schreibe auf, welche Gedanken du nach dem ersten Lesen zu diesem Gedicht hast.

4 Lass dir den Titel noch einmal durch den Kopf gehen.
Schreibe auf:
- Was genau verbindest du mit dem Wort „Weltende"?
- Welche deiner Vorstellungen vom Weltende findest du in dem Gedicht von Jakob van Hoddis wieder?

5 Für die Aussage des Gedichtes spielen die verwendeten Verben und Adjektive eine große Rolle.
- Schreibe sie einmal nach der Wortart sortiert untereinander heraus.
- Lies nun nur diese Wörter durch.
Welche Wirkung haben sie auf dich?

6 Schau dir jetzt die Rolle des lyrischen Sprechers einmal näher an.
- Wo steht der lyrische Sprecher im Gedicht?
- Welche Hinweise gibt es darauf im Text?
- Welches Verhältnis hat er zum Geschehen? Stellt er es eher betroffen aus der Nähe oder sachlich beobachtend dar?

7 Betrachte nun noch einmal jeden Vers des Gedichts und versuche, die sprachlichen Bilder zu erschließen:

> ***Vers 1:*** *„Dem Bürger fliegt vom spitzen Kopf der Hut …“ könnte heißen, dass ein plötzlicher starker Windstoß den Leuten die Hüte vom Kopf reißt und sie sie nicht mehr festhalten können. Dass der Kopf der Bürger „spitz“ ist, könnte eine abwertende Anspielung auf den Spießbürger der damaligen Zeit sein. Damit sind engstirnige Menschen gemeint, die sich immer nur an der Meinung, dem Urteil anderer orientieren und gegen jede Veränderung in ihrer Lebensumwelt sind.*
>
> ***Vers 2:*** *„In allen Lüften hallt es wie Geschrei …“ verstehe ich so, dass man überall das Schreien und Jammern und Klagen der Menschen hört, das wie … klingt.*

8 Suche aus der zweiten Strophe die Personifikationen heraus und deute sie.

9 In der zweiten Strophe gibt es ein Enjambement. Finde das Enjambement und sprich die Verse leise vor dich hin. 98
- Was „schwappt“ da eigentlich hinüber?
- Und was genau hat das zu bedeuten? Schreibe es auf.

10 Welches zentrale Thema des Expressionismus' findest du in diesem Gedicht wieder?

11 Nimm den Merkkasten auf Seite 106 zu Hilfe und notiere deine Gedanken und Deutungen zu diesem Gedicht. 106

12 Übe nun auch den gestaltenden Gedichtvortrag. Versuche dabei, die Stimmung zum Ausdruck zu bringen, die du herausgearbeitet hast.

→ Ein expressionistisches Gedicht interpretieren

Weltende (1903)

Else Lasker-Schüler (1869–1945)

Es ist ein Weinen in der Welt,
Als ob der liebe Gott gestorben wär,
Und der bleierne Schatten, der niederfällt,
Lastet grabesschwer.

Komm, wir wollen uns näher verbergen …
Das Leben liegt in aller Herzen
Wie in Särgen.

Du! Wir wollen uns tief küssen –
Es pocht eine Sehnsucht an die Welt,
An der wir sterben müssen.

1 Lies das Gedicht zunächst einmal still. Schreibe dann auf, welche Grundstimmung zum Ausdruck kommt.

2 Suche nach Hinweisen auf ein lyrisches Ich im Gedicht.
- Wo und wie gibt es sich zu erkennen? Sucht Hinweise dafür aus dem Text heraus.

3 In den ersten beiden Zeilen des Gedichts ist von einem Weinen die Rede.
- Was könnte deiner Meinung nach passiert sein, damit eine solche Trauer aufkommt?
- Mit welchem Vergleich wird das im Vers 2 ausgedrückt?

4 Das Thema Sterben und Tod zieht sich wie ein roter Faden durch das Gedicht von Else Lasker-Schüler.
- Schreibe ein paar Substantive, Adjektive und Verben heraus, die das Thema widerspiegeln.
- Welche Wirkung haben sie?

5 Wie verstehst du die Verszeilen 3 und 4?
- Entschlüssele zunächst die Wortkombination „der bleierne Schatten“. Schreibe dann auf: Welche Sinneswahrnehmungen werden kombiniert? Welches Bild entsteht vor deinen Augen?
- Nimm dir nun die folgenden Wörter noch einmal einzeln vor: *bleiern, Schatten, niederfallen, lasten, grabesschwer.* Schreibe sie untereinander auf. Notiere dann daneben, was du mit diesen Worten verbindest, wie z. B.:
  bleiern: *giftig, schwer, erdrückend, dunkel abfärbend …*
  Schatten: *kühl, kalt, dunkel, die Sicht verstellend, etwas verbergend …*
- Schreibe jetzt auf, wie du die Verse 3 und 4 verstehst.

105

6 In den Versen 6 und 7 kannst du den Inhalt stärker erfassen durch die Entschlüsselung der sprachlicher Bilder. Wo liegt das Leben? Was sagt der Vergleich dazu aus?

7 Wie verstehst du den Aufruf in Zeile 5?
a) als verzweifeltes, letztes Flehen um Hilfe
b) als Schutzsuche in der Gemeinsamkeit und Nähe von zwei Menschen
c) als Suche nach Menschlichkeit und Hoffnung

8 Bestimmt bist du beim Lesen des Gedichts in Strophe 3 ins Stocken geraten. Welcher scheinbare Widerspruch tritt in den letzten beiden Versen auf?

9 Auffällig ist in diesem Gedicht auch die Zeichensetzung.
- Welche Besonderheiten stellst du fest?
- Wie verstehst du die drei Punkte am Ende des fünften Verses?
- Welche Funktion hat der Gedankenstrich im achten Vers? Vergleiche, was inhaltlich vor und nach dem Gedankenstrich steht.

10 Betrachte jetzt noch einmal das gesamte Gedicht. Wie entwickelt sich das Thema vom ersten zum letzten Vers?

11 Vergleiche einmal den Aufbau der ersten mit dem Aufbau der zweiten und dritten Strophe.
- Was entdeckst du hinsichtlich der Anzahl der Verse?
- Welche Reime am Zeilenende gibt es?

12 Fasse jetzt deine Gedanken zu diesem Gedicht zusammen und schreibe sie auf. Nimm dazu den Merkkasten auf Seite 106 zu Hilfe.

106

13 Vielleicht gibt es auch Fragen, die für dich bei der Auseinandersetzung mit diesem Gedicht offengeblieben sind. Diskutiere über diese Fragen mit deinen Mitschülern in der Klasse.

14 Welche Aussagen des Gedichtes könnten deiner Meinung nach auch heute noch aktuell sein? Finde Beispiele, mit denen du deinen Standpunkt untermauern kannst, und tausche dich darüber mit Mitschülern aus.

15 Übe nun auch den gestaltenden Gedichtvortrag. Versuche dabei, die Stimmung zum Ausdruck zu bringen, die du herausgearbeitet hast.

Texte erschließen und verstehen

→ Überprüfe dein Wissen und Können

1 Welche Aussagen über den Expressionismus treffen zu? Schreibe sie auf.

a) Um 1850 gab es eine Vielfalt verschiedener Kunststile. Dazu gehörte auch der Expressionismus.
b) Der Expressionismus in Europa dauerte nur ca. 15 Jahre an und umfasste alle Kunstrichtungen.
c) Die Künstler kritisierten die Gesellschaft im kaiserlichen Deutschland und wollten zu ihrer Erneuerung beitragen.
d) Im Mittelpunkt expressionistischer Kunst stand besonders die industriell bedingte Umweltverschmutzung.
e) Viele Expressionisten sahen in einem Krieg eine Chance zur Verbesserung der Welt. Sie wollten die alte Welt untergehen lassen, um eine neue, eine bessere aufzubauen.
f) Im Ersten Weltkrieg erfüllten sich ihre Erwartungen.
g) In der Malerei und Dichtung des Expressionismus spielen zentrale Themen wie der neue Mensch, die Großstadt, Technik und Krieg eine wesentliche Rolle.

2 Setze die Wörter vom Rand richtig in den Lückentext ein und übernimm ihn in dein Heft.

a) Expressionistische Maler bevorzugen grelle Farben und verzichten auf ? Darstellungen.
b) Die Lyrik des Expressionismus vermittelt oft eine ? Grundstimmung.
c) In expressionistischen Gedichten wird der Inhalt oft durch sprachliche Bilder ?.
d) Kennzeichnend für die expressionistische Lyrik sind zum Beispiel die drastische Sprache und ungewöhnliche ?.
e) Zu den häufig vorkommenden Form- und Aufbauelementen in der Lyrik des Expressionismus zählt das ?
f) Expressionistische Kunstwerke wollen den Betrachter / Leser
- auf ungewöhnliche Art und Weise ansprechen und ?;
- auffordern, nach ? für gesellschaftliche Probleme zu suchen;
- auf eine andere Sicht auf die ? aufmerksam machen.

Wortkombinationen
düstere
aufrütteln
Lösungen
Enjambement
verschlüsselt
Gesellschaft
naturgetreue

3 Übernimm folgende Tabelle und fülle sie aus.

Textbeispiel	**sprachliches Mittel**	**Deutung**
gewirktes Einerlei	*Metapher*	…
… drängend fassen Häuser sich so dicht an	…	…

Literatur begegnen

→ Lyrik des Expressionismus' untersuchend erschließen

Bis zum Ausbruch des Ersten Weltkrieges (1914–18) sahen etliche expressionistische Dichter den Krieg als Chance für einen Neuanfang. Sie glaubten, dass mit einem großen Krieg die alte Gesellschaft untergehen würde und sich Möglichkeiten für einen Neuanfang ergeben könnten.

1 Lasst euch das folgende Gedicht vortragen. Sprecht danach über euren ersten Eindruck.

Aufbruch der Jugend (1913)

Ernst Wilhelm Lotz (1890–1914)

Die flammenden Gärten des Sommers, Winde, tief und voll Samen,
Wolken, dunkel gebogen, und Häuser, zerschnitten vom Licht.
Müdigkeiten, die aus verwüsteten Nächten über uns kamen,
Köstlich gepflegte, verwelkten wie Blumen, die man sich bricht.

Also zu neuen Tagen erstarkt wir spannen die Arme,
Unbegreiflichen Lachens erschüttert, wie Kraft, die sich staut,
Wie Truppenkolonnen, unruhig nach Ruf der Alarme,
Wenn hoch und erwartet der Tag überm Osten blaut.

Grell wehen die Fahnen, wir haben uns heftig entschlossen,
Ein Stoß ging durch uns, Not schrie, wir rollen geschwellt,
Wie Sturmflut haben wir uns in die Straßen der Städte ergossen
Und spülen vorüber die Trümmer zerborstener Welt.

Wir fegen die Macht und stürzen die Throne der Alten,
Vermoderte Kronen bieten wir lachend zu Kauf.
Wir haben die Türen zu wimmernden Kasematten[1] zerspalten
Und stoßen die Tore verruchter Gefängnisse auf.

Nun kommen die Scharen Verbannter, sie strammen die Rücken,
Wir pflanzen Waffen in ihre Hand, die sich fürchterlich krampft,
Von roten Tribünen lodert erzürntes Entzücken
Und türmt Barrikaden, von glühenden Rufen umdampft.

Beglänzt von Morgen, wir sind die verheißnen Erhellten,
Von jungen Messiaskronen[2] das Haupthaar umzackt,
Aus unsern Stirnen springen leuchtende, neue Welten,
Erfüllung und Künftiges, Tage, sturmüberflaggt!

[1] unterirdisches Gefängnis (Gewölbe) einer Burg
[2] Krone des Befreiers, Erlösers oder Heilsbringers

2 Lies nun das Gedicht einmal selbstständig. Achte auch auf die Überschrift.
Tauscht euch danach in der Klasse darüber aus,

- um welches Thema es in dem Gedicht geht.
- was an dem Gedicht besonders auffällt.
- was ihr noch nicht verstanden habt.

M

Reihungsstil (Simultantechnik)

Hierbei werden bildhafte Ausdrücke aneinandergereiht. Das lyrische Ich nimmt die Eindrücke ohne innere Verbindung wahr.
Der Reihungsstil kann eine Reaktion auf die Reizüberflutung in der industriellen Gesellschaft sein. Diese neue Wahrnehmungsart führt auch dazu, dass Subjekt und Objekt kaum noch zu unterscheiden sind.

3 An verschiedenen Stellen gibt sich das lyrische Ich zu erkennen.
An welchen Personalpronomen erkennt ihr es? Lest die Textstellen vor.

4 Das Gedicht ist sehr eindrucksvoll, aber nicht leicht zu verstehen. Erschließt euch deshalb zuerst einmal gemeinsam mit Hilfe folgender Fragen die ersten beiden Strophen.

Strophe 1

- Wo endet der erste Satz? Findet ihr das Prädikat?
  In den Versen eins und zwei findet ihr den Reihungsstil.
  Klärt mit Hilfe des Info-Kastens, was man darunter versteht.
  Welche vier Eindrücke werden in den ersten beiden Versen aneinandergereiht? Schreibt sie einmal so untereinander auf, dass jeder Eindruck allein auf einer Zeile steht.
- Welche Jahreszeit wird beschrieben und welche wird angekündigt?
- Von wem ist in den Versen drei und vier die Rede?
- Ist die Stimmung eher positiv oder negativ? Lest aussagekräftige Textstellen vor.

Strophe 2

- Was bedeutet das Wörtchen „Also“ am Anfang der Zeile 5?
- In welcher Stimmung ist das lyrische Ich? Eher glücklich oder traurig, eher ruhig oder aufgeregt, zurückhaltend oder tatendurstig, zuversichtlich und entschlossen oder zögerlich und unsicher, euphorisch und aufgeregt ...? Lest entsprechende Textstellen vor.
- Wer ist eigentlich mit dem „wir“ (Z. 5) gemeint?
  Bezieht auch die Überschrift des Gedichts mit ein.

5 Untersucht die Strophen 3 bis 6.

- Tragt zusammen: Wozu will die Jugend aufbrechen? Was will sie?
  Sucht Wörter dazu heraus, die das belegen.
- Gebt den einzelnen Strophen Überschriften.

6 Ihr habt euch jetzt mit dem Gedicht auseinandergesetzt.

- Wie muss der Text eurer Meinung nach gelesen werden?
- Erprobt in Partnerarbeit verschiedene Möglichkeiten.

Literatur begegnen

→ Ein Gedicht im historischen und biografischen Kontext erschließen

Einige Dichter waren voll Enthusiasmus in den Krieg gezogen. Nun brach die grausame Kriegswirklichkeit über sie herein. Viele junge Expressionisten, wie z. B. Alfred Lichtenstein, Ernst Wilhelm Lotz, Ernst Stadler, August Stramm und Georg Trakl, starben bereits in den ersten Kriegstagen des Jahres 1914. Die Überlebenden wandten sich nun vehement gegen den Krieg.

1 Lies das folgende Gedicht zunächst einmal leise.
Schreibe dann auf, welche Gedanken und Gefühle das Gedicht bei dir ausgelöst hat.

Schlacht am Nachmittag (1915)

Wilhelm Klemm (1881–1968)

Fern in dunkles Blau staffelte sich
Das Land. Dörfer brannten. Flammenfahnen
Standen schräg empor. Der Rauch ging träge
Und dünn über den Horizont, der geheimnisvoll gärte.

Geschützdonner rollte ernst. Über den Fluss
Drang verworrener Lärm. Gewehrfeuer meckerte.
Überall platzten Schrapnells[1]. Die Wolken des Himmels
Wurden gefasert. Standen in blassen Flocken

Trübe über die Erde. Bis der Regen kam,
Gegen Abend. Lückenlos fallend auf Freund und Feind,
Auf das Feld der Ehre und Unehre. Auf Mann und Ross,
Auf Rückzug und Vormarsch. Auf Tote und Lebende.

[1] Splittergeschosse

2 Tauscht eure Gedanken zum Gedicht aus.

3 Lest das Gedicht jetzt einmal laut. Setzt euch auch inhaltlich mit dem Gedicht auseinander. An welchen Stellen müsst ihr das Versende mit dem Anfang der nächsten Verszeile verbinden, um den Sinnzusammenhang zu erfassen?

4 Schaut euch nun den Inhalt des Gedichts genauer an. Wovon handeln die einzelnen Strophen?
- Lest jede Strophe für sich.
  Was steht im Mittelpunkt der Handlung?
- Gebt jeder Strophe eine passende Überschrift.

5 Schaut euch nun das lyrische Ich im Gedicht an.
- Wer könnte der lyrische Sprecher sein?
- Von wo aus könnte er den Verlauf der Schlacht beobachtet und beschrieben haben?
  Woran könnt ihr das erkennen?
- Welche Erkenntnisse zum Krieg kommen hier zum Tragen? Lies Textstellen dazu vor.

6 Vergleicht die Stimmung in diesem Gedicht mit der Stimmung im Gedicht „Aufbruch der Jugend“ von Ernst Wilhelm Lotz auf Seite 113.

7 Wilhelm Klemm verwendet in seinem Gedicht anschauliche Adjektive und lautmalerische Verben.
- Sucht entsprechende Beispiele heraus.
- Beschreibt die Wirkung, die durch diese Wortwahl entsteht.

M

Antonyme

Hierbei handelt es sich um Wörter mit gegensätzlichen Aussagen, wie z. B. *heiß und kalt* oder *schwarz und weiß*. Das Nebeneinanderstellen solcher Gegensätze kann Ausdruck innerer Zerrissenheit und Spannung sein, aber auch allgemeingültiger Betroffenheit.

8 In der dritten Strophe findet ihr eine Reihe von Aufzählungen.
- Lest sie vor.
- Welcher Eindruck wird dadurch verstärkt?
- Schaut euch die Aufzählungen noch einmal genauer an. Um welche Gegensätze handelt es sich dabei? Welche Aussage wird damit betont?

9 Ihr findet in dem Gedicht auch Beispiele für Personifikationen.
- Sucht solche Beispiele heraus.
- Überlegt, welche Bilder dadurch in euren Köpfen entstehen.
- Bezieht die Überschrift des Gedichtes in eure Überlegungen mit ein.

10 Es gibt keine Reime im Gedicht. Welche Erklärungen könnte es dafür geben?

11 Stell dir vor, du bist selbst der Beobachter dieser „Schlacht am Nachmittag".
- Halte deine Gedanken und Eindrücke in einem Tagebucheintrag fest.
- Stellt euch eure Ergebnisse vor.

12 Bereitet jetzt den ausdrucksstarken, sinnbetonten Vortrag des Gedichtes vor.
Übt den Gedichtvortrag mehrmals.
- Achtet auf die Enjambements. Wie viele Enjambements könnt ihr finden?
- Bringt die Stimmung zum Ausdruck: *desillusioniert, erschüttert, ernüchtert, entsetzt, ruhig, distanziert.*

98

13 Der Autor Wilhelm Klemm war im Ersten Weltkrieg von 1914 bis 1918 als Oberarzt eingesetzt. Was kann ihn dazu bewogen haben, ein solches Gedicht zu schreiben?

M

Besonderheiten expressionistischer Lyrik

Besonders in der Lyrik haben die Expressionisten neue literarische Formen und Sprachvarianten gefunden. Die dadurch entstehende Vielfalt lässt sich kaum in typische Merkmale zusammenfassen. Dennoch ergeben sich neben vielen Unterschieden auch einige Gemeinsamkeiten.

Dazu zählen:
- die Bevorzugung des Reihungsstils, d. h. die Aneinanderreihung extremer Bilder;
- anfänglich noch die Beibehaltung der Form des Sonetts;
- Abweichungen von der strengen Form, z. B. keine oder unregelmäßige Reime, kein festes Versmaß, manchmal unregelmäßiger Strophenaufbau;
- Auffälligkeiten in Wortwahl und Satzbau;
- Verwendung sprachlicher Bilder in ungewohnten, fremden Zusammenhängen bis hin zur Chiffrierung (schwer durchschaubare Verschlüsselungen);
- Wortneuschöpfungen und ungewöhnliche Wortzusammensetzungen.

98

100

Literatur begegnen

→ Expressionistische Lyrik erschließen

1 Lasst euch das Gedicht vortragen.
Erfasst die Grundstimmung, in der es geschrieben ist.

Fabrikstraße tags (1911)

Paul Zech

Nichts als Mauern. Ohne Gras und Glas
zieht die Straße den gescheckten Gurt
der Fassaden. Keine Bahnspur[1] surrt.
Immer glänzt das Pflaster wassernass[2].

Streift ein Mensch dich, trifft sein Blick dich kalt
bis ins Mark; die harten Schritte[3] haun
Feuer aus dem turmhoch steilen Zaun,
noch sein kurzes Atmen[4] wolkt[5] geballt.

Keine Zuchthauszelle klemmt
so in Eis das Denken wie dies Gehn
zwischen Mauern, die nur sich besehn.

Trägst du Purpur[6] oder Büßerhemd[7]:
immer drückt mit riesigem Gewicht
Gottes Bannfluch[8]: *uhrenlose Schicht.*

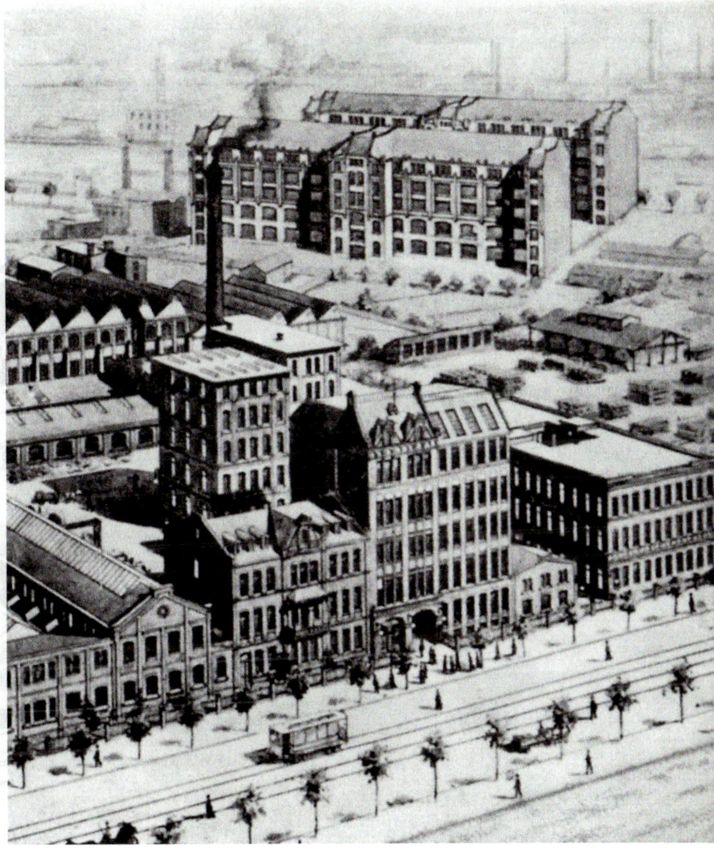

2 Werft einen orientierenden Blick auf den äußeren Aufbau des Gedichts.
- Welche zwei Worte ragen deutlich hervor? Wie wirken sie auf dich?
- Wo könnt ihr Enjambements entdecken?

3 Schaut euch den Titel des Gedichts an.
An welchen Ort genau versetzt uns der Autor und in welche Tageszeit?

1 keine Werksbahn, keine Transportmittel
2 Zu dieser Zeit wurden viele Maschinen in den Fabriken noch mit Dampfkraft angetrieben. Durch den Ausstoß von Wasserdampf glänzten die Pflaster der Straßen nass.
3 Schuhkappen und -absätze der Fabrikarbeiter waren damals eisenbeschlagen.
4 vor Anstrengung keuchend
5 Atemausstoß in Kälte
6 Farbe des Königsmantels oder kirchlicher Würdenträger
7 Sinnbild für die unterste Schicht der Drei-Klassen-Gesellschaft (1. Hof, höhere Beamte und Unternehmer, 2. Beamte, Angestellte und Bauern, 3. Arbeiter)
8 Laut biblischem Bericht verbannte Gott die Menschen nach dem Sündenfall für immer und ewig aus dem Paradies zu einem Leben voller Mühe und Arbeit.

Fantasie und Wirklichkeit: Form im Aufbruch

4 Lies das Gedicht jetzt leise und genau.
Ordne den Strophen folgende Überschriften zu:
Begegnung mit Menschen
Auswirkung dieser Umgebung auf die Menschen
Beschreibung der Fabrikstraße
ewig andauernder Zustand

5 Das Gedicht von Paul Zech ist nicht so leicht zu verstehen. Lest euch einmal folgende Deutungsversuche durch.

- Welche Deutungen gehören zu welcher Strophe bzw. zu welchen Versen?
- Welcher Deutung stimmt ihr zu? Was seht ihr eher anders?
- Stellt euch eure Ergebnisse vor.
- Welche Fragen bleiben offen?

Strophe 1

a) Das lyrische Ich beschreibt das Aussehen einer trostlosen Fabrikstraße am Tag. Auf beiden Seiten dieser Straße stehen nahtlos Gebäude, die zur Straßenseite nicht einmal Fenster haben und wie enge Mauern wirken. Das „gescheckte" Aussehen der Mauern weist darauf hin, dass kein Stil und keine Form eingehalten worden ist. Nirgendwo auf der gepflasterten und immer nass glänzenden Straße wachsen Bäume oder Pflanzen. Und kein Surren einer Werksbahn unterbricht die graue Einöde.

b) Hier wird eine Straße beschrieben, die zu einer Fabrik oder durch ein Fabrikgelände führt. Die Straße besteht nur aus nass glänzenden Pflastersteinen und gemauerten, fensterlosen Gebäuden.

c) Das lyrische Ich versetzt uns in eine Industriestadt um 1900. Neben den Fabriken stehen die Wohnhäuser der Arbeiter. An sechs Arbeitstagen pro Woche gehen die Arbeiter auf schmucklosen Straßen in die Fabrik.

Strophe 2

a) Die Menschen in dieser Straße nehmen sich gegenseitig nicht mehr wahr. Dazu sind sie zu sehr mit Arbeit beschäftigt, die ihnen ihre Kräfte raubt.

b) Neben der Leere und Enge der Straße beschreibt das lyrische Ich hier die Menschen. Wenn sie einander „streifen" (Zeile 5), sich also aufgrund der Enge unfreiwillig berühren, wechseln sie nur böse, abweisende Blicke. Zwischen ihnen herrscht Gleichgültigkeit und Kälte. Wortlos, abgestumpft und mit hallenden Schritten eilen sie aneinander vorbei. Sie haben keine Verbindung zueinander, kein freundliches Wort, keinen Gruß. Auch scheint es ein kalter Tag zu sein, den das lyrische Ich hier beschreibt, denn die ausgestoßene Atemluft der Menschen wird in kleinen Wolken sichtbar. Das wird durch die Wortneuschöpfung „wolkt" (Zeile 8) deutlich.

c) An einem kalten Werktag strömt ein Teil der Menschen zur Arbeit, andere kommen müde von der Schicht zurück. Auf der Straße ist es eng, sodass sie sich beim Vorbeigehen manchmal anrempeln. Statt einer freundlichen Entschuldigung wechseln sie jedoch nur kalte, abweisende Blicke, die den Getroffenen schockieren und jedes Wort erstarren lassen. Stumm setzen die Arbeiter ihren Weg fort. Nur ihre Schritte hallen. Ihre eisenbeschlagenen Absätze scheinen Funken aus dem Pflaster zu schlagen.

Strophe 3 und 4

a) Der lyrische Sprecher beschreibt jetzt, wie sich die Menschen auf dieser Fabrikstraße zwischen diesen Mauern fühlen. Es scheint schlimmer als in einer Gefängniszelle zu sein. In einer Gefängniszelle ist man zwar eingesperrt, kann aber wenigstens seinen Gedanken freien Lauf lassen. Auf dieser Fabrikstraße jedoch ist der Mensch zwar nicht eingesperrt, aber seine Gedanken (und Gefühle) gefrieren zu Eis. Letzteres erscheint als das Schlimmere.

b) Die Menschen gehen zwischen den Mauern einer trostlosen Fabrikstraße entlang. Keiner nimmt den anderen wahr. Nur die Mauern scheinen sich anzuschauen.

c) Alle Menschen, ob König oder Untertan, haben seit der Vertreibung von Adam und Eva aus dem Paradies das gleiche Schicksal: Sie müssen sich bis zum Tod durch harte Arbeit ihren Lebensunterhalt verdienen.

d) Früher wurden die Arbeitstage der Menschen vom Auf- und Untergang der Sonne geregelt. Mit dem ersten Hahnenschrei am Morgen begannen die Menschen ihr Tagewerk, mit der untergehenden Sonne legten sie sich zur Ruhe. Eine Pause gab es lediglich noch zur Mittagszeit. Mit der Industrialisierung wird dieser Rhythmus außer Kraft gesetzt. Ein Arbeiter besuchte höchstens bis zum 14. Lebensjahr die Schule, anschließend begann er die ein- bis zweijährige Lehre. Mit dem 70. Lebensjahr wurde eine Rente gezahlt. Die Lebenserwartung lag um 1900 jedoch zwischen 44 und 48 Jahren. Also arbeiteten die meisten Menschen bis zu ihrem Tod.

e) Die Fabriken bestimmen den Tagesablauf. Im Takt der Maschinen verbrachten die Menschen oft mehr als 12 Stunden pro Tag und fast ihr ganzes Leben. Die Fabriksirene rief die Menschen früh zur Arbeit und sie beendete die Schicht. Eine Armbanduhr besaßen viele Menschen damals gar nicht.

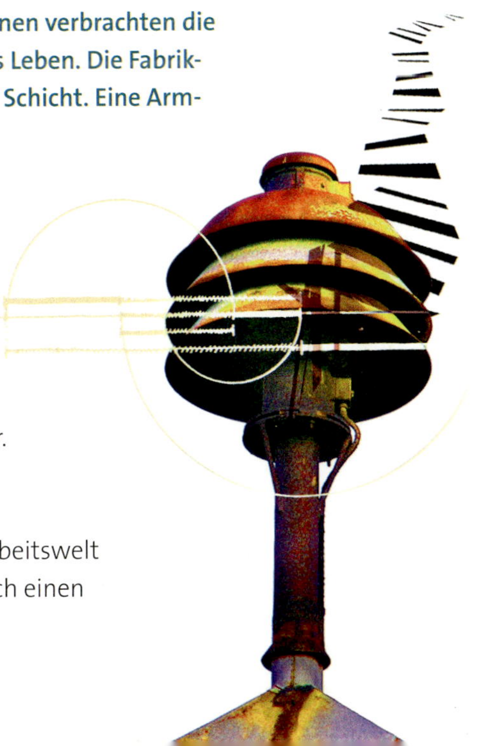

6 Schaut nun noch einmal auf die eingesetzten sprachlichen Mittel in den Strophen.
- Welche könnt ihr entdecken? (Personifikation, Metapher, Vergleich, Wortneuschöpfung …)
- Wie versteht ihr sie?
- Es gibt auch einen Satz ohne Prädikat. Lest ihn vor. Wie würdet ihr ihn ergänzen?

7 Paul Zech lässt sein lyrisches Ich die bedrückende Arbeitswelt um 1900 darstellen. Gibt es eurer Meinung nach auch einen aktuellen Bezug?

Literatur begegnen

→ Ein expressionistisches Gedicht selbstständig interpretieren

1 **Dieses Gedicht hat den Titel „Schöne Jugend". Was stellt ihr euch darunter vor?**

2 **Lest nun das Gedicht.**

3 **Nach dem ersten Lesen des Gedichts seid ihr sicher überrascht. Erschließt euch das Gedicht mit Hilfe folgender Leitfragen. Stellt euch danach eure Ergebnisse vor.**

Schöne Jugend (1912)

134–145

Gottfried Benn (1886–1956)

Der Mund des Mädchens, das lange im Schilf gelegen hatte,
sah so angeknabbert aus.
Als man die Brust aufbrach, war die Speiseröhre so löcherig.
Schließlich in einer Laube unter dem Zwerchfell
fand man ein Nest von jungen Ratten.
Ein kleines Schwesterchen lag tot.
Die anderen lebten von Leber und Niere,
tranken das kalte Blut und hatten
hier eine schöne Jugend verlebt.
Und schön und schnell kam auch ihr Tod:
Man warf sie allesamt ins Wasser.
Ach, wie die kleinen Schnauzen quietschten!

Erster Eindruck und Anmutung	Wie ist dein erster **emotionaler Eindruck**? • Welche Gefühle und Gedanken werden bei dir ausgelöst? • Welche Eindrücke bleiben in besonderer Weise bei dir haften? • Was hast du nach dem ersten Lesen noch nicht verstanden?
Thema	**Worüber** ist das wohl ein Gedicht? Über die Liebe, die Natur, den Alltag, den Tod, über Stimmungen und Gefühle?
Lyrisches Ich/ Lyrischer Sprecher	Ist ein **lyrisches Ich** erkennbar? • Wer mag das wohl sein, der hier seine Beobachtungen wiedergibt? • Wo befindet sich das lyrische Ich? • Worauf richtet das lyrische Ich seinen Blick? Worauf eher nicht? Warum verwundert das? • Welche Einstellung hat der lyrische Sprecher zu dem Sachverhalt? Eher ruhig und sachlich oder traurig und bedrückt oder verbittert ...?
Sprachliche Gestaltungsmittel	Was fällt dir an der **Sprache** im Gedicht auf? • Gibt es Auffälligkeiten bei der Wortwahl (Adjektive, Verben ...) und dem Satzbau? • Welche Wortwiederholungen sind erkennbar? • Gibt es auffällige sprachliche Bilder? • Ist die Sprache eher sachlich beschreibend oder anschaulich und emotional? Wendet sie sich an das Gefühl? • Welche Sinne werden angesprochen (Sehen, Hören, Riechen, Schmecken, Tasten, Fühlen)?
Personifikationen	Gibt es Dinge, Naturerscheinungen oder Tiere, die menschliche Züge (Eigenschaften und Verhaltensweisen) erhalten und wie Personen auftreten?
Wirkung und Deutung	Wie verstehst du das Gedicht jetzt, **nachdem** du dich näher damit befasst hast? • Wie lässt sich die Wirkung des Gedichts auf dich beschreiben? • Welche Gefühle und Gedanken löst das Gedicht bei dir aus? • Welche Verse, Wörter, sprachlichen Bilder ... haben dich besonders beeindruckt? • Hat sich dein erster Eindruck bestätigt? • Gibt es auch Fragen, die für dich offengeblieben sind? • Wie würdest du das Gedicht sprechen: eher nachdenklich, fröhlich oder eher traurig, eher sachlich und nüchtern, eher langsam oder schnell, eher laut oder leise?

4 Lies das folgende Gedicht zunächst in Ruhe durch.
Notiere danach deinen ersten Eindruck.

Verfall (1909)

Georg Trakl (1887–1914)

Am Abend, wenn die Glocken Frieden läuten,
Folg ich der Vögel wundervollen Flügen,
Die lang geschart, gleich frommen Pilgerzügen,
Entschwinden in den herbstlich klaren Weiten.

Hinwandelnd durch den dämmervollen Garten
Träum ich nach ihren helleren Geschicken
Und fühl der Stunden Weiser[1] kaum mehr rücken.
So folg ich über Wolken ihren Fahrten.

Da macht ein Hauch mich von Verfall erzittern.
Die Amsel klagt in den entlaubten Zweigen.
Es schwankt der rote Wein an rostigen Gittern,

Indes wie blasser Kinder Todesreigen[2]
Um dunkle Brunnenränder, die verwittern,
Im Wind sich fröstelnd blaue Astern neigen.

[1] Uhrzeiger
[2] Der Reigen ist eigentlich eine Bezeichnung für den europäischen mittelalterlichen Volkstanz, der voller Lebensfreude ist.

5 Verschaffe dir nun über Folgendes Klarheit:
- In welche Jahres- und Tageszeit versetzt uns der Autor?
- Wo befindet sich das lyrische Ich?
- Wohin lässt es seine Augen schweifen?

6 Das lyrische Ich durchlebt einen Stimmungswandel.
- Schreibe dir Wörter heraus, die das verdeutlichen. Stelle gegenüber: Strophen 1 und 2 – 3 und 4.
- Gib den Stimmungswandel mit deinen Worten wieder.
- Vergleiche dies mit deinen Aufzeichnungen vom ersten Eindruck aus Aufgabe 1.

7 Wie spiegelt sich der Stimmungswandel auch im Aufbau des Gedichts wieder? 98
- Untersuche dazu die Anzahl der Verse und Reime pro Strophe.
- Mit welchem Wort wird der Wandel angekündigt?

8 Was versetzt das lyrische Ich eigentlich in diese Untergangsstimmung?
Schau dir die Strophen drei und vier noch einmal genauer an.
Schreibe mit deinen Worten auf: Was spürt, hört, sieht und empfindet das lyrische Ich?

9 Begründe, warum es sich bei Trakls Gedicht um ein expressionistisches Gedicht handelt. 116

Literatur begegnen

→ Eine Kurzgeschichte lesen und interpretieren

1 Lest die folgende Kurzgeschichte.
- Tauscht danach eure Eindrücke und Gedanken dazu aus.
- Welche Fragen tauchen auf?

19

Die Mangel (1922)

Hermynia Zur Mühlen (1883–1951)

Es ist bereits spät, allmählich verlöschen die Lichter in dem kleinen Hotel dritten Ranges, die Lärmenden auf dem Korridor verstummen, die Gäste schlafen.

Draußen vor meiner Tür hebt ein widerliches, schrilles Ächzen an: regelmäßige, klägliche Töne.

Das ist die Mangel; fast täglich ist sie die letzte Stimme, die durch das Haus klingt.

Unzählige Male habe ich sie bereits gehört und mich über den sinnlosen Lärm geärgert, heute jedoch deucht mich, die Töne klängen anders, wären stammelnde Laute, die sich allmählich zu Worten, zu einem wehmütigen Lied verdichten. Und die Mangel singt: „Es ist spät, sehr spät, gleich wird die Kirchturmuhr Mitternacht schlagen. Aber du, Mädchen, das du an mir stehst und die Kurbel drehst, darfst noch nicht schlafen gehen, noch liegt ein Berg Wäsche vor dir, der gerollt werden muss. Weißt du aber auch, dass nicht nur die Wäsche unter der pressenden, würgenden Walze erdrückt wird? Auch deine Jugend wird es, du Mädchen mit dem blassen Gesicht und den ewig unausgeschlafenen Augen. Überharte Arbeit presst dir die Kräfte aus, schwächt deinen Leib, lähmt dein Gehirn. Wann bist du heute Morgen aufgestanden? Um sechs, dann bist du eilig in die Küche gelaufen, hast dort geholfen, hast dann Frühstückstabletts durchs Haus getragen, treppauf, treppab. Dann musstest du die Zimmer machen, bis zum Mittag, der neue Arbeit brachte.

Wo ist der Nachmittag hingekommen? Du weißt es ja selbst nicht; hier ist eine Arbeit, dort eine Arbeit, immer wieder hat dich jemand gerufen, so ging es bis zum Abendbrot. Wie viel Geschirr gibt es noch zum Abwaschen; kaum wird man damit fertig. Und wenn endlich alles erledigt ist, wartet noch die Wäsche auf dich. So geht es Tag um Tag. Wo ist deine Jugend? Du bist zwanzig und schaust, nach fünf Jahren dieses Lebens, wie dreißig aus.

Und was bekommst du dafür?

Zwanzig Mark im Monat und die Trinkgelder, die in einem Hotel dritten Ranges nicht hoch ausfallen.

Zwischen zwei Seufzern der Müdigkeit – einem des Morgens, wenn du aufstehst, einem des Abends, wenn du dich ins Bett schleppst, – vergeht dein Leben. Du bist jung und weißt es kaum. Hast du denn Zeit, froh zu sein? Hast ja nicht einmal Zeit, über dein elendes Leben zu trauern. Und wenn du es wagen solltest, von dem Gesetz zu sprechen, das dir etliche freie Stunden gewährt, so würde der Wirt dir bloß sagen, du könntest gehen, er fände unzählige andere, die bereitwillig an deine Stelle treten. Denn der Wirt ist ein großer Herr, gehört er doch zum Stand der Revolutionsgewinnler, der jetzigen Herren des Landes – der Kleinbürger.

So wie du stand wohl auch deine Mutter schon an der Mangel – vielleicht auch deren Mutter – verlor Jugend und Kraft, Leben und Glücksmöglichkeit in harter, schlecht bezahlter Fron. Wurde alt vor der Zeit, ausgebeutet.

Sollen auch die, die nach dir kommen, das gleiche Los erdulden? Es muss nicht sein: Siehst du, Mädchen, jetzt drehe ich mich nicht mehr, du hast zu viel Wäschestücke untergelegt, die Rolle vermag nicht mit ihnen fertig zu werden. Du bist nicht die Einzige, es gibt eurer Unzählige in allen Städten und Dörfern. Hieltet ihr zusammen, wäret ihr eins, die Walze, die euch unterdrückt, müsste stehen bleiben."

Die Mangel verstummt, stöhnt bloß noch etliche Male klagend: „Es ist spät, es ist spät!"

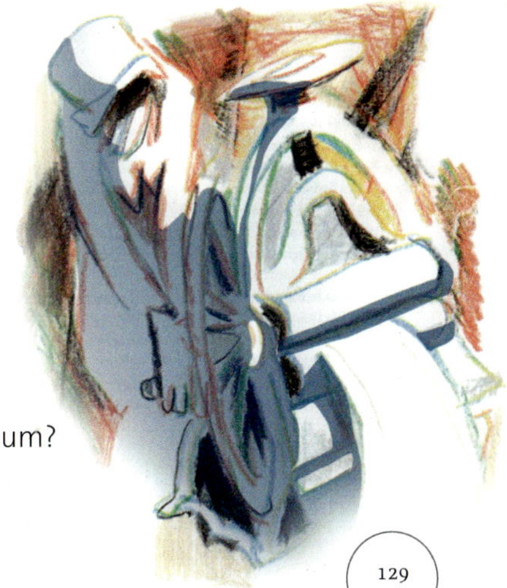

129

2 Setzt euch in Gruppen zusammen und erarbeitet euch die Kurzgeschichte mit Hilfe folgender Leitfragen.
- Worum geht es in der Kurzgeschichte?
- Wo spielt sich die Geschichte ab?
- In welcher Zeit spielt die Handlung?
- Wer ist die Hauptfigur/sind die Hauptfiguren der Geschichte? Werden ihre Namen genannt?
- Wer spricht zu wem?
- Wie stehen die Figuren zueinander? Wie gehen sie miteinander um?
- Was erfährt man über die Gedanken und Gefühle der Figuren?
- Wie reagieren die Figuren auf Probleme oder Konflikte?
- Wer ist der Erzähler der Geschichte?

3 In der Geschichte ist von einem „Mädchen" die Rede. Nähert euch dieser Figur mit Hilfe folgender Fragen. Arbeitet zu zweit und präsentiert eure Ergebnisse in der Klasse.
- Wie alt ist sie eigentlich?
- Was wird über ihre Familie berichtet?
- Was erfährst du über den Tagesablauf des Mädchens? Erstellt eine Übersicht.
- Bei zwei Tageszeiten gibt es ungenaue Angaben über ihre Tätigkeiten. Was könnte sie erledigen?
- Überlegt, wozu das Mädchen gar keine Zeit hat.
- Dieser Tagesablauf bleibt nicht ohne Auswirkungen auf das Mädchen. Sucht entsprechende Textstellen heraus.
- In den Zeilen 20–27 wird die Jugend des Mädchens mit der Wäsche verglichen. Wie versteht ihr diesen Vergleich? Welche Perspektiven ergeben sich daraus für die junge Frau?

4 In der Geschichte werden zahlreiche Fragen gestellt. Lest diese Fragen einmal vor.
- Wer stellt sie und von wem werden sie beantwortet?
- Wie bewertet ihr die Tatsache, dass das Mädchen weder fragt noch antwortet, sondern sprachlos ist?

5 Wie versteht ihr die Zeilen 72–75 am Ende der Geschichte?
- Klärt die Bedeutung der zwei Sätze.
- Warum steht der zweite Satz im Konjunktiv?

6 Vergleicht den ersten und den letzten Satz sowie den Satz in Zeile 15 miteinander. Welcher Satz ist eher als Tageszeit und welcher eher als Mahnung, als Aufruf zu einer Änderung der Lebenslage gemeint?

7 Expressionistische Literatur kann man an bestimmten Merkmalen erkennen.
- Informiert euch darüber im Merkkasten auf der nächsten Seite.
- Überprüft, welche Merkmale davon auf „Die Mangel" zutreffen.

8 Um einen Text noch besser zu verstehen, ist es oft hilfreich, sich auch Klarheit über die Textsorte zu verschaffen. Prüft einmal mit Hilfe des Merkkastens, welche Merkmale auf den Text „Die Mangel“ von Hermynia Zur Mühlen zutreffen.

M

Expressionistische Prosa

In erzählenden literarischen Texten des Expressionismus kann man folgende Merkmale erkennen:
Es wird die Auseinandersetzung mit der modernen Gesellschaft und der Technik thematisiert. Im Mittelpunkt stehen häufig gesellschaftlich Schwache: Bettler, Arme, Irre, Huren.
Der Einzelne ist oft nicht handelndes Subjekt, sondern Objekt, mit dem etwas gemacht wird. Die Welt soll „ungeschminkt“, in ihrem eigentlichen Zustand gezeigt werden. Nichts wird besser dargestellt, als es auch wirklich ist. Manchmal wird etwas aber auch sonderbar übertrieben oder verzerrt (grotesk) dargestellt, sodass der Leser eine distanzierte Haltung zum Geschehen einnehmen kann. Sprachliche Gestaltungsmittel werden oftmals entgegen den gewohnten Regeln benutzt. Die Verwendung sprachlicher Bilder erfolgt häufig in ungewohnten Zusammenhängen.

9 Das Mädchen kommt in der Geschichte nicht selbst zu Wort.
- **Als sie spät abends nach getaner Arbeit im Bett liegt, gehen ihr viele Gedanken durch den Kopf.
  Schreibe einmal auf, welche Gedanken und Gefühle das sein könnten.**
- **Stell dir vor, das Mädchen hört die Fragen der Mangel. Was könnte es darauf antworten? Schreibe den Dialog zwischen der Mangel und dem Mädchen auf.**

10 Lasst euch nun den Titel der Kurzgeschichte noch einmal durch den Kopf gehen.
- Was versteht ihr unter einer Mangel?
- Welche Redewendung kennt ihr in dem Zusammenhang?

M

Literarische Texte untersuchend erschließen

Um einen literarischen Text richtig zu verstehen, kann man ihn nach verschiedenen Gesichtspunkten untersuchen. Man verschafft sich Klarheit über
- das Thema und den Inhalt,
- den historischen Hintergrund der Entstehung,
- die Figuren und ihre Beziehungen zueinander (Figurenkonstellation und Konflikte),
- die Textsorte
- und besondere sprachliche Gestaltungsmittel.

Zum Textverständnis trägt außerdem bei, sich die Wirkung des Textes auf den Leser bewusst zu machen und den Text zu bewerten.

11 Macht euch anhand dieses Merkkastens noch einmal klar, was zur Erschließung einer Kurzgeschichte gehört.

Literatur begegnen

→ Eine Kurzgeschichte untersuchend erschließen

Der Flieger (1916)

Klabund[1] *(1890–1928)*

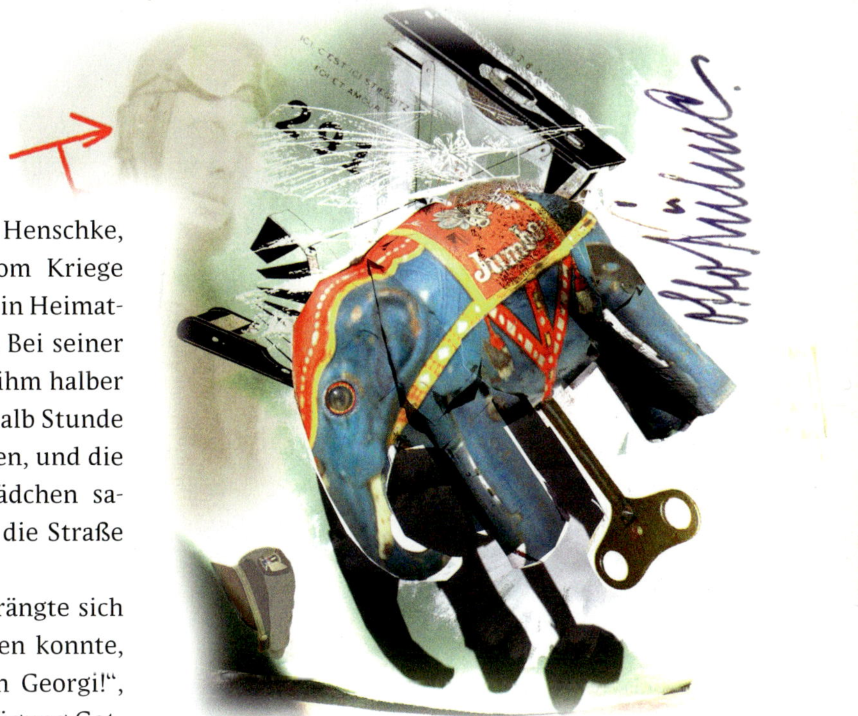

Als der Fliegerunteroffizier Georg Henschke, Sohn eines märkischen Bauern, vom Kriege nach Hause auf Urlaub kam, stand sein Heimatdorf schon einige Tage vorher kopf. Bei seiner Ankunft lief alles, was Beine hatte, ihm halber Wege, einige Beherzte sogar eineinhalb Stunde bis zur Bahnstation Baudach entgegen, und die Kinder und die halbwüchsigen Mädchen saßen auf den Kirschbäumen, welche die Straße säumten, die er kommen musste.

Nun war er da. Das ganze Dorf drängte sich eng um ihn, dass er kaum Luft holen konnte, seine Mutter weinte: „Georgi, mein Georgi!", und der Pastor sagte: „Welch eine Fügung Gottes!" „Kinder", lachte Georg Henschke, „Kinder, ich habe einen Mordshunger!" Da stob man auseinander, um sich gleich darauf zu einem Zuge zu gruppieren, der ihn würdevoll zur Tafel geleitete. Sie war unter freiem Himmel aufgeschlagen. Das Dorf nahm sich die Ehre, ihm ein Essen zu geben. Man zählte ungefähr sieben Gänge, und in jedem kam in irgendeiner Form Schweinefleisch vor. Dazu trank man süßen, heurigen Most.

Nach dem Essen, als der Wein seine Wirkung tat, wurde man keck. Man wagte Georg Henschke anzusprechen, zu fragen, zu bitten. „Georgi", staunte zärtlich seine Mutter, „du kannst nun fliegen!" „Wollen Sie uns nicht einmal etwas vorfliegen?", fragte schüchtern die kleine Marie. „O", lachte Georg Henschke, „das geht nicht so ohne Weiteres. Da gehört ein Apparat dazu!" „Er hat ihn sicher in der Tasche", grinste verschmitzt der Hirt, „er will uns nur auf die Folter spannen." „Ein Apparat, das ist so etwas zum Aufziehen?", fragte seine jüngste Schwester Anna. Denn sie dachte daran, dass er ihr einmal aus Berlin einen Elefanten aus Blech mitgebracht hatte. Eine Stange lief unbarmherzig durch seinen Bauch, und wenn man sie ein paarmal herumdrehte, begann der Elefant zu wackeln, mit seinem Rüssel auf den Boden zu klopfen und plötzlich wie ein Wiesel und in wirren Kreisen im Zimmer herumzulaufen.

„Nein", sagte Georg Henschke, „ich habe den Apparat nicht bei mir, denn er gehört dem Staat." „So, so", meinte der Hirt mit seinem weißhaarigen Kopf, „der Staat. Das ist auch so eine neue Erfindung." „Ganz recht", lachte Georg Henschke.

„So erzähle uns doch etwas vom Fliegen und wie man es lernt, Georgi", bat seine Mutter. Sie war so stolz auf ihn.

Da stand Georg Henschke auf und alle mit ihm.

„Gut, ich will es tun. Hört zu!"

Er sprang auf einen Stuhl. Sie scharten sich um ihn. Aufgeregt, seinem Willen hingegeben, wie die Herde um das Leittier. Sie hoben ihre Köpfe, sehnsüchtig, und der blaue Himmel lag

[1] Pseudonym des Autors Alfred Henschke

in ihren Augen. Georg Henschke aber reckte die Arme, schüttelte sie gegen das Licht, in seinen Blicken blitzte die Freude des Triumphators, und als er sprach, flammte es aus ihm. Er selber fühlte sich so leicht werden, so lächelnd leicht, der Boden sank unter seinen Füßen, seine Arme breiteten sich wie Schwingen, wiegten sich, und wie ein Adler stieß er hoch und steil ins Blau.

Das ganze Dorf stand wie ein Wesen, das hundert Köpfe in den Himmel bog. Und sie sahen Georg Henschke im Äther schweben, ruhig und klar, fern und ferner, bis er ihren Blicken entschwand.

1 Wie hat euch dieser Text gefallen?

2 Von welch aufsehenerregendem Ereignis wird in der Geschichte erzählt? Was kommt euch merkwürdig vor?

3 Welche Grundstimmung herrscht vor? Lest Textstellen dazu vor.

4 Wer sind die Hauptfiguren im Text?
- Wie heißt der Held?
- Welche Figuren sind noch an der Handlung beteiligt?
- In welcher Beziehung stehen die Figuren zueinander?
- Legt eine Figurenkonstellation an.
- Verbindet die Figuren mit Pfeilen und haltet darauf kurz fest, wie sie zur Hauptfigur stehen.
- Denkt auch an den Hirt. Wie und wo könnt ihr ihn positionieren?
- Inwiefern spiegelt sich diese Konstellation auch am Ende der Geschichte wider?

5 Georg Henschke steht als Held im Mittelpunkt der Handlung.
- Warum wird er eigentlich so verehrt und bewundert?
- Welche Rolle spielen dabei seine Herkunft und die Familienverhältnisse?
- Und was für eine Bedeutung hat der historische Hintergrund? Sucht aussagekräftige Textstellen dafür heraus.

6 Schaut euch jetzt den Aufbau des Textes genauer an.
- In welche Sinnabschnitte lässt er sich teilen?
- Ordnet diesen Abschnitten folgende Zwischenüberschriften zu. Eine Überschrift müsst ihr selbst ergänzen.

a) Eine Demonstration des Fluges
b) Bitte um Kostprobe seines Könnens
c) Stimmung im Dorf vor der Ankunft
d) Abheben in eine andere Welt
e) Begrüßung und Festessen

7 Welche Erzählperspektive wird in diesem Text eingenommen?

129

8 Wie deutet ihr den Ausgang der Geschichte?
- Wo stimmt ihr zu? Was seht ihr eher anders?
- Belegt euren Standpunkt mit Hilfe von Textstellen.

a) Georg Henschke fühlt sich sehr geehrt. Und da er den Dorfbewohnern und Verwandten nun wirklich nichts „vorfliegen" kann, malt er ihnen das Fliegen in den schönsten Farben aus. Er beschreibt das so bildhaft, dass ihm alle wie gebannt zuhören und er sprichwörtlich „abhebt".

b) Georg Henschke ist selbst sehr begeistert vom Fliegen. Wahrscheinlich hätte er als Bauernsohn in seinem Leben nie Pilot werden können, aber im Ersten Weltkrieg wurde erstmals neben den Bodentruppen und der Marine auch die Luftwaffe eingesetzt. Zeppeline und Flugzeuge dienten der Aufklärung und dem Angriff. Deshalb wurden sehr viele Piloten ausgebildet.

c) Georg Henschke ist ein Held, das „Leittier" (Zeile 59), dem alle Blicke folgen und der eine Orientierung bietet. Und dann entschwindet er dem Volk. Er ist weg. Jetzt müssen sie sich wieder auf sich selbst besinnen und ihren eigenen Weg suchen, selbst denken.

d) Die Leute aus dem Dorf hören ihm so begeistert und sehnsuchtsvoll zu, dass sie denken, er würde tatsächlich abheben und fliegen. In Wirklichkeit steht er aber noch da.

9 In den beiden letzten Abschnitten der Kurzgeschichte wird besonders deutlich, dass das ganze Dorf verrückt spielt.
- Lest diese Abschnitte einmal laut vor.
- Findet und deutet sprachliche Gestaltungsmittel, die uns als Leser die besondere Stimmung spüren lassen. Schreibt sie so auf.

Zeile 64: Metapher „..., flammte es aus ihm." –
→ Die Worte aus seinem Mund sprühen regelrecht Feuer und Flamme. Er ist absolut begeistert.

Vergleiche
Aufzählungen
Personifikationen
Metaphern
Redewendung

10 Lest die Zeilen 57–69 der Geschichte noch einmal. Achtet beim Lesen besonders auf die Adjektive und Verben. Welche Stimmung wird durch sie deutlich?

11 Überprüft, welche Merkmale einer Kurzgeschichte auf diesen Text zutreffen.

19

12 Zentrale Themen im Expressionismus sind z. B. die anfängliche Verherrlichung des Krieges und die Technik. Überprüft noch einmal, wie sich das in der Kurzgeschichte widerspiegelt.

100
124

13 Lest vor, welche Handlungsabschnitte der Geschichte euch übertrieben und verzerrt erscheinen.

Die Groteske

M

Unter dem Begriff „Groteske" versteht man einen Text, in dem etwas sonderbar, übertrieben oder verzerrt dargestellt wird. Das kann lächerlich, märchenhaft, absurd (abwegig, sinnlos) oder schaurig wirken.

Literatur begegnen

→ Einen Auszug aus einem Roman untersuchen

1 Der Autor Alfred Döblin schildert in seinem Roman „Berlin Alexanderplatz" die Geschichte des Transportarbeiters Franz Biberkopf, der wegen Körperverletzung mit Todesfolge an seiner Braut im Gefängnis war. Als Franz Biberkopf aus der Strafanstalt Berlin-Tegel entlassen wird, möchte er ein neues Leben als ehrlicher Mann beginnen.
Lest in dem Romanauszug, wie es ihm dabei ergeht.

Berlin Alexanderplatz (1929)

Alfred Döblin (1878–1957)

Mit der 41 in die Stadt

Er stand vor dem Tor des Tegeler[1] Gefängnisses und war frei. Gestern hatte er noch hinten auf den Äckern Kartoffeln geharkt mit den anderen, in Sträflingskleidung, jetzt ging er im gelben Sommermantel, sie harkten hinten, er war frei.

Er ließ Elektrische auf Elektrische vorbeifahren, drückte den Rücken an die rote Mauer und ging nicht. Der Aufseher am Tor spazierte einige Male an ihm vorbei, zeigte ihm seine Bahn, er ging nicht. Der schreckliche Augenblick war gekommen (schrecklich, Franze, warum schrecklich?), die vier Jahre waren um. Die schwarzen, eisernen Torflügel, die er seit einem Jahre mit wachsendem Widerwillen betrachtet hatte (Widerwillen, warum Widerwillen), waren hinter ihm geschlossen. Man setzte ihn wieder aus. Drin saßen die anderen, tischlerten, lackierten, sortierten, klebten, hatten noch zwei, fünf Jahre. Er stand an der Haltestelle.

Die Strafe beginnt.

Er schüttelte sich, schluckte. Er trat sich auf den Fuß. Dann nahm er einen Anlauf und saß in der Elektrischen. Mitten unter den Leuten. Los. Das war zuerst, als wenn man beim Zahnarzt sitzt, der eine Wurzel mit der Zange gepackt hat und zieht, der Schmerz wächst, der Kopf will platzen. Er drehte den Kopf zurück nach der roten Mauer, aber die Elektrische sauste mit ihm auf den Schienen weg, dann stand nur noch sein Kopf in der Richtung des Gefängnisses. Der Wagen machte eine Biegung, Bäume, Häuser traten dazwischen. Lebhafte Straßen tauchten auf, die Seestraße, Leute stiegen ein und aus. In ihm schrie es entsetzt: Achtung, Achtung, es geht los. Seine Nasenspitze vereiste, über seine Backe schwirrte es. „Zwölf Uhr Mittagszeitung", „B. Z.", „Die neue Illustrierte", „Die Funkstunde neu", „Noch jemand zugestiegen?" Die Schupos haben jetzt blaue Uniformen. Er stieg unbeachtet wieder aus dem Wagen, war unter Menschen. Was war denn? Nichts. Haltung, ausgehungertes Schwein, reiß dich zusammen, kriegst meine Faust zu riechen. Gewimmel, welch Gewimmel. Wie sich das bewegte. Mein Brägen[2] hat wohl kein Schmalz mehr, der ist wohl ganz ausgetrocknet. Was war das alles. Schuhgeschäfte, Hutgeschäfte, Glühlampen, Destillen. Die Menschen müssen doch Schuhe haben, wenn sie so viel rumlaufen, wir hatten ja auch eine Schusterei, wollen das mal festhalten. Hundert blanke Scheiben, lass sie doch blitzern, die werden dir doch nicht bange machen, kannst sie ja kaputt schlagen, was ist denn mit die, sind eben blank geputzt. Man riss das Pflaster am Rosenthaler Platz auf, er ging zwischen den anderen auf Holzbohlen.

Man mischt sich unter die anderen, da vergeht alles, dann merkst du nichts, Kerl.

Figuren standen in den Schaufenstern in Anzügen, Mänteln, mit Röcken, mit Strümpfen und Schuhen. Draußen bewegte sich alles, aber – dahinter – war nichts! Es – lebte – nicht! Es hatte fröhliche Gesichter, es lachte, wartete auf der Schutzinsel gegenüber Aschinger[3] zu zweit oder zu dritt, rauchte Zigaretten, blätterte in Zeitungen. So stand das da wie die Laternen – und – wurde immer starrer. Sie gehörten zusammen mit den Häusern, alles weiß, alles Holz.

Schreck fuhr in ihn, als er die Rosenthaler Straße herunterging und in einer kleinen Kneipe ein Mann und eine Frau dicht am Fenster saßen: Die gossen sich Bier aus Seideln[4] in den Hals, ja was war dabei, sie tranken eben, sie hatten Gabeln und stachen damit Fleischstücke in den Mund, dann zogen sie die Gabeln wieder heraus und bluteten nicht. Oh, krampfte sich sein Leib zusammen, ich kriege es nicht weg, wo soll ich hin? Er antwortete: Die Strafe.

Er konnte nicht zurück, er war mit der Elektrischen so weit hierhergefahren, er war aus dem Gefängnis entlassen und musste hier hinein, noch tiefer hinein.

Das weiß ich, seufzte er in sich, dass ich hier rin muss und dass ich aus dem Gefängnis entlassen bin. [...]

[1] Tegel = Stadtteil im Norden Berlins
[2] Ausdruck für den Kopf
[3] Name eines Restaurants in Berlin-Tiergarten
[4] Bezeichnung für ein Bierglas

2 Beschreibt zuerst einmal, in welcher Situation sich die Hauptfigur befindet.

3 Untersucht die Bemerkungen, die in Klammern stehen (Zeile 11 / 12 und Zeile 14 / 15). Mit wem spricht der Erzähler da eigentlich?

4 Aus welcher Perspektive wird der Roman erzählt? Beantwortet diese Frage mit Hilfe der Informationen im Merkkasten.

5 An verschiedenen Stellen bringt uns der Erzähler die Gedanken und Gefühle von Franz Biberkopf auch in Form von **inneren Monologen** nahe.
In solchen stummen, rein gedanklichen „Selbstgesprächen" stellt die Figur Fragen an sich selbst, macht sich Vorwürfe, denkt über das eigene Verhalten und das Verhalten der anderen Figuren nach, schmiedet Pläne für die Zukunft, formuliert Ängste und Befürchtungen oder lässt ihren Gefühlen freien Lauf. Innere Monologe werden meist in der Ich-Form und vorrangig im Präsens geschrieben.
Findet im Text Beispiele für **innere Monologe** und lest sie vor.

Perspektiven des Erzählens

M

Der Erzähler eines Textes ist in der Regel ein anderer als der Autor / die Autorin. Der Autor schreibt zwar die Geschichte, aber er schlüpft dabei in bestimmte Erzählerrollen hinein und erzählt aus unterschiedlichen Perspektiven:

1. Erzählen aus der Perspektive eines allwissenden Erzählers:
Der **allwissende Erzähler** erzählt aus einer Perspektive außerhalb der erzählten Welt – von einem übergeordneten Standpunkt aus. Er kann in **alle** seine Figuren hineinschauen und erzählen, was sie denken und fühlen. Er weiß alles über sie. Manchmal wendet er sich auch direkt an den Leser und gibt seinen Kommentar zu den Ereignissen oder zum Verhalten der Figuren ab.

2. Erzählen aus der Ich-Perspektive einer Figur: Ich-Erzähler
Der Ich-Erzähler steht mitten in der erzählten Welt und erzählt aus seiner Sicht in der Ich-Form, was er sieht und von den anderen Figuren denkt und was er dabei fühlt. Was die anderen Figuren denken und fühlen, das weiß er nicht.

3. Erzählen aus der Perspektive einer Figur der Geschichte: personaler Erzähler:
Manchmal wird eine Figur in den Mittelpunkt gestellt, die in der Er-Form (oder Sie-Form) erzählt, was die Figuren erleben und voneinander sehen und hören.
Dieser **personale Erzähler** kann zwar sagen, was er denkt und fühlt, doch was die anderen Figuren denken und fühlen, das weiß er nicht.

6 Setzt euch jetzt intensiv mit dem Romanauszug auseinander.
- Arbeitet zu zweit mit einem Partner oder in kleinen Gruppen.
- Erschließt euch den Romanauszug unter Einbeziehung des Einleitungstextes mit Hilfe folgender Leitfragen.
- Haltet eure Ergebnisse schriftlich fest und tauscht euch anschließend in der Klasse darüber aus.

Fragen zur Zeit:
- In welcher Zeit spielt die Handlung?
- Über welchen Zeitraum erstreckt sich die Handlung?

Fragen zu den Hauptfiguren:
- Wer sind die Hauptfiguren in dem Romanauszug?
- Werden ihre Namen genannt?
- Wie stehen die Figuren zueinander? Wie gehen sie miteinander um?
- Was erfährt man über die Gedanken und Gefühle der Figuren?
- Müssen die Figuren mit einem bestimmten Problem fertigwerden?

Fragen zum Ort:
- Was ist der zentrale Ort, an dem sich die Handlung abspielt?
- An welchen Stationen spielt sich das Geschehen im Einzelnen ab?
- Wie werden diese Orte beschrieben (eher allgemein oder detailliert, eher knapp oder ausführlich)?
- Welche Bedeutung haben diese Orte für die Handlung und die Hauptfiguren?

Fragen zur Handlung:
- Von welcher Problematik wird die Handlung bestimmt?
- Wie wirkt sich diese Problematik auf das Verhalten der Hauptfiguren aus?
- Spitzt sich das Problem eher zu oder klingt es ab?

Fragen zur sprachlichen Gestaltung:
- Lest noch einmal die Zeilen 61–68.
- Wer ist mit dem Pronomen „es“ gemeint?
- Ersetzt das „es“ und lest die Sätze mit dieser Wortwahl. Lest dann noch einmal die Sätze im Original. Welche Veränderung stellt ihr fest?
- Wo ist ein Vergleich zu finden? Wie versteht ihr diesen Vergleich?
- In Zeile 51 gibt es eine Wortneuschöpfung. Sucht sie heraus. In welcher Bedeutung ist diese Wortneuschöpfung zu sehen?

7 Franz Biberkopf wird aus dem Gefängnis in die Freiheit entlassen und empfindet diese neue Situation als Strafe.
- Wie ist dieser Widerspruch zu erklären? Lest noch einmal die Zeilen 12–41 und 69 ff. nach.
- Worin besteht für ihn die Strafe?
- Wovor hat er solche Angst?

8 Der Roman wurde 1929 veröffentlicht.
- Informiert euch noch einmal über den Zeitraum expressionistischer Literatur.
- Welche Merkmale expressionistischer Literatur findet ihr in dem Romanauszug wieder?

100

9 Wenn ihr wissen möchtet, wie es mit Franz Biberkopf weitergeht, dann leiht euch das Buch in der Bibliothek aus und lest den Roman.

Literatur begegnen

→ Prosatexte untersuchend erschließen

Tagebuch I, 19. April 1912

Oskar Jellinek

Der grässliche Untergang des Dampfers „Titanic“[1] ist ein Symbol dieses oberflächlichen Zeitalters. Mehr als 1600 Menschen mussten zugrunde gehen, weil das Riesenschiff wohl Tennisplätze genug, aber nur 27 Rettungsboote hatte; weil es eine blödsinnige Rekordfahrt unternehmen musste und der dumm-ehrgeizige Kapitän es lieber dem Schicksal überlassen wollte, ob das Schiff an den Eisberg stoße oder nicht – statt dem Eisberg aus dem Wege zu gehen und ein paar Stunden später in New York anzukommen. Da hat sich einmal unsere süße Zeit überweitet, überhastet und hat ein tüchtiges Leck bekommen, die liebe Zeit. Diese Stümper-Zeit – die ihr Sach auf alles stellt, sodass kein ordentlicher Mensch mit ihr etwas zu tun haben kann. „Freut euch des Lebens“, hat die „Neue Freie Presse“ ausgerufen, als sie noch der Meinung war, dass kein Menschenleben mit dem Schiff gesunken sei. Das sieht den Tröpfen, den Maschinenanbetern ähnlich: „Freut euch des Lebens!“

Hätte man diesen Schmierern, wenn sie nicht so gewaltig Lügen gestraft worden wären, je klargemacht, dass dieses Leben hassens-, ja verachtenswert ist, weil es überhaupt zu solchen Eisbergen führen kann, dieses Leben der widerwärtigen äußeren Katastrophen, dieses Dasein, das sich seine Unglücksfälle selbst schafft, statt sich elementaren Tragödien zu überlassen. Diesmal aber sind die Apparatverzückten mit ihrer Lebensfreude mitten ins Gesicht geschlagen worden. Der Apparat hat versagt! Sogar Seine Majestät, der Apparat, ist ein hohler Götze unserer Zeit! So sehr hat sie sich verweitet und verhastet, dass ihre Hast und Weite nicht mehr weiterkonnte. „Titanic“ wagt ein Weitenfresser sich zu nennen. Da ist die Tiefe, die titanische Tiefe erwacht und hat ihn herrlich empört in ihren Grund gerissen.

[1] Am 14. April gegen 23 Uhr stößt sie mit dem Eisberg zusammen, am 15. April geht sie unter.

1 Über welches Ereignis schreibt Oskar Jellinek?
- In welchem zeitlichen Abstand zum Ereignis verfasst er seinen Tagebucheintrag?
- Welchen Autorenstandpunkt könnt ihr erkennen?

2 Oskar Jellinek setzt sich in seinem Tagebucheintrag eher kritisch mit dem Ereignis und der Gesellschaft auseinander. Das wird zum Beispiel in wertenden Formulierungen deutlich oder in Wortneuschöpfungen (Z. 13, 37), aber auch in ungewöhnlichen Zusammensetzungen (Z. 14 / 15, 21, 31).
- Sucht sprachliche Beispiele für
  die Kritik an den Erbauern des Schiffes,
  die Kritik am Kapitän,
  die Kritik an anderen Menschen und
  die Kritik am Zeitalter.
- Sucht wertende Adjektiv-Attribute.

268–269

Nacht im Hotel (1916)

Hans Reimann (1889–1969)

In der Nacht kroch mir etwas über das Gesicht. Davon wurde ich munter. Ich machte Licht und sah, dass es eine Raupe war. Sie hatte eine grasgrüne Hautfarbe und viele Borsten. Ich sprach zu ihr: „Du kommst mir ungelegen, Raupe! Warum störst du mich im Schlafe?" Die Raupe erwiderte: „Ich störe dich mitnichten im Schlafe, siehe denn, du träumst! Ich bin eine von dir geträumte Raupe. Oder, wenn du willst: Ich träume dir." Ich wunderte mich ein wenig und sagte: „Wenn es sich so verhält und du nur eine mir geträumte Raupe bist, so habe ich keine Veranlassung, dir zu zürnen. Aber verschone mich bitte und träume, wenn möglich, einem anderen." Die Raupe lächelte und kroch von hinnen.

Es mochte eine Viertelstunde verstrichen sein, da stach mich etwas. Davon erwachte ich und zündete Licht an. Da sah ich, dass es ein Floh war. Er hüpfte weg, aber ich sprach: „Zu deinem Besten will ich annehmen, dass du nur ein geträumter Floh bist; sonst möchte es dir übel ergehen, Freundchen. Lass gut sein und reize mich hinfort nimmer; ich könnte dir das Fell eklig über die Ohren ziehen." Da kam der Floh aus dem Versteck hervor und entgegnete: „Ich bin kein geträumter Floh, mein Herr. Im Gegenteil: Ich bin so ungeträumt wie überhaupt irgend möglich und liebe offene Karten. Darum sei Ihnen angesagt: Sie werden den Rest der Nacht in Schlaflosigkeit und Wut verbringen. Gott befohlen!" Ehe ich ihn greifen konnte, war er enthüpft. Ich lag lange wach und konnte nicht einschlafen. Endlich schlief ich.

Es mochte abermals eine Viertelstunde verstrichen sein, da hockte mir etwas auf der Brust. Davon erwachte ich. Als ich Licht anzündete, bemerkte ich mit Entsetzen, dass mir ein Känguru zu schaffen machte. Es kauerte auf meinen Rippen und glupschte mich feindselig an. Ich sprach: „Es ist bereits das dritte Mal in dieser Nacht, dass man mich belästigt. Sie mögen geträumt sein oder nicht, ich habe nicht die geringste Lust, mich mit Ihnen zu befassen. Beehren Sie sonst wen mit Ihrem unerbetenen Besuche, aber nicht mich!" Sprach's und drehte mich auf die andere Seite. Rasch schlief ich wieder ein. Mir träumte, dass ein Känguru auf meiner Brust säße, das ich, um es loszuwerden, erdrosselte. Schwer schlug die Leiche zu Boden. Davon erwachte ich.

Im Zimmer lag die Leiche eines Kängurus.

Im Waschbecken schwamm eine grasgrüne Raupe. Ein Floh stach mich. Die Sonne schien durchs Fenster. Ich griff mir an den Kopf.

Es ist nicht geheuer auf der Welt.

3 Welchen Eindruck habt ihr nach dem Lesen des Textes? Welche Fragen stellen sich euch? Schreibt sie auf.

4 Um wen geht es im Text und wo spielt sich das ganze Geschehen ab?

5 In welcher Situation befindet sich die Hauptfigur? Wie steht sie zu den anderen Figuren? Was ist das Problem?

6 Was ist an dem Text grotesk? Schreibe Textstellen heraus.

127

7 Was erfahrt ihr als Leser über die Beziehung der Hauptfigur zu seiner Welt?

8 Welche Merkmale der Kurzgeschichte treffen hier zu? Aus welcher Perspektive wird die Geschichte erzählt?

19
129

Literatur begegnen

→ Überprüfe dein Wissen und Können

1 Notiere, welche Aussagen auf Kurzgeschichten zutreffen.

a) Kurze Texte sind grundsätzlich Kurzgeschichten.
b) Eine ausführliche Einleitung führt den Leser in Ort und Handlung ein.
c) Kurzgeschichten beginnen meist ganz unvermittelt mit einem offenen Anfang.
d) In Kurzgeschichten gibt es nur wenige Figuren, die zudem kaum beschrieben werden.
e) Die Figuren haben nie einen Namen. Dafür werden sie aber sehr genau beschrieben.
f) Wie in einer „Momentaufnahme“ wird von einem entscheidenden Ereignis im Leben der Hauptfigur(en) erzählt.
g) Die Handlung einer Kurzgeschichte spielt an verschiedenen Orten, die alle ausführlich beschrieben werden.
h) Kurzgeschichten besitzen einen Schluss, der den weiteren Handlungsverlauf ganz offenlässt oder nur andeutet, wie es weitergehen könnte.
i) Oft erzählt ein allwissender Erzähler, der in seine Figuren „hineinsehen“ kann.
j) In Kurzgeschichten überwiegt ein komplizierter Satzbau.

2 Welche literarischen Figuren gehören zu welchem expressionistischen Prosatext? Notiere die zusammengehörenden Ziffern und Buchstaben.

Prosatexte (Kurzgeschichten, Roman)	**Literarische Figuren**
	1. Franz Biberkopf
	2. die grasgrüne Raupe
A Der Flieger	3. der Wirt, ein großer Herr
B Die Mangel	4. Georg Henschke
C Berlin Alexanderplatz	5. der Aufseher
D Nacht im Hotel	6. der verschmitzte Hirt
	7. die Mutter mit dem gleichen Schicksal
	8. die kleine Marie

3 Welche Textstelle würde so **nicht** in einer Kurzgeschichte stehen? Begründe deine Antwort.

a) Theresa hatte Jochen Behrends, den dreizehnjährigen Jungen aus dem Nachbarhaus, schon von Weitem gesehen, wie er mit seiner braunen Schultasche in der Hand bedrückt den Schulhof verließ. Eine flachsblonde Haarsträhne hing ihm in sein braun gebranntes, hübsches Gesicht, aber seine blauen Augen und seine missmutig heruntergezogenen Mundwinkel verrieten, dass er Sorgen hatte.

b) Schon von Weitem sah das Mädchen den Jungen. Er sieht bedrückt aus, dachte sie. Ja, bedrückt sieht er aus, so wie er da den Schulhof verlässt mit seiner Schultasche in der Hand.

Fantasie und Wirklichkeit: Form im Aufbruch

Schreiben und Präsentieren

→ Einen Kurzvortrag erarbeiten

Bei der Auseinandersetzung mit Literatur einer Kunstepoche ist es nicht nur hilfreich, etwas über die historischen Hintergründe zu wissen, sondern auch über die Autoren der Gedichte, Geschichten, Romane ... Das trägt zum Verständnis der Literatur bei und macht neugierig auf weiteren Lesestoff.

1 Erarbeitet euch jetzt den Kurzvortrag zum Thema:
Gottfried Benn – Einen expressionistischen Autor vorstellen.
Verschafft euch zuerst Klarheit über das Thema des Kurzvortrages. Schreibt das Thema ab und markiert die Schlüsselwörter.
- Um Zugang zum Thema zu finden, werden nun Fragen an das Thema gestellt wie z. B.:
  – Wer war Gottfried Benn?
  – Was hat er gelernt?
  – Wie hat er gelebt?
  – Warum ist er ein expressionistischer Autor?
  – Was hat er veröffentlicht?
- Stellt nun selbst weitere W-Fragen an das Thema.

Schritt 1
Analyse des Themas

2 Antworten auf viele eurer Fragen zum Thema und viele Informationen findet ihr in folgenden Texten. Lest die Texte über Gottfried Benn durch.

Schritt 2
Stoffsammlung, Stichwortzettel/Redekarten

Text 1: Kindheit, Jugend und Ausbildung Gottfried Benns

Gottfried Benn wurde am 2. Mai 1886 in Mansfeld (bei Pritzwalk in Brandenburg) als zweites Kind der Familie Benn geboren. Sein Vater, Gustav Benn (1857–1939), arbeitete als Pfarrer und Hauslehrer, seine Mutter, Caroline Benn (geb. Jequier, 1858–1912), war Erzieherin.

Als Gottfried Benn ein halbes Jahr alt war, zog die Familie nach Sellin, dem heute zu Polen gehörenden Zielin.

In dem großen Pfarrhaus verbrachte Gottfried trotz ärmlicher Verhältnisse und strenger Erziehung eine unbeschwerte und glückliche Kindheit.

Das Verhältnis zu seinen Eltern war unterschiedlich. Den Vater liebte er mit Vorbehalten, die Mutter aus tiefstem Herzen.

Gottfried Benn hatte sieben Geschwister, eine ältere und eine jüngere Schwester sowie fünf jüngere Brüder. Bruder Hansgeorg starb schon im Kindesalter, Bruder Siegfried fiel 1916 als Soldat im Ersten Weltkrieg.

Der sprachgewaltige und gebildete Vater Gottfrieds war ziemlich streng. Gottfried musste als ältester Sohn schon frühzeitig

Redekarte 1
Kindheit, Jugend und Ausbildung

- geb. am 2. 5. 1886 in Mansfeld (Brandenburg)
- Vater: Gustav Benn, Pfarrer und Hauslehrer
- Mutter: Caroline Benn, Erzieherin
- 7 Geschwister
- unbeschwerte und glückliche Kindheit
- ein sehr kluger Junge
- begeistert seine Geschwister durch Erfinden und Erzählen von Geschichten

seine Geschwister beaufsichtigen. Dafür, dass er ihnen immer wieder neue wunderliche und rätselhafte Geschichten zu erzählen wusste, liebten und bewunderten sie ihn sehr.

Von 1896 bis 1903 besuchte er das Gymnasium in Frankfurt an der Oder.

Hier entdeckte er sein Interesse für die Naturwissenschaften. Das Abitur absolvierte Benn 1903 mit guten Leistungen.

Nach dem Abitur begann Gottfried Benn – auf Wunsch des Vaters –, Theologie und Philologie zu studieren, zuerst in Marburg, ab 1904 in Berlin. Sein Interesse galt jedoch der Medizin. Deshalb begann er 1905 die fast kostenfreie Ausbildung zum Militärarzt in Berlin. 1911 legte er sein Staatsexamen ab und erhielt seine Zulassung als Arzt, bereits im Februar 1912 promovierte er zum Doktor der Medizin.

Beruflich hat Benn Erfolg, privat musste er viel Leid erleben. Es kam zu einem ungeheuren Streit mit dem Vater, weil er ihm aus religiösen Gründen die Behandlung der an Krebs erkrankten Mutter verboten hatte. Damit kam Gottfried Benn überhaupt nicht zurecht und wendete sich konsequent vom christlichen Glauben ab. Das spiegelt sich auch in seinen Gedichten wider.

Im April 1912 verstarb seine Mutter an Krebs.

Tief erschüttert schreibt Benn das Gedicht „Mutter“, das er 1913 im Gedichtband „Söhne“ veröffentlicht.

- besucht Gymnasium und entdeckt Interesse für Naturwissenschaften
- 1903 Abitur
- auf Wunsch des Vaters Theologiestudium in Marburg und Berlin
- 1905 Wechsel zum Medizinstudium in Berlin
- 1911 Staatsexamen und Zulassung als Arzt
- Februar 1912 Doktor der Medizin
- Krebserkrankung der Mutter
- Streit mit dem Vater wegen Verbot ihrer Behandlung
- Benn wird Atheist

- April 1912 Tod der Mutter
- tiefe Erschütterung Benns

Mutter (1913)

Ich trage dich wie eine Wunde
auf meiner Stirn, die sich nicht schließt.
Sie schmerzt nicht immer. Und es fließt
das Herz sich nicht draus tot.
Nur manchmal plötzlich bin ich blind und spüre
Blut im Munde.

► Gedichtvortrag *Mutter* (1913)
Ich trage dich wie eine Wunde
auf meiner Stirn, die sich nicht schließt.
Sie schmerzt nicht immer. Und es fließt
das Herz sich nicht draus tot.
Nur manchmal plötzlich bin ich
blind und spüre
Blut im Munde.

Text 2: Gottfried Benns Leben als Ehemann und Vater

Es war für Gottfried Benn sehr schwer, privates Glück zu finden.

Seine erste und zweite Ehefrau, sein Adoptivsohn und eine Geliebte sind verstorben.

Benns einziges leibliches Kind, Tochter Nele, wuchs nach dem Tod ihrer Mutter in einer befreundeten Familie auf. Benn hatte mehrere Beziehungen, manche auch gleichzeitig. Auch seiner 26 Jahre jüngeren dritten Frau war Benn nicht treu. Seine Tochter Nele sagt später über ihn: „Er war ein schwieriger Mann, nicht immer ein netter Mann, aber kein gemeiner.“

Redekarte 2

Eigene Familiengründung

- nur zeitweises Glück
- drei Ehen
- eine leibliche Tochter Nele (*1915)
- Benn untreu, zeitweises Doppelleben

Text 3: Gottfried Benns beruflicher Werdegang als Arzt

In den ersten Berufsjahren war Gottfried Benn als Militärarzt tätig. Aus gesundheitlichen Gründen trat er 1913 aus dem Militärdienst aus.

In der Folgezeit arbeitete Gottfried Benn als Pathologe[1] und Serologe[2] in einem Berliner Krankenhaus und wurde Leiter des Pathologischen Instituts. Bis Ende März 1914 führte er nachweislich 297 Sektionen[3] durch. Danach verpflichtete er sich für drei Monate als Schiffsarzt. Im Ersten Weltkrieg musste er als Militärarzt im besetzten Belgien arbeiten. Benn nahm nicht nur an Hinrichtungen teil und stellte Tode fest, wie es seine Arbeit verlangte; er setzte sich auch für Unschuldige ein. Er wandte sich z. B. gegen die Hinrichtung der Widerstandkämpferin Edith Cavell, doch sein Antrag zu ihrer Begnadigung wurde nicht angenommen.

Während der folgenden zwei Kriegsjahre war Gottfried Benn in einem Brüsseler Krankenhaus für Prostituierte/Geschlechtskranke tätig. 1917 konnte er nach Berlin zurückkehren. Dort eröffnete er eine Arztpraxis für Haut- und Geschlechtskrankheiten, bis er wieder als Militärarzt eingesetzt wurde. Im Zweiten Weltkrieg musste Benn unter anderem die Selbstmorde in der Wehrmacht untersuchen und war auch als Oberstabsarzt in Polen tätig. Im Januar 1945 gelang ihm die Flucht nach Berlin. Nach Kriegsende konnte er dort seine Arztpraxis wiedereröffnen, die er gemeinsam mit seiner dritten Ehefrau führte.

[1] spezialisierter Facharzt, der krankhafte Veränderungen von Geweben und Organen lebender oder toter Menschen untersucht
[2] Facharzt für die Untersuchung des Blutserums zur Krankheitsdiagnose
[3] Sezierung von Leichen

Redekarte 3
Beruflicher Werdegang als Arzt

- erste Berufsjahre als Militärarzt
- bis März 1914 Pathologe und Serologe, Institutsleiter in Berlin
- 1914 Schiffsarzt
- im Ersten sowie im Zweiten Weltkrieg als Militärarzt im Einsatz
- musste viel Leid mit ansehen
- ...
- ...

Text 4: Gottfried Benn als expressionistischer Autor

Gottfried Benn hat als Arzt über Jahrzehnte großes menschliches Leid miterleben müssen. Oft war er darüber sehr verzweifelt und hoffnungslos.

Das spiegelt sich in seiner Literatur, besonders in seinen Gedichten, wider.

Anregungen für seine Dichtung erhielt Benn auch aus seinen Freundschaften zu den Berliner Expressionisten, wie z. B. zu Else Lasker-Schüler, Paul Zech und Ernst Stadler.

1912 veröffentlicht Benn seinen ersten Gedichtband: „Morgue und andere Gedichte“. Fünf der insgesamt neun darin abgedruckten Gedichte handeln vom Leichenschauhaus und der Pathologie. Benn lässt den lyrischen Sprecher sehr sachlich-distanziert mit dem Thema umgehen, er wirkt geradezu aggressiv und höhnisch bzw. zynisch. Das empfanden die Leser als skandalös und lasteten es dem Autor an. Benn wird schlagartig zum berühmt-berüchtigten Expressionisten.

Redekarte 4
Gottfried Benn als expressionistischer Lyriker

- ...
- ...

1913 erscheint der zweite Gedichtband: „Söhne. Neue Gedichte“, mit einer Widmung für Else Lasker-Schüler. In diesen Gedichten greift Benn den Vater-Sohn-Konflikt auf. Der Hass des lyrischen Sprechers auf den Vater steigert sich bis zur Androhung von Kastration und Tod. Vier Jahre später erscheint noch ein „Rache“-Gedicht Benns zu dieser Thematik: „Pastorensohn“, das er aber nur zweimal überhaupt veröffentlicht. Benn beteuert später immer wieder, dass er den Vater trotz des großen Zerwürfnisses auch bewundert habe.

In der 1917 veröffentlichten Gedichtsammlung „Fleisch“ schreibt Benn über den Ich-Zerfall und Erfahrungen mit Drogen. Als Reaktion auf die Gräuel des Weltkrieges stellt Benn in seinem Gedicht „Der Arzt II“ den Menschen als gewöhnliches Tier dar. Die erste Verszeile lautet: „Die Krone der Schöpfung, das Schwein, der Mensch“.

Außer seinen Gedichten hat Benn auch viele erzählende expressionistische Texte geschrieben. 1916 erscheinen fünf Novellen[1] unter dem Titel „Gehirne“. Diese Geschichten, die autobiografische Bezüge zu Benn haben, erzählen von dem jungen, modern gebildeten Arzt Dr. Rönne, der nach der Sektion von ca. 2000 Leichen den Chefarzt in einer Klinik vertritt und scheitert. Rönne findet sein Glück einzig und allein in der Kunst. Weitere Prosa-Texte erscheinen 1918: „Eine Novelle“ und 1919: „Das moderne Ich“. 1922 veröffentlicht Benn die „Gesammelten Schriften“ und schließt sein rein expressionistisches Schaffen ab. 1934 bezeichnet Benn diese Literatur rückblickend als „absolute Prosa“, deren Handlung hauptsächlich als „Reise im Kopf“ des Ich-Erzählers stattfindet.

[1] Eine Novelle ist eine relativ kurze Erzählung über eine unerhörte Neuigkeit mit einem deutlichen Wirklichkeitsbezug.

Gottfried Benn als expressionistischer Erzähler
- ...
- ...

Text 5: Gottfried Benns literarisches Schaffen nach dem Expressionismus

Nach 1922 veröffentlichte Benn verschiedene Lyrik, wie z. B. 1926: „Schutt, Betäubung, Spaltung. Neue Gedichte“. In diesen Gedichten sind Enttäuschung und Schwermütigkeit spürbar, aber auch Todesfaszination und einzelne Provokationen aus der Zeit der expressionistischen Lyrik. Um 1930 erreicht Benn den Tiefpunkt seiner Niedergeschlagenheit. Benn verwirft „den Glauben an einen Fortschritt in der Geschichte“.

Anfang der 30er-Jahre befürwortet Benn zwar die Machtergreifung Hitlers, gerät aber schon bald mit der faschistischen Ideologie in Konflikt und erhält 1938 Schreibverbot. Deshalb lässt er 1942 seine Gedichte illegal drucken.

Redekarte 5

Gottfried Benn als Autor nach dem Expressionismus
- ...
- ...

Sein literarisches Comeback feiert er 1949, das auch als Benn-Jahr bezeichnet wird, weil vier sehr beachtete Werke von ihm erschienen sind: Im Februar veröffentlicht Benn unter dem Titel „Der Ptolemäer“ Erzählungen über einen Besitzer eines Schönheitssalons und dessen Umgang mit den Problemen in der unmittelbaren Nachkriegszeit. Im März erscheinen Benns „Statische Gedichte“ (Erstveröffentlichung 1948 in der Schweiz), die zwischen 1937 und 1947 entstanden sind und zu seinem literarischen Comeback führen. In ihnen wird Benns Standpunkt deutlich, dass Kunstwerke statische Gebilde sind, die der Zeit und geschichtlichen Veränderungen widerstehen und eine Schutzfunktion für das Ich in der Welt haben. Im Juni 1949 erscheinen „Ausdruckswelt“ (Essays und Aphorismen) und im Oktober „Trunkene Flut“ (Gedichte). Der Rückzug in die Kunst ist für Benn ein Ausweg aus den Problemen der Gegenwart. Kunst ist für ihn eine Art „Gegenwelt“.

Auch in den folgenden Jahren ist der Dichter noch außerordentlich produktiv. Er veröffentlicht 1950 seine Autobiografie „Doppelleben. Zwei Selbstdarstellungen“ und 1953 seine Szenenfolge für Hörspiel und Theater: „Die Stimme hinter dem Vorhang“. Bahnbrechend war jedoch 1951 Benns Referat „Probleme der Lyrik“ über die Entstehung und das Wesen der modernen Lyrik.

Für sein schriftstellerisches Werk wurde Gottfried Benn 1951 mit dem Georg-Büchner-Preis – der höchsten deutschen Auszeichnung in der Literatur – der Deutschen Akademie für Dichtung und Sprache ausgezeichnet und 1953 erhält er das Bundesverdienstkreuz der BRD. Heute gilt Benn als bedeutendster deutscher Dichter der modernen Literatur nach 1900. Einige seiner aufrüttelnden Gedichte des Expressionismus gehören mittlerweile zur Weltliteratur. Gottfried Benn starb am 7. Juli 1956 in Berlin an Krebs.

Bedeutung des Autors
- ...
- ...

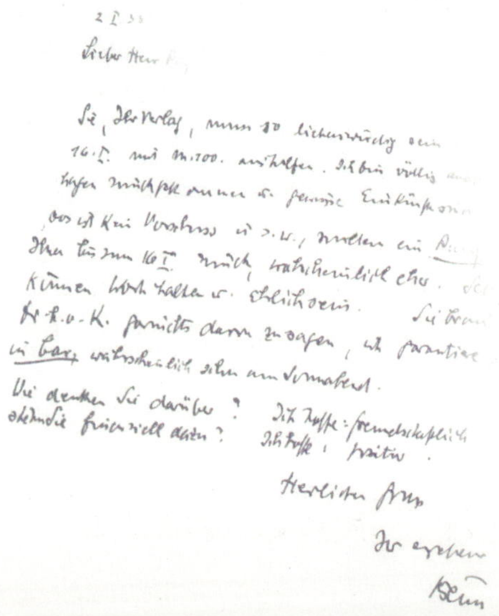

3 Schaut euch die Texte 1 bis 3 und die dazugehörigen Redekarten nun einmal genauer an.
Wie werden die Informationen dort herausgezogen und stichwortartig auf den Redekarten festgehalten? Vollzieht das einmal nach.

4 Vervollständigt nun mit Hilfe der Texte 3 bis 5 die dazugehörigen Redekarten.

Schreiben und Präsentieren

→ Den Hauptteil eines Kurzvortrags gliedern – Überleitungen formulieren

1 Wenn man sich über das Leben und Schaffen von bekannten Persönlichkeiten informiert, findet man eine Fülle von Daten und Fakten. Damit man dabei nicht die Übersicht verliert, ordnet und gliedert man sich die Informationen. Schaut euch dazu einmal folgende Möglichkeit an.

- Welche Einteilung ist erkennbar?
- Welche Ober- und Unterbegriffe findet ihr?

Schritt 3
Gliederung des Hauptteils

1886

1956

Möglichkeiten für die Gliederung des Hauptteils zur Vorstellung einer Persönlichkeit

I. Einleitung

II. Hauptteil

1. Herkunft, Kindheit und Jugend
- geboren am ... in ...
- Vater: Vorname, Ausbildung / Beruf / Tätigkeiten, Besonderheiten
- Mutter: Mädchenname, Ausbildung / Beruf, Besonderheiten
- Geschwister
- Probleme oder Besonderheiten in der Kindheit und Jugend
- Schulbesuch, Hobbys, Talente
- Ausbildung / Lehre

2. Gründung einer eigenen Familie: Partnerschaft(en), Kinder

3. Beruflicher Werdegang
- Berufsabschlüsse, ausgeübte Berufe und andere Tätigkeiten
- Politische Haltung/Aktivitäten

**4. Leistungen / Verdienste, Erfolge,
Werke (Kostproben) – Kritisches**

**5. Todesumstände
allgemeine Bewertung / Stellenwert des künstlerischen Schaffens
Stellung der Person in der Geschichte**

III. Schluss

2 Jetzt schaut euch noch einmal die Texte über Gottfried Benn und die Redekarten der Reihe nach an.

- Was ist bereits angelegt?
- Was muss noch ergänzt werden?

Schritt 4

Überleitungen zu den Gliederungspunkten formulieren

3 Der Hauptteil eines Vortrages ist inhaltlich immer der umfassendste Teil. Deshalb ist es wichtig, dass man zwischen den einzelnen Gliederungspunkten Überleitungen formuliert und damit den Zusammenhang deutlich macht.
Immer, wenn ein neuer Gliederungspunkt beginnt, wird dieser durch eine Überleitung angekündigt.

Lest die folgenden Überleitungsmöglichkeiten vor.
Zu welchen Redekarten auf Seite 134–138 gehören sie?

134–138

a) Jetzt komme ich zum Leben des Autors als Ehemann und Vater.
b) Mein dritter Schwerpunkt ist der berufliche Werdegang Gottfried Benns. Ich habe ihn untergliedert in seinen Beruf als Arzt und sein Schaffen als Dichter. Beginnen möchte ich mit seiner Laufbahn als Arzt, denn dadurch wurde seine Dichtung geprägt.
c) Nun möchte ich euch Gottfried Benn als Dichter, insbesondere als Lyriker vorstellen.
d) Als Erstes spreche ich über seine Kindheit, Jugend und Ausbildung.

4 Formuliert Vorschläge für die fehlenden Überleitungen und schreibt sie auf.

Möglichkeiten für Überleitungen

- Für mich war besonders interessant, dass ...
- Ganz zum Schluss möchte ich noch erwähnen, dass ...
- Am Ende möchte ich gern noch etwas über ... sagen.
- Als Nächstes spreche ich über ...
- In diesem Gedicht beschäftigt sich der Autor mit dem Thema ...
- Nachdem ich mich mit ... intensiv auseinandergesetzt habe, möchte ich euch nun ...
- Offengeblieben ist für mich bisher noch die folgende Frage ...
- Das Gedicht ... hat mich persönlich angesprochen, denn ...
- Insgesamt hat mich an diesem Text ... besonders beeindruckt.
- Wenn ich den Künstler einmal treffen könnte, würde ich ihm gern die folgende Frage stellen ...

Schreiben und Präsentieren

→ Einleitung und Schluss für einen Kurzvortrag formulieren

Schritt 5
Die Einleitung formulieren

1 Eine besondere Rolle kommt der Einleitung eines Kurzvortrages zu. Damit soll das Interesse der Zuhörer geweckt werden.
Überprüft das Beispiel für eine Einleitung mit Präsentationsfolien unter folgenden Aspekten:

a) Der erste Satz springt direkt in eine konkrete Situation hinein.
b) Die Zuhörer werden direkt angesprochen.
c) Das Thema des Vortrages wird genannt.
d) Es folgt ein kurzer Überblick über den Aufbau des Vortrags.
e) Der Blickfang (Eye-Catcher) ist ein Bild.
f) Die Einleitung endet mit einem Überleitungssatz.

Folie 1

n (1886–1956)

Redekarte zur Einleitung
Mich hat das expressionistische Gedicht „Schöne Jugend“ (1910) von Gottfried Benn *(Folie 1)* neugierig auf den Autor gemacht. Ich habe mich gefragt, was das für ein Mensch ist, der solche Gedichte schreibt. Deshalb wollte ich mehr über ihn und sein Leben wissen und auch, was er sonst noch so geschrieben hat. Bei meiner Recherche bin ich auf einen ziemlich ungewöhnlichen Menschen gestoßen.

Das Thema meines Vortrages heute lautet:
Gottfried Benn – Ein expressionistischer Autor.
In meinem Vortrag spreche ich zu folgenden Schwerpunkten: *(Folie 2)*

Folie 2

Gottfried Benn – Ein expressionistischer Autor

Gliederung
1. Kindheit, Jugend und Ausbildung
2. Eigene Familiengründung
3. Beruflicher Werdegang
   3.1 als Arzt
   3.2 als Dichter des Expressionismus
   3.3 seine Literatur nach dem Expressionismus
4. Bedeutung des Autors

2 Überprüft, ob die Einleitung vollständig ist.
Nutzt dazu den Merkkasten auf der nächsten Seite.

Schritt 6
Den Schluss formulieren

3 Schreibt nun selbst eine Einleitung zum Thema:
Gottfried Benn – Ein Autor des Expressionismus'.
Stellt euch anschließend eure Varianten vor und beurteilt sie.

4 Am Ende des Kurzvortrages fasst ihr dann noch einmal zusammen, was für euch bei der Arbeit an dem Thema wichtig war, was euch besonders beeindruckt hat und was ihr bei der Arbeit gelernt habt.
Manchmal sind auch noch Fragen offengeblieben.
Welche Gedanken zum Vortrag über Gottfried Benn sind euch wichtig?

Fantasie und Wirklichkeit: Form im Aufbruch

5 Untersucht folgendes Beispiel für einen Schlussteil mit Hilfe folgender Fragen:
- Womit wird der Schlussteil eingeleitet?
- An welchen Stellen wird die Ich-Form verwendet? Begründet.
- Wo werden die Zuhörer direkt angesprochen? Welche Wirkung entsteht dadurch?
- Nennt inhaltliche Aspekte, an die noch einmal erinnert wird.
- Sucht wertende Wörter.
- Worum geht es im letzten Satz?

Redekarte zum Schlussteil
Ich habe euch jetzt einen interessanten Autor vorgestellt.
Das Thema war für mich nicht einfach zu bearbeiten, aber ich habe viel Spannendes über das Leben und Schaffen des Autors erfahren.
Besonders betroffen gemacht hat mich Benns Konflikt mit seinem Vater.
Ich bin aber auch beeindruckt davon, was Gottfried Benn in seinem Leben als Arzt und Autor geleistet hat und was er dabei alles erlebt hat.
Wenn ihr jetzt noch Fragen habt, will ich gern versuchen, sie zu beantworten.
Ich danke euch für die Aufmerksamkeit.

6 Schaut euch rückwirkend die Redekarten für Einleitung und Schluss noch einmal an.
- Warum ist es empfehlenswert, sich die Einleitung, den Schluss (und auch die Überleitungen) in Satzform aufzuschreiben?
- Was spricht dafür, Einleitung und Schluss erst nach der Fertigstellung des Hauptteils auszuformulieren?

Formulierungsvorschläge für den Schlussteil
- Damit komme ich zum Schluss meines Vortrages.
- Zusammenfassend lässt sich sagen, dass ...
- Ich fasse zusammen.
- Abschließend möchte ich ...
- Am Ende meines Vortrages ...
- Gern beantworte ich auch ...
- Vielen Dank für die Aufmerksamkeit.

M

Allgemeiner Aufbau für Einleitung und Schluss eines Kurzvortrages

Einleitung:
1. Anmutung und Hinführung zum Thema, Interesse der Zuhörer wecken
2. Thema nennen
3. als Überleitung zum Hauptteil die Gliederung vorstellen

Die Einleitung sollte außerdem durch einen Eyecatcher oder einen kurzen Hörbeitrag und eine Präsentationsfolie gestützt werden.

Schluss:
1. Ankündigung des Schlusspunktes
2. persönliche Zusammenfassung: besonders Wichtiges, Beeindruckendes, daraus Gelerntes
3. Publikumsfragen beantworten

Einleitung und Schluss werden in der Ich-Form verfasst.

Schreiben und Präsentieren

→ Einen Kurzvortrag veranschaulichen

1 Für die Veranschaulichung des Vortrages kann man verschiedene Präsentationsfolien (PPT oder Folie für den Overhead-Projektor) verwenden. Schaut euch folgende Folien an. An welcher Stelle des Vortrages zu Gottfried Benn könnten sie zum Einsatz kommen?

Schritt 7
Mittel zur Veranschaulichung auswählen und zuordnen

Folie A

Gottfried Benn 1955 in einem Vortrag zur Lyrik in Köln:

„Die Dichtung bessert nicht, aber sie tut etwas viel Entscheidenderes: Sie verändert."

Folie B

Folie C

Folie D

Mutter (1913)

Ich trage dich wie eine Wunde
auf meiner Stirn, die sich nicht schließt.
Sie schmerzt nicht immer. Und es fließt
das Herz sich nicht draus tot.
Nur manchmal plötzlich bin ich blind und spüre
Blut im Munde.

2 Ordnet die Präsentationsfolien den Redekarten auf Seite 134–138 zu. 134–138

3 Sprecht über den Einsatz anderer Mittel zur Veranschaulichung von Kurzvorträgen.
- Welche Möglichkeiten gibt es zur Nutzung der Tafel? Was ist dabei zu beachten?
- Zu welchen Gliederungspunkten könnte eine CD oder DVD eingesetzt werden?
- Wie könnte man ein Buchcover einsetzen?

Mittel zur Veranschaulichung von Vorträgen
- Tafel
- Wandkarte
- Buchcover
- DIN-A2-Plakate
- CD/ DVD
- PPT
- Overhead-Projektor
- ...

Fantasie und Wirklichkeit: Form im Aufbruch

Schreiben und Präsentieren

→ Das freie Sprechen üben – den Vortrag präsentieren

Schritt 8
Den freien Vortrag üben und ein Feedback einholen

1 Bevor ihr den gesamten Kurzvortrag haltet, übt ihr erst einmal das freie Sprechen in Partnerarbeit.

- Wählt euch zuerst eine Redekarte aus dem Hauptteil des Beispiel-Vortrages über Gottfried Benn aus. Lest die Redekarte und den dazugehörigen Text noch einmal durch.
- Übt dann mit einem Partner das freie Sprechen mit Hilfe der ausgewählten Redekarte. Nutzt auch die folgenden Tipps dazu.

Tipps zum Vortragen und Präsentieren

Tipp 1:
- Einen sicheren Stand einnehmen und sich den Zuhörern zuwenden.
- Mit der Körpersprache positive Signale ausstrahlen.
- Nicht zappeln oder die Arme verschränken.

Tipp 2:
- Möglichst frei sprechen.
- Nicht mit gesenktem Kopf ablesen.
- Nur ab und zu einen Blick auf die Redekarten werfen.

Tipp 3:
- Das Publikum oft anschauen und Blickkontakt suchen.
- Ein freundliches Gesicht machen und ab und zu lächeln.

Tipp 4:
- Klar, laut und deutlich sprechen.
- Sich bei Nervosität bewusst beruhigen.
- Durchatmen und etwas langsamer sprechen.

Tipp 5:
- Mit ruhigen Gesten die Rede unterstreichen.
- Zum Beispiel mit einer Armbewegung auf eine Abbildung zeigen.

Tipp 6:
- An wichtigen Stellen bewusst eine kleine Pause einlegen.
- Damit die Wichtigkeit des Gesagten unterstreichen.

Tipp 7:
- Den Vortrag mit Hilfe einer PowerPoint-Präsentation veranschaulichen.
- Achtung! Präsentationsfolien nicht überladen.
- Oder andere Visualisierungshilfen nutzen: Tafel, Flipchart, Overheadfolie, Präsentationsposter.
- **Achtung:**
  Technik vor dem Vortrag prüfen!

Tipp 8:
Den Zuhörern am Schluss Gelegenheit geben, Fragen zu stellen.

Tipp 9:
Den Vortrag mehrfach mit Partnern üben.

Tipp 10:
Als Zuhörer dem Vortragenden ein Feedback geben: Was ist gelungen? Was könnte noch besser werden?

2 Bereite nun den gesamten Vortrag über Gottfried Benn vor der Klasse vor. Orientiere dich dabei an der Checkliste.

Checkliste

Ich habe ...

- ✓ mich über das Thema gründlich informiert.
- ✓ bei der Internetrecherche auf vertrauenswürdige Seiten geachtet.
- ✓ einen Stichwortzettel mit Informationen angelegt.
- ✓ eine Gliederung geschrieben.
- ✓ dazu Redekarten angefertigt und sie nummeriert.
- ✓ Überleitungen geschrieben.
- ✓ anschauliche Präsentationsfolien gestaltet und den Redekarten zugeordnet.
- ✓ Einleitung und Schluss ausformuliert.
- ✓ den Vortrag geübt und ein Feedback eingeholt.

3 Wenn ihr dann einen Vortrag zu einem anderen Thema oder in einem anderen Fach halten wollt, könnt ihr euch an dem folgenden Merkkasten orientieren.

Einen Kurzvortrag erarbeiten

M

Um einen Kurzvortrag mit Präsentation auszuarbeiten, muss man sich zunachst sachkundig machen, also zum Experten, zur Expertin für ein Thema werden.
So geht man dabei vor:

- Das **Thema** klären, **Informationen** einholen, sichten und auswählen: In **Büchereien** gibt es zu vielen Themen **Fachbücher**, **Lexika** und **Zeitschriften**, die zuverlässige Informationen bieten. Bei der Recherche im **Internet** muss man auf **vertrauenswürdige Seiten** achten. Man sollte beispielsweise im Impressum überprüfen, wer für diese Seite verantwortlich ist.
- Den Kurzvortrag **gliedern**:
  In der Einleitung wird kurz zum Thema hingeführt, z. B. mit einem aktuellen Bezug. Danach werden Thema und Gliederung vorgestellt.
  Im Hauptteil folgen die ausführlichen Sachinformationen in sinnvoller Reihenfolge.
  Zum Schluss wird das Wichtigste zusammengefasst und eine eigene Einschätzung bzw. Bewertung abgegeben.
  Einleitung und Schluss werden meist erst nach dem Hauptteil erarbeitet, weil man erst dann genügend Wissen über das Thema hat.
- **Stichwortzettel** oder **Redekarten** als Gedächtnisstütze: Wichtige Stichwörter (Sätze in Ausnahmen) werden den Gliederungspunkten zugeordnet, aufgeschrieben und in der Reihenfolge des Vortrages durchnummeriert.
- Mittel zur **Veranschaulichung**: **Präsentationsfolien** oder **-plakate** ... auswählen, die den Vortrag anschaulich machen.
- An das **Publikum** denken: Die Zuhörer wissen vermutlich nur wenig über das Thema. Deshalb muss man alles **verständlich** vortragen und erklären. Man kann auch das Publikum in den Vortrag einbeziehen. Dann wird das Publikum interessiert und aufmerksam zuhören. Am Ende sollte man dem Publikum die Möglichkeit geben, Fragen zu stellen.

Ein *Krimi* und sein

Drehbuch

Sprechen und Zuhören

→ Der Aufbau eines Krimidrehbuchs

Kriminalfilme erfreuen sich großer Beliebtheit. Fast jeder Fernsehsender hat seinen „eigenen Ermittler oder seine Ermittlerin" im Abendprogramm. Doch Krimis gibt es nicht nur für Erwachsene.
Der Kinderkanal des ARD und ZDF (KiKA) entwickelte speziell für Kinder und Jugendliche eine Krimiserie.
In dieser Reihe werden seit 2005 Straftaten aus dem Lebensumfeld von Kindern dargestellt, an deren Lösung vor allem die Kinder mitwirken.
Die Handlung spielt in Erfurt, Leipzig, Hamburg, Jena, Stuttgart und Frankfurt/Main.
In der Folge „Ausgeliefert" kostet das verbrecherische Verhalten einer „Abzockerbande" einem Jungen beinahe das Leben.

(**Ausgeliefert** – Drehbuch von Andreas Schlüter und Mario Giordano. KiKA – Kinderkanal ARD/ ZDF 2007)

Foto 1

1 Die Grundlage jedes Films ist ein *Drehbuch*.
Das Drehbuch schildert den Verlauf einer Filmhandlung.
Im folgenden Drehbuchausschnitt erfahrt ihr, wie der Film beginnt.
Lest euch den Text erst einmal leise durch.

Ausgeliefert (krimi.de/Erfurt)

TAG 1

BILD 1 – STADTTEIL

Ein kleiner, nicht sehr einladender Spielplatz. Drei Jugendliche – SVEN, MIKE und OLLI – hängen auf den Schaukeln und Gerüsten ab und schieben Langeweile. Olli sieht LARS kommen.

OLLI: Da kommt Lars.
Sven freut sich. Ruft süffisant in die Dreierrunde.
SVEN: Lieferservice!
MIKE: Mein Lieblingsspiel!
Sven grinst Mike an, als gäbe er ihm ein Versprechen.
Der Vierte im Bunde, Lars, kommt auf die drei zu. Er trägt eine neue Mütze.
LARS: Hi!
Mike blickt kurz zu Sven. Sven nickt ihm zu. Dann Mike zu Lars.
MIKE: Neue Mütze?
Lars nickt.
SVEN: Cool!
Lars ist sichtlich stolz, dass sie Sven gefällt.
SVEN: Zeig mal!
Sven schnipst Richtung Olli mit dem Finger. Daraufhin zieht Olli Lars die Mütze vom Kopf und reicht sie Sven. Sven nimmt sie.
SVEN: Lieferservice!
Lars weiß, was das bedeutet. Er schaut bitter, als hätte er in eine Zitrone gebissen, ringt mit sich, ob er widersprechen soll. Traut sich nicht.
Und Sven ist schneller.
SVEN: Oder?
Lars verzieht noch einmal kurz merklich das Gesicht. Er war so stolz auf seine Mütze. Aber er stimmt zu.
LARS (???): Okay. Lieferservice. Kannst sie haben.
Sven grinst zufrieden, setzt die Mütze aber nicht auf, winkt stattdessen Mike zu sich.
SVEN (???): Hier, Bruderherz. Schenk ich dir.
MIKE (???): Cool! Wie für mich gemacht!
Mike strahlt vor Glück. Und setzt die Mütze auf.
Lars verzieht noch mehr das Gesicht.
Sven gibt ihm lachend einen kleinen Schlag gegen den Hinterkopf.
SVEN (???): Scheiß auf deine Mütze. Hol dir ’ne neue. Jetzt spielen wir alle Lieferservice. Aber richtig, okay?
OLLI: Geilo.
Olli grinst und reibt sich in Vorfreude die Faust.
Die vier Jugendlichen beginnen sofort, die Jugendlichen, die am Spielplatz vorbeikommen, zu beobachten.

Lars schaut kurz zu Sven, dann schnell zu Boden. Zieht sich unmerklich ein wenig zurück. Nur noch Seitenblick auf die anderen, die in feixendes Gelächter ausbrechen. Lars bleibt im Hintergrund.
Der erste Jugendliche, der vorbeikommt, ist zwar nicht kräftig, blickt aber selbstbewusst geradeaus und blickt auch die vier an. Lars versteckt seinen Kopf hinter dem von Sven, der ebenso wie Mike und Olli dem Blick des Jugendlichen standhält.

SVEN: Der nicht.
Dann kommt ein Mädchen. Die Jungs pfeifen.
Das Mädchen lächelt.

OLLI (???): Schlampe!
Das Lächeln vergeht dem Mädchen. Sie geht enttäuscht und verärgert weiter. Der nächste Jugendliche ist klein und jünger. Blickt vorsichtig in Richtung der vier und beschleunigt seine Schritte.

MIKE: Der isses!
Zustimmung bei den anderen. Doch da sieht Sven noch jemand anderen.

SVEN: Nee, wartet mal. ... Der da!
Wir sehen jetzt – JAN, der sich dem Spielplatz nähert. Er hält den Kopf gesenkt, Schultern nach vorn, eilig, versucht, den Spielplatz zu umgehen.

SVEN: Das ist unser Lieferant!
Die anderen drei Jugendlichen lösen sich von den Gerüsten und gehen auf Jan zu. Lars bleibt zurück, sieht den dreien nach. Blickt auf Jan, als würde er sich wünschen, dass der endlich davonläuft. Er blickt flüchtig auf die Uhr.

LARS: Mist! Hey, Jungs, ich muss noch mal weg. Ich muss auf meine kleine Schwester aufpassen. Bis später!
Die anderen hören gar nicht hin, sondern gehen Jan nach.

2 Fasst einmal kurz zusammen, was bisher geschehen ist.
Tauscht euch dann über euren ersten Eindruck aus, den ihr von dieser Jungenbande habt.

3 An vier Stellen kommt in den Dialogen das Wort „Lieferservice" vor.
Was versteht ihr normalerweise darunter? Was bedeutet dieses Wort für die Bande?

4 Wie ist die Rangfolge unter den Bandenmitgliedern geregelt?
- Entwerft dazu eine Skizze, aus der das Verhältnis der Jungen zueinander hervorgeht.
- Wer ist der „Boss", wer eher Mitläufer, wer ist begeistert dabei?
- Untersucht die Redeanteile der einzelnen Figuren. Lest auch noch einmal die Hinweise zu ihrem Verhalten.
- Vergleicht anschließend eure Ergebnisse.

LARS (???)

OLLI (???)

SVEN (???) ⟷ MIKE *(jüngerer Bruder von Sven)*

5 Ein **Drehbuch** ist die Textvorlage für einen Film.
In einem Drehbuch ist genau festgelegt, wer *wann, wo, wie* und *zu wem* spricht.
Die Schilderung des Ablaufs erfolgt in Szenen, im Film *Bilder* genannt.

- Seht euch den Drehbuchauszug noch einmal an und beschreibt seinen Aufbau.
- Nutzt dazu auch die Informationen in den fünf Kästen unten.

Ausgeliefert

Drehbuch zu einer Episode für „KRIMI.DE“

von Andreas Schlüter und Mario Giordano

Hauptpersonen:
Die Jugendlichen **Olli** (14), **Lars** (13), **Sven** (15) und **Mike** (13) bilden eine Jungenbande, die unter dem Slogan „Lieferservice“ erpresserische Handlungen durchführt. Ihr aktuelles Opfer ist **Jan.**
Hauptkommissar Meininger vom Landeskriminalamt in Erfurt ist mit der Aufklärung des Falls beauftragt.
Die Freunde **Conny**, **Julia** und **Lukas**, der Zeuge beim Überfall von Jan war, helfen bei den Ermittlungen.

Bild:
Ein Bild benennt den jeweiligen Schauplatz der Handlung. Mit jedem neuen Bild wird der Schauplatz gewechselt. Das Drehbuch zu dem Film „**Ausgeliefert**“ hat 68 Bilder.

Bildfolge:
An der Bildfolge kann man den Wechsel der Schauplätze erkennen.
Bild 1: Stadtteil
Bild 2: Straße vor dem Supermarkt
Bild 3: Fahrradladen

Beschreibung der Handlung:
Am Anfang jedes Bildes wird kurz beschrieben, welche Figuren auftreten und was sie gerade tun. Die Handlung wird kurz skizziert.

Regieanweisungen
sind Hinweise für das Agieren und die Sprechweise der Schauspieler. Sie befinden sich in Klammern hinter dem Namen des Sprechers.

6 Vergleicht die Angaben in den fünf Kästen mit dem Textauszug und zeigt auf, wo die Bausteine im Drehbuchauszug zu finden sind.

7 Bereitet nun den Drehbuchausschnitt / Bild 1 zum Lesen mit verteilten Rollen vor.

- Ordnet zuerst die fehlenden Regieanweisungen (???) den Sprechweisen der Schauspieler zu. Arbeitet mit einem Partner. Hier habt ihr eine kleine Auswahl:
  verächtlich flüsternd ungeduldig stolz gönnerisch resignierend laut leise
- Schreibt die Sprechweisen auf kleine Zettel und legt sie zu den entsprechenden Textstellen.
- Verteilt dann die Rollen und lest vor.

Ein Krimi und sein Drehbuch

Sprechen und Zuhören

→ Sich zum Verhalten von Filmfiguren positionieren

BILD 2 – STRASSE VOR SUPERMARKT

Jan geht die Straße entlang. Blickt sich um und sieht die drei Jugendlichen hinter sich. Er geht schneller.
Als er sich erneut umblickt, sieht er, dass die Jugendlichen noch näher gekommen sind.
Jan legt jetzt deutlich zu, geht schneller, schon ängstlich. Kommt außer Atem.
Eilig weiter. Die Jugendlichen schon sehr nah.
Sven schnipst Richtung Olli mit dem Finger.
Olli reagiert sofort und wartet auf eine Anweisung.

SVEN *(zu Olli):* Stopp ihn!

Jan ist auf der Höhe eines Supermarktes. Olli läuft los, holt Jan ein. Von der anderen Seite läuft ***Lukas*** *dem Supermarkt entgegen. Er stoppt, weil er plötzlich sieht, wie Jan von Sven, Mike und Olli umstellt ist. Sie schubsen ihn herum. Jan kriegt von Olli einen Stoß in den Rücken und fällt Sven gegen die Brust.*

SVEN: Ey, geh mir nicht an die Wäsche!

Foto 2

Er schubst Jan zurück gegen Mike. Jan wird hin und her gestoßen wie ein Spielball. Dabei fällt ihm etwas aus der Hosentasche: ein kleiner Inhalator, wie ihn Asthmatiker bei sich tragen.

Die drei Jugendlichen lachen. Olli hebt den Inhalator auf und reicht ihn Sven, der das Ding untersucht. Als Jan danach greifen will, sprüht er ihm eine Ladung ins Gesicht. Grölen. Sven wirft den Inhalator in die Luft und kickt ihn volle Kanne weg. Der Inhalator fliegt zehn Meter weit, unerreichbar für Jan. Gejohle.
Lukas ist drauf und dran, dazwischenzugehen. Aber die drei wirken erheblich stärker und wilder.
Lukas schaut sich um, niemand da, der helfen könnte. Er greift nach seinem Handy. Aber das hat er vergessen!

LUKAS: Mist!
Er zögert, ob er eingreifen soll. Blickkontakt Lukas–Sven.

SVEN: Is was?
Lukas weicht einen Schritt zurück.
Jan liegt auf dem Boden. Die drei Jugendlichen lachen.
Sven geht energisch einen Schritt auf Lukas zu.

SVEN: Hast du ein Problem oder was?
Sven kommt weiter auf Lukas zu. Lukas kriegt Schiss und verzieht sich.
Sven wendet sich wieder seinen Kumpels zu und gibt Olli ein Zeichen.
Olli geht daraufhin auf Jan los.

OLLI *(zu Jan):* Wir haben ne Bestellung! Lieferservice, verstehst du?

SVEN: Also, ich brauch Fluppen[1].

MIKE: Ich will Cola! Große Flasche!

OLLI: Und Schokoriegel!

MIKE: Das bringst du alles zum Gerüst! Lieferservice.
Sven packt den am Boden liegenden Jan noch mal am Kragen.

SVEN: Und wehe nicht!
Die drei ziehen lachend ab.
Jan rappelt sich auf, putzt sich den Schmutz von der Kleidung.
Lukas hat sich bereits entfernt. Dreht sich aber noch einmal um und sieht, wie Jan in den Supermarkt geht.

[1] Fluppen: Zigaretten

Jan will der Bande nicht noch einmal begegnen. Er sucht nach einem Ausweg.

Foto 3

Ein Krimi und sein Drehbuch

BILD 3 – FAHRRADLADEN

Conny kniet an seinem Mountainbike und stellt an der Gangschaltung herum. Julia schaut zu. Sie sieht auf die Uhr. Lukas kommt die Tür hinein. Wirkt aufgelöst. Der Schreck steht ihm noch im Gesicht.

JULIA: Was ist denn mit dir los?
LUKAS: Jan wurde überfallen.
JULIA: Wer?
CONNY *(zu Julia):* Jan ist der Neue in unserer Klasse.
(zu Lukas): Wie, überfallen? So mit Ausrauben und so?
LUKAS: Drei Typen haben ihn vorm Supermarkt in die Mangel genommen.
Lukas beendet seinen Bericht. Noch immer wirkt er sehr aufgewühlt. Julia schaut angewidert, blickt ihn vorwurfsvoll an.
JULIA: Die schlagen einen aus eurer Klasse zusammen und du guckst zu?
Lukas hebt unschuldig die Schultern, abwehrende Hände.
LUKAS *(aufgebracht):* Was sollte ich denn machen? Du hättest die mal sehen müssen ...
Conny wischt sich seine schmutzigen Hände an einem Lappen ab. Kritischer Blick von Julia. Sie kann es sich immer noch nicht so richtig vorstellen.
LUKAS: ... Die hätten mich doch plattgemacht! Ich wollte ja Hilfe rufen, aber ich hatte mein Handy hier vergessen.
Lukas greift nach seiner Jacke, die über einem Fahrrad liegt, holt sein Handy hervor.
LUKAS: ... Außerdem ging alles so schnell und dann war's auch schon vorbei. Jan ist in den Supermarkt gelaufen.
CONNY *(zustimmend):* Da hätte ich auch nix gemacht.
JULIA: Na super! Gut zu wissen, dass man auf eure Hilfe bauen kann!
LUKAS: Was ist denn das für eine Hilfe, sich auch verprügeln zu lassen?
CONNY: Mädchen! Wissen immer alles besser!
JULIA: Und ihr Jungs habt immer nur ne große Klappe! Los, kommt! Wir müssen nachsehen!
Conny und Lukas schauen sich ratlos an.

1 Auf welche Eigenschaften der einzelnen Bandenmitglieder könnt ihr aus diesen kurzen Dialogen in den Bildern 1 und 2 schließen?
- Begründet anhand von Textstellen.
- Hat sich euer erster Eindruck von dieser Jugendbande bestätigt?

148

2 Am Ende vom Bild 1 fällt Lars plötzlich ein, dass er ja auf seine Schwester aufpassen muss. Kommt ihm das gerade gelegen? Lest noch einmal im Drehbuchausschnitt zu Bild 1 nach und bezieht euch bei eurer Antwort auf entsprechende Textstellen.

148

3 Lukas, der Zeuge des Vorfalls war, hat Jan nicht geholfen.
- Wie verhält sich Lukas während des Überfalls auf Jan? Lest vor.
- In welchem Konflikt steckt Lukas eigentlich?

4 Positioniert euch zum Verhalten von Lukas.
Nehmt auch Stellung zu den Reaktionen seiner Freunde.
- Lasst euch von den folgenden Meinungen anregen.
- Begründet euren Standpunkt jeweils und geht auf die Argumente eurer Mitschülerinnen und Mitschüler ein.

5 Schaut euch noch einmal an, was Julia zum Schluss des Bildes 3 sagt.
Lest den Beitrag noch einmal vor.
Vermutet, welche Rolle Julia für den weiteren Verlauf der Handlung wohl spielen wird.

Sprechen und Zuhören

→ Vergleich Text – Bild

Lukas zeigt seinen Freunden die Stelle, wo der Überfall auf Jan stattfand. Lukas findet Jans Inhalator, hebt ihn auf und will ihn Jan am nächsten Tag in der Schule zurückgeben. Doch Jan erscheint nicht in der Schule. Unerwartet tauchen der Direktor und Kommissar Meininger auf. Sie teilen den Schülern mit, dass Jan seit gestern Abend als vermisst gemeldet ist. Der Kommissar befragt die Mitschüler. Lukas berichtet, was er am Tag zuvor beobachtet hat.
Kommissar Meininger bittet Lukas um Mithilfe bei der Suche nach Jan. Anders als der Direktor macht Meininger Lukas keine Vorwürfe.
Er gibt ihm stattdessen den Tipp: *Wenn man „Feuer" ruft, werden die Leute sofort aufmerksam. Zumindest schreckt das die meisten Täter ab.*

Foto 4

TAG 2

BILD 10 – KELLERRAUM
Ein großer, ehemaliger Heizungskeller. Dunkel, dreckig. Verschlossen durch eine Eisentür. Jan kauert apathisch in einer Ecke. Plötzlich Schritte von oben. Jan springt auf.

JAN *(brüllt):* Hilfe! ... Hiiiilfeeee!!!
Weiter kommt er nicht. Ein Hustenanfall nimmt ihm die Luft.
Die Eisentür öffnet sich und die vier Jugendlichen treten ein.
SVEN: Hier hört dich doch eh keiner!

Sofort Panik bei Jan. Er hustet und japst.
Unsichere Blicke von Lars. Er schaut zu seinen Kumpels. Doch die grinsen nur über Jans Gejapse. Jan hat Mühe zu sprechen.

JAN *(jammernd):* Ich hab euch doch nichts getan. Warum lasst ihr mich nicht gehen?
Er hustet wieder. Eiskalter Blick von Sven.

SVEN *(ihn nachäffend):* Warum lasst ihr mich nicht gehen? Wir hatten eine Lieferung bestellt. Hast du geliefert? Nein! Ich hab dich doch gewarnt.
Olli steht neben Sven, feixt. Schräg vor Sven steht Mike. Lars bleibt im Hintergrund. Jan atmet schwer nach Luft.

JAN: Ich brauche meinen ...
Er hustet wieder.

JAN: ... meinen Inhalator! Ich habe Asthma!

MIKE: Voll der Krüppel!
Lars wagt einen Einwurf von hinten.

LARS *(unsicher):* Ey, dem geht's echt nicht gut!
Lars will zu Jan, nach ihm sehen. Sven versperrt ihm mit dem Arm den Weg wie eine Schranke.

Foto 5

SVEN: Seit wann hast du hier was zu sagen? Ich sag euch, der macht nur voll auf Mitleid.
Lars tritt wieder zurück, in die zweite Reihe hinter Sven. Trotzdem noch ein Versuch.

LARS: Und wenn der wirklich Asthma hat? Guck den doch mal an!

Ein Krimi und sein Drehbuch

SVEN (*grinsend, ironisch beruhigend*): Mach ich doch. Und was seh ich? Unseren neuen Sklaven.

OLLI: Geilo!

MIKE: Wie im Computergame ...!

SVEN: Genau!

Sven hockt sich zu Jan hinunter, blickt ihn groß an.

SVEN: Schlaues Köpfchen, mein Bruder, oder?

Mike grinst stolz. Sven spricht zu seinen Kumpels.

SVEN: Ganz klare Sache. Er ist 'n Sklave. Der bleibt.

Foto 6

1 Betrachtet die Fotos 4–6.
- Welche Personen sind auf den Fotos dargestellt?
- Beschreibt, in welcher Filmszene die Fotos entstanden sind.

2 Du als Zuschauer des Films weißt nicht, wie Jan in den Kellerraum gekommen ist. Das letzte Mal hat man ihn in den Supermarkt gehen sehen.
- Überlegt, was in der Zwischenzeit passiert sein mag.
- Diskutiert Varianten, wie Jan zum „Gefangenen" der Jungenbande geworden ist.

3 Seht euch nun noch einmal das Bild 5 genauer an.
- Wie wirkt diese Viererbande auf euch? Beachtet auch die körpersprachlichen Signale.
- Versucht, den vier Jungen die Namen zuzuordnen.

4 Beschreibt das Verhalten jedes einzelnen Bandenmitglieds in der Kellerraumszene.
- Belegt eure Ergebnisse am Text und an dem Foto.
- Beachtet auch insbesondere die Regieanweisungen.

Sprechen und Zuhören

→ Handlungsmotive einer Filmfigur ermitteln

1 Welchen Eindruck habt ihr bisher von Lars gewonnen?
- Vergleicht einmal sein Verhalten mit dem der anderen Bandenmitglieder.
- Seht dazu noch einmal in den Bildern 1, 2 und 10 nach.
- Macht euch Notizen und gebt anschließend eure Eindrücke wieder.

2 Lest nun den Text zu den Bildern 25, 31 und 50.
- Notiere kurze Sätze, die das Verhalten von Lars kennzeichnen.
- Mach dir Gedanken zu möglichen Handlungsmotiven und schreibe sie auf.
- Lege deine Notizen folgendermaßen an:

Bild 25/Zeile ...:	*Lars bringt Jan heimlich Wasser.*	*→ Er hat Mitleid mit ihm.*
Zeile ...:	*Lars verbietet Jan, den anderen davon zu erzählen.*	*→ Er hat Angst ...*

BILD 25 – KELLERRAUM

Blick auf die verlassene Wohnsiedlung. Dunkel und unheimlich in der Nacht.
Jan in seinem Verlies. Er weint. Zittert vor Angst und Panik. Hustet. Krümmt sich keuchend vor Atemnot am Boden. Versucht, sich zu beruhigen und irgendwie flach zu atmen. Es geht ihm sehr schlecht, aber irgendwie kriegt er sich in den Griff.
Plötzlich taucht Lars im Keller auf, schaut noch mal schnell hinaus in den Flur. Dann reicht er Jan eine Flasche Wasser.

LARS: Kein Wort zu den anderen, verstanden?
Jan greift nach der Wasserflasche und trinkt gierig. Schweißgebadet und erschöpft lehnt er sich an die Wand.

Bild 31 – KELLERRAUM

Die Stahltür fliegt auf und Sven, Lars, Mike und Olli treten ein. Jan liegt regungslos auf dem Boden. Sven geht hin, rüttelt ihn.

SVEN: Eh, du Simulant! Aufwachen.
Jan rührt sich. Keucht. Richtet sich langsam auf. Er sieht sehr schlecht aus.
SVEN: Schlechte Nachricht für dich. Die Bullen haben uns hochgenommen. Das ändert leider die Spielregeln. Wir können dich jetzt nicht mehr freilassen.
MIKE: Das kapierst du doch, oder?
JAN: Ich verrat euch nicht! Ich schwör 's!!!
SVEN: Ha! Wer soll dir das denn glauben, Sklave?

JAN: ... Bitte nicht!
LARS: Sven, wie stellst du dir das vor: nicht mehr freilassen? Spinnst du?
SVEN: *(brüllt):* SCHNAUZE!!!
MIKE: Genau!
LARS: Aber ...!
Sven schnipst mit dem Finger. Olli pariert, geht auf Lars los, packt ihn am Kragen.
OLLI: Noch Fragen?
LARS *(ängstlich):* Nein ... nein!
Die vier verlassen den Raum. Sven schlägt die Tür zu.

BILD 50 – KELLERRAUM

Die vier Jugendlichen schließen auf. Jan kauert in einer Ecke und kriecht ängstlich zurück, als die vier auf ihn zukommen.
Lars hat eine geöffnete Dose kalten Bohneneintopf in der Hand. Er zögert, bleibt stehen, legt die Plastiktüte ab, in der sich noch eine Flasche Wasser befindet. Olli gibt ihm einen Stoß. Lars stolpert Jan entgegen.

OLLI *(ironisch):* Neues Level im Game: Essenszeit!
Lars sieht sich um.
LARS: Wir haben ja gar keinen Teller.
Sie schauen sich um.
Mike entdeckt einen verbeulten Napf. Mike hebt den Napf auf, grinst.
MIKE: Wie wärs damit?
Mike reicht Lars den Napf. Sven grinst.
SVEN: Genau richtig als Sklavenschüssel. Gut gemacht, kleiner Bruder! Du machst dich.
Mike guckt stolz zu seinem Bruder.
Lars schüttet zögerlich den Bohneneintopf in den Napf.
SVEN: 85 Cent die Dose!! Plus das Wasser!
Du bist 'n ziemlich teurer Sklave. Komm her, Sklave.
Jan zögert.
SVEN: Bring ihn mir!
Olli will gerade los. Sven hält ihn zurück.
SVEN: Nicht du! Hab ich geschnipst, oder was?
(zu Lars): Du!
Lars zögert.
SVEN *(brüllt):* Los!
Lars bewegt sich kaum merklich, da packt Mike Jan und zieht ihn vor Sven, sodass er vor Sven kniet. Dann stellt er die volle Hundeschüssel zwischen Svens Füße.
SVEN *(zu Mike):* Danke.
(zu Lars): Muss das jetzt schon mein Bruder machen, ja?
Lars senkt entschuldigend den Kopf.

Mike packt – angeheizt durch das Lob seines großen Bruders – die Arme von Jan, verdreht sie ihm auf den Rücken, sodass Jan sich kniend vornüberbeugen muss, bis seine Nase in der Hundeschüssel landet. Olli feixt. Sven ist zufrieden. Lars guckt angeekelt zu.

SVEN: Alles aufessen!

Jan würgt. Sven grinst. Olli feixt blöde. Lars fühlt sich elend. Mike ist auf dem Sprung, bereit, Jan zu zwingen.

SVEN: Was denn? Keinen Hunger? Oder ist es zu trocken?

Sven schnipst mit dem Finger.

Olli gießt Jan eine Flasche Wasser über den Kopf. Jan versucht gierig, das Wasser aufzulecken. Olli lacht.

Lars schaut entsetzt.

LARS: Scheiße, Mann. Scheiße, Mann. Der Typ ist kurz vorm Verdursten.

OLLI *(lacht):* Verdursten! So'n Quatsch, ey!

LARS: Ja, natürlich. Was meinst du, wie schnell so etwas geht, du Hohlbirne! Wir sollten ihn lieber freilassen. Echt jetzt!

Bedrohlicher Blick von Sven zu Lars.

SVEN: Bist du jetzt fertig, ja? Hast du hier neuerdings irgendwas zu sagen, Weichei?

LARS: Mann, ich meine doch nur.

SVEN: Du hast hier nichts zu meinen! Ich bestimme, wann Schluss ist, kapiert? Ich! Und ich sage: Der Sklave bleibt!

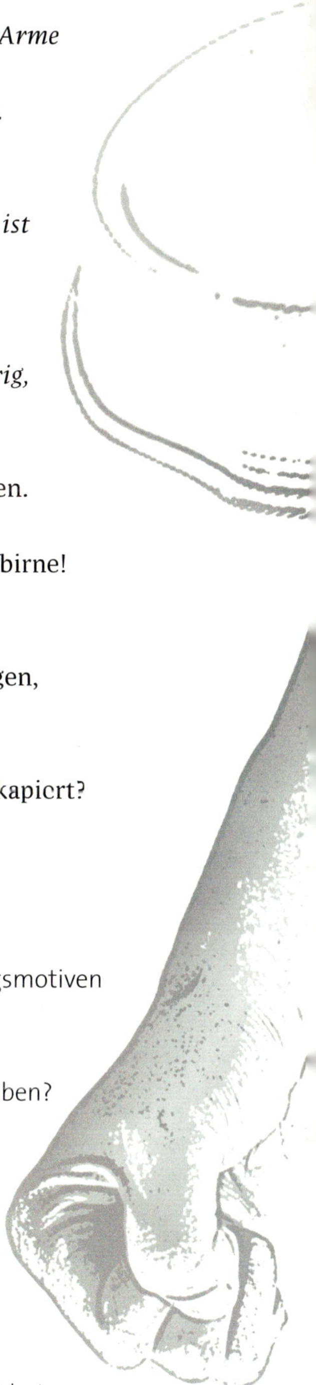

3 Vergleicht eure Ergebnisse zu Aufgabe 2.
Tauscht eure Standpunkte zu den unterschiedlichen Handlungsmotiven von Lars aus.
Was motiviert ihn einerseits, Jan zu helfen?
Und was motiviert ihn andererseits, Mitglied der Bande zu bleiben?

4 Betrachtet alle acht Fotos, die ihr in diesem Kapitel zum Film findet.
Ordnet ihnen die folgenden Bildunterschriften zu.
Schreibt: *Foto 1 – Unterschrift:*

Unterschriften:

a) Kommissar Meininger verhört einen der Rowdys, die Lukas beobachtet hat.
b) Sven sprüht Jan eine Ladung aus seinem Inhalator ins Gesicht.
c) Jan wird auf offener Straße von drei Jugendlichen angemacht.
d) Jan ist verschwunden. Kommissar Meininger fahndet in der Schule nach Spuren.
e) Jugendliche zwingen Jan, für sie im Supermarkt Zigaretten und Getränke zu klauen.
f) Sven und seine Bande sind nun auch zu Entführern geworden.
g) Julia, Conny und Lukas hängen Vermisstenanzeigen auf. Jan hat Asthma und muss daher dringend gefunden werden, um sein Medikament zu nehmen.
h) Völlig erschöpft und fertig findet Jan sich in einem dunklen Kellergewölbe wieder.

Sprechen und Zuhören

→ Einen Drehbuchausschnitt schreiben

Krimi für Jugendliche: „AUSGELIEFERT“ (Fassung vom 30/3/2007)
Drehbuch von Andreas Schlüter und Mario Giordano

1 Jetzt könnt ihr euch selbst einmal als Drehbuchautor erproben.
- Macht euch zuerst noch einmal mit der Handlung vertraut.
- Lest die Personenbeschreibungen von Julia, Conny und Lukas.

Zur Handlung:
Lukas wird Zeuge, wie eine Gruppe Jugendlicher seinen Klassenkameraden Jan auf der Straße anpöbelt. Die Jugendlichen fordern von ihm unter Androhung von Gewalt, Zigaretten und Cola aus dem nahe gelegen Supermarkt zu besorgen. Aus Angst, selbst Opfer der Rowdys zu werden, schreitet Lukas nicht ein. Nach dem Vorfall bleibt Jan verschwunden, und als seine Mutter eine Vermisstenanzeige stellt, beginnt Kommissar Meininger zu ermitteln. Lukas ist sich sicher, dass die Jungen, die Jan überfallen haben, etwas mit dessen Verschwinden zu tun haben.
Er hockt hinter einem Stromkasten und beobachtet den Spielplatz. Da tauchen sie wieder auf: Sven, Mike und Olli. Lukas telefoniert mit Kommissar Meininger. Die drei werden verhaftet und im Kommissariat verhört. Sie geben nur zu, Jan ein bisschen „geärgert“ zu haben, aber ansonsten nicht zu wissen, wo er abgeblieben ist.

Foto 7

SVEN: Okay, wir haben den Typ ein bisschen rumgeschubst. Aber war doch nur Spaß. Mehr war wirklich nicht.
MEININGER: Ihr habt ihn gezwungen, für euch zu klauen.
SVEN: Nein, das ist so ein Spiel bei uns.

Man muss die drei wieder freilassen. Nun beschließen Lukas und seine Freunde, selbst aktiv zu werden. Dabei bleibt ihnen nicht viel Zeit, denn Jan hat Asthma und braucht dringend sein Medikament.

Julia (14–15 Jahre):
aufgeweckt, verantwortungsvoll, hartnäckig, sportlich, kameradschaftlich, einfallsreich, fair und gerecht, energisch

Conny (14–15 Jahre):
Klassenkamerad von Lukas und Jan, praktisch interessiert, verdient sich ein paar Euro im Fahrradladen, hilfsbereit, zuverlässig, verständnisvoll

Lukas (14–15 Jahre):
besucht mit Conny und Jan die achte Klasse, eher still und zurückhaltend, ausgeglichen, besonnen, kein Draufgänger, musikalisch, spielt Gitarre in einer Schülerband

2 Stellt euch nun als Autoren vor, dass Lukas und seine Freunde eine Suchaktion starten. Sie wollen die Polizei unterstützen und Jan unbedingt finden.
Arbeitet in Kleingruppen.
- Notiert zuerst alle Ideen, wie und mit welchen Hilfsmitteln die Suchaktion ablaufen könnte.
- Schreibt dann ein **Exposé**. So nennt man beim Film die Inhaltsangabe für ein Drehbuch.
  Das Exposé soll die Grundidee und den groben Handlungsverlauf vorstellen. Beginnt so:

TAG 3
BILD 13 – VOR DEM FAHRRADLADEN
Draußen vor dem Fahrradladen. Conny ist dabei, ...
Julia kommt mit ihrem Rad vorbei. Bremst. ...

Ein Krimi und sein Drehbuch

3 Schreibt nun die Dialoge für dieses Bild. Beachtet dazu auch die Personenbeschreibungen der drei Freunde.

- Notiert auch die erforderlichen *Regieanweisungen*: Welche wichtigen Handlungen begleiten den Text? Wie wird gesprochen?
- Seht euch auch noch einmal die Drehbuchauszüge auf den Seiten 146–159 an.

146–159

So könnte der Dialog anfangen:

JULIA: Gibt es was Neues von Jan?
Conny schüttelt den Kopf.
CONNY: Lukas fährt gerade mit Kommissar Meininger herum, um die drei Typen zu suchen.
Lukas kommt angeradelt. Klingelt mit der Fahrradklingel. Bremst bei seinen Freunden.
LUKAS: Nix. Wir haben die Typen nirgends gesehen.
JULIA: ...

Foto 8

4 Tragt eure Dialoge in der Klasse vor. Lest mit verteilten Rollen.

Fortgang des Geschehens

Die Flugblattaktion von Lukas und seinen Freunden zeigt erste Erfolge. Benno, ein Verkäufer im Supermarkt, meldet sich. Er kann sich gut an Jan erinnern, weil der in der Kundentoilette verschwunden, aber nicht wieder herausgekommen war. Jan muss wohl einen anderen Weg, vielleicht über den Lagerraum, genommen haben.

Benno und die jungen Ermittler versuchen, Jans Verschwinden zu rekonstruieren. Die Bande muss ihn geschnappt haben.

Lukas und Conny beobachten wieder den Spielplatz, sehen die vier und verfolgen sie.

Lars geht in den Supermarkt und kauft ein – eine Büchse Bohneneintopf und Wasser. Conny behält ihn im Auge und Lukas verfolgt die anderen drei. Sven und seine Clique betreten ein verlassenes Wohnhaus. Lukas ruft Julia an und teilt ihr die Adresse mit. Lukas schleicht sich ins Haus und versteckt sich. Bald darauf verlassen die Entführer das Haus. Lukas findet Jan. Doch die Bande kehrt zurück, da sie vergessen hatte, abzuschließen. Nun wird Lukas in die Mangel genommen. In dem Durcheinander verhilft Lars Jan zur Flucht. Jan soll nach oben laufen und warten, bis alle wieder verschwunden sind.

Sven bemerkt, dass Jan geflohen ist. Sie suchen das Haus ab und entdecken ihn bei der Flucht aufs Dach. Lukas ist zuerst bei Jan, will ihm helfen. Im selben Augenblick tauchen die Entführer auf. Jan will auf keinen Fall wieder in deren Gewalt kommen. Er steht am Dachrand – bereit zu springen. Inzwischen hatten Conny und Julia die Polizei alarmiert. Noch bevor sie eintrifft, schreit Lukas aus vollem Halse: „Feuer, Feuer!" Kommissar Meininger und seine Kollegen erscheinen vor dem Haus, hören die Schreie und stürmen ins Haus. Die Rowdys versuchen zu fliehen, sie werden jedoch von der Polizei gestellt und verhaftet. Nur Lars stellt sich seiner Verantwortung und entschuldigt sich bei Jan.

5 Entwickelt nun selbstständig eure **Bilder** mit allem Drum und Dran. Arbeitet dazu wieder in euren Gruppen.
- Wählt aus der Zusammenfassung des Geschehens eine Situation **(ein Bild)** aus.
- Benennt den Schauplatz und skizziert kurz die Handlung **(Exposé)**.
- Schreibt den Dialog für den Drehbuchausschnitt. Denkt auch an die Regieanweisungen.
- Tragt eure Ergebnisse mit verteilten Rollen vor. Ihr könnt den Dialog auch vorspielen. Vergesst das Üben vorher nicht.

161

Beispiele:

SUPERMARKT / AM REGAL
Exposé: *Conny, Lukas und Julia sprechen Benno an, der gerade Konserven einsortiert.*

JULIA: Benno, du hast uns angerufen. Was ...
BENNO: ...

SPIELPLATZ
Exposé: *Lukas und Conny ...*

LUKAS: Da sind sie!
CONNY *(flüstert)*: Und was machen wir jetzt?

Dialekte Mundarten

Texte erschließen und verstehen

→ Hochsprache und Dialekt vergleichen

Dass überall in Deutschland deutsch gesprochen wird, ist nun wirklich keine große Überraschung. Dass man aber Menschen in Bayern, in Sachsen, im Norden Deutschlands, im Rheinland, in Hessen und anderswo sprechen hört und sie fast oder gar nicht versteht, ist doch überraschend.

Der Grund dafür besteht darin, dass es innerhalb der deutschen Sprache verschiedene Sprachformen gibt. Eine dieser Sprachformen nennt man **Dialekte** (Mundarten). Mit ihnen wollen wir uns in diesem Kapitel beschäftigen.

1 Lest die folgenden Sätze aus verschiedenen deutschen Dialekten ohne Scheu so vor, wie sie da stehen. Vielleicht fällt euch dabei ein, wie ihr diese Sätze in eurer eigenen Sprache sprechen würdet.

So spricht man in den verschiedenen Regionen Deutschlands:

A	**Ruhrpott**	■ Jutet Jelingen von allet watte anpax!
B	**Berlinerisch**	■ Ville red't er nich, aber wat er sagt, is Quatsch.
C	**Rheinländisch**	■ Et hätt noch immer jot jejange.
D	**Hessisch**	■ Isch erscher misch net unn wenn isch veregg vor Zorn!
E	**Schwäbisch**	■ A bissle isch emmer no besser wia gar nix.
F	**Bayrisch**	■ A Gans is a dumma Vogl. Oane is zwenig und zwoa san zfui.
G	**Fränkisch**	■ Doafür brauch merr doch ke Jachd, ä gscheids Fahrrad oder zwei gsunde Bee duhns ah.
H	**Sächsisch**	■ Babba, hier schdehd ‚ägyptisch'. Was issn das? – ‚Egibbdisch'? Nu, ganz eefach, das isse Disch zum Gibben.
I	**Badisch**	■ Do baisst koi maus koin fada a!
J	**Westfälisch**	■ Du säggs, du kümmst met dienen Lauhn nich wiet? – Nä, män, nur bis in mien'n Huusingang, dao steiht miene Frugge un nimm't in Empfang.
K	**Pfälzisch**	■ Ich kennt mich uffreesche iwwer demm sei dumm Gebabbel!
L	**Plattdeutsch**	■ Smiet dat Gootje man to't Fenster ut, da is doch nix mehr weert!

So spricht man die Texte in der Hochsprache (in Hochdeutsch):

1. Schmeiß das alte Zeug weg, es ist doch nichts mehr wert!
2. Ein wenig ist besser als gar nichts.
3. Papa, hier steht ‚ägyptisch'. Was ist denn das? –
‚Ägyptisch'? Das ist ganz einfach. Das ist ein Tisch zum Kippen.
4. Viel redet er nicht, aber was er sagt, ist Quatsch.
5. Ich könnte mich über sein dummes Gelaber aufregen!
6. Eine Gans ist ein dummer Vogel. Eine ist zu wenig und zwei sind zu viel.
7. Gutes Gelingen bei allem, was du anpackst.
8. Da beißt die Maus keinen Faden ab!
9. Es ist noch immer alles gut gegangen.
10. Dafür braucht man doch keine Yacht, ein ordentliches Fahrrad oder zwei gesunde Beine tun es auch.
11. Du sagst, du kommst mit deinem Lohn nicht weit? –
Nein, Mensch, nur bis zu meinem Hauseingang, da steht meine Frau und nimmt ihn in Empfang.
12. Ich ärgere mich nicht – und wenn ich vor Zorn sterbe!

2 Ordnet in Gruppenarbeit die Dialekt-Texte der linken Seite den hochdeutschen Formulierungen hier auf dieser Seite zu.
- Schreibt eure Lösungen so auf: *L (Plattdeutsch) = 1)* …
- Vergleicht eure Ergebnisse.

3 Sprecht darüber, bei welchen Dialekten euch die Zuordnung zu den hochdeutschen Formulierungen eher leicht- und bei welchen sie euch eher schwergefallen ist.
Nennt dafür mögliche Gründe.

4 Bildet sechs Gruppen. Jede Gruppe bearbeitet zwei Dialektsprüche. Besprecht, welcher Laut bzw. welche Laute völlig anders als im Hochdeutschen ausgesprochen werden. Notiert eure Ergebnisse:
ein: *Bayrisch: ei → a, n fällt weg*
dummer: *Bayrisch: er → a …*

5 Informiert euch in der Klasse gegenseitig darüber, welche Unterschiede ihr in der Lautung zwischen den Dialektwörtern und den hochsprachlichen Wörtern herausgefunden habt.

Dialekte Mundarten

Sing, mei Sachse, sing

Der Sachse liebt e satten Saund
und tun wo Geichen röhrn,
ob Opernhaus, ob Unter-Ground,
echal, das muss er hörn!
Und schluchzt der Geichenbogen,
kriegt er feichte Oochen!
Der Sachse schmilzt ähm leicht dahin
auf des Gesanges Fliecheln,
doch eh' de Träne trobbt vom Kinn,
weiß er se zu ziecheln!
Der Sachse tut nich wein',
der Sachse stimmt mit ein.
Refrain: Sing, mei Sachse, sing ...

Der Sachse ist der Welt bekannt
als braver Erdenbercher,
und fährt er ringsum durch das Land,
da macht er keinen Ärcher.
Da braucht er seine Ruhe
und ausgelatschte Schuhe!
Doch kommt der Sachse nach Berlin,
dort könnse ihn nich leiden!
Da wollnsen eene drüberziehn,
wollnse mit ihm streiten.
Und tut mern ooch verscheißern,
sei Liedchen sing er eisern.
Refrain: Sing, mei Sachse, sing ...

6 Das Lied vom singenden Sachsen ist ein Beispiel für den sächsischen Dialekt.

- Lest euch den Liedtext laut vor. Achtet dabei darauf, die Wörter so auszusprechen, wie sie aufgeschrieben sind. Dann wird es euch nicht schwerfallen, den Inhalt des Liedes zu erfassen.
- Verständigt euch, wenn ihr etwas nicht versteht.

7 „Übersetzt" in vier Gruppen jeweils eine Strophe des Liedes bzw. den Refrain in die Hochsprache. Schreibt eure Ergebnisse auf.

8 Bildet nun drei Gruppen. Legt jeweils eine Strophe der hochdeutschen und der sächsischen Fassung nebeneinander. Vergleicht nun die Aussprache beider Fassungen an acht verschiedenen Beispielen etwas genauer.
- Haltet eure Ergebnisse so, wie es hier für den Refrain gezeigt wird, in einer Tabelle fest.
- Informiert die Klasse über eure Ergebnisse.

Hochdeutsch	Sächsisch	Veränderung
singe	sing	*e* fällt weg
mein	mei	*n* fällt weg
ist	is	*t* fällt weg
ein	e	*ei* wird zu *e*, *n* fällt weg
eigen	eichen	*g* wird zu *ch*
auch	ooch	*au* wird zu *oo*
tüchtiges	tichtches	*ü* wird zu *i*, *i* fällt weg, *ig* wird zu *ch*
Glück	Glick	*ü* wird zu *i*
das	es	*d* fällt weg, *a* wird zu *e*
kleinste	kleenste	*ei* wird zu *ee*
Gemüt	Gemied	*ü* wird zu *ie*, *t* wird zu *d*
zufrieden	zefrieden	*u* wird zu *e*

9 Dialekte unterscheiden sich vom Hochdeutschen nicht nur in der Aussprache, sondern auch durch ganz **eigene Wörter**, die es im Hochdeutschen nicht gibt.
- Versuche, in den folgenden Sätzen a) bis j) die Bedeutung der markierten Wörter aus dem Textzusammenhang zu bestimmen.
- Wer hat die meisten Wörter in ihrer Bedeutung bestimmt?

a) In der Nacht ist Neuschnee gefallen. Die Kinder können am Vormittag mit der Käsehitsche fahren.
b) Max soll ein Gedicht vortragen. Kurz davor ist er unheimlich rammeldeesch.
c) Emily will sich auf einen Stuhl setzen. Pit ruft: „Vorsicht, der Stuhl ist lawede!"
d) Mutter packt die Weihnachtsgeschenke ein. Sie schimpft mit Julian, der versucht hat zu ieneln.
e) „Hol mir mal den Koffer vom Schrank. Wenn du nicht hochkommst, nimm die Hitsche!"
f) Paul hat nicht aufgepasst und ist in eine riesengroße Luusche gefallen. Er war danach pitschenass.
g) Carl hat schon drei große Pfannkuchen gegessen. Als er zum vierten greift, ermahnt ihn sein Vater: „Du sollst nicht acheln!"

Dialekte Mundarten

h) Franz will die Breite eines Brettes messen. Dazu braucht er natürlich eine Schmieche.

i) Klara gefällt Neles blauer Pulli, Nele gefällt Klaras roter Pulli. Klara schlägt vor: „Lass uns einfach die Pullis fanscheln!“

j) Es ist schon spät. Mutter sagt zu Lea: „Willst du denn nicht endlich muzeln gehen?“

10 In den folgenden Sätzen kommt eine **grammatische** Besonderheit des Sächsischen vor. Seht euch die unterstrichenen Prädikate an.

- Aus welchen zwei bzw. drei Teilen bestehen sie jeweils?

Wär duhd mid mer ins Gihno gehn?

Ich duh jedds ma muzeln.

In diesem Dobbe schwimmd ä Huhn, was gestern daad noch hubbn duhn.

- Übersetzt die Sätze ins Hochdeutsche. Vergleicht beide Fassungen miteinander.
- **Überlegt, worin eurer Meinung nach die Vereinfachung für den Dialektsprecher besteht.**

M

Hochsprache und Dialekt

Hochsprache (auch **Hochdeutsch, Standardsprache**) ist die allgemein verbindliche Erscheinungsform der Sprache. Sie wird **überregional** in der Öffentlichkeit und in den Medien verwendet. Sie ist insbesondere die Form der **Schriftsprache**.

Dialekte sind Unterarten der Hochsprache, die seit früheren Zeiten in mehr oder weniger großen **Regionen gesprochen** (selten geschrieben) werden.
So wird das hochsprachliche Wort *Bein* z. B. im Bayrischen *Boa*, im Sächsischen *Been*, im Schwäbischen *Bäin* gesprochen.
Unsere heutige deutsche Hochsprache hat sich allmählich aus den verschiedenen Dialekten entwickelt.
Beide Sprachformen **unterscheiden** sich besonders

- in der **Aussprache:** Hochsprache: *Teppich* → Sächsisch: *Däbbch*
- im **Wortschatz:** Hochsprache: *Taschentuch* → Vogtländisch: *Schnupftiechel*
- in **grammatischen** Formen:
  Hochsprache: *Ich gehe jetzt schlafen.*
  Sächsisch: *Ich duh jedds ma muzeln.*

In den verschiedenen Dialekten existieren noch häufig kleinere regional bedingte Sprachformen. Sie nennt man **Mundarten**.
Mundarten im Obersächsischen sind z. B. das *Vogtländische*, das *Oberlausitzische* und das *Erzgebirgische*.

Die Originalgeschichte über Philipp in der linken Spalte unten ist ein Beispiel für den plattdeutschen Dialekt. Plattdeutsch ist eine andere Bezeichnung für Niederdeutsch. Es ist älter als unsere Hochsprache und wird bis heute in West-, Mittel- und Norddeutschland gesprochen – nicht überall gleich: Das Hamburger Platt unterscheidet sich z. B. vom dem in Ostholstein oder auch von dem auf der Insel Rügen.

11 Versucht, den plattdeutschen Text zu lesen und zu verstehen. Übersetzt ihn euch gegenseitig. Ihr könnt dabei in den hochdeutschen Text sehen. Aber nur dann, wenn ihr nicht weiterwisst. Der Text geht auf Seite 170 weiter.

Philipp geiht egen Weeg

Elisabeth Meyer-Runge

Philipp is blöd; dat seggt se all. Nich blots sien Mitschölers! Nu hett sogor al sien Mudder seggt – nee, nich dat he blöd is, man doch: Philipp, wat büst du dusselig! Sie kann ok nich verstahn, wat Philipp maakt hett.
Philipp schull de Hauptrull spelen in en Theaterstück, wat de Klass opföhrn will. He schull de Schaffner ween, de in den Tog all Fohrkorten kuntrolleert.
Den schull he spelen, nich blots een vun de Fohrgäst, de he nu is. In en Uniform un mit'n echte Drucktang harr he mit all de Fohrgäst snacken schullt. He harr sik dor al op freit. Sien Mudder ok.

Philipp geht eigene Wege

Elisabeth Meyer-Runge

Philipp ist blöd; das sagen sie alle. Nicht bloß seine Mitschüler! Nun hat sogar seine Mutter gesagt – nein, nicht dass er blöd ist, aber doch: Philipp, was bist du dusselig! Sie kann auch nicht verstehen, was Philipp gemacht hat.
Philipp sollte die Hauptrolle in einem Theaterstück, was die Klasse aufführen will, spielen. Er sollte der Schaffner sein, der in dem Zug alle Fahrkarten kontrolliert.
Den sollte er spielen, nicht bloß einen von den Fahrgästen, der er nun ist. In einer Uniform und mit einer echten Lochzange hat er mit den Fahrgästen sprechen sollen. Er hat sich schon darauf gefreut. Seine Mutter auch.

Dialekte Mundarten

Ok Vadder und Süster wullen natürlich das Spill ankieken. Man nu roopt de Kinner achter em ran: Du büst jo blöd! Minsch, büst du blöd!, un Philipp geiht richtig en beten stieefbeent över den Vörplatz vun de School. Aver he weent nich.
Un em verdrütt ok nich, wat he haan hett.
Sien Mudder seggt noch mal: Philipp, wo kannst du blots su dumm ween? Du hest doch domals den Poggenkönig so goot speelt. Segg mi doch, worüm du de Hauptrull wedder afgeven hest.
Philipp seggt dor erst mal gor nix to.
He is ok gor nich wedderböstig.
Blots as sien Mudder noch mal seggt: Philipp, ik verstah nich, wo du so dusselig ween un de Rull freewillig wedder afgeven kannst; do steiht he en Ogenblick stumm und stief vör sien Mudder. Denn seggt he, un he weent dor nich bi: Andreas speelt de Rull beter. Dorüm!
Rums, hett he de Döör achter sik toslaan. Und sein Mudder steiht und weet nich, wat se seggen schall.

Auch Vater und Schwester wollten sich natürlich das Spiel angucken. Aber nun rufen die Kinder ihm nach: Du bist ja blöd! Mensch, bist du blöd!, und Philipp geht dann richtig ein bisschen steifbeinig über den Schulhof. Aber er weint nicht.
Und es verdrießt ihn nicht, was er getan hat.
Seine Mutter sagt noch einmal: Philipp, wie kannst du bloß so dumm sein? Du hast doch damals den Froschkönig so gut gespielt. Sag mir doch, warum du die Hauptrolle wieder abgegeben hast.
Philipp sagt erst mal gar nichts. Er ist auch gar nicht widerborstig.
Bloß als seine Mutter noch mal sagt: Philipp, ich versteh nicht, wie du so dusselig sein und die Rolle freiwillig wieder abgeben kannst; da steht er einen Augenblick stumm und steif vor seiner Mutter. Dann sagt er, und er weint dabei nicht: Andreas spielt die Rolle besser. Darum!
Rumms, hat er die Tür hinter sich zugeschlagen. Und seine Mutter steht und weiß nicht, was sie sagen soll.

12 Lies dir die wichtigsten Aussprachehinweise für das Plattdeutsche durch:
→ Sprich *sp* und *st* am Wortanfang als /ßp/, /ßt/: */ßpeelen/*, */ßtiefbeent/*.
→ Sprich Wörter mit Doppelvokalen lang: */roopen/*, */maakt/*.
→ Sprich Wörter mit Doppelkonsonanten kurz: */seggen/*, */wedderböstig/*.
→ Sprich die Wörter aus, wie sie geschrieben sind: *dat, sogor, büst, mit'n, dorüm, ok*.

13 Finde für jeden Aussprachehinweis weitere Beispiele aus dem Text.

14 Übe nun gemeinsam mit einem Partner die Aussprache aller Beispielwörter.

15 Versucht nun, den plattdeutschen Text über Philipp vorzulesen. Geht dabei so vor:
- Ein Schüler liest einen Satz vor.
- Dann sprecht ihr über die Aussprache dieses Satzes.
- Zum Schluss liest der Schüler den Satz noch einmal vor.
- Nun übernimmt ein anderer Schüler / eine andere Schülerin und liest den nächsten Satz vor.

16 Ihr könnt den Text auch mit verteilten Rollen vortragen *(Erzähler, Mutter, Kinder)*.

Texte erschließen und verstehen

→ Deutsche Dialekte der Gegenwart vergleichen

Legende:

Das Friesische (an drei Stellen in der Karte grün gefärbt) wird häufig nicht als deutscher Dialekt betrachtet, sondern als eigene Sprache.

Der niederfränkische Dialekt wird in Teilen Niedersachsens und der Niederlande (hier neben dem Niederländischen) gesprochen.

1 Seht euch die Dialektkarte und die dazugehörige Legende genau an.
- Die Karte des deutschen Sprachraums, der von Schleswig-Holstein bis in die Schweiz und bis Österreich reicht, zeigt von Nord bis Süd drei unterschiedliche Farben. Wofür stehen diese Farben?
- Überlegt gemeinsam, warum die drei Sprachgebiete nicht als Nord-, Mittel- und Süddeutsch bezeichnet werden, sondern als Nieder-, Mittel- und Oberdeutsch.

2 Bearbeitet in Gruppen die Dialekträume Nieder-, Mittel- und Oberdeutsch.
- Legt für jeden Dialekt eine Tabelle an.
- Geht in Nord-Süd-Richtung vor und nehmt einen Deutschland-Atlas zur Bestimmung der Bundesländer bzw. anderer Länder zu Hilfe.

NIEDERDEUTSCH	Dialekte	Bundesländer / Länder
	Nordfriesisch	*Schleswig-Holstein*
	Westfriesisch	*Niedersachsen*
	…	…

Dialekte Mundarten

3 Tauscht euch aus, wo ihr das Saterländische, das Ripuarische und das Alemannische eingeordnet habt. Über diese Dialekte könnt ihr euch hier in diesen drei Texten informieren.

■ Das **Saterländische** (auch Saterfriesische) wird noch von etwa 1500 bis 2500 Menschen gesprochen. Sie leben in der Gemeinde Saterland im Landkreis Cloppenburg. Diese Gemeinde ist damit eine der kleinsten Sprachinseln in Europa.

■ Der Name **Ripuarisch** leitet sich von dem lateinischen Wort *ripa* (*deutsch:* das **Ufer**) ab. Die Ripuarier hatten sich also an den Ufern des Rheins und einiger seiner Nebenflüsse angesiedelt.

■ Das **Alemannische** entwickelte sich aus der Sprache des germanischen Stammesverbandes der Alemannen. Dieser Name bedeutet so viel wie *alle Männer*.

4 Informiert euch gegenseitig auch über eure anderen Ergebnisse. Nennt jeweils die einzelnen Dialekte und die Bundesländer bzw. anderen Länder, in denen die Dialekte gesprochen werden.

5 Lest den folgenden Informationstext. Gebt seinen Inhalt in euren Worten wieder.

Zu Beginn des 6. Jahrhunderts lebten westlich der Elbe bayerische, alemannische, thüringische, fränkische, sächsische und friesische Stämme. Sie hatten zunächst keine gemeinsame Sprache. Im Laufe der Zeit entwickelte sich zwischen den Stämmen ein kultureller Austausch, sodass sie mehr und mehr eine kulturelle Einheit bildeten. Diese Einheit wurde auch in einer sprachlichen Anpassung deutlich. Sie zeigte sich in einer Verschiebung bestimmter Konsonanten, die sich von Süd nach Nord ausbreitete. Sie durchdrang den deutschen Sprachraum nicht gleichmäßig und auch nicht vollständig. Die Folge war, dass sich das Niederdeutsche vom Mittel- und Oberdeutschen, der Grundlage für unser heutiges Hochdeutsch, abgrenzte.
Die Veränderungen betrafen vor allem die Konsonanten **p, t** und **k**:
Aus dem **p** wurde ein **f** bzw. ein **pf**: *hilpan* → *hel**ph**an* → *helfen; slapan* → *slafan* → *schlafen.*
Aus dem **t** wurde ein **s**, ein **z** bzw. ein **tz**: *tiuhan* → *ziohan* → *ziehen; settian* → *setten* → *setzen.*
Aus dem **k** wurde ein **ch** bzw. ein **hh** oder **h**: *wekkian* → *wecchan* → *wecken; ik* → *ih* → *ich.*

6 Nutzt den Text aus Aufgabe 5 und überprüft in der folgenden Tabelle, wie sich die Lautverschiebung der drei **Konsonanten *p, t*** und ***k*** in unterschiedlichen Sprachräumen vollzogen hat.

Englisch	Niederdeutsch	Mitteldeutsch *Ripuarisch*	Mitteldeutsch *Rheinfränkisch, Hessisch*	Mitteldeutsch *Obersächsisch, Thüringisch*	Oberdeutsch
pound	*Pund*	*Pund*	*Pund*	*(P)Fund*	*Pfund*
that	*dat*	*dat*	*das(s)*	*das(s)*	*das(s)*
(to) make	*maken*	*maken/machen*	*machen*	*machen*	*machen*
apple	*Appel*	*Appel*	*Appel*	*Appel*	*Apfel*
(to) sit	*setten*	*setzen*	*setzen*	*setzen*	*setzen*
I	*ik*	*ich*	*ich*	*ich*	*ich*

7 **Stelle fest, worin sich die Wörter aus Aufgabe 6 in den einzelnen Sprachräumen noch unterscheiden. Bei welchen Dialekten gibt es die meisten bzw. die wenigsten Übereinstimmungen?**

8 Schaut euch die folgenden Wörter genau an.
Welche Wörter könnten zusammengehören? Sprecht darüber.

was Mäken sik he hett seggen Froe Koopf
Wein Männle wat Bäumchen köpern Mädl
sich Woin Kopf Bömken ar hoat gesoit Frau
Mädchen Männeken Win kaufen si woas Baimli
Kopp er hat gesagt Männchen Frau koofen

9 Übernimm die folgende Übersicht in dein Heft.
Trage die passenden Wörter aus Aufgabe 8 in die entsprechenden Spalten ein.

Niederdeutsch	Mittel- / Oberdeutsch	Hochdeutsch
wat		
	Baimli	
		er hat gesagt
Männeken		
		Wein
	koofen	
sik		
		Frau
Kopp		
	Mädl	

10 Vergleicht eure Ergebnisse.

11 **Was fällt euch auf, wenn ihr die Vokale im Niederdeutschen und im Mittel- bzw. Oberdeutschen vergleicht?**

Dialektwörter im DUDEN

Deern Hotte Schnalle Rübkohl hudeln Flaschner moppern Rumpel
Zohe Holm Sabbel behumsen Klupperl Leichdorn Bemme Kehrichtschaufel
knotzen schnatzen Schochen Pickerl

Reitschule Spreißel Bangbüxe Wecke Nischel Krug Käfterchen Mostrich
Radi Obers Flädle Schumperlied Geschmäckle spinnert

12 Schlage die Dialektwörter im DUDEN nach. Notiere deine Ergebnisse so:

Dialektwort	Verbreitungsgebiet	Bedeutung
Deern	*Norddeutschland*	*Mädchen*
Hotte	…	…

13 Tauscht euch darüber aus, warum wohl auch Wörter aus verschiedenen Mundarten im DUDEN stehen.

Dialekte Mundarten

Texte erschließen und verstehen

→ Mundarten des obersächsischen Sprachraumes vergleichen

Im obersächsischen Sprachraum wird kein einheitliches Sächsisch gesprochen. Dort existieren etwa 18 eigenständige Mundarten, die sich zum Teil recht deutlich in der Aussprache, im Wortschatz und auch in der Grammatik voneinander unterscheiden.

1 Seht euch in Ruhe die folgende Karte zu den Mundarten im obersächsischen Sprachraum an. Bezieht die Legende und auch die Erläuterungen dazu ein.

Erläuterungen zur Legende:

10: Das **Nordmeißnische** bildete eine wichtige Grundlage für Luthers Bibelübersetzung und damit für die Entwicklung des Hochdeutschen, der deutschen Hochsprache.

11–13: Der Name **Osterland** ist weit über 1000 Jahre alt und bezeichnet ein Gebiet östlich des Fränkischen Reiches, das bis zur Saale reichte. Ost(er) bedeutet also die geografische Lage: im Osten liegend.

16: Das **Schradengebiet** erhielt seinen Namen nach dem Ort und der Landschaft *Schraden*, zwischen Elsterwerda und Ruhland, zwischen den Flüssen Pulsnitz und Schwarze Elster gelegen.

18: **Neulausitzisch** ist der Dialekt, den die Sorben sprechen, wenn sie sich in Deutsch unterhalten.

2 Finde – außer für das Nordbairische – für die Mundarten in Sachsen jeweils den passenden Oberbegriff.
Schreibe sie so auf:
1–2: Vogtländisch
3–6: …
…

Sächsisch

Die *meißnischen* und *osterländischen* Mundarten bilden zusammen das, was als das typisch **Sächsische** bezeichnet wird. Dabei gilt bei den **Konsonanten** das Prinzip *„Dee Weeschn besieschn de Hardn"* (Die Weichen besiegen die Harten.): ***Teppich*** wird zu ***Däbbch, Köpfchen*** zu ***Gäbbchn.***
Bei den **Vokalen** öffnet der Sachse seinen Mund oft gar nicht erst weit, am Ende von Wörtern werden sie von ihm meist einfach verschluckt: ***aufhören*** wird zu ***uffhern, aufräumen*** zu ***uffreim***. Also: „So schwähr is das gor ni, dä Leide zu forstehn, man muss dem Folche nur ma offs Maul guggn un anhörn!"

3 Lies das folgende „einseitige" Telefongespräch halblaut vor dich hin. Versuche, es zu verstehen.

Anruf bei Mouni

Hallo, Mouni, bis dus? Hier is dein Gorl. Ganns de mich höhrn? ...
Was meenste? Du ganns nich, das muss dann ebent an dein Abbarahde lieschen.
Sach e ma, wie gehds denne? ...
'S gehd so? Nu, das is de Haubtsache ...
Was sachste? ...
Dorr Abbarahd macht mich noch färtsch. Lass dr ma een Mongtöhr gommn! ...
Mouni, bisde noch dran? ...
Was, kloar weeß dorr Mongtöhr, wies gehd, der hats doch druff mit allen Abbarahden ...
Ich gloobs doch ni, dr isses zu deier?
Willste, dass ich ma gomm? ...
Nee, willste ooch ni. Nu, wär ni gommd, dorr muss ooch ni geehn ...
Sach e ma, ich wolld dich direkt noch was fraachen. Awwer ich gomm nu ni glei druff ...
Reschnets bei dir ooch so? Zwee Taache lang kam kee ma de Sonne naus ...
Ach, nu weeß ich widdr, was ich fraachen wollt! ...
Mouni? Mouni? Ich globbs ni, eefach offgelechd! Das is richtsch fies von Mouni!

4 Arbeitet zu zweit. Jeder trägt dem anderen das Telefongespräch vor. Der Zuhörer achtet auf dessen sächsische Aussprache.

5 Veranstaltet einen kleinen Wettbewerb. Wer kann diesen Telefonmonolog am besten sächsisch gestalten?

6 **Ihr könnt auch das folgende Gedicht von Lene Voigt (1891–1962) vortragen.**

Midden uff dr Dräsdner Heide
Schtand ä Weib in rosa Seide.
Schigge Schtrimbe, Bubigäbbchen,
An dn Ohrring' goldche Gnäbbchen.

Da gam ä Modorradfahrer.
Ohne Soziusbubchen warer.
Däm lief mir gogädder Miene
's Freilein flink vor de Maschine.

„Hald!", so rief de gägge Gleene.
„Nimm mich mit, sonst wär'ch gemeene!"
Wubbdich, schwangse sich uffs Rädchen. –
Ja, so sin de säch'schen Mädchen.

Oberlausitzisch

Das auffälligste Kennzeichen des **Oberlausitzer Dialekts** ist das rollende /r/, das am ehesten mit der Aussprache des *r* im Amerikanischen zu vergleichen ist. Der Oberlausitzer hat sozusagen ein Rad im Hals: *A hot a Radl a dr Gurgl.* Er nennt sein Sprechen deshalb auch *quirlen* (/kwirln/). Im Vergleich zum Hochdeutschen werden die Vokale beim Sprechen meistens verändert: So wird aus *Hört doch einmal her!* im Oberlausitzischen *Hurcht oack amol haar!*

Aebrlausitzer Muttersprooche

Hermann Klippel

Du aale gemütliche Sprooche du,
bei uns a dr Aebrlausitz,
du bist a Stück Heemt, du gehirscht derzu,
du bist a Stück Aebrlausitz!
Su wie do de Barge und Täler sein,
de Steene und oh de Beeme,
su musst oh du, Muttersprooche, do sein,
sunst wär ees doch ne derheeme!
Du bist wie de Lausitzer Menschn sein,
su derbe und tust'ch ne ziern;
du bist groade raus und wetter ne fein.
Ich tu dch immer garne hiern!
Bist bei uns immer derheeme gewast
a gutn und schlaichtn Zeitn.
Du bist wie a liebes und woarmes Naast.
War dch auslacht, dan koann'ch ne leidn.
Du bist a Stück Heemt, du gehirscht derzu,
bei uns a dr Aebrlausitz,
du aale gemütliche Sprooche, du;
du bist a Stück Aebrlausitz!

7 Lies dir das Gedicht erst einmal still durch. Versuche dabei, den Inhalt zu verstehen.

8 Schreibe auf, worum es in diesem Gedicht geht. Vergleicht eure Ergebnisse.

9 Versucht, das Gedicht möglichst so vorzutragen, dass das typisch Oberlausitzische zum Ausdruck kommt.

10 **Überprüfe, ob in dieser Mundart die weichen Konsonanten die harten besiegen – so wie im Sächsischen.**

Vogtländisch

Im **Vogtländischen** kommt fast in jedem Satz das Wörtchen **fei** vor: *Iech ho* ***fei*** *kaa Geld.* Es heißt so viel wie *wirklich, in Wahrheit.* Einige sprachliche Eigenarten werden in folgenden Wortbeispielen deutlich:

nicht	*net*	*nein*	*naa*	*daheim*	*drhamm*
das	*des*	*ja*	*haa*	*klein*	*klaa*
mein(e)	*mei*	*auch*	*ou*	*ich habe*	*iech ho*
dein(e)	*die*	*ich*	*iech*	*hinunter*	*nou*

11 Im Vogtländischen gibt es besonders schöne Wortbildungen für hochdeutsche Wörter. Versuche, aus dem Satzzusammenhang zu erschließen, was die kursiv gedruckten Wörter bedeuten.

1) Meine Schwester will ihre Blusen bügeln, findet aber die *Plettlock* nicht.
2) Marie ist eine alte *Neideitel,* sie zerreißt sich über alles und jeden das Maul.
3) Heute waren wir Pilze sammeln. Zum Abendbrot gibt es *Schwammebrie* mit Brot.
4) Die Erdbeerbeete sind sehr trocken. Vater nimmt den *Sprengstitz* und gießt sie.
5) Ich habe *allmeitooch* gesagt, dass wir Schulmeister werden.
6) Tim schläft sonntags bis Mittag und wird von Mutter stets mit dem Satz begrüßt: „Hast du endlich *ausgramunzert?*"
7) Zu einer Gebirgswanderung gehört ein gutes *Raaziehgläsel.*
8) Mein Onkel ist Möbelträger. Er ist echt ein *Bulmes.*
9) Wenn man die richtige Menge Mehl für den Rührkuchen bestimmen will, braucht man ein *Nieselmoos.*
10) Um alle Zutaten zum Kuchen zu vermengen, braucht man einen *Rumenumfatzstackn.*

Dr Streit drin Solatbeet

Manfred Zill

Des wos mir pflanzn, üm's ze essn,
wird oft von Ugeziefer gfressn.
Kaum sprießt is erschte bissl Grie,
kimmt e verfressns Schnecknvieh.

„Der Solat dortn des is meiner!",
bläkt sue e klaaner schwarzer Schleimer.
„Iech war scho drin den Gartnbeet,
do war dohinne noch nix gseet!"

„Verneh saß iech im Gartn drinne!",
meldt sich e lange braune dünne.
„Des Pflänzl wächst ellaa fer miech!
Drnebn des Ukraut is fer diech!"

„Ach, rutscht mer doch ne Buckl no!
Als Allererschte war iech do!",
spreißlt e dicke fette graue
u maant, se wär e Extraschlaue.

In all der Rasche be den Streit
do guckt kaa Schneck weng auf de Seit.
Drei Mol ner schnappt dr Iechl zu.
Aus is dr Spuk, is herrscht e Ruh!

Is net de Welt e Solatbeet,
wue's uns sue wie den Schnecknen geht?
Is wird när gschimpft, 's wird grafft, 's wird ghetzt,
doch kaaner nimmt wos miet zeletzt!

12 Bereite den Vortrag dieses Gedichtes vor:
Lies es erst wieder leise. Finde heraus, worum es im Gedicht geht.
Lies es dann so vor, dass es (ein bisschen) vogtländisch klingt.

Dialekte Mundarten

Erzgebirgisch

Typisch für das **Erzgebirgische** ist, dass viele Dinge des Lebens sprachlich verniedlicht bzw. verkleinert werden.
So wird das Haus zum *Heisl*, die Wanne zum *Wannl*, die Stube zum *Stiebl*.

13 Vergleiche den folgenden Spruch in der hochdeutschen und in der erzgebirgischen Fassung:

Wo die Hosen Hosen heißen und
die Hasen Hasen, da sind wir daheim.

Wuu de Hosen Huusn haasn un
de Hasen Hoosn, do sei wr drhamm.

Welche Veränderung kannst du feststellen
- bei den Vokalen **o**, **u** und **ei**,
- bei dem bestimmten Artikel **die**,
- bei der Endung **-en**,
- beim Hilfsverb **sind**,
- bei der Konjunktion **und**?

14 Finde zu den folgenden erzgebirgischen Wörtern die hochdeutschen Entsprechungen.
Wenn du die Mundartwörter halblaut vor dich hin sprichst,
dann schaffst du es bestimmt.
Schreibe die gefundenen Wörter nach den Ziffern geordnet auf.

1) Pfafferkugn, 2) zappndustr, 3) Fuuchl, 4) Färschdor, 5) Laatschn, 6) Rachrmannl, 7) Feierläschor, 8) Viechzeich, 9) Ohm, 10) Schwieschermuddor

11) Hietraachbraddl, 12) Ahziehzeich, 13) Deregdoor, 14) Mehrneindopp, 15) Sääschlbouhd, 16) Bleedmaa, 17) verstisstis, 18) Rahdschomongdär, 19) Nachllagg, 20) Fiedschogasedde

15 Bereite folgendes Gedicht zum Vortrag vor.
Geh wieder so vor, wie du es bereits kennst:
leise lesen – herausfinden, worum es im Text geht – den Vortrag lesen üben.

Kumm haar, mei gutes Gungel[1],
setz dich schie of de Bank.
Zeig raus mol dei Zungel,
bist du mer ebber krank?
Na siste de ! – Sat ich's net?
Söllst kaa kalt Wasser trinken!
Du härscht mer oder net,
drüm kast de nu schlacht schlinken.

Mer kochen dir enn Tee,
dan trinkst de racht schie nei,
legst dich of's Kanepee
un schwitzt e wing[2] derbei.
Nu muss ich fort zer Schicht. –
Fraa, loss ne net allaa,
doss ich heit Obnd mei Gungel
ka wider lachen saah.

[1] Junge
[2] ein bisschen

Kaan schinnern Baam

Aus dem Erzgebirge

2. Beim Kannr[1] sei Haus stieht a Vuglbärbaam,
do sitzt unsern Kannr sei Weibse drnam.

3. No lasst se's när sitzn, se schläft jo drbei,
un hot se's verschlofn, do huln mer se rei.

4. Und wenn iech gestorm bie, iech wärsch net drlaam,
do pflanzt uf mei Grab fei ann Vugelbärbaam.

5. Denn kaan schinnern Baam gippt's wie dan Vugelbärbaam,
as ward a su leicht net ann schinnern Baam gahm!

[1] Kantor (Leiter des Kirchenchors, Organist)

16 Lest euch die fünf Strophen gegenseitig laut vor.
Verständigt euch, wenn ihr etwas nicht versteht.

17 Die Melodie des Liedes kennt ihr bestimmt.
Singt das Lied in der erzgebirgischen Fassung. Der Musiklehrer oder die Musiklehrerin ist euch sicherlich dabei behilflich.

Dialekte Mundarten

Texte erschließen und verstehen

→ Sich zur heutigen Bedeutung der Dialekte positionieren

1 Führt einmal folgende Untersuchung durch:
- Jeder von euch bittet etwa fünf bis acht Personen (Eltern, Bekannte, Nachbarn usw.), wenigstens fünf Dialekte Deutschlands aufzuzählen.
- Notiert jeweils die Dialekte in der Reihenfolge, in der sie von der betreffenden Person genannt worden sind.
- Stellt im Klassenverband eine Gesamtübersicht zusammen: Welche Dialekte wurden am häufigsten genannt?

2 Ein Meinungsforschungsinstitut hat in einer repräsentativen Umfrage die Beliebtheit deutscher Dialekte ermittelt. Seht euch die Umfrageergebnisse genau an.

Deutsche Dialekte (Mundarten) nach ihrer Beliebtheit (2012)

Platz	Dialekt (Mundart)	Prozent
1	Bayrisch	44
2 / 3	Berlinerisch / Plattdeutsch	32
4	Schwäbisch	25
5	Sächsisch	20
6	Rheinländisch	19
7	Hessisch	16
8	Ruhrpott	13
9	Fränkisch	12
10 / 11	Badisch / Westfälisch	9
12	Pfälzisch	7

3 Vergleiche diese Rangfolge mit eurer Dialektübersicht.
- Überprüfe, ob die Dialekte aus eurer Sammlung in der Liste links vertreten sind.
- Stelle fest, an welcher Stelle sie hier platziert sind.

Vor etwa 30 Jahren erhielt ein Bauer aus dem ostfriesischen Landkreis Leer keinen Führerschein für ein Auto, da er nur Plattdeutsch und kein Hochdeutsch sprach.
Die Beamten waren der Meinung, dass ein Mensch, der nur Plattdeutsch spricht, nicht fähig sei, einen Führerschein zu erwerben.

4 Was meint ihr zu dieser Haltung? Wie wichtig sind eurer Meinung nach heute Dialekte?
- Stellt euch in der Mitte des Klassenzimmers eine Linie vor:
  An einem Ende befindet sich die Position *Dialekte sind für mich wichtig*,
  am anderen Ende die Position *Dialekte sind für mich eher unwichtig*.
  Nehmt euren Standpunkt auf dieser Linie (oder bei Platzmangel daneben) ein.
- Welches Meinungsbild ergibt sich?

5 Auch in der folgenden Textauswahl findet ihr verschiedene Standpunkte zu Dialekten.

Für mich sind Dialekte ein Stück Heimat. Durch die Sprache kann ich mich mit der Region identifizieren. *Moritz*

Ich bin der Meinung, dass Dialekte nur was für alte Leute auf dem Dorf sind, wir Jungen kennen doch gar keinen Dialekt mehr. *Lilli*

Nach meiner Überzeugung wird es bald keine Dialekte mehr geben. Sie sterben aus, weil es keinen mehr gibt, der sie spricht. Warum soll diese Entwicklung aufgehalten werden? *Lenny*

Ich habe gehört, dass Navigationsgeräte mit Dialektsprechern bei den Leuten sehr beliebt sind. Wenn das kein Beweis ist für die Wichtigkeit von Dialekten, was dann? *Alina*

Wenn meine Mutter wieder mal in ihre Heimat, ins Vogtland, fährt, blüht sie richtig auf. Sie sagt, mit dem Dialekt kann man über Privates viel besser sprechen. *Maja*

Als ich im Sommer an der Nordsee war und die Leute von dort habe sprechen hören, habe ich nur Bahnhof verstanden. Für mich sind Dialekte richtige Sprachbarrieren, die die Verständigung total erschweren. *Piotr*

Mein Freund aus Leipzig ist vor einem Jahr mit seinen Eltern nach Hessen gezogen. Zuerst haben alle über seinen komischen Dialekt gelacht. Doch dann haben sie gemerkt, was er für ein netter Kerl ist. Jetzt haut er schon mal hessische Ausdrücke raus und fühlt sich nun ganz wohl. *Finn*

Also, ich denke mal, es ist so: Wenn man den Dialekt nicht mag, dann macht man sich über seine Sprecher lustig. *Mia*

In der Sächsischen Zeitung gibt es wöchentlich einmal einen Artikel über den sächsischen Dialekt. Für mich ist das Pflichtlektüre, weil ich da vieles über unsere Sprache, aber vor allem über die Leute in Sachsen erfahre. *Hanna*

Ich habe nichts gegen das Sprechen von Dialekten. Allerdings bin ich der Meinung, dass in manchen Situationen nur Hochdeutsch gesprochen werden sollte, z. B. bei der Polizei, im Gericht, also auf Ämtern oder im Fernsehen. *Nick*

6 Untersucht diese Aussagen der Schülerinnen und Schüler genauer.

- Wer von ihnen hält Dialekte für wichtig?
  Mit welchen Argumenten wird diese Ansicht untermauert?
- Welchen Jugendlichen sind Dialekte eher nicht so wichtig?
  Mit welchen Argumenten werden diese Meinungen gestützt?

7 Vielleicht findest du noch weitere Argumente für das Pro oder Contra von Dialekten?
Nutze dazu auch den Text auf der folgenden Seite.

Dialekte Mundarten

Sterben Dialekte aus?

Wer die folgenden Zahlen liest, wird die Frage eher bejahen: 1991 haben 28 % der westdeutschen und 41 % der ostdeutschen Befragten angegeben, gern Dialekt zu sprechen. 2008 waren es bei den Westdeutschen noch 24 % und bei den Ostdeutschen noch 33 %. Daraus abzuleiten, dass Dialekte generell von der Sprachenkarte verschwinden werden, ist aber falsch. In zunehmender Zahl gibt es neue Dialektlieder, Dialekte werden wieder in der Schule behandelt und tauchen häufiger als früher in den Massenmedien auf. Darüber hinaus gibt es überall Vereine, die die Dialekte ihrer Regionen pflegen. Für viele Menschen sind Dialekte wegen ihres Klangs und wegen ihrer Kreativität, neue Wörter zu bilden, einfach sympathisch und Ausdruck eines Heimatgefühls. Nicht jeder muss einen Dialekt aktiv sprechen können, es reicht schon, ihn ein bisschen zu verstehen.

8 Entscheide dich für einen der beiden Standpunkte.
Schreibe deine Meinung zu diesem Standpunkt auf.

Am besten gehst du so vor:

- Du vergegenwärtigst dir die bisherigen Argumente.
- Du nennst deinen Standpunkt zum Problem:
  Sind Dialekte heute noch wichtig? Oder sind sie eher nicht mehr von Bedeutung?
- Du begründest deinen Standpunkt mit Argumenten.
- Du wählst solche Argumente, die für dich wichtig sind. Notiere sie.
- Ergänze sie mit deinen eigenen Argumenten.
- Ordne sie nach ihrer Wichtigkeit. Das bedeutsamste Argument solltest du dir bis zum Schluss aufheben.
- Beim Schreiben achtest du auf die vier Elemente von Argumenten:
  1 Behauptung (These)
  2 Begründung
  3 Beispiel
  4 Folge

So könntest du deinen Text beginnen:

Ich wohne in der Oberlausitz (oder: im Vogtland, im Erzgebirge, in Meißen). Ich bin der Meinung, dass Dialekte auch heute noch wichtig sind. Und das kann ich euch auch begründen. **Behauptung**

Unseren Gesprächen zu Hause würde wirklich etwas Vertrautes fehlen, wenn wir nur Hochdeutsch sprächen. **Begründung**

Zum Beispiel wäre es furchtbar, wenn meine Mutter statt „Nu hurch oack amol haar!" nur noch „Nun hör doch mal her!" sagen würde. **Beispiel**

Das hätte zur Folge, dass selbst in den Familien der Dialekt … **Folge**

Texte erschließen und verstehen

→ Ein Dialektprogramm für eine Präsentation zusammenstellen

In diesem Kapitel habt ihr erfahren, dass es nicht **die** deutsche Sprache gibt, sondern sehr viele regional und historisch geprägte deutsche Sprachformen.
Wir schlagen euch vor, zum Abschluss dieses Kapitels ein kleines Dialektprogramm zu planen und durchzuführen. Für ein solches Programm gibt es zwei Möglichkeiten:

1. Ihr organisiert ein Programm mit Liedern, Gedichten und Texten in eurem Dialekt.
2. Wenn es in eurer Klasse Schülerinnen und Schüler gibt, die aus anderen Regionen kommen bzw. Talent als Dialektsprecher haben, dann könnt ihr ein Programm mit verschiedenen Dialekten anbieten.

Ihr könnt dazu die Texte nutzen, die in diesem Kapitel enthalten sind. Darüber hinaus werdet ihr in Bibliotheken, im Internet sowie bei Heimatvereinen fündig.

1 Verschafft euch einen Überblick über die folgenden Arbeitsschritte.

I Die Art des Programms festlegen

- Programm mit Texten in einem Dialekt
- Programm mit Texten in verschiedenen Dialekten

II Arbeitsaufträge auf Gruppen verteilen

- Vortragsmaterial zusammenstellen
- Material sichten und auswählen, Programmfolge planen
  - → Reihenfolge der Texte festlegen
  - → Sprecherinnen und Sprecher bestimmen
  - → einen Moderator für die Veranstaltung wählen
- Organisatorische Maßnahmen planen
  - → Termin und Ort in Absprache mit der Klassenlehrerin / dem Klassenlehrer festlegen
  - → Probentermine in Absprache mit der Deutsch- bzw. mit der Musiklehrerin / dem Musiklehrer vereinbaren
  - → Einladungstext schreiben, Einladungen verteilen
  - → Einladungsplakat gestalten, im Schulhaus aushängen
  - → Raum für die Veranstaltung vorbereiten (Stuhlreihen usw.)

2 Die folgenden Vorschläge eignen sich dafür, eure Gäste am Programm zu beteiligen.

- **Ein** sächsisches Wort gibt die folgenden fünf Wortbedeutungen wieder.
  Wie heißt das Wort?
  1. Fliege, die uff de Guchgrüml sitzt.
  2. Fliege, die morr sich um Hals wirschen kann.
  3. Pflüge, die morr in de Landwärdschaft braucht.
  4. Flüge, bei dännen morr abstirzen kann.
  5. Flüche, die een befrein duhn.

- Für **alle** folgenden sächsischen Wörter gibt es **ein** hochdeutsches Wort. Welches?
  Irbse – Dähz – Dunsdgullr – Gärbs – Omme – Platte – Nischl

- Für **ein** hochdeutsches Verb gibt es viele sächsische Synonyme. Welches ist es?
  balláforn – bisborn – gwasseln – gwadschen – laborn – sabbln – seiorn – gelforn

- Obst und Gemüse auf Sächsisch!
  Was ist jeweils gemeint?
  Abbriguse – Bedorsielche – Ferrsch – Abblsiehn – Frieserich – Gerschn – Griechl – Gollrahwi – Heedlbärn – Maline – Abbl – Gniggschn

3 Auch die folgenden Texte in unterschiedlichen Dialekten sind als Vorschläge für euer Programm gedacht.
Beachtet bei der Arbeit an ihnen folgende Hinweise:
- Lest sie euch zuerst leise durch.
- Für den Vortrag ist es wichtig, dass ihr wisst, worum es in den Texten geht. Übertragt sie dafür ins Hochdeutsche. Ihr braucht nicht alles wortwörtlich zu übersetzen.
- Studiert die Texte dann für den Vortrag ein und tragt sie einem Partner vor. Übt euren Vortrag mehrere Male.

Kalennergeschichde (Hessisch)

Alexander Herwig

Do hangget d'r Kalenner.
Du giggesd' en ahn
ung giggesd derhenner –
nur noch zwei Blädder drahn.

Das derf dorr nidd wohr sinn!
Gehd de Uhr dann zerrigge?
Wo äss dann diss Johr hin?
Himmelkreizunggenigge!

Einen Rod hong gegäwen
de Chinesen uns längsd:
Genieße dinn Läwen!
'S äss schbädder, als de dengst.

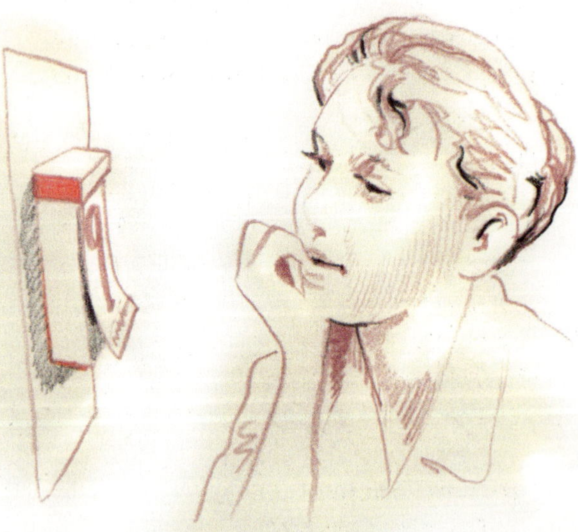

Su a Nabl (Oberlausitzisch)

Herbert Andert

Su a Nabl, su a Nabl!
Koannst ne irscht zahn Schriete sahn.
Und do heeßt's oack, uff dr Stroße
Oogn uf und achtche gaan!

Autos join[1] durch Nablschwoadn,
koannst se baale ne derkenn.
Tausnd gutt, 's tun ba dan Hitschn[2]
meestns halle Lampl brenn.

Wills de ieber anne Stroße
uff de ander Seite gihn,
guck's de wie de Goans, wenn's dunnert,
und bleibst ganz verdoaddert stiehn.

Dohie hurchs de, durthie schiels de,
ob wu woaas derquaare kimmt,
woaas dch vu hinn oder vu vurne
under seine Rader nimmt.

Ju, 's is oalbern, war'ch do itze[3]
haußn a dr Walt rimtreibt
und ne ba dan Nablwaater
ufgeräumt derheeme bleibt.

[1] jagen
[2] Fahrzeuge
[3] jetzt

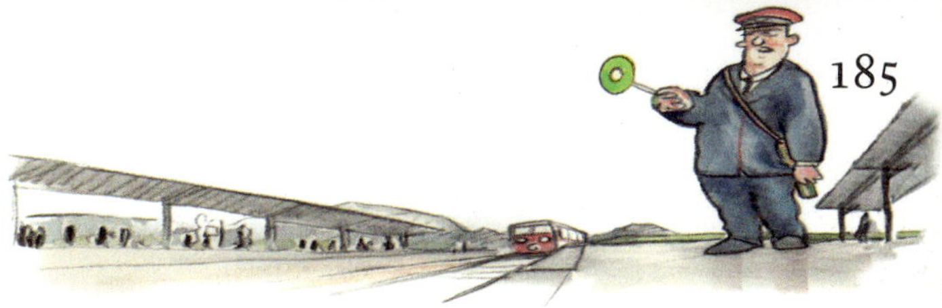

Auf de schwäbsche Eisebahne

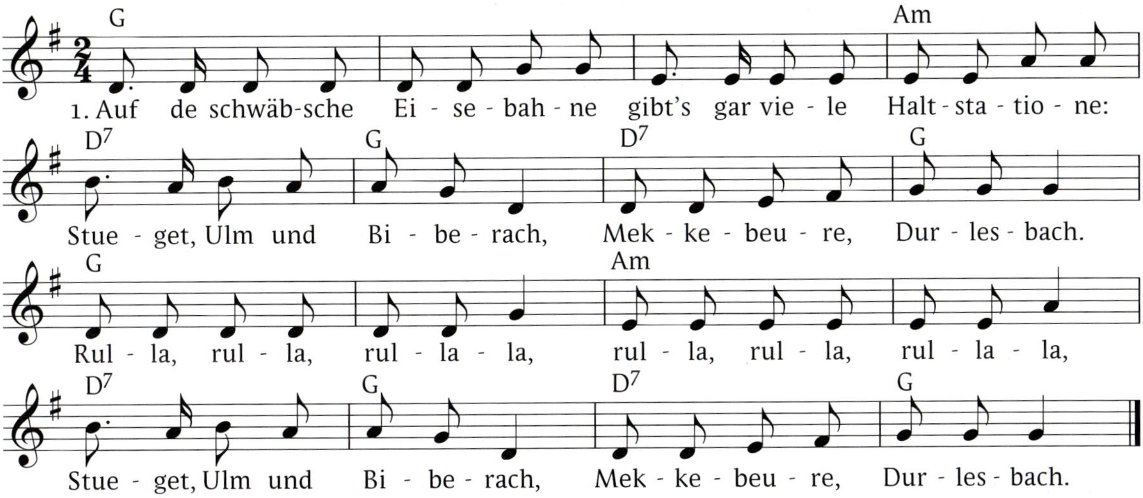

2. Auf de schwäbsche Eisebahne gibt es viele Restauratione, wo ma esse, trinke ka, alles was der Mage ma. Rulla, rulla, rullala ...

3. Auf de schwäbsche Eisebahne wollt amal a Bäurle fahre, geht an Schalter, lupft de Hut: „Oi Bilettle, seid so gut." Rulla, rulla, rullala

4. Eine Geiß hat er sich kaufet, und dass die ihm net entlaufet, bindet se de guete Ma hinte an de Wage a. Rulla, rulla, rullala ...

5. „Böckle, tu nur woidle springe; 's Futter werd i dir schon bringe!" Setzt sie zu sei'm Weible na und brennt's Tabakpfeifle a. Rulla, rulla, rullala ...

6. Auf de nächste Statione, wo er will sei Böckle hole, find't er nur noch Kopf und Soil an dem hintre Wagetoil. Rulla, rulla, rullala ...

7. Do kriegt er en große Zorne, nimmt den Kopf mitsamt dem Horne, schmeißt en, was er schmeißen ka, de'm Konduktör an Schädel na. Rulla, rulla, rullala ...

8. „So, du kannst de Schade zahle, warum bist d' so schnell gefahre! Du alloin bist schuld dara, dass i d' Geiß verlore ha!" Rulla, rulla, rullala ...

9. So, jetzt wär' das Lied gesunge, 's hätt euch wohl in d'r Ohre g'klunge. Wer's no nit begreife ka, fang's no mal von vorne a! Rulla, rulla, rullala ...

Frühgar (Erzgebirgisch)

Hans Siegert

Dr Frühling is kumme,
su hobn se geredt,
ja afange tat er,
ober da war er net.

Nu is er gekumme
weit haar über Nacht,
hot alles verännert,
verzaubert mit Macht.

Ich salber,
ich bi e ganz annerer Ma,
dos hot mer dr Frühling
allaa ageta.

Ich fühl's in dr Nos,
ich fühl's in dr Brust:
Ich ho wieder orndlich
de Schnupp n de Hust.

UNSERE ZEITUNG

Schreiben und Präsentieren

→ Eine Klassenzeitung planen und entwickeln

1 Schaut euch die Gestaltung dieser Klassenzeitung an: den Kopf, den Aufmacher, das Layout ... Worum geht es in dem Bericht?

KOLUMBUS KURIER

ZEITUNG DER KLASSE 8a

Kolumbus-Schule **12. Mai 20..**

Klassenfahrt der 8a in den Harz

Kletterspaß im Hochseilgarten

St. Andreasberg. Ein Besuch im Hochseilgarten war für die Klasse 8a der Höhepunkt ihrer 5-tägigen Harzfahrt.

Der Hindernisparcour mit Seil- und Hängebrücken, Netzen und Kletterwänden stellte die Klasse vor eine besondere Herausforderung. Aber schon nach kurzer Zeit fühlten sich alle sicher im Hochseilgarten und der Spaß am Klettern konnte beginnen.

Im Team mussten an 95 Stationen spannende Aufgaben gelöst werden. ...

Voll in Action: Jolina im Hochseilgarten

2 Auf welche **W-Fragen** gibt dieser Bericht schon Auskunft? Auf welche weiteren Fragen erwartet ihr Antworten in der Fortführung des Textes?

46

3 **Worüber möchtet ihr in einer eigenen Klassenzeitung gern etwas schreiben und auch lesen?**

Schulfeste – Sport – Klassenfahrten – Interviews – Vorstellung von Büchern, Filmen oder Spielen ...

4 Tragt in Gruppen von vier bis fünf Schülern und Schülerinnen eure Ideen in Form eines Clusters zusammen.

5 Eure Klassenzeitung soll abwechslungsreich und vielseitig werden. Ihr wollt ja nicht nur informieren, wie z. B. über das Kino-Programm, sondern auch eure Meinung über ein Problem wiedergeben. Wie könnt ihr Ereignisse

- aus eurem Wohnort,
- aus eurer Region,
- aus eurem Bundesland oder
- auch aus der Welt aufgreifen?

45–51

6 Bevor ihr mit eurer Arbeit beginnt, müsst ihr euch immer über folgende Fragen verständigen.

- Bis wann soll die Klassenzeitung fertig sein?
- Wann und wo treffen sich die Teams zum Vorstellen und Überarbeiten ihrer Texte und Bilder ...?
- Wann ist der Abgabetermin bei den Chefredakteuren der Klasse?
- Wann werden alle Beiträge der Klasse vorgestellt?
- Bis wann muss eure Zeitung der Schulleitung zur Genehmigung für die Veröffentlichung vorliegen?
- Welche Texte wollt ihr auf die Homepage der Schule stellen?
- Bis wann müssen die Absprachen mit dem Verantwortlichen für die Schulhomepage erfolgt sein?

Tipp:
Bittet euren Lehrer, die Koordination zu übernehmen.

7 Jetzt müsst ihr klären, welche Schüler welches Thema bearbeiten wollen und welche Textsorte sich dazu anbietet.

Nachricht – Bericht – Reportage mit Foto – Kommentar – Interview – Umfrage mit Schaubild/Diagramm ...

45–51

Legt euch dazu einen Arbeits- und Organisationsplan an, auf den die Verantwortlichen jederzeit zurückgreifen können.

Name	Thema	Textsorte	Termine
Mia und Paul	Schulmeisterschaften im Volleyball	Reportage	?
Sascha und Annie	Klassenfahrt	?	?
?	?	?	?

Tipps für eine Klassenzeitung:

- Eure Zeitung braucht einen Namen, der sich gut merken lässt.

- Trefft euch einmal in der Woche zu einer Redaktionskonferenz.

- Legt fest, was in eurer Zeitung stehen soll.
  Denkt dabei an die unterschiedlichen Interessen eurer Leser.
  Witz und Kritik sind erlaubt.
  Aber übertreibt es damit nicht!

- Teilt die Aufgaben unter euch auf:
  Wer schreibt was?
  Wer macht die passenden Fotos dazu?
  Wer entwirft den „Kopf“ für die Titelseite?
  Wer kann Comics oder Karikaturen zeichnen?

- Tragt euer Material in der Redaktion zusammen.
  Sichtet Fotos und Texte.
  Habt ihr treffende Schlagzeilen gefunden?
  Vergesst die Bildunterschriften nicht.

- Ganz wichtig ist der Redaktionsschluss.
  Legt fest, wann die Beiträge fertig sein sollen.
  Haltet diesen Termin ein!

- Denkt auch daran, die Texte gegenseitig Korrektur zu lesen.
  Viele Augen sehen mehr als zwei!

- Eure Namen stehen im Impressum, denn ihr seid für den Inhalt eurer Zeitung verantwortlich.
  Es muss also stimmen, was ihr schreibt.
  Ihr dürft niemanden beleidigen oder absichtlich etwas Unwahres sagen.

- Nutzt für das Layout ein geeignetes Textverarbeitungsprogramm.
  Gestaltet die Seiten am PC und druckt sie aus.

- Unter www.schuelerzeitung.de gibt es noch mehr Tipps und Informationen.

Redaktionskonferenz:

⇨ Montag, 6. Stunde
im Klassenraum

✓ Aktuelles
✓ Interview mit dem neuen Hausmeister
✓ Wichtige Termine im 1. Halbjahr
✓ Krimi-Wettbewerb
✓ Die neue Schulband
✓ Rätselseite
✓ Testbericht „Computerspiel“
✓ Was ist in? Was ist out?
✓ Witze und Comics
✓ Lustige Sprüche von Lehrern und Schülern
✓ Impressum

☛ Redaktionsschluss ☚
Freitag, 12.00 Uhr

Impressum

Texte:	Mara Schmidt, Paul Winter
Fotos:	Nick Meier
Titel:	Melike Gökay
Layout:	...

Schreiben und Präsentieren

→ Merkmale eines Interviews kennen lernen

1 Interviews sind eine beliebte Textsorte in vielen Medien. Woher kennt ihr Interviews bereits? Nennt Personen und Anlässe.

2 Auch für eure Klassenzeitungen werden Interviews eine Rolle spielen, denn dadurch könnt ihr viele interessante Informationen und Ansichten erfahren. Schaut euch dazu einmal das folgende Beispiel an.

Anpfiff mit Daniel Gerlach (16)

von Lars Preußner

Fußball ist manchmal eine ungerechte Sache. Die Spieler machen ab und an Fehler, erwarten aber gleichzeitig, dass der Schiedsrichter ohne Fehler bleibt. Hut ab vor denen, die sich Wochenende für Wochenende dieser Herausforderung stellen. Daniel Gerlach, Schüler der 10. Klasse, gehört seit einigen Jahren zum hoffnungsvollen Schiedsrichter-Nachwuchs.

Lars Preußner: Wer hat dich für die Pfeiferei motivieren können?
Daniel Gerlach: Das war Daniela Schneider, sie pfeift selbst. Als ich in der D-Jugend oft als Spieler zuschauen musste, hat sie mich einfach zu einem Ausbildungswochenende für Schiedsrichter eingeladen.
Preußner: Welcher Typ Spielleiter bist du, Vermittler oder „harter Hund"?
Gerlach: Ich spreche viel mit den Spielern.
Preußner: Wie locker sitzen bei dir die Karten?
Gerlach: Die Gelbe und die Rote Karte sitzen ziemlich fest, aber wer aufdringlich bettelt, der bekommt die Farbe, die er verdient.
Preußner: Welche Meinung hast du zum Schiedsrichter-Skandal, der als weitreichender Wettbetrug die Schlagzeilen bestimmt hat?
Gerlach: Es ist sehr schade und noch mehr enttäuschend. Der Deutsche Fußball-Bund und alle, die den ehrlichen Fußball lieben, hätten sich andere Schlagzeilen gewünscht.
Preußner: Du spielst selbst Fußball im rechten Mittelfeld für die Grünaer B-Jugend. Bist du den Schiedsrichtern gegenüber ein kritischer Spieler?
Gerlach: Ja, ich muss zugeben, ich beurteile die Leistungen der Unparteiischen meist sehr detailliert, was mich mitunter auch aufregt.
Preußner: Hast du ein Vorbild aus den Reihen der großen Schiedsrichter?
Gerlach: Mir gefällt es, wie der Chemnitzer Thomas Gerber dem umfassenden Regelwerk Geltung verschafft.
Preußner: Bleibt dir bei Schule, Schiri und Spiel noch Zeit für weitere Hobbys?
Gerlach: Ja, der Modellbau hat es mir angetan, speziell die ferngesteuerten, mit Benzinmotoren betriebenen Autos.
Preußner: Ich danke dir für dieses Gespräch und wünsche dir weiterhin souveräne und sichere Einsätze als Schiedsrichter.

Wer jetzt neugierig geworden ist und selbst einmal kühler Dirigent von 22 leidenschaftlichen Spielern sein will, der meldet sich beim FSV Grüna. Der FSV Grüna sucht für seine B-Jugendmannschaft ab kommender Saison noch einen Übungsleiter, dem die Jugendarbeit im Fußball viel Freude bereitet.

UNSERE ZEITUNG

3 Was hat euch an dem Artikel am besten gefallen? Lest entsprechende Textstellen vor.

4 Der Artikel ist in einem Ortschaftsanzeiger erschienen.
- Wer wird den Artikel wahrscheinlich lesen?
- Wodurch werdet ihr als Leser auf solche Texte aufmerksam?

M

Ein Interview führen

Ziel des Interviews ist es, die Leser interessierende Ansichten, Einstellungen, Überlegungen, Gefühle und Gedanken der Person herauszuarbeiten.

M

Fragetechniken in einem Interview

Man unterscheidet zwischen **offenen** und **geschlossenen Fragen.**

Bei einer **geschlossenen Frage** ist eine Ein-Wort-Antwort möglich.
Zum Beispiel:
Frage: *„Hast du eine Ausbildung als Schiedsrichter?"*
Antwort: *„Ja."*

Aber je nach Kommunikationssituation kann der Angesprochene trotzdem auch ausführlicher antworten.

Eine **offene Frage** eröffnet grundsätzlich den Weg für eine umfassendere Antwort.
Zum Beispiel:
Frage: *„Welche Meinung hast du zum Schiedsrichter-Skandal, der als weitreichender Wettbetrug die Schlagzeilen bestimmt hat?"*

Antwort: *„Es ist sehr schade und noch mehr enttäuschend. Der Deutsche Fußball-Bund und alle, die den ehrlichen Fußball lieben, hätten sich andere Schlagzeilen gewünscht."*

5 Welche der folgenden Zielgruppen möchte der Verfasser des Interviews wohl gern mit seinem Text erreichen?
Begründet eure Vermutung.

Schüler – Jugendliche – Eltern – Schiedsrichter – Fußballer – Trainer – Fußballfans – ?

6 Im Mittelpunkt des Interviews steht Daniel Gerlach. Aber der Autor des Textes bezweckt damit noch mehr. Schaut euch dazu noch einmal die Einleitung und den Schluss an. Welche Absichten treffen zu? Lest dafür Textbeispiele vor.
a) Werbung für die Stelle eines Übungsleiters
b) Kritik an den Fußball-Regeln
c) Information über die Arbeit eines Schiedsrichters
d) Unterhaltung des Lesers
e) Information über Termine
f) Appell an die Fußballer, sich fair zu verhalten

7 Entscheidend für die Qualität eines Interviews sind die Fragen, die gestellt werden.
Lest die Informationen im Merkkasten und löst folgende Aufgaben in Partnerarbeit.
- In welche zwei Gruppen werden Fragen eingeteilt?
- Was ist der Unterschied dabei?
- Lest die Fragen aus dem Interview noch einmal durch. Welche davon sind offene Fragen?
- Wo findet ihr im Interview vorwiegend geschlossene Fragen? Und wie antwortet Daniel Gerlach darauf?
- Schreibt dann selbst einmal Fragen auf, die ihr an den Schüler Daniel Gerlach nach dem Interview noch stellen würdet.

Tipp:
Vermeidet eher geschlossene Fragen, damit ihr nicht nur ein einfaches „Ja." oder „Nein." zur Antwort bekommt.

8 Die Textsorte Interview folgt einem bestimmten Aufbau. Vollzieht das einmal an dem Beispiel auf der Seite 189 nach.
Schreibt dazu die Bausteine für das Interview untereinander in euer Heft und notiert daneben die entsprechende Zeilenzahl des Textes.

189

Aufbau eines Interviews

M

Ein Interview, das in einer Zeitung abgedruckt wird, besteht in der Regel aus folgenden **Bausteinen:**

- Schlagzeile (evtl. Untertitel)
- Autor
- Einleitung (Vorspann / Lead)
- Hauptteil: Befragung der Persönlichkeit
- Schluss / Abrundung und / oder Ausblick / Appell

9 Interviews werden in drei verschiedene Typen eingeteilt.
Die Grenzen sind dabei aber oft fließend.
Zu welcher Art von Interview gehört das Beispiel auf Seite 189?

189

10 Fasst noch einmal mit Hilfe des folgenden Merkkastens zusammen,

- wodurch sich ein Interview von anderen Textsorten unterscheidet.
- zu welchen Zwecken Interviews durchgeführt werden.

Verschiedene Typen von Interviews

M

Bei Interviews unterscheidet man zwischen ...

- dem Sachinterview, das vordergründig Fakten und Informationen vermittelt.
- dem Meinungsinterview, das die Meinung des Befragten darstellt.
- dem Interview zur Person, bei dem der Interviewpartner als Mensch im Vordergrund steht.

Interview

M

Ein Interview ist ein vorbereitetes Gespräch zwischen zwei und manchmal auch mehreren Personen.
Dabei stellt eine Person Fragen zu einem Thema, die der Gesprächspartner / die Gesprächspartnerin beantwortet.

Interviews werden entweder mitgeschnitten oder mitgeschrieben und vor der Veröffentlichung in den Medien sprachlich bearbeitet.

Es gibt das Sachinterview, das Meinungsinterview und das Interview zur Person. Sie dienen sowohl der Information als auch der Unterhaltung.

Meistens werden im Interview offene Fragen gestellt, sodass eine umfassende Antwort möglich ist.

UNSERE ZEITUNG

Schreiben und Präsentieren

→ Ein Interview planen, durchführen und bearbeiten

Ihr plant für eure Klassenzeitung ein Interview. Damit das Interview spannend und informativ wird, gilt es, einiges zu beachten.

1 Lest erst einmal orientierend: Wie viele Schritte sind für die Vorbereitung überhaupt nötig?

Schritt 1 **Thema und Gesprächspartner bestimmen**

Die Redakteure der Schülerzeitung planen ein Interview mit Schülern der 8. Klassen ihrer Schule, die erstmals an einem Skilager teilgenommen haben.

M

Ein Interview führen

1. Das Thema festlegen
- Zu welchem Thema soll das Interview geführt werden?
- Was soll der Schwerpunkt des Interviews sein? (Sachinterview, Meinungsinterview oder Interview zur Person)
- Was genau möchte man wissen und den Lesern präsentieren?

2. Gesprächspartner auswählen
- Wer soll interviewt werden? (Sportlehrer, Schüler, Eltern, Ski-Experten ...)

2 Lies dir die folgenden Notizen der Schülerzeitungsredakteure durch. Überprüfe, ...
- ... ob die Redakteure das Thema klar formuliert haben.
- ... ob ein Schwerpunkt erkennbar ist.
- ... wer als Adressat infrage kommt.

Thema: 2013 – erstmalig Skilager für unsere 8. Klassen
- Schüler befragen,
  → was und wie sie das Skilager erlebt haben,
  → wie sie sich vorbereitet haben,
  → was ihnen am besten gefallen hat,
  → wo es Probleme gab,
  → welche Änderungsvorschläge sie machen möchten,
  → welche Tipps sie für die zukünftigen Teilnehmer haben,
  → wie viel Geld alles gekostet hat,
  → wie Essen und Unterkunft waren.

Schritt 2 **Fragen formulieren**

3 Untersucht folgende Fragensammlung der Redakteure.
- Sind die Fragestellungen gut verständlich?
- Handelt es sich um offene oder geschlossene Fragen?
- Wecken die Fragestellungen das Interesse der Leser?

a) Wo hat das Skilager stattgefunden?
b) Wie ist es dir in der Vorbereitung auf das Skilager ergangen?
c) Wie hat dir das Skilager insgesamt gefallen?
d) Erzähle von deinem schönsten bzw. witzigsten Erlebnis im Skilager.
e) Beschreibe kurz euren Tagesablauf im Skilager.
f) Unterkunft, Essen und Wetter – wie viele von 10 Punkten kannst du jeweils geben?
g) Traten Probleme auf? Welche schwierigen Situationen musstest du meistern?
h) Nenne zehn Begriffe, die du mit dem Skilager verbindest.
i) Skilager statt Jugendherbergsfahrt – war das eine gute Entscheidung?

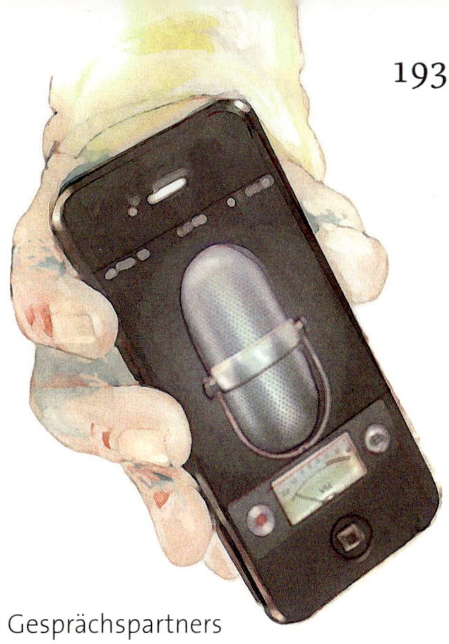

4 Formuliert selbst Fragen, die ihr gern noch stellen würdet.

Schritt 3 Reihenfolge der Fragen festlegen

5 Schaut euch noch einmal die Interviewfragen unter Aufgabe 3 und eure eigenen Fragen aus Aufgabe 4 an.

- Schreibt sie in einer sinnvollen Reihenfolge auf.
- Prüft, welche Frage als Einstiegsfrage geeignet ist.

Schritt 4 Arbeitsmittel für die Gesprächsführung bereitstellen

6 Entscheidet rechtzeitig vor dem Interview, ob ihr die Antworten eures Gesprächspartners auf einem Notizzettel mitschreiben wollt oder das Gespräch mitschneiden wollt. Für Letzteres braucht ihr ein Aufnahmegerät (Handy, Diktiergerät ...). Prüft vorher die Funktionsfähigkeit und den Akku-Stand.

Schritt 5 Termine und Absprachen treffen

7 Warum müsst ihr mindestens zwei Termine mit eurem Interviewpartner vereinbaren?

Schritt 6 Durchführung des Interviews

8 Geht mindestens zu zweit zu eurem Interview, das gibt Sicherheit. Bei auftretenden Pannen könnt ihr besser reagieren und es gehen weniger Informationen verloren. Außerdem solltet ihr auch daran denken, ein Foto zu machen, wenn der Interviewpartner einwilligt.

Vereinbarungen mit dem Interviewpartner

Rechtzeitig vor dem Interview sendet man dem Gesprächspartner die ausformulierten Fragen zu, damit er sich in Ruhe die Antworten überlegen kann. Danach werden Gesprächstermin und -ort vereinbart. Auch ein Ausweichtermin sollte besprochen werden.

M

Tipp:
Wohnt der Interviewpartner zu weit entfernt oder ist zum Termin verhindert, kann das Interview notfalls auch am Telefon geführt werden.

Schritt 7 Den Rohtext redigieren (überarbeiten)

Die meisten Interviews werden schriftlich festgehalten. Die dabei angefertigten Mitschriften sind Rohtexte, die danach verkürzt, ergänzt und verändert, also redigiert werden. Vor der Veröffentlichung des Interviews müssen diese Veränderungen des Textes aber vom Interviewten bestätigt werden. Dazu wird ihm ein Ausdruck zur Unterschrift vorgelegt.

9 Bereitet nun in Partnerarbeit einmal selbst ein Interview für eure Klassenzeitung vor. Ihr könntet zum Beispiel über die Eröffnung eines Tierheims schreiben. Vielleicht möchtet ihr aber auch mal einen Kriminalbeamten aus der nächstgelegenen Polizeiwache über seine Arbeit befragen oder den Bürgermeister darüber interviewen, wie es mit dem Jugendklub weitergeht. Nutzt auch die Checkliste auf der folgenden Seite.

UNSERE ZEITUNG

Schreiben und Präsentieren

→ Schlagzeile, Einleitung und Schluss eines Interviews überarbeiten

1 Jeder Text braucht eine Überschrift. Journalistische Textsorten machen mit Schlagzeilen auf sich aufmerksam, um das Interesse der Leser zu wecken.
Manchmal gibt es auch noch einen informativen Untertitel.
Seht euch die folgenden Schlagzeilen an.
- Welche wecken eure Neugier besonders?
- Welche findet ihr ansprechend, welche uninteressant?
- Begründet eure Einschätzungen.

Radsport: Ullrich ätzt gegen Ex-Rivalen Armstrong

Wie viel Facebook verträgt mein Baby?
Immer mehr Promis stellen Privatfotos ins Netz

Jungtiere vor dem Ertrinken gerettet
Mann rettet zwei Rehkitze aus der Hochwasserflut

Jahrhundertflut

Grundstein für das neue Berliner Stadtschloss gelegt

2 Entwerft für eure Texte Schlagzeilen.
- Formuliert die Schlagzeilen kurz und knackig.
  Manchmal reicht schon ein Wort, um das Interesse der Leser zu wecken.
- Stellt eure Ideen vor und und wählt die besten daraus aus.

3 Zu einem Interview gehören auch eine Einleitung (Vorspann bzw. Lead) und ein Schluss.
Lest folgendes Beispiel für eine Einleitung zum Interview.
- Welche Funktion hat diese Einleitung?
- Welche Informationen haltet ihr in dieser Einleitung für das Interview für unverzichtbar?

Alle Schüler unserer Schule nehmen in der Klassenstufe acht im Rahmen des Sportunterrichts an einem Skilager teil: entweder in Sayda oder in Mühlbach. So auch wir im Januar 2013. Für unsere Klassenzeitung haben wir Lisa und Tom nach ihren persönlichen Eindrücken und Erinnerungen daran befragt.

191

4 Ihr wisst bereits, dass es verschiedene Typen von Interviews gibt.
Welcher der folgenden Auszüge leitet ein Sach-, welcher ein Meinungsinterview ein?
Und welcher Auszug dreht sich vor allem um den Interviewpartner als Mensch?

Ein Fernseher im Aufenthaltsraum – über diese Frage wird zurzeit hitzig gestritten. Einige halten die Idee für zeitgemäß oder verweisen auf lehrreiche Sendungen. Andere fürchten Lärmbelästigung und Dauerstreit über die Programmwahl. Wir haben über dieses Thema mit der Deutsch- und Geschichtslehrerin Frau Marianne Schulze gesprochen …

Seit Oktober hat unsere Schule einen neuen Hausmeister: Edgar Münz. Für unsere Klassenzeitung haben wir den 46-jährigen Hobby-Imker und Langstreckenläufer nach seinen ersten Erfahrungen im neuen Job, nach seinem schönsten Urlaub und seinem Lieblingsessen gefragt …

Im Sommer soll der Innenhof umgestaltet werden. Alle wissen das, aber niemand weiß Bescheid, was genau geplant ist. Wir wollten das ändern und haben aus diesem Grund mit Eike (8c) und Charlotte (7a) gesprochen. Die beiden beteiligen sich am „Projekt Innenhof" und haben uns bereitwillig Auskunft gegeben …

5 Im Schlussteil des Interviews kann man sich für das Interview bedanken, Wünsche äußern und Ausblicke geben.
Was bezwecken die Schüler mit folgender Schlussvariante?

Lisa und Tom haben natürlich noch viel mehr im Skilager erlebt. Aber alles wollen sie nicht verraten. Am Ende möchten wir noch zwei Anregungen für die Organisation der nächsten Skilager im kommenden Jahr geben: Mehr freie Fahrt beim Abfahrtslauf! Viel mehr Obst und Gemüse auf den Speiseplan!

6 Schreibt nun selbst eine Einleitung und einen Schluss für euer Interview.

7 Überarbeitet euer Interview anschließend mit Hilfe der folgenden Checkliste.

Checkliste Interview

Zum Aufbau: Ich habe ...

- ✓ ... eine kurze und interessante Schlagzeile aufgeschrieben.
- ✓ ... in meiner Einleitung das Thema für das Interview klar und deutlich formuliert.
- ✓ ... den Schwerpunkt des Themas bestimmt und eingehalten.
- ✓ ... eine zündende Einstiegsfrage aufgeschrieben.
- ✓ ... die Reihenfolge für meine Fragen festgelegt und alle Antworten richtig zugeordnet.
- ✓ ... einen Schluss für das Interview geschrieben.

Zur Fragestellung: Ich habe ...

- ✓ ... überwiegend offene Fragen formuliert, die mehr als nur ein Wort als Antwort verlangen.
- ✓ ... meine Fragen klar und verständlich formuliert.
- ✓ ... keine Fragen aufgeschrieben, die eine zu ausführliche Antwort verlangen.
- ✓ ... überprüft, dass sich meine Fragen nicht überschneiden, sich also nichts wiederholt.
- ✓ ... darauf geachtet, nur faire Fragen zu stellen.
- ✓ ... die Fragen für meine Leser verständlich und interessant formuliert.

Zur Sprache: Ich habe ...

- ✓ ... auf vielfältige Satzanfänge und treffende Wortwahl geachtet.
- ✓ ... überschaubare und grammatisch richtige Sätze gebildet.
- ✓ ... die richtige Schreibung der Wörter und die Zeichensetzung überprüft.

Recht-
schreibung
und Zeichen-
setzung

Die Schreibung der Wörter

→ Erkenntnisse vertiefen – Wissen festigen

Über die Rechtschreibung der Wörter habt ihr in den vorangegangenen Schuljahren schon eine Menge gelernt. In diesem Kapitel geht es darum, das Gelernte zu wiederholen, zu üben und zu festigen.

Ihr wisst: In unserer Sprache werden die Wörter vor allem so geschrieben, wie sie ausgesprochen werden. Das heißt, die **Laute** werden in **Buchstaben** wiedergegeben. Ein gesprochenes /*m*/ erscheint auf dem Papier als geschriebenes *m*. Und so ist es bei den meisten Lauten und Buchstaben.
Allerdings gibt es große Unterschiede in Einzelheiten der Schreibung.

1 Seht euch die folgende Übersicht über die wichtigsten Möglichkeiten, die Wörter richtig schreiben zu können, genau an.

1. Lautreine Wörter	**2. Ableitungswörter**	**3. Bausteinwörter**
Wörter, die so geschrieben werden, wie man sie spricht:	Wörter, deren Schreibung man von anderen Wortformen ableiten kann:	Wörter, deren Schreibung man durch Zerlegen der Wörter ermitteln kann:
Auto, Weide, Krach, tapfer, stark, klasse, lüften, schaufeln, reiten ...	*Gelände → Land, reist → reisen, treibt → treiben, Räume → Raum ...*	*aussuchen → aus + suchen, erreichen → er + reichen, abbauen → ab + bauen ...*
Strategie: ⇩ **deutliche Aussprache**	**Strategie:** ⇩ **Verlängerung, Verkürzung**	**Strategie:** ⇩ **Zerlegen in Wortbausteine**

4. Regelwörter	**5. Merkwörter**	**6. Nachschlagewörter**
Wörter, für deren Schreibung es Wort- und Satzregeln gibt:	Häufig vorkommende Wörter, deren Schreibung man sich merken muss:	Selten gebrauchte Wörter, die man in einem Wörterbuch nachschlagen sollte:
*ho**h**l, za**h**m, So**h**n, wa**h**r ...* *aber: Schale, Gram, Kran, Pol ...* *warten → das Warten, gut → etwas Gutes, gestern Nacht ...* *Auto fahren, lesen üben, dieses Mal, fertig sein ...*	*Herbst, Samstag, Beule, Maschine, Schule, sieht, reißt, ihn, vielleicht, heraus, irgendjemand, hoffentlich, nämlich, ziemlich ...*	*Sympatie? Sympathie? Weihnachten? Weinachten? Markiese? Markise? Karusell? Karussell? ...*
Strategie: ⇩ **Regeln ermitteln, merken, anwenden**	**Strategie:** ⇩ **Üben: lesen und schreiben**	**Strategie:** ⇩ **Nachschlagen im Wörterbuch**

abbauen / abauen – anschwärtzen / anschwärzen – Ausicht / Aussicht – Brote – Cabrio / Kabrio – entweder / endweder ... oder – Fanthom / Phantom – fegen – gar kein / garkein – Hinweis / Hinweiß – irgendwo / irgentwo – Kiebord / Keybord – Lose – mehr Mals / mehrmals – morgen abend / morgen Abend – November / Nowember – Orthographie / Orthografie – Rad fahren / radfahren – raten – sich totlachen / sich tot lachen – traben – unnormal / unormal – Vanilje / Vanille – verendern / verändern – veringern / verringern – versäumen / verseumen – Wegang / Weggang – zerreist / zerreißt – zurück kommen / zurückkommen

2 Zu welchen Gruppen gehören diese Wörter? Wie kannst du ihre Schreibung ermitteln? Schau dir die Übersicht auf der linken Seite noch einmal genau an.

- Ordne die Wörter nun den Gruppen zu und schreibe sie richtig auf.
- Manchmal kannst du ein Wort auch in zwei Gruppen unterbringen:.

1. Diese Wörter schreibt man so, wie man sie spricht: *Brote ...*
2. Diese Wörter kann man von anderen Wortformen ableiten: *Hinweis (Hinweise) ...*
3. Diese Wörter muss ich zerlegen: *unnormal (un+normal) ...*
4. Für diese Wörter muss ich Regeln kennen: *morgen Abend ...*
5. Diese Wörter sollte ich mir merken: *entweder ... oder ...*
6. Diese Wörter würde ich im Wörterbuch nachschlagen: *Phantom ...*

Strategie: Eine kürzere Wortform suchen

1 Die folgenden Wörter werden mit *äu* oder *eu* geschrieben. Suche zu ihnen eine andere Wortform mit *au*. Wenn du eine findest, dann wird das Wort mit *äu* geschrieben. Wenn du unsicher bist, schlage in einem Wörterbuch nach.

*Geb**de, Kr**zung, verstr**en, Str**cher, S**re, Geh**l, sich fr**en, F**ste*

*kr**seln, vert**feln, vers**men, Str**selkuchen, sch**men, k**chen, sich schn**zen, umherstr**nen*

2 Die folgenden Wörter werden mit *ä* oder *e* geschrieben. Suche zu ihnen eine andere Wortform mit *a*. Wenn du eine findest, dann wird das Wort mit *ä* geschrieben. Wenn du unsicher bist, schlage in einem Wörterbuch nach.

*sch*dlich, sch*len, sch*lten, Qu*lle, sch*tzen, Pl*ne, Fl*ck, kl*ttern, verst*cken, Gl*tte, am l*ngsten, s*lber*

*H*ndler, P*ndler, st*ndig, R*nder, S*ndung, qu*ngeln, qu*len, bequ*m, Anh*nger, H*ngst, Z*pfchen, p*tzen*

3 Eine Reihe von Wörtern mit *ä* und *äu* solltest du dir unbedingt merken. Für sie gibt es nämlich kein verwandtes Wort mit *a* oder *au* – oder man kann es nicht mehr erkennen. Bilde mit jedem Wort einen Satz.

Säule, Strähne, Bär, Ähre, Käfig, Säge, Ärger, nämlich

→ Strategie: Eine längere Wortform suchen

1 Bei den folgenden Wörtern hörst du am Ende immer ein /t/. Manche von ihnen werden aber am Ende mit _d_ geschrieben. Ob ein Wort mit _d_ oder mit _t_ geschrieben wird, kannst du hören, wenn du die Wörter verlängerst.
Sprich die verlängerte Form erst deutlich aus und schreibe sie dann auf.

run*, Lus*, gesun*, Wel*, Gebur*,
nieman*, ätzen*, Krau*, blon*, Gestal*

bun*, blin*, Zel*, Rekor*, Elemen*,
absur*, zar*, jeman*, Wor*

2 Bei den folgenden Wörtern hörst du am Ende immer ein /p/. Manche von ihnen werden aber am Ende mit _b_ geschrieben. Ob ein Wort mit _p_ oder mit _b_ geschrieben wird, kannst du hören, wenn du die Wörter verlängerst.
Sprich die verlängerte Form erst deutlich aus und schreibe sie dann auf.

Tra*, Prinzi*, Lum*, Sie*, Horosko*,
Antrie*, Partizi*, hal*, plum*, Lo*

Kor*, Stau*, Mikrosko*, Ty*,
trü*, Gezir*, Kal*, Poly*, tau*

3 Bei den folgenden Wörtern hörst du am Ende immer ein /k/. Manche von ihnen werden aber am Ende mit _g_ geschrieben. Ob ein Wort mit _k_ oder mit _g_ geschrieben wird, kannst du hören, wenn du die Wörter verlängerst.
Sprich die verlängerte Form erst deutlich aus und schreibe sie dann auf.

Laufste*, Fabri*, Sar*, We*, Geschen*,
Bur*, Spu*, blitzblan*, klu*, Feuerwer*

Mitta*, sie lo*, Erfol*, er mer*t, Schran*,
wel*, Dialo*, Gelen*, Fahrzeu*, Wer*

Strategie: Ein Wort in seine Bausteine zerlegen

1 Bilde mit jedem Präfix ein Verb und ein Substantiv. Der Wortstamm soll immer mit dem Buchstaben beginnen, mit dem das Präfix endet. Markiere die beiden Buchstaben mit unterschiedlichen Farben: _abbrechen – Abbruch_ …

ab- an- auf-
aus- ent- er-
über- weg- zer-

reden brechen reichen steigen nähern teilen geben
bilden fahren stehen nehmen reizen gucken tarnen
regen tun reagieren streuen täuschen führen

2 Die folgenden Wörter werden mit _einem_ oder mit _zwei_ Konsonanten geschrieben.
Wenn du unsicher bist, zerlege das Wort in seine Bausteine.

u(n)ötig ve(r)ingern e(r)öten u(n)atürlich E(r)oberung Mi(t)äter ve(r)eiteln au(s)uchen
A(b)ruch ve(r)ändern ve(r)ausgaben en(t)arnen en(t)rümmern e(r)eichen a(n)ähern
a(b)ürsten a(n)alog e(r)eilen a(b)rausen ze(r)upfen u(r)alt sich ve(r)irren
au(s)arbeiten be(r)eiten mi(t)einander Au(s)aat e(r)ichten übe(r)aus a(n)alysieren

Die Schreibung der Wörter

→ Strategie: Merkwörter üben – Fremdwörter

Es gibt eine Reihe von Fremdwörtern, die du üben kannst, sodass du nicht ständig im Wörterbuch nachschlagen musst. Das sind Fremdwörter mit bestimmten Buchstabenkombinationen, die man sich merken kann.

Einüben könnt ihr diese Fremdwörter am besten auf folgende Weisen:

System, Temperament, Adresse, Diskussion, Intelligenz, kompakt, Defekt, Technik, Aggression, Symmetrie, Advent, Distanz, Internet, Dialekt, Mimik, Symbol, Interesse, Klinik, Objekt, Fabrik

Organisation, Adverb, Display, abstrakt, Physik, Funktion, Sympathie, Adjektiv, Interview, Perfekt, Mathematik, Produktion, direkt, Projekt, Temperatur, Kontakt, korrekt, Panik, Operation, Konkurrent

1 Überprüfe zunächst, ob du die Bedeutung aller Wörter kennst. Denn ohne zu wissen, was sie bedeuten, kann man sie kaum üben. Gebt euch also gegenseitig Auskunft oder schlagt in einem Wörterbuch nach.

2 Suche dir eine der beiden Listen mit Übungswörtern aus, die du oben rechts findest. Schreibe die Wörter nach dem Alphabet geordnet auf. Dabei musst du dir ihren Aufbau genau anschauen:
Adresse, Advent …

3 Ordne die Wörter nach bestimmten Buchstabenkombinationen und schreibe sie auf:
Sy-: …, Ad-: …, In-: …,
-ik: …, -ekt: …, -akt: …, -ion: …, -ent: …

4 Schreibe Wörter auf, die bestimmte schwierige Merkmale wie *ph, th, y* oder Doppelkonsonanten haben. Unterstreiche diese Merkmale:
System, Aggression …

5 Bilde mit einigen der Substantive dazugehörige Adjektive mit den Nachsilben *-iv, -isch:*
Aggression – aggressiv …
Symbol – symbolisch …

6 Bilde von einigen Substantiven dazugehörige Verben mit *-ieren:*
Diskussion – diskutieren …

7 **Schreibe mit zehn ausgewählten Wörtern je einen Satz auf. Unterstreiche dabei das Fremdwort.**
Sie hat großes Interesse an Frauenfußball. …

8 **Schreibe mit ausgewählten Wörtern Sätze auf, in denen immer zwei der Wörter (Substantive, Adjektive oder Verben) vorkommen. Unterstreiche dabei die Fremdwörter.**
Der Besuch der Fabrik war interessant. …

9 Diktiert euch ausgewählte Wörter gegenseitig. Kontrolliert euch dabei.

Recht-schreibung und Zeichen-setzung

Getrennt- und Zusammenschreibung

→ Zweifelsfälle der Getrennt- und Zusammenschreibung

Ob zwei Wörter im Verlauf ihrer Geschichte bereits zu einem Wort zusammengewachsen sind, ob sie also getrennt oder zusammengeschrieben werden, darüber gab es immer wieder Uneinigkeit. Besonders schwierig ist es, wenn neue Wörter entstehen. Soll man *Erdöl fördernde Länder* getrennt schreiben oder zusammen: *erdölfördernde Länder*? Regeln dafür sind schwer aufzustellen.
Du bist also in Zweifelsfällen darauf angewiesen, ein Wörterbuch zu benutzen.

M

Substantiv + Verb

Ist der erste Bestandteil ein Substantiv, schreibt man in der Regel getrennt: *Rad fahren*. Doch es gibt „zusammengewachsene" Kombinationen wie *eislaufen* ...

1 Schreibe zunächst die folgenden Wörter so auf, wie du sie schreiben würdest. Dabei solltest du sie immer in Sätze einfügen wie: *Ich kann/soll/muss brustschwimmen – Brust schwimmen.* Denn wenn sie als Substantiv verwendet werden, schreibt man sie natürlich immer zusammen: *das Brustschwimmen.*

BRUST/SCHWIMMEN
AUTO/FAHREN
KOPF/STEHEN
SCHLANGE/STEHEN
SCHLITTSCHUH/LAUFEN
FUßBALL/SPIELEN
STAND/HALTEN
RAD/FAHREN
KOPF/RECHNEN
KUCHEN/BACKEN
KLAVIER/SPIELEN
TEIL/NEHMEN
ACHT/GEBEN
LEID/TUN

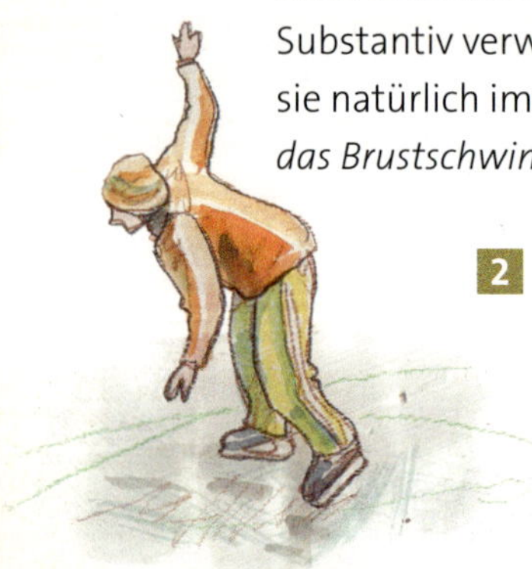

2 Schlage dann in der neuesten Ausgabe des DUDEN nach, wie man sie schreiben muss – oder schreiben kann. Du findest die Hinweise entweder im Regelverzeichnis auf den ersten Seiten oder im Wörterverzeichnis.

M

Verb + Verb

Ist der erste Bestandteil ein Verb oder Partizip, wird in der Regel getrennt geschrieben: *schreiben lernen, getrennt schreiben.*

3 Verwende einige dieser Wörter in Sätzen mit *möchte, soll, muss:*
Ich soll einkaufen gehen. ...

einkaufen/gehen
liegen/lassen
schwimmen/lernen
schreiben/lernen
baden/gehen
spazieren/gehen
kennen/lernen
lesen/üben

4 Schreibe die Wörter auf, wie du es für richtig hältst. Schlage dann nach, ob du sie richtig geschrieben hast.

warm/laufen *schmutzig/machen*
klein/schneiden *kleiner/schneiden*
groß/schreiben *kaputt/machen*
schachmatt/setzen *lauwarm/baden*
blank/putzen *ganz nahe/kommen*

5 Bilde Sätze mit den folgenden Wortpaaren:

freisprechen – frei sprechen
schwerfallen – schwer fallen
großschreiben – groß schreiben

6 **Bilde mit den Adverbien aus dem Merkkasten zehn Zusammensetzungen mit Verben:**
auseinanderbrechen …

7 **Bilde mit den Adverbien aus dem Merkkasten Zusammensetzungen mit Verben und verwende sie in Sätzen, z. B. so:**
Ihr solltet nicht so viel herumrennen! …

8 Schreibe diese Wörter zunächst einmal so auf, wie du sie schreiben würdest.

HOT/DOG *OPEN/AIR/FESTIVAL*
CHAT/ROOM *CHEWING/GUM*
KICK/DOWN *FAIR/PLAY*
PODIUMS/DISKUSSION
SOFT/DRINK *CASTING/SHOW*
JOB/CENTER *ROUND/TABLE/GESPRÄCH*

9 Überprüfe nun im DUDEN, ob du die Wörter tatsächlich so schreiben kannst oder ob du sie anders schreiben musst.

Adjektiv + Verb

M

Ist der erste Bestandteil ein einfaches Adjektiv, kann getrennt oder zusammengeschrieben werden: *Du musst die Möhren kleinschneiden / klein schneiden.*
Man schreibt aber stets getrennt bei gesteigerten Adjektiven und erweiterten Verben und Adjektiven: *Du musst die Möhren etwas kleiner schneiden. Ich habe die Möhren klein geschnitten.*
Zusammen schreibt man, wenn die Kombination Adjektiv + Verb eine übertragene Bedeutung besitzt. Man unterscheidet dann z. B. zwischen *Adjektive muss man kleinschreiben* und *Du solltest nicht so klein schreiben.*

Adverbien

M

Adverbien wie die folgenden werden in Kombination mit Verben zusammengeschrieben: *auseinander-, heraus-, herum-, hinaus-, hinein-, hinterher-, hinüber-, rückwärts-, umher-, vorbei-, wieder-, zurück-, zusammen- …*

Ob wir ihnen hinterherlaufen?
Wir sind ihnen hinterhergelaufen.

Zusammensetzungen mit Fremdwortbestandteilen

M

Fremdwörter werden vielfach den deutschen Regeln der Getrennt- und Zusammenschreibung angepasst. So ist aus dem französischen *porte monnaie* erst in Groß- und Zusammenschreibung ein *Portemonnaie* – und heute sogar ein *Portmonee* geworden.

Manchmal haben wir aber noch immer mehrere Möglichkeiten, ein Wort zu schreiben: Wir können entweder seine fremdsprachliche Schreibweise weitgehend beibehalten oder es bereits der deutschen Schreibung anpassen. Dabei können wir bei einigen Wörtern den Bindestrich verwenden.

Recht-schreibung Zeichen-setzung

10 Schreibe den folgenden Text auf und setze dabei *Mal* oder *-mal* ein.
Wenn du unsicher bist, schlage zur Sicherheit noch einmal in einem Wörterbuch nach.

Ich habe dir das schon hundert*** gesagt!
Er hat eben manch*** Glück.
Ich denke, ein*** darf man sich irren!
Ich komme ein anderes*** zu euch.
Sie hat zum ersten*** alles richtig gemacht.
Darüber ist sie dies*** richtig glücklich.
Sie musste das Lied viele*** üben.

Aber sie hat Hunderte*** nicht zugehört.
Aber manches*** hat sie auch Pech.
Viele*** sollte man das aber nicht tun!
Ein ander*** passt es mir besser.
Noch ein*** passiert ihr das vielleicht nicht.
Sie hat es sich dieses*** auch verdient!
Und sie hat es auch viel*** geübt.

M

Mal oder *-mal*

Steht vor dem Wort *Mal* ein Wort mit einer Endung, so schreibt man getrennt und groß:
das erste Mal, dieses Mal, manches Mal, viele Male …
Steht vor dem Wort *-mal* ein Wort ohne Endung, so schreibt man zusammen und klein:
einmal (aber auch, wenn es betont ist: ***ein** Mal), manchmal, vielmal, vielmals, diesmal …*
Manche Kombinationen kann man auf zweierlei Weise schreiben:
hundertmal – hundert Mal, ein paarmal – ein paar Mal, sovielmal – so viel Mal …

11 **Im folgenden Text sind fünf Fehler enthalten. Schreibe den Text richtig auf. Schau im Zweifelsfall im Wörterbuch nach.**

a) Vorige Woche hatte sie den Film zum letztenmal gesehen.
b) Sie hatte sich ihn schon mehrere male angeguckt.
c) Sie wollte ihn aber unbedingt noch ein Mal mit ihrer Freundin zusammen sehen.
d) Denn dies Mal wollte sie auf eine ganz bestimmte Stelle achten.
e) Doch jedesmal, wenn sie bei ihrer Freundin vorbeikam, war keiner zu Hause.
f) Manchmal hat man eben kein Glück!
g) Sie wird es morgen noch ein weiteres mal probieren.

12 **Im folgenden Text sind einige Fehler enthalten. Schreibe den Text richtig auf. Schau im Zweifelsfall in einem Wörterbuch nach.**

a) Das letztemal waren sie in den Ferien in den Bergen gewesen.
b) Doch diesmal sollte es an die Ostsee gehen.
c) Dort wollte er wenigstens ein Mal seinen neuen Kite fliegen lassen.
d) Er probierte es viele Male aus.
e) Doch manch Mal war der Sturm zu stark,
f) und ein anderes mal wehte überhaupt kein Lüftchen.
g) Doch dann kam der Tag, an dem er aufeinmal flog.
h) Er ließ ihn mehrmals hoch – und hatte seine Freude daran.

Groß- und Kleinschreibung

→ Besonderheiten der Groß- und Kleinschreibung

Es gibt einige Fälle der Groß- und Kleinschreibung, für die die meisten Menschen ein Wörterbuch benötigen. Wenn man zum Beispiel nicht weiß, wie man *Sie spricht englisch/Englisch* schreibt, dann sollte man im Wörterbuch nachschauen. Auskunft gibt zum Beispiel der DUDEN an zwei verschiedenen Stellen:

- unter den Regeln zur Groß- und Kleinschreibung am Anfang des Buches und
- unter dem Stichwort *englisch*.

Damit ihr den Umgang mit Regeln lernen könnt, sind hier Beispiele abgedruckt, wie sie auf ähnliche Weise im Regelverzeichnis des DUDEN stehen.

1 Lest euch den Text erst einmal vor.

Das Unerwartete ist immer *am überraschendsten*

nach einer wahren Begebenheit

Es war *vorgestern Nachmittag*, als dem Schüler Marco *etwas sehr Ungewöhnliches* passierte. Er war auf dem Weg in die Stadt zu einem *englischen Austauschschüler*, bei dem er *das Übersetzen* lernen wollte. Als er auf dem Bahnhof ankam, merkte er plötzlich, dass er die Adresse vergessen hatte. Das war ihm natürlich peinlich. Zum Glück hatte er seinen Laptop dabei, auf dem er *das Gelernte* speichern wollte. Darauf hatte er auch die Adresse des Bekannten gespeichert, mit dem er *englisch sprechen* wollte. Marco setzte sich *als Erstes* auf eine Bank, um das Programm zu öffnen. Doch der Akku war leer. Da dachte er: Wer *suchen* gelernt hat, der findet auch! Er suchte also *als Nächstes* eine Steckdose *zum Aufladen*. In der Nähe eines Infoschalters sah er ein Verlängerungskabel mit zwei farbigen Steckdosen. In die *rote* stöpselte er seinen Computer ein und fand dann auch die gesuchte Adresse. Er dachte: *Am wichtigsten* ist, wenn man sich zu helfen weiß! Doch auf die erste Freude folgt durchaus nicht immer die *zweite*. Vielmehr wurde er von zwei Beamten des Bundesgrenzschutzes angesprochen. *Der erste von ihnen* warf ihm *das Stehlen* von Strom aus einer privaten Steckdose vor. Marco hätte wohl *alles Mögliche* erwartet, nur das nicht! Ihm wurde *angst und bange*. Doch die seltsame Geschichte nahm ein gutes Ende. *Das Entnehmen* des bisschen Stroms blieb ohne Folgen. Und Marco hat seinen Helfer *für Englisch* doch noch gefunden.

2 Lies dir zunächst die Regeln auf der nächsten Seite durch.

3 Schreibe dann die *kursiv* gedruckten Wörter und Wortkombinationen aus diesem Text ab – und notiere jeweils die Nummer der entsprechenden Regel dahinter:
das Unerwartete (R2), am überraschendsten (R4) …

Recht-schreibung und Zeichen-setzung

Regeln:

R1 **Tageszeiten,** die nach anderen Adverbien stehen wie *gestern, heute, morgen ...,* werden als Substantive angesehen und großgeschrieben:
vorgestern Abend, heute Morgen, morgen Mittag ...

R2 **Adjektive** und **Partizipien,** die als Substantive gebraucht werden, werden in der Regel großgeschrieben:
Das Weiche besiegt das Harte. Er fand das lange Gesuchte wieder.
Ich halte dich auf dem Laufenden. Auf die Schnelle, das Blau des Himmels ...
Häufig zeigen vorangehende Wörter wie *alles, etwas, nichts, viel, wenig ...* an, dass das folgende Wort als Substantiv gilt: *nichts Neues, alles Folgende, etwas Schönes ...*

R3 **Adjektive** und **Partizipien,** die allein mit einem Artikel stehen, werden kleingeschrieben, wenn sie zu einem vorangehenden oder folgenden Substantiv gehören:
Das blaue dort ist mein Auto. Mir gefällt das Kleid gut, besonders das blaue.

R4 **Superlative** mit *am,* nach denen man mit *wie* fragen kann, schreibt man klein:
Das ist (wie?) *am besten, am schönsten, am wichtigsten ...*
Setzt sich das Wort *am* aber aus *an dem* zusammen, schreibt man groß:
Es fehlt uns am (an dem) Wichtigsten.
Der Superlativ *Beste* wird großgeschrieben: *Er war der Beste, es ist das Beste, der erste Beste.*
Bezieht er sich aber auf ein vorausgehendes oder nachfolgendes Substantiv, schreibt man klein:
Dieses Eis ist das beste. Das ist die beste aller Welten.

R5 **Aus Substantiven entstandene Wörter** werden kleingeschrieben, wenn sie mit *sein* oder *werden* verbunden sind:
Mir wird angst und bange. Du bist schuld daran.
Aber: *Ich habe Angst. Du hast Schuld.*

R6 **Adjektive,** die aus **Ländernamen** wie *Deutschland* abgeleitet sind, schreibt man groß:
Etwas auf Deutsch (in deutscher Sprache) sagen.
Wenn das Adjektiv aber mit *wie* erfragt werden kann, schreibt man klein:
Sie spricht (wie?) *deutsch.*

R7 **Verben** im Infinitiv, die als Substantive gebraucht werden, schreibt man groß.
Sie werden dann meistens mit Artikel oder Präposition gebraucht:
Sie hat das Segeln erlernt. Er sieht ihr zum Verwechseln ähnlich.
Infinitive ohne Artikel können groß- oder kleingeschrieben werden:
Sie hat segeln / Segeln gelernt.

R8 **Zahlen** und **Adjektive,** die als Substantive gebraucht werden, schreibt man groß:
Wenn zwei sich streiten, freut sich der Dritte. Jeder Zweite bekommt etwas ab.
Den Letzten beißen die Hunde. Als Erstes / Als Nächstes machte er seine Hausaufgaben.

4 Schreibe die folgenden Wortgruppen auf. Schreibe die jeweilige Regel dahinter:
zum Schwimmen (R7), im Liegen (R7) …

zum Schwimmen, alles Liebe, sie ist die Beste, beim Turnen, übermorgen Mittag, etwas Warmes, du bist schuld, sie spricht englisch, ich kann kein Italienisch, gestern Abend, mir wird angst, am besten ist, wenn …

im Liegen, vorgestern Nacht, vom Arbeiten, ich bin pleite, sprich deutsch, nichts Besonderes, viel Interessantes, heute Morgen, sag es auf Deutsch, du bist mir gram, er wurde Erster, das ist am wichtigsten

Plagegeister

Ein bestimmtes Geräusch, das im Sommer öfter zu hören ist, hat ETWAS GRAUSAMES an sich: Die Rede ist VOM SUMMEN der Mücken. So schlimm wie gestern und VORGESTERN ABEND war es noch nie. SCHULD WAR wohl das schwüle Wetter. Doch es gibt einige Hausmittel, die helfen. DIE BESTEN von ihnen seien IM FOLGENDEN genannt:

DAS EINREIBEN mit Essig hält die Plagegeister eine Zeit lang ab. Offenbar wird ihnen VON DER SCHÄRFE des Geruchs ANGST und BANGE. Oder der Essig verhindert DAS AUFSTEIGEN von Schweißgeruch, der für die Mücken so verlockend ist. Der Duft, der DURCH DAS SPICKEN einer Zitrone mit Nelken entsteht, vertreibt die Mücken auch manchmal. DAS WICHTIGSTE ist aber, dass man Arme und Beine mit Stoff bedeckt. Durch DIE DICKE DES STOFFES können ihre Saugrüssel in der Regel nicht hindurchdringen.

AM BESTEN aber ist an solchen Abenden: Man versteckt sich einfach in der Wohnung. EIN SOLCHES VERSTECKEN hilft natürlich nur, wenn die Mücken nicht schon in das Haus eingedrungen sind. Denn dann umschwirren sie einen auch dort – und stechen DEN ERSTEN BESTEN, den sie finden, ins Ohr.

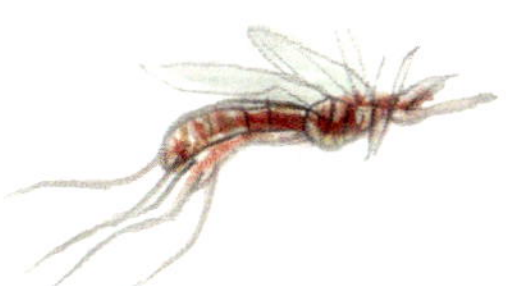

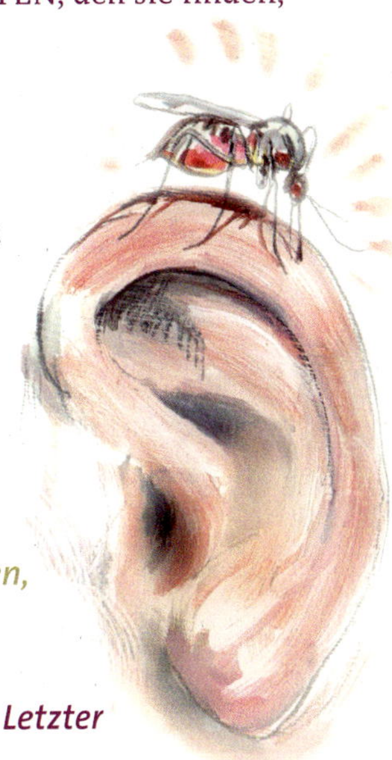

5 Schreibe die in großen Buchstaben geschriebenen Wörter und Wortkombinationen auf. Orientiere dich dabei an den Regeln R1–R8 auf der vorigen Seite. Schreibe die Regel jeweils dahinter:
etwas Grausames (R2) …

6 Die folgenden Wortkombinationen solltest du üben.
Schreibe Sätze mit ihnen auf.

Angst haben, im Großen und Ganzen, im Wesentlichen, nicht im Geringsten, kein Einziger, alles Weitere, alles Gute, zu seinem Recht kommen, den Kürzeren ziehen,
genau das Richtige, als Nächstes, das Gleiche machen, das Schlimmste, als Letzter

Recht-schreibung und Zeichen-setzung

7 **Schreibe die folgenden Sätze richtig auf:**

a) VIELE WÖRTER IM DEUTSCHEN WERDEN GROẞGESCHRIEBEN.
b) DAS ZU ERKENNEN, IST ABER FÜR VIELE ETWAS SCHWIERIG.
c) DAS ERLERNT MAN NUR DURCH VIEL NACHDENKEN UND ÜBEN.
d) ZUM GLÜCK KANN MAN ABER AUCH IM WÖRTERBUCH NACHSCHLAGEN.
e) DAS AUFFINDEN EINES WORTES IST ABER AUCH NICHT GANZ EINFACH.
f) AUCH DAS MUSS MAN LETZTEN ENDES ÜBEN.

8 **Schreibe die folgenden Sätze richtig auf:**

a) DAS FOLGENDE GEHÖRT NICHT GERADE ZUM EINFACHSTEN IN DER RECHTSCHREIBUNG!
b) DIE MEISTEN WÖRTER DER DEUTSCHEN SPRACHE KÖNNEN NÄMLICH ZU SUBSTANTIVEN WERDEN.
c) DAS IST FÜR JEMANDEN, DER DEUTSCH LERNT, EINE SCHWIERIGKEIT.
d) DIE MEISTEN VON EUCH LERNEN ABER DANN DOCH RICHTIG SCHREIBEN.
e) DAS WICHTIGSTE BEI DIESEM PROBLEM IST DAS NACHDENKEN.
f) AM ZWEITWICHTIGSTEN IST DAS ÜBEN!
g) UND WENN ALLES NICHTS HILFT, DANN HILFT DAS NACHSCHLAGEN IM WÖRTERBUCH.

9 Lest euch im Folgenden Satz für Satz durch und fügt eine der passenden Formulierungen ein, die unter dem Text stehen. Manchmal sind mehrere möglich.

Häufig gebrauchte Formulierungen

a) *** sollst du einige Redewendungen einsetzen, die häufig vorkommen.
b) Auf dem Jahrmarkt erfreuten sich *** an den Karussells und Autoscootern.
c) Wer Zeitung liest, bleibt über alle Neuigkeiten stets ***.
d) Wer zu spät kommt, muss manchmal ***.
e) Nach einem heftigen Streit versuchte sie es noch einmal *** mit ihm.
f) Sie dachte *** daran, sich für ihr Verhalten zu entschuldigen.
g) Sie hatte die schwierige Aufgabe *** verstanden.
h) Die Party war zwar etwas verregnet, aber *** gut gelaufen.
i) Manchmal muss man *** in einer Diskussion gut abwägen.
j) Er war *** gespannt, wie der Film zu Ende gehen würde.
k) *** interessierte ihn nicht besonders.
l) Es hatte ihr zwar auf der Party gefallen, aber *** ärgerte sie sich doch über einige Leute.

im Großen und Ganzen *im Wesentlichen* *nicht im Geringsten* *im Folgenden*
auf dem Laufenden *im Nachhinein* *den Kürzeren ziehen* *aufs Äußerste*
das ganze Drum und Dran *Groß und Klein* *das Für und Wider* *im Guten*

10 Schreibe die Sätze auf.

Groß- und Kleinschreibung

→ Überprüfe dein Wissen und Können

1 Lies dir den folgenden Text aufmerksam durch.

DIE GANZE HEKTIK WAR UMSONST!

AM MORGEN WURDE PAUL DURCH HEFTIGES POLTERN[1] AN DER TÜR AM WEITERSCHLAFEN[2] GEHINDERT. ER SOLLTE GEFÄLLIGST ANS AUFSTEHEN[3] DENKEN! ALS ER VOR DEM VERSCHLOSSENEN BAD STAND, TÖNTE VON DRINNEN LAUTES RAUSCHEN[4]. SEINE SCHWESTER WAR ALSO MIT DER DUSCHEREI[5] NOCH NICHT FERTIG. UND DANN HATTE SIE NICHTS BESSERES[6] ZU TUN, ALS SICH WAHRSCHEINLICH AUCH NOCH ZU SCHMINKEN[7]. IM ALLGEMEINEN[8] BRAUCHTE SIE EWIG DAFÜR. PAUL VERSCHLANG DANN IM STEHEN[9] SEIN FRÜHSTÜCK UND PACKTE SEINE SACHEN EIN. ER RASTE WIE EIN WILDER[10] ZUM BUS UND FUHR ZUR SCHULE. NOCH IMMER BEMERKTE ER NICHTS AUFFÄLLIGES[11]. ERST BEIM ERREICHEN[12] DER SCHULE FIEL IHM AUF, DASS ER KEINEN SAH. DOCH DANN FIEL ES IHM EIN: DER AUSFALL[13] DES UNTERRICHTS WAR JA GESTERN BEKANNT GEGEBEN WORDEN! ALL SEINE HETZEREI[14] WAR ALSO UMSONST GEWESEN! IHN ÜBERFIEL EINE GRENZENLOSE TRAURIGKEIT[15].

2 Schreibe die markierten Wortgruppen auf. Schreibe zu jeder von ihnen die dazugehörige unten stehende Regel. Aber **Achtung:** Eine der Wortgruppen wird kleingeschrieben!
1: heftiges Poltern (2b) ...
2: ...
3: ...

1. **Adjektive,** die als Substantiv gebraucht werden, werden großgeschrieben.
   Für die Substantivierung gibt es vor allem folgende Kennzeichen:
   a) **Artikel:** *das* ***Grün*** *der Ampel, das* ***Folgende*** ...
   b) **Pronomen:** *alles* **Gute**, *nichts* ***Besonderes*** ...
   c) **Präposition** (mit kombiniertem Artikel): *im (in dem)* ***Guten*** *und* ***Bösen*** ...
   d) **Suffix (Nachsilbe):** ***Fröhlichkeit, Freiheit*** ...

2. **Verben,** die als Substantiv gebraucht werden, werden großgeschrieben.
   Für die Substantivierung gibt es vor allem folgende Kennzeichen:
   a) **Artikel:** *das* ***Lesen****, die* ***Fahrt*** ...
   b) **Adjektiv:** *lautes* ***Sprechen****, tiefer* ***Schlaf*** ...
   c) **Präposition** (mit kombiniertem Artikel): *beim (bei dem)* ***Schwimmen****, vom* ***Hinfallen*** ...
   d) **Suffix (Nachsilbe):** ***Verteidigung, Spielerei*** ...

3 Schreibe jetzt den ganzen Text richtig auf.

4 Zähle dann die Substantive, die du großgeschrieben hast. Es müssen (ohne Überschrift und den Namen *Paul*) 24 sein. Bekommst du sie nicht zusammen (oder hast du zu viele Wörter als Substantive großgeschrieben), überprüfe es noch einmal.

Groß- und Kleinschreibung

→ Die Schreibung von Eigennamen und Herkunftsbezeichnungen

Jeder von euch weiß, dass er seinen Vor- und Familiennamen großschreiben muss: *Julia Richter, Franziska Hammerschmidt, Maximilian Lorenz.*
Die Großschreibung ergibt sich daraus, dass Namen etwas Einmaliges sind. Sie bezeichnen nämlich stets Personen, die es nur einmal gibt.
Nun gibt es ja nicht nur Eigennamen für Personen, sondern auch für bestimmte Dinge, Naturerscheinungen, Pflanzen, Ämter usw. Diese Eigennamen werden grundsätzlich auch großgeschrieben. Doch es ist nicht immer leicht zu entscheiden, ob tatsächlich ein Eigenname vorliegt oder ob es sich um Dinge handelt, von denen es sehr viele gibt.

1 Lest euch den folgenden Text aufmerksam durch.

Nachtwanderung

Seit drei Tagen befindet sich unsere Klasse im Landheim. Und gestern Nacht haben wir eine Nachtwanderung gemacht. Alina, die Mitglied des *Roten Kreuzes* ist, hatte vorsorglich ihre Sanitätstasche mitgenommen. Es war eine sternenklare Nacht und Frau Fischer, unsere Klassenlehrerin, hat uns auf den *Großen Wagen* aufmerksam gemacht. Es handelt sich dabei um das bekannteste Sternbild Mitteleuropas. Dabei ist das gar kein eigenständiges Sternbild, sondern nur Teil eines größeren, nämlich des *Großen Bären.* Er besteht aus den sieben hellen Sternen, die bei uns eben als *Großer Wagen* bekannt sind, und aus vielen weiteren Sternen. Wenn man diese am Himmel beobachtet, kann man erkennen, dass sie aussehen wie der Kopf und die Beine eines echten *großen Bären.* Als wir uns auf den Rückweg machten, gab es noch eine große Überraschung. Schon von Weitem sahen wir ein *rotes Kreuz* blinken und rätselten, was denn das sein könnte. Als wir näher kamen, freuten wir uns sehr. An der Stelle, an der das Kreuz blinkte, wartete ein *großer Wagen,* vor dem zwei Pferde aufgeregt schnaubten. Schnell waren wir auf den Wagen geklettert, und los ging es zurück zum Landheim.

2 In dem Text befinden sich drei gleiche Wortgruppen, die einmal groß- und einmal kleingeschrieben sind.
- Nehmt euch jede Wortgruppe einzeln vor und sprecht darüber, warum sie im Text unterschiedlich geschrieben werden müssen.
- Vergleicht eure Lösungen in der Klasse miteinander.

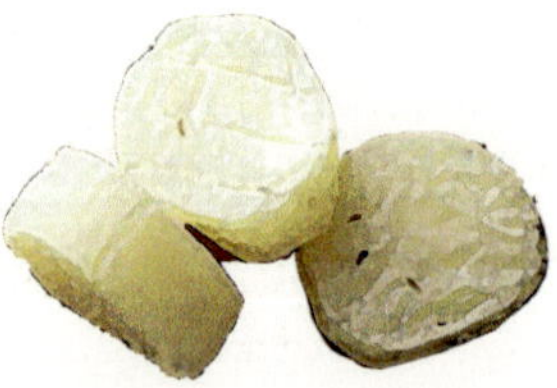

Auf dem Wagen hatten wir noch Zeit, etwas zu essen und zu trinken. Max holte ein Stück *sächsischen Käse* heraus, Nele trank Tee und behauptete, sie trinke echten *russischen Tee.* Pit biss herzhaft in ein *Frankfurter Würstchen* und hatte sogar eine Tube mit *Bautzener Senf* dabei. Lucie schälte eine *spanische Banane.* Es war eine sehr lustige Fahrt bis zu unserem *Ottendorfer Landheim.*

3 Vergleicht die Schreibung der Herkunftsbezeichnungen, die auf *-er* bzw. auf *-isch* enden.
Schreibt die Fügungen danach geordnet auf.

M

Schreibung von Eigennamen und Herkunftsbezeichnungen

1. Sind **Adjektive Teile** eines **Eigennamens,** werden sie **großgeschrieben:**
der Kleine Bär (Sternbild), der Nahe Osten, die Sächsische Schweiz ...

2. Die **Wörter auf *-er,*** die **von geografischen Namen abgeleitet** sind, schreibt man immer **groß:**
das Brandenburger Tor, der Leipziger Schriftsteller, die Görlitzer Peterskirche ...

3. Die **Adjektive auf *-isch,*** die **von geografischen Namen abgeleitet** sind, werden **kleingeschrieben:**
der indische Tee, die mecklenburgischen Städte, der bayrische Dialekt ...

4. Manchmal jedoch sind die **Adjektive auf *-isch,*** die von geografischen Namen abgeleitet sind, Teile eines **Eigennamens.** Dann werden sie **großgeschrieben:**
die Mecklenburgische Seenplatte, die Sächsische Schweiz, die Französische Revolution ...

4 Arbeite mit einer Partnerin oder mit einem Partner zusammen.
- Überprüft mit Hilfe eines Wörterbuches, welche der folgenden Wortgruppen Eigennamen sind.
- Stellt dann eine Liste dieser Eigennamen zusammen.

DER GESELLIGE ABEND
DIE DRITTE WELT
DAS NEUE JAHR
DIE NIEDERE TATRA
DAS TOTE MEER
DAS SCHWARZE MEER
DER ALTE MANN
DER HEILIGE VATER

DER GROSSE BELT
DIE GROSSE PAUSE
DAS AUTOGENE TRAINING
DER MITTLERE OSTEN
DER BUNTE VOGEL
DER ALTE FRITZ
DAS NEUE WARENHAUS

Tipp:
Schlage unter dem Anfangsbuchstaben des ersten Wortes der Wortgruppe nach, zum Beispiel unter *gesellig*. Wenn das gesuchte Beispiel weder dort noch unter *Abend* zu finden ist, dann ist das Beispiel kein Name. Also musst du *gesellige* kleinschreiben.

5 Formuliere die folgenden Fügungen so um, dass die Herkunftsbezeichnung vor dem Substantiv steht. Achte auf die Groß- und Kleinschreibung:
der Dresdner Zoo ...

der Zoo in Dresden
die Lieferung aus Südafrika
der Spargel aus Brandenburg
der Tee aus Indien
die Universität zu Leipzig
die Band aus England
die Handballmannschaft aus Kiel

die Fans aus Schweden
der Dom in Köln
die S-Bahn in Berlin
der Salat aus Frankreich
die Grenzen von Kroatien
der Zuschauer aus Rostock

Recht-schreibung und Zeichen-setzung

6 Entscheide, ob die Adjektive in den folgenden Wendungen groß- oder kleingeschrieben werden. Orientiere dich am Merkkasten und schlage im Zweifelsfall im DUDEN nach.

209

der (w)ilde Westen
die (s)chwäbische Alb
die (c)hinesische Mauer
die (b)erner Alpen
die (f)ranzösischen Wähler
die (g)örlitzer Altstadt
die (s)orbische Tradition
die (s)panische Fliege

die (i)talienische Herkunft
die (s)ächsische Zeitung
die (h)olsteinische Schweiz
der (d)eutsche Meister
die (s)chweriner Einwohner
die (r)ussische Regierung
die (b)randenburger Hauptstadt
die (f)ranzösische Revolution

die (t)hüringer Bratwurst
der (f)erne Osten
der (a)achener Dom
das (r)ömische Reich
der (s)chwedische König
die (l)eipziger Messe
die (a)lte Welt
der (c)hinesische Staat

7 Leite von den *kursiv* gedruckten geografischen Namen des folgenden Textes Herkunftsbezeichnungen mit *-er* oder *-isch* ab. Schreibe immer die gesamte Fügung auf.

Wölfe

Wölfe sind bekanntlich sehr anpassungsfähig und bewohnen die unterschiedlichsten Gegenden *von den Tundren in der Arktis* (1) *bis zu den Wüsten Nordamerikas und Zentralasiens* (2). Seit geraumer Zeit gibt es sie nun auch wieder in Deutschland. 1998 wurden *auf dem Truppenübungsplatz Oberlausitz* (3) die ersten zwei Wölfe von Revierförstern beobachtet. Die Reaktionen auf die Rückkehr der Wölfe *in Gebiete Mitteldeutschlands* (4) sind überwiegend positiv. *Der graubraune Wolf Europas* (5) lebt in Rudeln. Wölfe beanspruchen große Reviere, in denen sie vor allem Hirsche, Rehe und Wildschweine jagen. Die hohen Wildbestände besonders *in den Gebieten Sachsen und Thüringen* (6) bieten den Wölfen eine günstige Nahrungsgrundlage.

(1) von den arktischen Tundren, (2) …

8 **Die folgenden Wortgruppen sind – bis auf drei Ausnahmen – falsch geschrieben. Schreibe sie richtig auf und begründe.**

209

die hohe Tatra *der atlantische Ozean* *kubanische Orangen*
nürnberger Lebkuchen *brasilianischer Kaffee*
die kölner Messe *Amerikanische Autos* *das Böhmische Mittelgebirge*
mecklenburger Fischsalat

Groß- und Kleinschreibung

→ Überprüfe dein Wissen und Können

1 Sieh dir die folgenden Fügungen genau an.

die VEREINIGTEN STAATEN VON AMERIKA
das SCHWEDISCHE KÖNIGREICH
das SCHWARZE MEER
das TSCHECHISCHE GRENZGEBIET
der FRANZÖSISCHE PRÄSIDENT
die KLEINE PAUSE
die SCHWERINER STRASSE
die SÄCHSISCHE ZEITUNG
die DEUTSCHE BAHN
der ZWEITE WELTKRIEG
das RHEINISCHE SCHIEFERGEBIRGE
der BERLINER FERNSEHTURM
der STILLE OZEAN
das HESSISCHE BERGLAND
der THÜRINGER WALD
in GRAUER VORZEIT
die SCHWERE MUSIK

2 Schreibe die Fügungen auf. Notiere zu jeder von ihnen in Klammern die dazugehörige Regel.
die Vereinigten Staaten von Amerika (1a) …

1. Großgeschrieben werden …
a) … Adjektive, die Teil eines Eigennamens sind.
b) … von geografischen Namen abgeleitete Wörter auf ***-er***.
c) … von geografischen Namen abgeleitete Wörter auf ***-isch***, wenn sie Teil eines Eigennamens sind.

2. Kleingeschrieben werden …
a) … Adjektive in Fügungen, die **nicht** als Eigennamen gelten.
b) … von geografischen Namen abgeleitete Wörter auf ***-isch***, wenn sie **nicht** Teil eines Eigennamens sind.

3 Leite aus den in Klammern stehenden Wörtern Adjektive mit *-isch* und *-er* ab. Schreibe nur die markierten Fügungen auf. Achte auf die Groß- und Kleinschreibung.

Besuch von Freunden

Unsere (China) Freunde hatten beschlossen, eine Reise durch einige *(Deutschland)* Bundesländer zu unternehmen. Gestern landeten sie *mit einer (Indonesien) Maschine auf dem (Dresden) Flughafen.* Noch am selben Tag fuhren sie *in die (Sachsen) Schweiz.* Dort hat ihnen besonders die bizarre Felsenwelt gefallen. Sehr interessiert waren sie auch an der *Geschichte der (Hohnstein) Burg.* Morgen werden sie weiter gen Süden fahren und wollen *(Bayern) Sehenswürdigkeiten* bewundern. Sehr freuen sie sich auf *den (München) Marienplatz* und *den (England) Garten.*

4 Von den folgenden Fügungen sind drei falsch geschrieben. Schreibe sie richtig auf.

das Neue Palais in Potsdam *die Großen Ferien* *die Europäische Union*
das neue Jahr *der schweizer Grenzraum* *der Italienische Fußball*
das Lausitzer Bergland

Recht-schreibung und Zeichen-setzung

Abkürzungen und Kurzwörter

→ Abkürzungen, Buchstabenwörter, Silbenwörter, Kurzwörter

1 Lest die Zeitungsschlagzeilen laut vor.

Viele verpassen fällige TÜV-Untersuchung

Wie wäre es z. B. einmal mit 96,4 MHz in eurem Radio?

Unglaublich: mit dem Mofa durch die Wüste

Rad-Wanderung durch die Heide war großer Erfolg

Mathe-Olympiade in Leipzig eröffnet

Niedersedlitzer Str. für zwei Monate gesperrt

Der DFB wählt neuen Präsidenten

2 Wie habt ihr die verkürzten Wörter vorgelesen: als abgekürztes oder als vollständiges Wort? Überlegt, was die verkürzten Wörter bedeuten.

3 Lest nun einmal die folgenden Sätze vor und vergleicht sie mit den Schlagzeilen.

Die Mannschaft vom Verein für Leibesübungen Wolfsburg rutscht nach fünf sieglosen Spielen auf den drittletzten Platz der Bundesliga ab.
Guten Abend, meine Damen und Herren, hier ist die Arbeitsgemeinschaft der öffentlich-rechtlichen Rundfunkanstalten der Bundesrepublik Deutschland mit der Tagesschau.

- Wie würdet ihr diese Sätze normalerweise formulieren?
- Sprecht darüber, warum die Verwendung von abgekürzten Wörtern sinnvoll ist.

M

Die Schreibung von Abkürzungen und Kurzwörtern

Abkürzungen und Kurzwörter werden vor allem aus Gründen des rationellen Sprachgebrauchs verwendet. Sie werden auf unterschiedliche Weise geschrieben.

1. Abkürzungen (als vollständige Wörter gesprochen):
a) **mit** Punkt: *i. V. (in Vertretung), usw. (und so weiter) ...*
b) **ohne** Punkt (Maße, Gewichte, Währungen, Himmelsrichtungen):
ha (Hektar), t (Tonne), € (Euro), SW (Südwest) ...

2. Buchstabenwörter (ohne Punkt):
a) Buchstaben **einzeln** gesprochen: *PKW (Personenkraftwagen), U-Boot (Unterseeboot) ...*
b) Buchstaben **gebunden** gesprochen: *UNO (United Nations Organization) ...*

3. Silbenwörter (Zusammenziehen der Wortanfänge in zusammengesetzten Wörtern):
Kripo (Kriminalpolizei), Schiri (Schiedsrichter) ...

4. Kurzwörter (Weglassen von Wortbestandteilen, immer ohne Punkt):
a) am **Wortanfang:** *Bus (~~Omni~~bus), Rad (~~Fahr~~rad) ...*
b) am **Wortende:** *Ober (Ober~~kellner~~), Akku (Akku~~mulator~~) ...*

Kürzere Wörter gesucht

Auszubildender, Information, Atomkraftwerk, das heißt, Doktor, Tachometer, Natrium, Bundesgartenschau, unbekanntes Flugobjekt, Demonstration, beziehungsweise, Transformator, Universität, Abitur, zurzeit, Kindertagesstätte, Nordost, Deutsche Jugendherberge, Kilometer pro Stunde, Kalium, Straßenverkehrsordnung, oder Ähnliches, Wohnungsbau, Dezimeter, Weltmeisterschaft

4 Bilde zu den Wörtern entsprechende Abkürzungen und Kurzwörter.
Wenn du dir nicht sicher bist, benutze den Duden bzw. ein Abkürzungswörterbuch.
Azubi = Auszubildender …

5 Übernimm die folgende Übersicht in dein Heft und ordne die gefundenen Abkürzungen und Kurzwörter richtig zu.

1) **Abkürzung mit Punkt:** *d. h. …*
2) **Abkürzung ohne Punkt:** *Na …*
3) **Buchstabenwörter:** *AKW …*
4) **Silbenwörter:** *Azubi …*
5) **Kurzwörter:** *Info …*

6 Die Abkürzungen und Kurzwörter rechts werden häufig gebraucht.
Schreibe die Abkürzungen und die Wörter in ungekürzter Form auf. Wenn du nicht sicher bist, schlage wieder im Duden oder in einem Abkürzungswörterbuch nach.
z. B. = zum Beispiel …

Ordne diese Beispiele in die Übersicht aus Aufgabe 5 ein.

z. B. – CD – DVD – evtl. – AG – Nr. – DIN – mm – geb. – PC – MDR – RBB – Nato – EG – MA. – SMS – EUR – vgl. – s.o. – m.E. – MdB – MB – ü.d.M. – DRK – DGB – ver.di – ugs. – svw. – sm – SMH

7 Mitunter begegnen uns im Alltag Wörter, die eigentlich Kurzwörter sind, von uns aber nicht als solche erkannt werden.
In Hannover zum Beispiel findet in jedem Jahr eine Messe statt – die *Cebit*.
Dieses kurze Wort ist aus Teilen einer langen Wortgruppe entstanden:
Centrum für Büroautomation, Informationstechnologie und Telekommunikation.
Ein solches abgekürztes Wort nennt man auch **Kofferwort.**
Finde heraus, wie dieses Kofferwort entstanden ist.

8 Analysiere die Entstehung der Kofferwörter *Teuro, Motel* und *Datei.*

9 **Versuche, aus Teilen der drei Wortpaare jeweils ein Kofferwort zu bilden.**

Smoke + Fog *Breakfast + Lunch* *Information + Entertainment*

Recht-schreibung Zeichen-setzung

10 In Zeitungsinseraten werden Texte oft in ungewöhnlicher Weise verkürzt, vor allem um Geld zu sparen. Worum geht es in dieser Anzeige?

> Bin 14 J. su. Kont. m. gl.altr. Mäd. o. Jg. Inter. f. Kino, Theat., Hand- u. Voll.ball. Tel 0431 XXXXXX. Ich wart. auf. d. Anr.

Die meisten von euch verständigen sich täglich über das Schreiben von SMS und E-Mails untereinander. Weil meist nur 160 Zeichen in eine SMS passen, ihr aber trotzdem so viele Informationen wie möglich loswerden wollt, benutzt ihr eine Menge Abkürzungen. Und weil diese Abkürzungen zusätzlich noch die mühselige Tipparbeit auch beim Mailen erleichtern, werden sie immer beliebter.

11 Schreibe auf einem gesonderten Blatt solche SMS-Abkürzungen untereinander auf – aber ohne Erklärungen. Gib sie dann an deinen Nachbarn /deine Nachbarin weiter. Er / sie soll hinter jede Abkürzung die richtige Bedeutung notieren.

12 Tauscht euch in der Klasse darüber aus, welche Abkürzungen ihr verwendet: sprachliche Zeichen, Symbole oder Kombinationen aus beidem?

13 Versuche, die rechts stehenden Bedeutungen den abgekürzten Wörtern links zuzuordnen. Schreibe deine Lösungen so auf: *a) – 1 ...*

a) akla	*f) fümiein*	1 Alles klar?	6 Bis dann!
b) bd	*g) ssz*	2 Mit freundlichen Grüßen	7 Denk an mich!
c) bibabu	*h) vv*	3 bis bald, Bussi	8 Fühl mich einsam
d) bidunowa	*i) DAM*	4 Herzlichen Glückwunsch	9 Schreib schnell zurück!
e) heg	*j) MfG*	5 Bist du noch wach?	10 Viel Vergnügen!

14 Versuche, die rechts stehenden Bedeutungen den Symbolen links zuzuordnen. Schreibe deine Lösung so auf: *a) – 1 ...*

a) :-(	*1 etwas doof finden*
b) :-o	*2 Thank you*
c) CU	*3 Ich bin glücklich.*
d) :))	*4 erstaunt sein*
e) 2day	*5 zu spät*
f) 2l8	*6 Wir sehen uns!*
g) 10q	*7 heute*
h) 4you	*8 Kuss*
i) :-x	*9 Für dich!*

Zeichensetzung

→ Die Zeichen der wörtlichen Rede

Die Zeichensetzung bei der wörtlichen Rede habt ihr über viele Schuljahre hin geübt. Trotzdem geschieht es beim Schreiben eurer Texte immer wieder, dass ihr manche Zeichen vergesst – oder falsch setzt. Deswegen findet ihr auf diesen Seiten zur Wiederholung noch einmal die wichtigsten Regeln und einige Übungen.

Die Zeichen der wörtlichen Rede

M

Wörtliche Reden bestehen aus einem **Redesatz** und einem **Begleitsatz.**
Im **Redesatz** steht, **was** einer sagt.
Im **Begleitsatz** steht, **wer** es sagt.

1. **Vorausgestellter** Begleitsatz:	*Er fragte: „Kommst du morgen zu Besuch?“*
2. **Nachgestellter** Begleitsatz:	*„Kommst du morgen zu Besuch?“, fragte er.*
	„Ich komme so gegen vier Uhr“, sagte sie.
3. **Eingeschobener** Begleitsatz:	*„Ich komme“, sagte sie, „so gegen vier Uhr.“*

1 Dass der Redesatz in Anführungszeichen steht, das vergisst man meistens nicht. Aber wie ist es mit den anderen Satzzeichen? Schaut euch die vier Beispielsätze im Merkkasten an. Besprecht miteinander, an welcher Stelle der Doppelpunkt, die Kommas, der Punkt und das Fragezeichen stehen.

2 Schreibe die folgenden Sätze mit allen Zeichen der wörtlichen Rede auf, die hier weggelassen sind.
a) Sie sagte Ja, ich besuche dich
b) Das ist ja wunderbar rief er
c) Hast du etwa fragte sie etwas anderes erwartet
d) Nein, das habe ich nicht antwortete er

3 Schreibt die vier Sätze an die Tafel. Vergleicht! Habt ihr die Kommas, Ausrufezeichen und Fragezeichen alle an die richtigen Stellen gesetzt?

4 **Hier sind vier Sätze, die genauso aufgebaut sind wie die Sätze im Kasten. Schreibe sie auf und setze alle Satzzeichen:**
a) Sie fragte Was wünschst du dir denn zum Geburtstag
b) Willst du mir wirklich etwas schenken fragte er zurück
c) Zum Geburtstag muss man doch etwas mitbringen sagte sie
d) Ich hätte gern ein Hörbuch sagte er mit einem spannenden Krimi

5 **Verbinde die Teile folgender Regelsätze:**

Steht der Begleitsatz vor dem Redesatz, …	**… dann stehen Frage- und Ausrufezeichen innerhalb der Redezeichen, und der Punkt entfällt.**
Ist der Begleitsatz in den Redesatz eingeschoben, …	**… dann stehen Punkt, Frage- und Ausrufezeichen innerhalb der Redezeichen.**
Steht der Begleitsatz nach dem Redesatz, …	**… dann wird er durch Kommas abgegrenzt.**

Witze

Ein Radfahrer fährt mit einem laut scheppernden Schutzblech auf dem Radweg. Ein anderer fährt hinter ihm her und ruft *Hallo, dein Schutzblech scheppert* Aber der andere hört ihn nicht. Da fährt er an ihm vorbei. *Hallo, dein Schutzblech scheppert* brüllt er. *Kann nichts verstehen* brüllt der erste Radfahrer zurück *mein Schutzblech scheppert so*

Sag mal fragt Müller kann man dem Schulze eigentlich trauen Wie meinst du das fragt Meyer. Na, ist der ehrlich fragt Müller. Der? Du meine Güte antwortet Meyer dem würde ich nie die Hand geben, ohne nachher meine Finger nachzuzählen

Pitt zeigt auf eine Frau und fragt Pott kannst du mir sagen, was die dort immerzu sucht Pott antwortet ihr Portemonnaie natürlich woher fragt Pitt willst du das eigentlich wissen na sagt Pott ich hab es gefunden

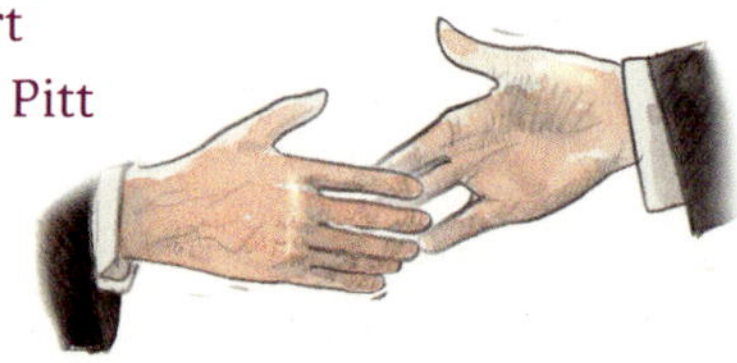

6 Schreibe die Witze ab und setze alle Satzzeichen ein.

Die Tochter hört ihren Vater laut schnarchen. Sie sagt zu ihrer Mutter: „Niemals werde ich einen Mann heiraten, der schnarcht." Die Mutter sagt: „Das habe ich in deinem Alter auch gesagt." Die Tochter fragt die Mutter: „Na und? Warum hast du dich nicht daran gehalten?" Die Mutter antwortet: „Als ich es wusste, war es bereits zu spät."

7 Schreibe den Witz auf. Vermeide dabei aber, dass der Begleitsatz immer vor dem Redesatz steht.

8 In dem folgenden Text sind dem Schüler acht Fehler in der Zeichensetzung der wörtlichen Rede unterlaufen. Schreibe die Redesätze mit ihren Begleitsätzen heraus und berichtige sie.

Apfelstrudel

Nepomuk Stingl, der Besitzer eines Gartens, beobachtete, wie Daniel und seine Geliebte Luisa Äpfel von seinen Bäumen stahlen. „Was machen die denn dort?" fragte er sich erstaunt. Die beiden sahen ihn zwar oben an seinem Fenster stehen, aber hörten nicht, was er sagte. Daniel sagte: „Komm, liebste Luisa, lass uns abhauen!" „Ja," sagte Luisa, sonst erwischt er uns noch." Die beiden schleppten den mit Äpfeln gefüllten Korb schnell nach Hause. „Ich freue mich schon auf den schönen Apfelstrudel!", sagte Daniel. „Ja", sagte Luisa, „lass uns gleich anfangen"! Als der Kuchen fertig war, stellten sie ihn zum Abkühlen auf das Fensterbrett. Nepomuk Stingl hatte aber alles beobachtet. „Den hole ich mir! sagte er." Und schwupps, hatte er ihn schon unter dem Arm und lief damit um die Häuserecke. Als Daniel, dem schon das Wasser im Mund zusammenlief, den abgekühlten Apfelstrudel vom Fensterbrett holen wollte, schrie er: „Er ist weg! Einfach verschwunden!" „Wer kann nur so ehrlichen Leuten einen Apfelstrudel stehlen?" rief Luisa. „Ich ahne es," sagte Daniel. Und dann verfolgten sie Nepomuk Stingl. Als sie in sein Haus kamen, sahen sie, wie er gerade in den Apfelstrudel hineinbiss. „Schön, dass Sie kommen, meine Lieben," sagte er. „Meine Äpfel in Ihrem Kuchen! Einfach herrlich! Wollen Sie auch ein Stück haben?" Und dann aßen sie zu dritt den wunderbaren Apfelstrudel.

Zeichensetzung

→ Die Kommasetzung bei nachgestellten näheren Erläuterungen

Ich höre gern Musik von Coldplay.

Ich höre gern Musik, besonders von Coldplay.

Ich komme nächste Woche nach Zittau.

Ich komme nach Zittau, und zwar nächste Woche.

1 Vergleicht beide Satzpaare miteinander.
- Was hat sich äußerlich im zweiten Satz geändert?
- Welche Folge hat diese Veränderung auf die Aussage des Satzes?

2 Formuliere die folgenden beiden Sätze nach dem Muster aus der Aufgabe 1 um. Du kannst dafür die Wörter *nämlich, vor allem* benutzen.

a) Die mecklenburgisch-vorpommersche Küste beginnt im Westen mit der Wismarbucht und dem Salzhaff.
b) Diese Küste lockt wegen ihrer Formen und schönen Strände viele Touristen an.

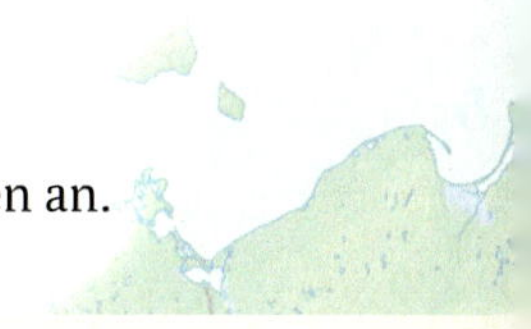

Nachgestellte nähere Erläuterungen

M

Nachgestellte Wortgruppen können bestimmte Angaben eines Satzes, die dem Schreiber / der Schreiberin wichtig sind, besonders hervorheben. Solche Wortgruppen nennt man **nachgestellte nähere Erläuterungen.**
Diese näheren Erläuterungen können mit solchen Wörtern wie *und zwar, nämlich, also, besonders, insbesondere, das heißt (d. h.), unter anderem (u. a.), zum Beispiel (z. B.)* eingeleitet werden:
Ich habe heute den ganzen Tag gelernt, besonders für Mathe und Physik.

Nachgestellte nähere Erläuterungen werden immer durch **Kommas** vom übrigen Satz getrennt:
Der Bus verkehrt nur einmal in der Woche, und zwar immer sonntags.
In der nächsten Unterrichtsstunde, also in der Deutschstunde, werden wir über den kommenden Wandertag sprechen.

3 Schreibe sinnvolle Sätze mit nachgestellten näheren Erläuterungen auf. Benutze dazu das folgende Wortmaterial. Die Wörter, die diese Erläuterungen einleiten, findest du im Merkkasten. Achte beim Schreiben auf die Kommasetzung.

a) sich auf euch alle freuen	auf den kleinen Tom
b) sich bald wiedersehen	schon sehr bald
c) für die Leichtathletik interessieren	für den Sprint
d) einige Städte in Sachsen besuchen	Torgau, Grimma und Marienberg
e) viel lesen	Fantasy-Romane
f) alle Freunde am 22. 2. da sein	an meinem Geburtstag
g) sich bei Frau Hartwig bedanken	für ihre Hilfe bei der Berufswahl
h) viel in Wörterbüchern nachschlagen	im Universalwörterbuch

Recht-schreibung und Zeichen-setzung

Zeichensetzung

→ Die Kommasetzung bei Appositionen

Freiberg, die 850-jährige Silberstadt, lädt ein zum Tag der Sachsen.

Der Besuch des Tippelmarktes, einer traditionellen Verkaufsmesse in Görlitz, lohnt sich immer.

Auf zum Sachsenring, dem Ort rasanter Motorradrennen!

Besuchen Sie die Promenaden, das Einkaufsparadies im Leipziger Hauptbahnhof!

1 Lest euch die vier Sätze vor. Achtet dabei darauf, an welchen Stellen ihr eine Sprechpause gemacht habt. Begründet eure Meinung.

2 In jedem der vier Sätze bezieht sich die in Kommas eingeschlossene Wortgruppe (Apposition) auf ein Substantiv.
- Nennt die Substantive (die Bezugswörter).
- Überprüft, in welchem Fall jeweils Bezugswort und Apposition stehen.

M

Apposition

Eine Wortgruppe, die sich auf ein vorangegangenes Substantiv bezieht, nennt man **Apposition.** Sie ist eine besondere Form des **Attributs** und hat die Aufgabe, das Substantiv, das **Bezugswort,** näher zu bestimmen. Dabei steht die Apposition im **selben** Fall wie das Bezugswort. Sie wird durch ein **Komma davor** und **dahinter** eingeschlossen:

Der Schulrat überreichte ***dem Turniersieger, einem Team aus Neustadt,***

Bezugswort — Dativ; **Apposition** — Dativ

den Wanderpokal im Volleyball.

3 Lies dir den folgenden Text zunächst einmal ganz durch.

Eiffelturm

a) Der Eiffelturm gehört zum Pflichtprogramm jedes Besuches in der französischen Hauptstadt.
(das 324 Meter hohe Wahrzeichen von Paris)

b) In 300 Metern Höhe hat man ein unvergessliches Vergnügen.
(ein unbeschreiblicher Panoramablick über die Stadt)

c) Der Eiffelturm wurde im Jahr 1889 der Öffentlichkeit übergeben.
(das 100. Jubiläumsjahr der Französischen Revolution)

d) Die ungewöhnliche Stahlkonstruktion von Gustave Eiffel wurde damals von den Einwohnern als ein „Schandfleck der Stadt" bezeichnet. *(ein französischer Ingenieur)*

e) Manche Einwohner befürchteten, dass der Turm bei einem starken Sturm umfallen könnte. *(diese gigantische Konstruktion aus 7300 Tonnen Stahl)*

f) Doch der Eiffelturm steht heute noch, und viele Besucher genießen den Blick auf Paris aus dem Jules-Verne-Restaurant. *(ein hervorragendes Speiselokal)*

g) In den Innenräumen der Stahlkonstruktion kaufen ausländische Touristen vor allem ein Souvenir. *(eine Miniaturausgabe des Eiffelturms)*

4 Füge die in Klammern stehende Wortgruppe als Apposition in die Sätze ein.

- Überlege, welches Wort im Satz das Bezugswort für die Apposition ist.
- Achte darauf, dass die Apposition im selben Fall wie das Bezugswort steht.
- Vergiss nicht, die Kommas zu setzen.

Schreibe die Sätze so auf:

a) Der Eiffelturm, das 324 Meter hohe Wahrzeichen von Paris, gehört zum Pflichtprogramm jedes Besuches in der französischen Hauptstadt.

5 Lest euch in Partnerarbeit die folgenden Sätze gegenseitig vor und sprecht die fehlenden Kommas dabei mit.

Bekannte Persönlichkeiten

a) Die Brüder Jacob und Wilhelm Grimm die Herausgeber der Kinder- und Hausmärchen beschäftigten sich auch intensiv mit der Sprachwissenschaft.

b) Robert Koch der bedeutende Arzt und Bakteriologe entdeckte 1882 die Erreger einer weitverbreiteten Krankheit der Tuberkulose.

c) Pöppelmann ein berühmter Architekt in der Barockzeit schuf den weltbekannten Dresdner Zwinger.

d) Die Sammlung *Ich weeß nich, mir isses so gomisch* stammt von Lene Voigt der bekannten sächsischen Schriftstellerin.

e) Manfred von Ardenne der erfolgreiche Forscher auf dem Gebiet der Funk- und Fernsehtechnik ist Ehrenbürger der Stadt Dresden.

6 Sucht euch drei Sätze aus und schreibt sie richtig auf.

7 **Wie viele Personen sind im Großen Garten von Dresden spazieren gegangen? Und wie viele sind zur Burg Stolpen gefahren? Begründe deine Entscheidung.**

a) Annika, meine Freundin, sowie Andi, mein Bruder und ich sind im Großen Garten von Dresden spazieren gegangen.

b) Sowohl Tommy, mein Cousin, als auch meine Kusine, mein Onkel, und Peter, mein Bruder, sowie Carl, mein Freund, und meine Tante sind zur Burg Stolpen gefahren.

Recht-schreibung Zeichen-setzung

Zeichensetzung

→ Überprüfe dein Wissen und Können

1 Schreibe auf, was im **Begleitsatz** und was im **Redesatz** einer wörtlichen Rede steht.

2 Schreibe den folgenden Witz mit allen dazugehörigen Satzzeichen auf.

Es gibt Geschöpfe erklärt die Lehrerin bei denen die Sinne stärker ausgeprägt sind als beim Menschen Sie fährt fort Wer kann mir zum Beispiel ein Tier nennen, das besser sieht als der Mensch Rudi weiß die Antwort sofort Der Adler Das ist richtig Und wer riecht besser als der Mensch ist die nächste Frage der Lehrerin Hans meldet sich und meint Die Rose

3 Woran erkennt man eine Apposition? Eine Aussage ist richtig. Schreibe den entsprechenden Buchstaben auf.

Eine Apposition erkennt man daran,

a) dass sie sich immer auf ein vorausgegangenes Adjektiv bezieht.
b) dass sie immer am Ende des Satzes steht.
c) dass sie sich auf ein vorausgegangenes Substantiv bezieht.
d) dass sie immer am Anfang eines Satzes steht.

4 Schreibe den Text ab und setze dabei die fehlenden Kommas richtig ein.

Neues von „Nessie“

„Nessie“ dem Ungeheurer von Loch Ness soll es endlich an den Kragen gehen. Von diesem saurierhaften Fabelwesen der wohl größten Attraktion Schottlands gibt es bisher nur ein verschwommenes Foto. Jetzt will Bob Manson ein bekannter Sonarexperte mit einem Ortungsgerät das Ungeheuer endlich ausfindig gemacht haben. Und er will zudem noch große Metallbarren gefunden haben. Was allerdings auch die Schallgeräte nicht herausfinden konnten: Hat Nessie dieses Wundertier die Barren als Bauklötze benutzt oder nicht?

5 Welche Aussagen treffen zu? Schreibe die entsprechenden Buchstaben auf.

a) Die nachgestellte nähere Erläuterung muss immer im selben Fall stehen wie das Subjekt des Satzes.
b) Nachgestellte nähere Erläuterungen werden immer durch Kommas vom übrigen Satz getrennt.
c) Nachgestellte nähere Erläuterungen werden mit Wörtern wie *wenn, als* und *weil* eingeleitet.
d) Nachgestellte nähere Erläuterungen heben bestimmte Aussagen im Satz besonders hervor.

6 Schreibe die folgenden Sätze ab und füge die fehlenden Kommas ein.

a) Robert Hartung hat seine letzten Wettkämpfe im Diskuswerfen alle gewonnen also auch den bei den Olympischen Spielen in London.
b) Mir haben alle Teilnehmer an den Paralympics in London imponiert besonders aber die Handbikerinnen.
c) Eine von ihnen will sogar an Wettkämpfen im Winter das heißt an den Paralympics in Sotschi 2014 teilnehmen.

Zeichensetzung

→ Hauptsätze – Nebensätze – Kommasetzung

1 Alle diese Sätze sind Satzgefüge, die aus einem Hauptsatz und einem Nebensatz bestehen. Lest die Sätze vor – und macht dabei zwischen Hauptsatz und Nebensatz eine kleine Sprechpause.

a) Obwohl ihr in den vorhergehenden Schuljahren schon eine Menge über die Kommasetzung gelernt habt, macht ihr immer wieder Kommafehler.
b) Das kommt einerseits daher, dass ihr beim Schreiben die Kommas einfach manchmal vergesst.
c) Andererseits vernachlässigt man die Kommasetzung deswegen, weil man die Regeln nicht kennt.
d) Das geht auch manchem Erwachsenen, falls er nicht genau auf die Kommas achtet, nicht viel anders.
e) Da aber die Kommas für das Lesen eine große Hilfe sind, sollte man sich schon um die Kommasetzung bemühen.
f) Ein Text ist nämlich, wenn er ganz ohne Kommas geschrieben wird, nicht so leicht zu verstehen.
g) Die Kommasetzung lernt man also vor allem, damit man seinen Lesern das Lesen erleichtert.

2 Ihr erinnert euch: Ein Nebensatz wird meistens durch eine Konjunktion eingeleitet. Nennt die Konjunktionen, die in den Sätzen aus Aufgabe 1 vorkommen, und schreibt sie an die Tafel: *obwohl* …

3 Ergänzt die Konjunktionen durch weitere, die ihr kennt.

4 An welchen Stellen stehen in den Satzgefügen aus Aufgabe 1 die Nebensätze? Schreibe es auf einen Zettel:
- Hier steht der Nebensatz vor dem Hauptsatz: *Satz a)* …
- Hier steht der Nebensatz nach dem Hauptsatz: …
- Hier steht der Nebensatz zwischen dem Anfang und dem Ende des Hauptsatzes: …

5 **Schreibe die beiden folgenden Sätze so auf, dass ein Satzgefüge daraus entsteht.**

Die Kommasetzung ist gar nicht so schwer. – Man übt sie.

6 **Bilde aus diesen beiden Sätzen schriftlich drei Sätze: Einmal soll der Nebensatz vor, einmal nach dem Hauptsatz stehen, einmal soll er in den Hauptsatz eingefügt sein.**

7 Lest die Sätze a) bis e) vor und sprecht die Kommas an den Stellen mit, an denen sie stehen müssten.

Verkehrsunfälle

a) Weil es immer mehr Fahrzeuge gibt ereignen sich auf unseren Straßen immer mehr Verkehrsunfälle.

b) Doch Unfälle gab es auch schon zu der Zeit als noch Kutschen auf den Straßen fuhren.

c) Pferde brachen wenn sie durch etwas erschreckt wurden oftmals panikartig aus.

d) Häufig waren dann die Kutscher Opfer solcher Unfälle da sie unter die umstürzenden Kutschen gerieten.

e) Opfer waren aber obwohl manche Unfälle schlimm ausgingen zum Glück nur selten zu beklagen.

f) Heute aber sind die Straßen weit gefährlicher.
Die Fahrzeuge sind immer schneller geworden.

g) Im ersten Halbjahr 2012 wurden bereits 1 684 Getötete gezählt.
Die Unfallstatistik weist es aus.

h) Die Zahl der Personenschäden hat seit 2007 abgenommen.
Die Unfallzahlen insgesamt sind ständig gestiegen.

i) Verkehrsunfälle passieren besonders häufig.
Man fährt mit überhöhter Geschwindigkeit.

j) Die Frage ist berechtigt. Können durch Geschwindigkeitsbegrenzungen die Unfallzahlen gesenkt werden?

da, bis, als, wie, während, dass, obwohl

sodass, bevor, wenn, solange, seitdem, nachdem, ob

8 Setze beim Abschreiben in die Sätze a) bis e) die Kommas ein.

M

Satzgefüge

Satzgefüge sind Verbindungen von **Hauptsätzen** und **Nebensätzen.**

1. Der Nebensatz kann **vor** dem Hauptsatz stehen:
   Da es immer mehr Autos gibt , nimmt der Verkehr auf unseren Straßen ständig zu .

2. Der Nebensatz kann **nach** dem Hauptsatz stehen:
   Der Verkehr nimmt auf unseren Straßen ständig zu , da es immer mehr Autos gibt .

3. Der Nebensatz kann **zwischen** dem Anfang und dem Ende des Hauptsatzes stehen:
   Der Verkehr nimmt , da es immer mehr Autos gibt , auf unseren Straßen ständig zu .

Nebensätze werden meistens mit einer Konjunktion eingeleitet und enden mit dem gebeugten Verb oder Hilfsverb am Schluss. Nebensätze werden von Hauptsätzen durch **Kommas** abgetrennt.

9 **Nach welchen Regeln aus dem Kasten sind die Sätze a) bis e) gebildet? Schreibe die entsprechenden Ziffern dahinter.** 222

10 **Verbinde beim Aufschreiben die Sätze f) bis j) mit einer der Konjunktionen, die am Rand stehen. Dabei kannst du dich selbst entscheiden, ob der Nebensatz vor oder nach dem Hauptsatz steht. Achte auf die Kommas!** 222

11 **Verbinde beim Aufschreiben die Sätze f) bis j) (Seite 222) mit einer der Konjunktionen, die am Rand stehen. Wende dabei die Regeln aus dem Kasten folgendermaßen an:**
für Satz f): Regel 2, für Satz g): Regel 1, für Satz h): Regel 1,
für Satz i): Regel 3, für Satz j): Regel 2.
Achte auf die Kommas!

12 Schreibe selbst je einen Satz auf, der nach den Regeln 1–3 im Kasten gebildet ist. Die Sätze sollen sich inhaltlich auf das Radfahren beziehen.

13 Man kann ein Satzgefüge aus Haupt- und Nebensatz besonders gut durchschauen, wenn man ein Satzmodell dazu zeichnet (siehe auch den Kasten auf der vorigen Seite):

[Hauptsatz] , [Nebensatz] .

Verkehrsunfälle gibt es, seit es Fahrzeuge gibt.

- **Zeichne zu den Sätzen a) bis c) im Text *Verkehrsunfälle* die Satzmodelle.**
- **Zeichne zu den Sätzen a) bis e) im Text *Verkehrsunfälle* die Satzmodelle.**

14 Schreibe die Sätze a) und e) im Text *Verkehrsunfälle* auf Seite 222 so auf, dass die Hauptsätze am Anfang stehen. 222

15 Schreibe mit den folgenden beiden Sätzen drei Satzgefüge mit der Konjunktion *wenn* auf. Einmal soll der Nebensatz vor, einmal nach dem Hauptsatz stehen, und einmal soll er in den Hauptsatz eingefügt sein. Achte dabei auf die Kommas.
Zeichne jedes Mal die Satzmodelle dazu.

Das soll der Hauptsatz sein:	Das soll der Nebensatz sein:
Ich muss besonders aufpassen.	Es gibt keinen Radweg.

16 **Bilde jeweils ein Satzgefüge, indem du zu den Hauptsätzen einen passenden Nebensatz formulierst. Suche dir dafür eine der Konjunktionen am Rand aus. Vergiss die Kommas nicht!**

a) Manchmal verliere ich die Geduld ...
b) Dann rege ich mich so lange auf ...
c) Einmal bin ich richtig ausgerastet ...
d) Das passiert mir aber ziemlich selten ...
e) Einmal hat sich mein Freund über mein Verhalten aufgeregt ...
f) Ich bin etwas ruhiger geworden ...

als	*bevor*
bis	*während*
wenn	*bevor*
weil	*obwohl*
seitdem	*nachdem*
sodass	*damit*

17 **Schreibe eine Geschichte aus fünf Sätzen nach folgenden Modellen:**

18 Lest euch gemeinsam den folgenden Text so vor, dass man an den Pausen hört, wo die Kommas stehen.

Hunde müssen auch nachts mal raus!

a) Wir besitzen einen Collie der den Namen Eddie hat. b) Da er zur Familie gehört müssen sich auch alle um ihn kümmern. c) Dass das manchmal viel Mühe macht wusste ich. d) Aber es war mir nicht klar dass er mich auch nachts manchmal aus dem Bett holt. e) Eines Nachts wachte ich weil Eddie laut bellte plötzlich auf. f) Schlaftrunken öffnete ich die Haustür während der Hund in die Nacht hinauslief. g) Dann war von ihm in der Finsternis lange nichts mehr zu sehen. h) Auf der Straße konnte ich ihn da es dunkel war nicht sehen. i) Obwohl ich nach ihm rief kam er nicht. j) Doch plötzlich sah ich wie er schwanzwedelnd angerannt kam. k) Nachdem er an mir hochgesprungen war lief er zurück ins Haus. l) Wenn er in der nächsten Zeit noch einmal bellen sollte während ich schlafe stehe ich nicht mehr auf!

19 Setze beim Abschreiben in den Text die Kommas ein.

20 **Zeichne zu den Sätzen a), b), e), f) und g) die Satzmodelle.**

21 **Zeichne zu den Sätzen h) bis l) die Satzmodelle. Aber Achtung: Einer der Sätze ist besonders schwierig, da er zwei Nebensätze enthält.**

22 Verbinde die Haupt- und Nebensätze unten links und rechts zu sinnvollen Satzgefügen.
Schreibe sie ab und setze die Kommas und Punkte ein.

Unwetter

Am Sonntag zog ein Unwetter über das Land	musste die Feuerwehr mit Pumpen anrücken
Während es seinen Höhepunkt erreichte	ehe es gegen Mitternacht abflaute
Ein Open-Air-Konzert musste ausfallen	wie es die Stadt seit Jahren nicht erlebt hatte
Als das Wasser in die Keller lief	kam es zu schweren Unfällen
Obwohl die Polizei vor Aquaplaning warnte	fielen tennisballgroße Hagelkörner
Das Unwetter wütete den ganzen Abend	weil das Stadion überschwemmt war

Zeichensetzung

→ Die Kommasetzung in *das*- und *dass*-Sätzen

Das Wörtchen *das* wird in der deutschen Sprache besonders oft verwendet:
- als Artikel: ***das** Buch, **das** Fenster …*
- als Relativpronomen: *das Buch, **das** ich gelesen habe; das Fenster, **das** offen steht …*
- als Demonstrativpronomen: *ich glaube **das** nicht; **das** ist nicht wahr …*

Und weil das Wort *das* viel öfter vorkommt als das Wort *dass*, schreibt man auch die Konjunktion *dass* oft nur mit einem *s* – und das ist falsch.

Ein *das*- oder ein *dass*-Satz?

a) Hier ist das Buch …?… du mir geliehen hast.
b) Ich weiß genau …?… du mir das Buch geliehen hast.
c) Dort ist das Kleid …?… ich morgen kaufen werde.
d) Ich freue mich schon darauf …?… ich morgen ein Kleid kaufen werde.
e) Sie lobte mein Pferd …?… über die Hürde gesprungen ist.
f) Ich freue mich …?… mein Pferd über die Hürde gesprungen ist.
g) Ich weiß …?… ich heute noch lernen muss.
h) Dies ist das Lied …?… ich heute noch lernen muss.
i) Es tut mir leid …?… ich verschlafen habe.
j) Das ist ein Ereignis …?… ich verschlafen habe.
k) Milchreis ist etwas …?… ich immer schon gern gegessen habe.
l) Ich finde es schade …?… ich schon gegessen habe!

1 Schreibe die Sätze mit *das* oder *dass* auf. Unterstreiche die Wörter, auf die sich *das* oder *dass* jeweils bezieht. Setze die Kommas dazwischen ein:
a) Hier ist das Buch, das du mir geliehen hast.
b) Ich weiß genau, dass du mir das Buch geliehen hast.

2 Verschiebe die *dass*-Sätze an den Anfang des Satzgefüges. Dabei verändert sich im Hauptsatz, der nun hinten steht, etwas:
Dass du mir das Buch geliehen hast, weiß ich genau.

M

Der **Relativsatz** ist auch ein Nebensatz. Er beginnt mit dem **Relativpronomen** *das*. Das Relativpronomen bezieht sich fast immer auf ein sächliches **Substantiv** im vorausgehenden Hauptsatz:

Das ist das Gedicht, ← das ich gut gelernt habe.

Der **Nebensatz** mit der **Konjunktion** *dass* bezieht sich fast immer auf ein **Verb** im vorausgehenden Hauptsatz:

Ich freue mich darüber, ← dass → ich gut gelernt habe.

Zwischen Haupt- und Nebensatz steht immer ein **Komma**.

Recht-schreibung und Zeichen-setzung

3 **Entscheide, welches Wort passt: *dass* oder *das*. Schreibe die Sätze auf. Achte auf die Kommas!**

Du hast gesagt	das/dass du ein Buch lesen willst.
Hier ist ein Buch	das/dass ich schon kenne.
Ich nehme an	das/dass du es noch nicht kennst.
Ich bin sicher	das/dass es dir gefällt.

4 **Bilde zu den Nebensätzen unten jeweils einen vorausgehenden Hauptsatz, z. B.:**

a) Das ist ein Spiel, das du nicht verlieren kannst.
b) Ich weiß ja, dass du nicht verlieren kannst.

Einmal soll ein *das*-Satz folgen, einmal ein *dass*-Satz.
Für die *das*-Sätze brauchst du immer ein sächliches Substantiv:

... das/dass du nicht verlieren kannst.
... das/dass ich nicht gern lerne.
... das/dass sie mir vorsingt.
... das/dass ich gewinne.
... das/dass ich sehr gern lese.
... das/dass ich täglich esse.

M

Nebensätze mit ***dass*** stehen meistens nach den Verben des **Denkens, Meinens** und **Wollens**. Solche Verben sind: ***sagen, denken, meinen, fühlen, wissen, hoffen, glauben, erwarten, wünschen, fürchten, annehmen, behaupten, wollen, beobachten*** ...:

- *Ich **denke**, dass man alles anders machen könnte.*
- *Ich **meine**, dass sie recht hat.*
- *Ich **will**, dass ich das wirklich schaffe.*

Wenn diese Verben zu **Substantiven** werden, folgen ebenfalls oft ***dass***-Sätze:
*die **Meinung** vertreten, den **Gedanken** haben, den **Willen** haben, die **Furcht** haben, die **Behauptung** aufstellen, den **Wunsch** haben, die **Beobachtung** machen ...:*

- *Mir kommt gerade der **Gedanke**, dass man alles anders machen könnte.*
- *Ich vertrete die **Meinung**, dass sie recht hat.*
- *Ich habe den festen **Willen**, dass ich das wirklich schaffe.*

5 **Forme die Substantive *Glauben, Meinung, Hoffnung, Gedanke* zu Verben um. Schreibe die Sätze auf. Vergiss die Kommas nicht.**

a) Ich habe den Glauben, dass bald alles besser wird.
b) Ich bin der Meinung, dass man sich dafür anstrengen muss.
c) Ich habe die Hoffnung, dass wir das nächste Spiel gewinnen.
d) Mir kommt gerade der Gedanke, dass alles falsch sein könnte.

6 **Forme die Verben *behaupten, fürchten, wünschen, beobachten* zu Substantiven um. Schreibe die Sätze auf. Vergiss die Kommas nicht.**

a) Sie behauptet, dass sie nichts davon gewusst hat.
b) Er fürchtet, dass er die Prüfung nicht bestehen könnte.
c) Sie wünscht sich, dass ihr jemand hilft.
d) Er beobachtet schon lange, dass etwas nicht stimmt.

Zeichensetzung

→ Mehrgliedrige Satzgefüge

M

Es gibt **mehrgliedrige** Satzgefüge:

1. Ein **Nebensatz** kann zwischen **zwei Hauptsätzen** stehen. Der zweite Hauptsatz ist dann oft mit der Konjunktion *und* angeschlossen. Dann steht auch **vor *und* ein Komma.**

   Erster Hauptsatz , Nebensatz , zweiter Hauptsatz .

   Spinnenangst ist unnötig , da Spinnen bei uns ungefährlich sind , *und* sie kann geheilt werden.

2. **Mehrere Nebensätze** können aufeinanderfolgen:

   Hauptsatz , Nebensatz , Nebensatz .

   Spinnen sind nützlich , da sie Insekten vertilgen , die schädlich sind.

Die Spinne – in fünf Satzgefügen mit 8 Kommas

Die Spinne erklimmt einen Strauch den sie mit einem feinen Faden umspinnt der so lange waagerecht im Wind weht bis er sich irgendwo festhakt. Dann hangelt sich die Spinne an diesem Faden entlang den sie mit Seide aus ihrem Hinterleib verstärkt und so spinnt sie mehrere Fäden. Das tut sie so lange bis sie einen Mittelpunkt für ihr Netz geschaffen hat. Von hier aus erweitert sie die Fäden zu einer Art Teppich den sie noch mit einer klebrigen Fangspirale ausstattet. An dessen Rand wartet sie bis sich ein Insekt im Netz verfängt.

Die Spinne – in sieben Satzgefügen mit 12 Kommas

Die Spinne erklimmt einen Strauch den sie mit einem ersten feinen Faden umspinnt der waagerecht im Wind weht. Dann hangelt sie sich an diesem Faden entlang wobei sie ständig Seide abspult damit der Faden an Halt gewinnt. Wenn sie sich dann wieder hinaufgehangelt hat heftet sie mit ihrem Hinterleib einen Rahmenfaden fest. Danach zieht sie einen Faden zur Mitte des Netzes bis sie einen Punkt erreicht der später den Mittelpunkt des ganzen Netzes bildet und erweitert von hier aus die Fäden zu einer Art Teppich. An dessen Rand ist der Platz von dem aus sie auf ihre Beute wartet. Von diesem Warteplatz aus legt die Spinne eine Fangspirale die mit klebrigem Leim benetzt ist. Es dauert kaum eine halbe Stunde bis so ein kunstfertiges Netz fertiggestellt ist wie es bis heute keine Technik nachahmen kann.

1 Schreibe einen der beiden Texte ab und füge dabei die Kommas ein.

2 **Stelle den ersten Satz des ausgewählten Textes in einem Satzmodell dar.**

3 **Stelle die ersten vier Sätze des ausgewählten Textes in Satzmodellen dar.**

Recht-schreibung – Zeichensetzung

Zeichensetzung

→ Zeichen setzen – Texte verständlicher machen

1 In den folgenden Texten fehlen alle Satzzeichen. Sie sind daher sehr schwer zu lesen. Versucht einmal, die Texte vorzulesen.

2 Schreibe einen der Texte mit allen Satzzeichen auf. Schreibe die Satzanfänge groß. Die Anzahl der Satzzeichen ist für jeden Absatz jeweils angegeben.

Der Hai-Bändiger

Es gibt in Australien tatsächlich den Beruf des Hai-Bändigers aber wie sieht seine Arbeit aus ich fange sagt John Haie in einer Klappbox mit Futterködern und binde sie dann an meinem Boot fest

(2 Punkte – 1 Fragezeichen – 2 Kommas – 4 Anführungszeichen)

Ich fahre mit John die Küste entlang er setzt einem gefangenen Hai einen kleinen Sender an der Bauchseite ein anschließend wird die kleine Wunde mit einigen Stichen genäht dann entlässt John den Hai aus seinem Käfig

(4 Punkte)

Einmal sagt John ging diese Operation für mich sehr schmerzhaft aus der Hai war schon gebändigt und sollte am Boot festgebunden werden leider hatte der Hai zu viel Freiheit und schnellte herum er biss mich in die Rückseite des Beines

(4 Punkte – 2 Kommas – 4 Anführungszeichen)

John konnte glücklicherweise den Kopf des Haies festhalten denn der hätte ihm sonst das Bein ganz schön zugerichtet ich konnte sagt er das Haimaul mit Hilfe eines Schraubenziehers öffnen und mein Bein befreien da habe ich noch einmal Glück gehabt

(2 Punkte – 1 Ausrufezeichen – 3 Kommas – 4 Anführungszeichen)

Der Übeltäter sei aber für seine Attacke nicht bestraft worden erklärt mir später John sondern er sei mit einem kleinen Sender an seiner Bauchseite davongekommen bändigen kann man die Tiere nicht fährt er fort aber man kann ihre Wege im Meer verfolgen und mehr über sie erfahren

(2 Punkte – 4 Kommas – 4 Anführungszeichen)

Der Wettermacher

Obwohl er kein Meteorologe ist und auch nichts von Zauberei versteht kann der Wettermacher es regnen lassen wenn die Wettervorhersage Hagel ankündigt so erzählt er setze ich mich am Stuttgarter Flughafen in meine Propellermaschine ich nehme dann Kurs auf die dunklen Wolken die für Landwirtschaft und Weinbau nichts Gutes bedeuten wie aber kann er verhindern dass die Wolken ihre Hagelfracht abwerfen dies gelingt ihm deshalb weil er mit seiner Maschine Silberjodid in die Hagelwolke sprüht durch diese Chemikalie bilden sich statt großer Eiskörner viele kleine Eiskristalle die dann auf dem Weg zur Erde auftauen sodass sie als Regen unten ankommen diese Dienste so erklärt er nimmt auch manchmal ein großer Autohersteller in Anspruch für den sorge ich dann dafür dass seine Neuwagen die auf den Fabrikplätzen stehen kein Knäckebrotmuster bekommen

(7 Punkte – 1 Fragezeichen – 13 Kommas – 8 Anführungszeichen)

Zeichensetzung

→ Überprüfe dein Wissen und Können

1 Woran erkennt man einen Nebensatz? Eine Aussage ist richtig.
Einen Nebensatz erkennt man
a) daran, dass immer ein Komma danach steht.
b) an der Konjunktion oder dem Relativpronomen am Anfang und dem Verb am Schluss.
c) am Verb am Anfang und der Konjunktion am Schluss.

2 Schreibe den folgenden Satz ab. Setze die Kommas. Zeichne das Satzmodell.

Ich komme sobald ich kann zu dir.

3 Schreibe nach folgendem Satzmodell einen Satz auf:

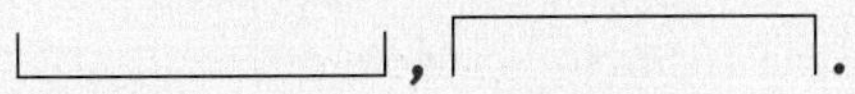

4 Schreibe einen Satz auf, in dem auf den Hauptsatz ein Relativsatz folgt.

5 Verbinde die beiden Sätze mit *das* oder *dass*.

Sie lobte ihr Pferd dafür, ...?... es über die Hürde sprang.
Sie lobte ihr Pferd, ...?... über die Hürde sprang.

6 Verbinde jeweils die beiden Sätze in einer Zeile mit Konjunktionen zu einem Satzgefüge.
Drei der Konjunktionen passen: *weil, wenn, als, sodass, ob, obwohl.*

a) Es gab ein großes Unwetter. Das Popkonzert begann.
b) Die Zuschauer waren enttäuscht. Das Konzert wurde abgesagt.
c) Wird das Konzert wiederholt? Wer weiß!

7 Im folgenden Text sind drei Kommas zu wenig und ein Komma zu viel gesetzt.
Schreibe ihn richtig auf.

Weil die Züge oft nicht pünktlich sind, kommen viele Reisende zu spät. Besonders ärgerlich ist es wenn sie ihre Anschlusszüge verpassen. Zu Verspätungen kann es, auch wenn die Bahn keine Schuld trifft immer wieder kommen. Häufig führen Unfälle auf Bahnübergängen dazu dass die Fahrpläne, durcheinandergeraten.

8 Die folgenden Sätze sind alle sehr kurz. Mache einen Text daraus, der aus Haupt- und Nebensätzen besteht.

Ich war heute Morgen müde. Ich bin zu spät ins Bett gegangen. Ich sah auf den Wecker. Es war schon sieben Uhr. Ich sprang aus dem Bett. Ich war noch gar nicht richtig wach. Ich packte mein Frühstück in die Tasche. Ich konnte es im Schulbus essen.

9 Schreibe den folgenden Witz mit allen dazugehörigen Satzzeichen auf.

Mimi fragte Lilli Wo kommst du denn her Aus dem Schönheitssalon sagte Lilli Und bist du nicht drangekommen fragte Mimi Das ist aber sagte Lilli ein beknackter Witz

→ Die Kommasetzung bei Infinitivkonstruktionen

a) Pit hatte mir versprochen heute pünktlich zum Spiel da zu sein.
b) Meine Schwester hat die Absicht Mathematik zu studieren.
c) Richard ging ins Zimmer um das Gedicht zu lernen.
d) Wir empfehlen ihm zu folgen.

1 In den Sätzen a) bis d) befindet sich jeweils eine Wortgruppe, die einen Infinitiv mit dem Wörtchen *zu* (eine Infinitivkonstruktion) enthält.

- Findet in Partnerarbeit heraus, wo in den Sätzen die Infinitivkonstruktion beginnt und wo sie endet.
- Schreibt dazu die vier Sätze auf und unterstreicht die jeweilige Infinitivkonstruktion.
- Setzt an der Grenze zwischen der Infinitivkonstruktion und dem übrigen Satz ein Komma.
- Vergleicht eure Lösungen in der Klasse.

M

Die Kommasetzung bei Infinitivkonstruktionen

1. Infinitivkonstruktionen mit *zu* **können** grundsätzlich durch **Komma** vom übrigen Satz **abgegrenzt** werden. Man muss also nur wissen, wo die Infinitivkonstruktion mit *zu* beginnt und wo sie aufhört, denn an der Grenze zwischen ihr und dem übrigen Satz wird das Komma gesetzt:
*Sie hoffte **(,)** irgendwann einmal nach Frankreich fahren zu können.*

2. In folgenden Fällen **müssen** Infinitivkonstruktionen mit *zu* durch Komma abgegrenzt werden:
a) Sie werden mit **als, anstatt, außer, ohne, statt, um** eingeleitet:
*Ich tue alles, **um** das Klassenziel zu erreichen.*
b) Sie beziehen sich auf ein vorausgegangenes **Substantiv:**
*Unser **Entschluss**, eine Radtour zu machen, steht schon lange fest.*
c) Sie werden durch ein **Hinweiswort** wie **daran, darauf, es ...** im Satz **angekündigt:**
*Er hat stets **daran** geglaubt, im Sommer an die Ostsee fahren zu dürfen.*
d) Sie werden durch ein Hinweiswort wie **das, es, daran ...** im nachfolgenden Satz **wieder aufgenommen:**
*Im Sommer an die Ostsee fahren zu dürfen, **daran** hat er stets geglaubt.*

3. Das Komma **sollte** immer dann gesetzt werden, wenn man Missverständnisse ausschließen will:
Ich rate dir nicht alles zu sagen. → *Ich rate dir nicht, alles zu sagen.*
→ *Ich rate dir, nicht alles zu sagen.*

2 In den Sätzen a) bis d) aus Aufgabe 1 habt ihr bereits das Komma eingefügt.

- In zwei Sätzen **muss** das Komma stehen, in einem **kann** es stehen.
- Und in einem **sollte** es gesetzt werden, um ein Missverständnis auszuschließen.

Schreibe die entsprechenden Buchstaben auf. Notiere dahinter, welche Regel aus dem Kasten für welchen der vier Sätze zutrifft.

3 Schreibe die Sätze a) bis e) auf.

- Unterstreiche zuerst die Infinitivkonstruktion mit *zu* und markiere den übrigen Satz farbig.
- Setze dann zwischen die beiden Teile das Komma.
  Achtung: Einmal ist die Infinitivkonstruktion in den Satz eingeschoben.
- Schreibe hinter jeden Satz die zutreffende Regel aus dem Merkkasten.
- Vergleicht eure Lösungen miteinander. Bei welchen Sätzen hattet ihr Schwierigkeiten?

230

a) Angélique hatte ihre Brieffreundin Emma eingeladen nach Frankreich zu kommen.
b) So käme Emma endlich auch dazu ihre Französischkenntnisse zu verbessern.
c) Und Angélique würde sich freuen sie endlich persönlich kennen zu lernen.
d) Emma hatte ohne einen Augenblick zu zögern sofort der Einladung zugestimmt.
e) Sie dachte daran für die Familie ihrer Freundin kleine Geschenke mitzunehmen.
f) Emma hoffte darauf ihre französische Aussprache zu verbessern.
g) Viel Zeit mit Angélique verbringen zu können das wäre ganz toll.
h) Geld um ihr Reisevorhaben zu verwirklichen hatte sie genug gespart.
i) Also hatte Emma beschlossen mit dem Flugzeug zu verreisen.
j) Einmal zu fliegen darauf war sie sehr neugierig.
k) Sie konnte es kaum erwarten ihre Reise anzutreten.

4 **Zwei Partner lesen abwechselnd einen der Sätze von f) bis k) vor und sprechen die Kommas an den Stellen mit, an denen sie stehen müssten. Danach muss die Kommasetzung begründet werden. Orientiert euch an den Regeln im Merkkasten.**

230

5 **Setze beim Abschreiben in die Sätze f) bis k) die Kommas ein. Notiere hinter jedem Satz die zutreffende Regel aus dem Merkkasten.**

230

6 In den folgenden Sätzen kannst du das Komma an zwei unterschiedlichen Stellen einfügen. Das Komma entscheidet, welche Bedeutung die Sätze haben sollen. Sprecht über eure Lösungen.

a) Clara versprach Mia einen Brief zu schreiben.
b) Carl bat uns unbedingt helfen zu dürfen.
c) Felix beschloss heute Paula anzurufen.

7 Im folgenden Text fehlen sechs Kommas.
Schreibe nur die Sätze auf, in denen Kommas fehlen.

Fuß vom Gas ist zu wenig

1) Die Anzahl von Unfällen mit Kindern im Straßenverkehr ist dramatisch gestiegen. 2) Deshalb müssen die Kraftfahrer stärker daran denken die Fahrgeschwindigkeit den konkreten Bedingungen anzupassen. 3) Wenn die Kinder mit dem Fahrrad unterwegs sind, dann sind sie fast nur mit sich beschäftigt. 4) Sicher müssen die Kinder auch lernen die Geschwindigkeit von Fahrzeugen richtig einzuschätzen. 5) Trotzdem sind vor allem die Erwachsenen gefordert aufmerksam und umsichtig zu fahren. 6) Nur den Fuß vom Gaspedal zu nehmen das reicht eben nicht aus. 7) Die ständige Bereitschaft vor Schulen sofort anhalten zu können ist mehr als je gefordert.

Recht-schreibung Zeichen-setzung

Zeichensetzung

→ Die Kommasetzung bei Partizipialkonstruktionen

Partizipialkonstruktionen solltet ihr vom übrigen Satz durch Kommas abgrenzen, z. B. so:

1. mit dem Partizip II

a) Genau **betrachtet,** ist es ein Fehler.
b) Das ist, genau **betrachtet,** ein Fehler.
c) Das ist ein Fehler, genau **betrachtet.**
d) Das, genau **betrachtet,** ist ein Fehler.
e) Genau **betrachtet,** ist das ein Fehler.
f) Das Verhalten, genau **betrachtet,** ist ein Fehler.

2. mit dem Partizip I

a) Aus vollem Halse **lachend,** kam sie zu uns.
b) Sie kam, aus vollem Halse **lachend,** zu uns.
c) Sie kam zu uns, aus vollem Halse **lachend.**
d) So, aus vollem Halse **lachend,** kam sie zu uns.
e) Aus vollem Halse **lachend,** so kam sie zu uns.
f) Meine Schwester, aus vollem Halse **lachend,** kam zu uns.

1 Untersucht, an welchen Stellen in den Sätzen Kommas stehen.
- Überprüft, ob es zwischen der Kommasetzung bei den Konstruktionen mit dem Partizip II und denen mit dem Partizip I Unterschiede gibt.
- Lest euch die Sätze gegenseitig vor und sprecht die Kommas mit.

2 Wählt euch nun die Sätze a) bis f) oder g) bis l) aus. Schreibt diese Sätze ab und setzt die Kommas. Unterstreicht jeweils die Partizipialkonstruktion.

a) Wenig beeindruckt von Majas Worten ging Lisa einfach weiter.
b) Lisa ging wenig beeindruckt von Majas Worten einfach weiter.
c) Lisa ging einfach weiter wenig beeindruckt von Majas Worten.
d) Wenig beeindruckt von Majas Worten so ging Lisa weiter.
e) So wenig beeindruckt von Majas Worten ging Lisa weiter.
f) Lisa wenig beeindruckt von Majas Worten ging einfach weiter.

g) Seine Redekarten in der Hand haltend hielt Elias seinen Kurzvortrag.
h) Elias hielt seine Redekarten in der Hand haltend seinen Kurzvortrag.
i) Elias hielt seinen Kurzvortrag seine Redekarten in der Hand haltend.
j) Seine Redekarten in der Hand haltend so hielt Elias seinen Kurzvortrag.
k) So seine Redekarten in der Hand haltend hielt Elias seinen Kurzvortrag.
l) Elias seine Redekarten in der Hand haltend hielt seinen Kurzvortrag.

M

Die Kommasetzung bei Partizipialkonstruktionen

Partizipialkonstruktionen enthalten als Kern entweder ein **Partizip I** *(singend)* oder ein **Partizip II** *(getroffen, beeindruckt)*. Sie stehen manchmal anstelle von Nebensätzen in Texten.

Partizipialkonstruktionen sollten **grundsätzlich** immer durch **Kommas** vom übrigen Satz **abgegrenzt** werden. Sie helfen nämlich, die Gliederung des Satzes zu verdeutlichen. Sie ermöglichen es dem Leser, den Satz besser verstehen zu können. Man muss nur wissen, wo die Partizipialkonstruktion beginnt und wo sie endet:

Die Zuschauer, in großer Zahl erschienen, waren vom Spiel begeistert.
Laut schreiend, feuerten sie ihre Mannschaft an.

3 Lest die folgenden Sätze vor und sprecht die Kommas an den Stellen mit, an denen sie stehen müssten.

a) Laut schreiend wachte Pit aus seinem Albtraum auf.
b) Von ihrer langwierigen Krankheit erholt belegte Amelie gleich wieder einen guten dritten Platz im Weitsprung.
c) Nur langsam kamen die Wanderer von der brennenden Sonne geplagt auf ihrer Tour voran.
d) Von den Fans lautstark unterstützt so gewann unsere Mannschaft das Endspiel.
e) Der Torwart musste von einem Schuss aus nächster Nähe getroffen verletzt ausgewechselt werden.
f) Mein Großvater kam die Treppe herauf schwer atmend und auf einen Stock gestützt.

4 Schreibe drei Sätze aus Aufgabe 3 ab und füge die Kommas ein:
- einen mit der Partizipialkonstruktion am Anfang des Satzes,
- einen mit der Partizipialkonstruktion in der Mitte des Satzes,
- einen mit der Partizipialkonstruktion am Ende des Satzes.

Am Fluss

1) (...) Wir konnten an dem einen Ende stehend das andere Ende der Brücke kaum ausmachen. 2) Tagtäglich überquerten die einrädrigen Schubkarren die Brücke beladen mit Säcken voll Reis und Mehl. 3) Wir saßen an ihr nur das gedämpfte Murmeln der Wellen vernehmend. 4) Kaum aber angelangt erfüllten die Karren alles mit Lärm und Getöse. 5) Mit äußerster Kraftanstrengung stießen schweißüberströmte Kulis fest die Zähne zusammenbeißend ihre Karren auf die höher liegende Brücke. 6) In diesem Moment tauchte der rotgesichtige Dickwanst auf eilfertig nebenherlaufend und laut schreiend. 7) Er streckte ebenso schwitzend wie die Kulis den Fuhrleuten die Hand entgegen. (...)

5 Füge beim Abschreiben der Sätze die Kommas an der richtigen Stelle ein. In drei / **vier** Sätze musst du jeweils ein Komma, in einen Satz / **drei Sätze** musst du jeweils zwei Kommas setzen.

6 **In den folgenden Sätzen sind die Partizipialkonstruktionen fehlerhaft gebraucht.**
- **Sprecht darüber, woran das liegen kann.**
- **Schreibe die Sätze korrekt auf. Achte auf die Kommas.**

a) Der Bus mit den Ferienkindern fuhr fröhliche Lieder singend langsam weiter.
b) Unter Alkoholeinfluss stehend wurde das Türschloss von einem Dieb aufgebrochen.
c) Kaum das Frühstücksbrot aufgegessen wurde die Arbeit von den Technikern fortgesetzt.
d) Mit Farbe übergossen nahm der Keramiker die Figuren aus dem Bottich.

Wortarten

→ Wiederholung der Wortarten – Vertiefung

Auf dieser Seite könnt ihr euer Wissen über die Wortarten wiederholen und vertiefen. Denn was man sich merken möchte, muss man immer wieder noch einmal auffrischen.

Substantive und Verben:
Der Unterschied ist eigentlich klar.
Doch viele Verben können auch zu Substantiven werden.
Wann wird ein Verb als Verb gebraucht *(sie turnen)*?
Wann kann es zum Substantiv werden *(beim Turnen)*?
Welche Wörter sind immer Substantive *(die vielen Leute)*?

Adjektive und Adverbien:
Der Unterschied zwischen Adjektiven und Adverbien besteht in Folgendem:
Adjektive können zwischen Artikel und Substantiv stehen: *die lieben Nachbarn.*
Adverbien können das nicht. Man kann nicht sagen: *die gernen Nachbarn.*

Adjektive und Pronomen:
Den Unterschied zwischen Adjektiven und Pronomen kannst du mit derselben Probe herausbekommen: Adjektive können zwischen Artikel und Substantiv stehen *(die roten Schuhe)*, Pronomen können nur allein vor Substantiven stehen *(meine Schuhe,* nicht: *die meinen Schuhe).*

Adverbien und Konjunktionen:
Der Unterschied zwischen Adverbien und Konjunktionen besteht in Folgendem:
Wenn ein *Adverb* am Satzanfang steht, muss das **Subjekt** hinter das Verb weichen: ***Er** geht jetzt.* → *Jetzt geht* → ***er.***
Wenn eine *Konjunktion* am Satzanfang steht, bleibt das **Subjekt** vor dem Verb stehen.
Er geht jetzt. → *Und **er** geht jetzt. Ob **er** jetzt geht?*

Präpositionen:
Auf Präpositionen folgt immer ein Substantiv im Akkusativ, Dativ oder Genitiv:
***durch** den Tunnel, **zu** dem Nachbarn, **wegen** des Wetters.*

1 Welche der folgenden Wörter sind Verben, die auch zu Substantiven werden können? Welche sind und bleiben Substantive?
SCHREIBEN, MENSCHEN, LAMPEN, LEUCHTEN, LÜGEN, HOSEN, BRILLEN, SITZEN

2 Welche Wörter sind Adjektive? Welche Adverbien? Mach die Probe!
hier, komisch, selten, oft, manchmal, häufig, kaputt, entzwei, heutig, heute

3 Welche der folgenden Wörter sind Adjektive, welche Pronomen? Bilde Wortkombinationen mit *... Menschen,* z. B. *viele Menschen, die vielen Menschen* – also Adjektiv ...
viele, manche, einige, zwölf, alle, erste, wenige, keine

4 Welche der Wörter sind Adverbien, welche Konjunktionen? Bilde Wortkombinationen mit ... *sie lacht,* z. B. *denn sie lacht* – also Konjunktion ...
denn, dann, jetzt, wenn, nun, doch, sodass, schon

5 Wenn sich der Fall des Artikels ändert, handelt es sich um eine Präposition. Welche Wörter unten sind Präpositionen? Bilde Wortkombinationen mit *der Turm,* z. B. *an dem Turm* – also Präposition, *offen (ist) der Turm* – also keine Präposition.
an, offen, oben, innerhalb, in, hier, neu, unter

Wortarten

→ Pronomen

Von den Pronomen habt ihr bisher schon einige kennen gelernt. Sie alle stehen in irgendeiner Weise *für* Substantive, das heißt: Für sie können fast immer Substantive eingesetzt werden – und Substantive können durch sie ersetzt werden. Hier sind die Pronomen, die ihr schon kennt:

Personalpronomen verweisen auf Personen: *ich, du, er, sie, es, wir, ihr, sie*

Wenn wir keine Personalpronomen hätten ...

Stefan macht gemeinsam mit Julia Hausaufgaben. Stefan hatte Julia gefragt: „Kann Julia Stefan nicht mal erklären, wie das Experiment geht? Stefan hat das Experiment in der Schule nicht verstanden." Julia sagte zu Stefan: „Julia will Stefan das Experiment gern erklären. Julia findet das Experiment nämlich ganz einfach." Und dann zeigte Julia Stefan, wie das Experiment geht.

1 Wenn wir keine Personalpronomen hätten, müssten wir die Substantive und Namen in einem Text ständig wiederholen. Formt den Text in die normale Sprache um, die uns mit den Personalpronomen zur Verfügung steht:
... Er hatte sie gefragt ...

Possessivpronomen verweisen auf Besitzverhältnisse: *mein, dein, unser, euer ...*

Wenn wir keine Possessivpronomen hätten ...

Nun konnte Stefan Stefans Hausaufgaben erledigen. Julia sagte zu ihm: „Du scheinst ja Julias Erklärungen gut verstanden zu haben!" Er sagte: „Julias Erklärungen sind immer klasse!" – „Dann können wir ja jetzt Julias und Stefans Fahrräder nehmen und nach dieser Anstrengung ein bisschen umherfahren", sagte Julia. Und dann nahmen sie tatsächlich Julias und Stefans Fahrräder und fuhren eine Runde.

2 Wenn wir keine Possessivpronomen hätten, sähen Texte noch komischer aus. Formt den Text um, sodass er sich normal anhört:
Nun konnte Stefan seine Hausaufgaben erledigen ...

Anredepronomen dienen der Anrede von Personen: *du, ihr, Sie, Ihr ...*

Wenn wir die Anredepronomen mit anderen Pronomen verwechseln ...

Liebe Frau Meier,

gestern waren ihre beiden kleinen Kinder bei uns und haben uns zwei Gläser von ihren wunderbaren Marmeladen gebracht, die sie selbst gemacht haben. Ich möchte mich herzlich bei ihnen bedanken. Ich muss sagen, Sie haben uns sehr gut geschmeckt. Die Kinder und ihre Marmeladen sind einfach soo süß!

Mit herzlichem Gruß
ihre Nachbarn

3 Es hat gute Gründe, die Anredepronomen für Personen, die man mit *Sie* anredet, großzuschreiben. Sonst kann es zu witzigen Verwechslungen kommen.
Schreibt den Brief so auf, dass man weiß, wer angeredet wird, wer die Marmelade gemacht hat – und was eigentlich „gut geschmeckt" hat:
... gestern waren Ihre beiden kleinen Kinder ...

Sprache und Sprachgebrauch

Relativpronomen weisen auf ein Substantiv zurück: *der, die, das, welcher, was …*

Wenn wir Sätze mit Relativpronomen an die falsche Stelle setzen …

Gestern ist der Kater in unseren Gartenteich gefallen, der einen Frosch fangen wollte. Der Frosch konnte dem Kater entkommen, der sich im Schlamm versteckte. Der Kater kam aus dem Teich wieder heraus, der einigermaßen schwimmen konnte. Mit einem Fell kam er dann in das Haus rein, das vor Nässe nur so tropfte. Das arme Tier legte sich danach in die Sonne auf das Fensterbrett, das vor Schreck richtig zitterte, und leckte sich sauber.

4 Formt diese Sätze so um, dass eindeutig wird, worauf sich die Relativpronomen beziehen.

Die folgenden Arten von Pronomen sind neu für euch. Ihr verwendet sie zwar ständig, aber ihr wisst noch nicht, wie sie heißen. Prägt euch ihre Namen ein.

Fragepronomen leiten Ergänzungsfragen ein: *wo, wer, was, wie, wann, wen, warum?*

5 Forme die etwas umständlichen Fragen um, indem du **Fragepronomen** verwendest, die oben angegeben sind: *Was ist eigentlich mit eurem Kater passiert? …*

M

Fragepronomen

Fragepronomen dienen dazu, allgemeine **Fragen** zu stellen, auf die man im **Satz** antwortet. Sie beginnen alle mit dem Buchstaben ***w-***: ***wo, wann, warum …***

Fragen über Fragen …

Ist eigentlich mit eurem Kater ein Unglück oder etwas anderes passiert? War das heute oder gestern? Ist der Kater in die Regentonne oder in den Teich hineingefallen? Wollte er dort einen Fisch oder einen Frosch fangen? Konnte der Frosch irgendwie entkommen? Hat er sich im Schlick oder unter den Seerosen versteckt? Konnte sich der Kater irgendwie retten? Kam der Kater trocken oder nass wieder ins Haus? Hat er dann irgendetwas gemacht?

Demonstrativpronomen weisen auf etwas hin: *der, die, das, dieser, jener …*

6 Im folgenden Text findest du einige **Demonstrativpronomen**. Sie sind unterstrichen. Andere kannst du durch Umformen der *kursiv* gedruckten Ausdrücke in *der, die, das* selbst in den Text einbauen: *Das glaubst du nicht. …*

M

Demonstrativpronomen

„Demonstrieren" heißt: auf etwas mit Nachdruck hinweisen. Das tun auch die **Demonstrativpronomen**. Drei von ihnen sehen genauso aus wie die Artikel *der, die, das*. Doch sie stehen meistens **allein** und werden **besonders betont:** *Dás geht nicht!*

Unglaublich!

Das Ereignis glaubst du nicht! Dieser Kater! Hat *der Kater* doch einen Frosch fangen wollen! Und *der Frosch* ist ihm natürlich entwischt! Dieses oder jenes Versteck findet ein Frosch immer. Und der Kater? *Der Kater* wäre fast ertrunken. Zum Glück konnte er schwimmen. Und *das Schwimmen* hat ihn gerettet. Aber wie *der Kater* danach aussah! *Das Aussehen* hätte euch auch leidgetan! Ich bin sicher: *Der Kater* macht *so etwas* nicht noch einmal.

Indefinitpronomen geben unbestimmte Mengen an: *einige, etliche, jemand ...*

Feuerwehr rettet Katze

Auf dem Kirchplatz hatte sich eine Menschenmenge versammelt. *Menschen* schauten zum Kirchturm hinauf, *Menschen* sahen der Feuerwehr zu, die gerade angekommen war. *Menschen* wussten gar nicht, worum es ging. Aber *Menschen* waren ziemlich aufgeregt. *Nicht ein Mensch* von ihnen blieb ruhig. Denn was *Menschen* erkennen konnten: Eine Katze saß oben auf dem Turm und konnte nicht mehr herunter.

Das konnte *Menschen nicht* ungerührt lassen. Das arme Kätzchen! *Menschen* fingen doch tatsächlich an zu schreien. – Natürlich wurde die Katze mit Hilfe einer Feuerwehrleiter gerettet. Danach verließen fast *Menschen* wieder den Platz. Nur *Menschen* blieben zurück, die sich gar nicht beruhigen konnten.

7 Ersetze in diesem Text die *kursiv* gedruckten Ausdrücke durch Pronomen, wie sie im Kasten angegeben sind:
... Einige / Die einen schauten zum Kirchturm hinauf, ...
Verwende möglichst verschiedene von ihnen!

Indefinitpronomen

M

Indefinitpronomen bezeichnen allgemeine und unbestimmte **Mengen**. Sie werden verwendet, wenn man etwas nicht genauer bezeichnen möchte: *jemand, niemand, alle, etliche, einige, die einen, die anderen, manche, kein, mehrere, ein paar ...*

Reflexivpronomen weisen auf etwas zurück: *Sie ärgern sich.*

Die Mädchen hatten das Turnier verloren. Sie hatten ? schlecht zugespielt, sie hatten ? einfach nicht durchgesetzt. Sie ärgerten ? selbst darüber. In der Kabine gerieten sie dann in Streit, und dabei ärgerten sie ? dann auch noch. Einige schämten ? über ihr schlechtes Spiel, andere rauften ? gar die Haare. Doch dann duschten sie ?, bespritzten ? mit Wasser und zogen ? um. Sie trösteten ?. „Ich kämme ? jetzt die Haare und schminke ?", sagte Maria, die Spielführerin. „Und ich", sagte eine von ihnen, „beeile ?, hier wegzukommen!" Eine Dritte sagte: „Ihr traut ? wohl gar nicht nach Hause!" Und eine Vierte: „Ich traue ? durchaus zu, unsere Niederlage zuzugeben. Wir sollten ? einfach dafür entschuldigen, dass wir so schlecht gespielt haben." Und dann verabschiedeten sie ?.

8 Wie oft wir Reflexivpronomen gebrauchen, könnt ihr in diesem Text gut erkennen. Ihr müsst nur noch einsetzen, ob hier jeweils *sich* oder *sich gegenseitig, einander, sich voneinander* gemeint ist.

Reflexivpronomen

M

Das häufigste **Reflexivpronomen** ist *sich (ich → mich, du → dich, er → sich, wir → uns, ihr → euch, sie → sich ...).*
Diese Pronomen sind **„rückbezüglich"**.
Im Plural allerdings ist nicht immer sicher, auf wen sich das Pronomen bezieht: auf die Einzelnen **selbst** oder auf die Einzelnen **untereinander**:
Sie ärgern sich (sich selbst?) oder sich gegenseitig (einander?).

Sprache und Sprachgebrauch

Wortarten

→ Modalverben

Essensverweigerung

A: Ich möchte heute nicht zu Mittag essen.
B: Warum willst du denn nicht?
A: Weil ich das Essen nicht mag.
B: Du solltest es aber essen, es ist gesund.
A: Man muss nicht nur immer Gesundes essen.
B: Aber das kann dir nicht schaden!
A: Ich darf aber nicht, hat der Arzt gesagt.
B: Das sagst du nur, weil du nicht essen willst!
A: Ja, ja, ja! Ich will nicht, ich mag nicht, und ich muss ja auch nicht!
B: Dann muss ich eben leider alleine essen. Oder soll ich dir etwas anderes anbieten?

1 In dieser Szene kommen außer den Verben *essen, sagen* ... in fast jedem Satz noch andere Verben vor, die von einer besonderen Art sind.
- Nennt sie. Es sind sieben verschiedene: *möchte* ...
- Bildet von diesen Verben den Infinitiv: *möchte – mögen* ...

2 Zu jedem Satz links passt ein Satz rechts besonders gut. Manchmal allerdings passen auch zwei Sätze. Schreibe auf: *1g), 2 ..., 3 ...*

1) Ich kann das nicht tun.	a) Ich bin nicht bereit, das zu tun.
2) Ich darf das nicht tun.	b) Das ist mir zuwider!
3) Ich will das nicht tun.	c) Ich bin nicht dazu verpflichtet, das zu tun.
4) Ich mag das nicht.	d) Es schreibt mir keiner vor, dass ich das tue.
5) Ich möchte das nicht tun.	e) Es ist mir nicht erlaubt, das zu tun.
6) Ich muss das nicht tun.	f) Ich habe keine Lust, das zu tun.
7) Ich soll das nicht tun.	g) Ich bin nicht imstande, das zu tun.

3 Schreibe die folgenden Sätze neu auf. Verwende dabei die Verben rechts. Dazu musst du sie etwas umformulieren: *a) Ich kann gut Langstrecken schwimmen. b) Dafür ...*

a) Ich bin gut im Langstreckenschwimmen.	*können*
b) Dafür ist es natürlich absolut nötig, viel zu trainieren.	*müssen*
c) Heute bat mich der Trainer, meine Runden allein zu drehen.	*sollen*
d) Er sagte etwas ironisch: „Du hast meine Erlaubnis!"	*dürfen*
e) Aber ich habe eigentlich keinen Spaß daran.	*mögen*
f) Ich kann das nämlich absolut nicht leiden.	***mögen***
g) Und ich habe das auch eigentlich nicht vor.	***wollen***

M

Modalverben

Folgende sechs Verben nennt man **Modalverben:** ***können*** *(ich kann)*, ***sollen*** *(ich soll)*, ***wollen*** *(ich will)*, ***müssen*** *(ich muss)*, ***dürfen*** *(ich darf)*, ***mögen*** *(ich möchte/ich mag)*.

Diese Verben bestimmen den Inhalt eines Verbs näher, sie „modifizieren" ihn oder färben ihn ein: *Ich will nicht essen* ist etwas anderes als: *Ich möchte nicht essen, ich darf nicht essen ...*

Wie heißt es eigentlich?

können:	Ich habe dir das einfach nicht sagen ? .	Nein, ich habe das nicht ? !
wollen:	Ich habe dir nichts Böses tun ? .	Ich habe das nicht ? !
müssen:	Ihr hättet das genauer erklären ? .	Ja, das hättet ihr ? !
sollen:	Ich hätte es dir sagen ? .	Ja, das hätte ich wirklich ? !
dürfen:	Du hättest mich nicht ärgern ? .	Du hast das nicht ? .

4 Ergänzt beim Vorlesen: *Ich habe dir das einfach nicht sagen* ***können****. – Nein, ich habe das nicht* ***gekonnt****! ...*

5 Schreibe die Sätze in der linken Spalte aus Aufgabe 4 auf. Orientiere dich an dieser Übersicht.

6 Schreibe alle Sätze aus Aufgabe 4 auf. Orientiere dich an dieser Übersicht.

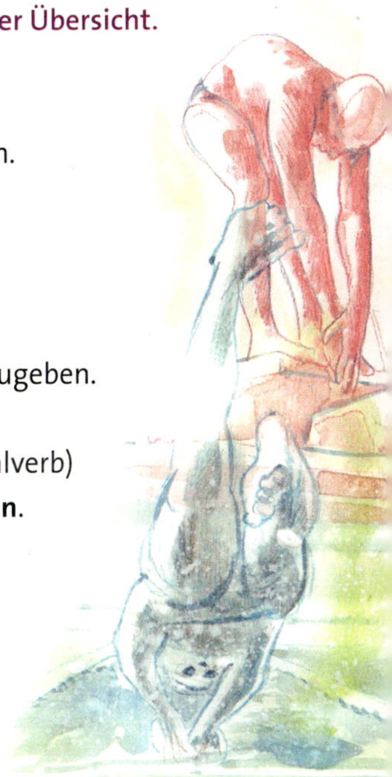

Infinitiv	Präsens	Präteritum
können	Ich kann schwimmen.	Ich konnte schwimmen.
sollen	Ich soll nichts sagen.	Ich sollte nichts sagen.
wollen	Ich will gewinnen.	Ich wollte gewinnen.
dürfen	Ich darf nicht lügen.	Ich durfte nicht lügen.
müssen	Ich muss das tun.	Ich musste das tun.
mögen	Ich mag / Ich möchte das nicht.	Ich mochte das nicht zugeben.

Perfekt mit Partizip (eigenständiges Verb)	**Perfekt mit Infinitiv** (Vollverb mit Modalverb)
Ich habe die Aufgabe nicht **gekonnt**.	Ich habe die Aufgabe nicht **lösen können**.
Ich habe das **gesollt**.	Ich hätte das nicht **sagen sollen**.
Ich habe dieses Ergebnis **gewollt**.	Ich habe das nicht **tun wollen**.
Ich habe das nicht **gedurft**.	Ich hätte das nicht **essen dürfen**.
Ich habe das **gemusst**.	Ich habe das einfach **tun müssen**.
Ich habe das Essen nicht **gemocht**.	Ich habe das nicht **zugeben mögen**.

Modalverben kann man **im Zusammenhang mit Verben** gebrauchen:
Ich kann die Aufgabe nicht lösen.
Man kann Modalverben aber auch als **eigenständige Verben** gebrauchen: *Ich kann das nicht.*
Im **Perfekt** unterscheiden sich dabei ihre Formen:
Ich habe die Aufgabe nicht lösen können (Infinitiv). – *Ich habe das nicht gekonnt* (Partizip).

M

7 Setze die passenden Modalverben in diesen Text ein. Manchmal passen auch gut die Formen *müsste, sollte, könnte.*

Wenn einer früh aufstehen ? , dann ? es passieren, dass er den Wecker nicht hört. Vielleicht hat er ihn auch nur nicht hören ? . ? ja sein! Dann ? man sich beeilen, wenn man nicht zu spät kommen ? . Der Schulbus ? ja schon weg sein. Was ? man dann machen? Dann ? man halt den nächsten nehmen und ? sich in der Schule entschuldigen.
Die Lehrerin ? Verständnis dafür haben, aber sie ? das nicht. Wenn einer nicht hören ? , ? er fühlen – und die Aufgaben nachholen. Ich denke manchmal: Wenn einer wirklich wach werden ? , dann ? er das auch. Man ? sich da nichts vormachen!

Sprache und Sprachgebrauch

Wortarten

→ Überprüfe dein Wissen und Können

1 Bestimme die Wortarten in folgenden Sätzen.
Unterscheide dabei auch die verschiedenen Arten der Pronomen.

a) AUS EINEM ZIRKUS WAREN DREI LAMAS AUSGEBROCHEN.
b) DIE KOPPEL DIESER TIERE WAR NICHT RICHTIG GESICHERT.
c) DOCH SCHON BALD KONNTEN ZWEI VON IHNEN WIEDER EINGEFANGEN WERDEN.
d) DANN MELDETEN SICH EINIGE ANWOHNER AUFGEREGT BEI DER POLIZEI.
e) EIN LAMA HATTE SICH IN IHREN GARTEN „VERIRRT".

Substantive (8): … *Adjektive (4): …* *Adverbien (5): …*
Verben, Hilfsverben, Modalverben (10): … *Konjunktionen (1): …* *Präpositionen (4): …*
Artikel (4): … *Personalpronomen (1): …* *Possessivpronomen (1): …*
Indefinitpronomen (1): … *Reflexivpronomen (2): …* *Demonstrativpronomen (1): …*

2 Nenne je zwei
Fragepronomen: … Possessivpronomen: … Demonstrativpronomen: … Indefinitpronomen: …

3 Füge in die folgenden Sätze jeweils ein Reflexivpronomen ein:

a) Ich habe … sehr geschämt.
b) Wir werden … gegenseitig helfen.
c) Hast du … ein Brötchen genommen?
d) Ihr habt … prima verhalten!
e) Hat … Muna heute schon gekämmt?

4 Ergänze in den folgenden Sätzen die Modalverben:

a) Ich habe dir schon gestern alles sagen …
b) Aber ich habe es einfach nicht …
c) Ich hätte ehrlicher zu dir sein …
d) Aber ich … dich nicht verärgern.

5 Im folgenden Textausschnitt sind sechs Fehler. Berichtige die Zeilen, in denen Fehler vorkommen.

Hallo Onkel Theo,

ich habe dir schon immer sagen gewollt,
was ich mir von dein Geburtstagsgeld gekauft habe.
Aber wegen den vielen Klassenarbeiten
bin ich nicht dazu gekommen.
Letzte Woche beim baden ist mir eingefallen,
ich könnte mir doch eine Jahreskarte fürs Schwimmbad kaufen.
Das habe ich denn auch gemacht.
Und jetzt beeile ich mir, das Schreiben nachzuholen.
Also: Herzlichen Dank für das Geld!

Deine Kerstin

Zeitformen

→ Zeit und Zeitform sind zweierlei

Das sind die drei verschiedenen Zeiten.

Vergangenheit	Gegenwart	Zukunft
vorher:	jetzt:	nachher:

6) Jetzt **weiß** ich, dass man eben früher aus dem Bett **muss**. ← **Präsens**

1) Da **fährt** mir doch heute Morgen der Bus vor der Nase **weg**. ← **Präsens** → 7) Morgen **stehe** ich etwas früher **auf**,

2) Ich **habe** mich schrecklich darüber **geärgert**. ← **Perfekt** → 8) gleich wenn mich der Wecker **geweckt hat**.

3) Dabei **kam** ich in letzter Minute bei der Haltestelle **an**, ← **Präteritum**

4) nachdem ich dem Busfahrer noch von Weitem **zugewinkt hatte**. ← **Plusquamperfekt**

Futur I → 9) So etwas **wird** mir nicht noch einmal **passieren**!

5) Na ja, der **wird** mich halt nicht **gesehen haben**. ← **Futur II** → 10) Aber wahrscheinlich **werde** ich bald alles wieder **vergessen haben**.

Das sind die sechs Zeitformen.

Über die Zeitformen habt ihr in den letzten Schuljahren schon eine Menge gelernt. Diese Seite soll euch noch einmal zeigen, welche Zeitformen es gibt. Sie zeigt auch, wie die einzelnen Zeitformen in die drei Zeiten sozusagen „hineinleuchten“ können.

1 Schaut euch die Seite an. Vervollständigt die folgenden Sätze:
Das Präsens kann in die Gegenwart ... hineinleuchten.
Das Perfekt kann in ...
Das Präteritum ...
Das Plusquamperfekt ...
Das Futur I ...
Das Futur II ...

Sprache und Sprachgebrauch

Zweierlei Passat

nach einer Anekdote von Rolf Wilhelm Brednich

Jeden Mittwoch *fuhr* Herr Paulus in seinem Passat nach Moordorf zum Kegeln. Stets *ließ* sich der Wirt des Lokals von den Kegelbrüdern die Autoschlüssel geben, damit, wer etwas *getrunken hatte,* mit dem Taxi nach Haus *fuhr.* Herr Paulus *hatte* aber *vorgesorgt* und sich vorher seinen Zweitschlüssel *eingesteckt.* So *konnte* er, trotz einiger Bierchen, in seinem eigenen Auto nach Hause *fahren.*

Plötzlich *sah* er an einer Unfallstelle das Blaulicht der Polizei. Da *wird* doch wohl nichts Schlimmes *passiert sein?*, *dachte* er. Gleich *fuhr* er zur Unfallstelle, *stieg* aus und *fragte* die Polizisten: „*Kann* ich helfen?" „Wir *haben* schon das meiste in Ordnung *gebracht*", *sagte* einer der Beamten. „Der Krankenwagen *wird* gleich *kommen!*" Jetzt *war* Herr Paulus aber beruhigt! Er *setzte* sich wieder in den Passat und *fuhr* nach Hause.

Nachdem er noch etwas *ferngesehen hatte, legte* er sich ins Bett. Mitten in der Nacht *klingelte* es plötzlich an der Tür. Draußen *standen* die zwei Polizisten. Sie *fragten* höflich: „*Dürfen* wir einmal in Ihre Garage *schauen*?" Herr Paulus *schloss* die Garagentür auf. Und was *sahen* sie da? Einen Passat mit Blaulicht!

2 Stellt euch die Situation einmal vor. Wie konnte es zu diesem Irrtum kommen?

3 In welcher Zeitform stehen die meisten Sätze?

M

Die Zeitformen im Text

In jedem Text werden **Verben** verwendet. Daher kann **kein Text** erzählt werden, **ohne Zeitformen** zu verwenden.

Jeder Text steht in einer **Hauptzeitform**. Meistens ist es das **Präteritum** oder **Präsens**.

Die einmal gewählte **Zeitform** sollte man möglichst **einhalten** – und nicht willkürlich wechseln.

Darüber hinaus kommen in Texten aber auch hin und wieder andere Zeitformen vor:

- das **Perfekt** und das **Plusquamperfekt**, wenn etwas erzählt wird, das vorher schon **abgeschlossen** ist,
- das **Futur I** und **Futur II**, wenn Vermutungen über die **Zukunft** angestellt werden.

4 In dieser Geschichte kommen aber auch alle anderen Zeitformen, die ihr schon kennt, mindestens einmal vor. Sucht Beispiele im Text.

5 Probiert einmal mündlich aus, ob man an einigen Stellen auch eine andere Zeitform verwenden kann.

6 Gebt die ganze Geschichte in der Hauptzeitform des Präsens wieder. Wenn ihr meint, dass das an einigen Stellen nicht geht, dann wählt eine andere Zeitform.

7 Hier steht dieselbe Geschichte in einer etwas veränderten Fassung. Verfahrt einmal folgendermaßen: Ein Schüler oder eine Schülerin liest diese Fassung hier vor, während die anderen mit den Augen die erste Fassung mitlesen und beim Zuhören darauf achten, was jetzt anders ist.

Jeden Mittwoch fuhr Herr Paulus in seinem Passat nach Moordorf zum Kegeln. Stets ließ sich der Wirt des Lokals von den Kegelbrüdern die Autoschlüssel geben, damit, wer etwas getrunken hatte, mit dem Taxi nach Haus fuhr. Herr Paulus hatte aber vorgesorgt und sich vorher seinen Zweitschlüssel eingesteckt. So konnte er, trotz einiger Bierchen, in seinem eigenen Auto nach Hause fahren.
Plötzlich sieht er an einer Unfallstelle das Blaulicht der Polizei. Da wird doch wohl nichts Schlimmes passiert sein?, denkt er. Gleich fährt er zur Unfallstelle, steigt aus und fragt die Polizisten: „Kann ich helfen?“ „Wir haben schon das meiste in Ordnung gebracht“, sagt einer der Beamten. „Der Krankenwagen wird gleich kommen!“ Jetzt ist Herr Paulus aber beruhigt! Er setzt sich wieder in den Passat und fährt nach Hause.
Nachdem er noch etwas ferngesehen hatte, legte er sich ins Bett. Mitten in der Nacht klingelte es plötzlich an der Tür. Draußen standen die zwei Polizisten. Sie fragten höflich: „Dürfen wir einmal in Ihre Garage schauen?“ Herr Paulus schloss die Garagentür auf. Und was sahen sie da? Einen Passat mit Blaulicht!

8 Sprecht darüber, ob die veränderte Stelle anders auf euch wirkt als in der ersten Fassung.

9 Stellt genau fest, worin der Unterschied besteht.

10 In der folgenden Anekdote über ein beinahe geschehenes Unglück sind einige Textstellen gelb markiert. Vermutet, warum. Was bedeuten diese Stellen für den Text?

Beinahe ein Unglück

Eine Frau musste auf ihrem Weg zum Supermarkt mit ihrem Wagen immer einen Bahnübergang überqueren. Jedes Mal, wenn die Schranke geschlossen war, musste sie lange warten. Doch diesmal war der Weg frei. Die Frau wollte gerade die Gleise überqueren, **da blieb ihr Auto plötzlich stehen. Während sie verzweifelt versuchte, die Zündung anzustellen, der Motor aber nicht ansprang und der Wagen sich nicht von der Stelle rührte, sah sie im selben Augenblick zu ihrem Entsetzen, dass sich die Schranken schlossen. Die Frau geriet sogleich in Panik, stieg aus dem Wagen und schrie um Hilfe.** Währenddessen hatten zwei Männer zum Glück das Ganze beobachtet. Sofort sprangen sie herbei und schoben das Gefährt auf ein Nebengleis. Im nächsten Augenblick konnte der Zug vorbeifahren. Die Frau kam mit dem Schrecken davon.

11 Formuliert die **fett** gedruckte Stelle beim Vorlesen ins Präsens um. Was hat sich, außer der Zeitform, in der Wirkung dabei noch geändert?

12 Schreibe den ganzen Text auf, indem du den Mittelteil ins Präsens umformst.

Sprache und Sprachgebrauch

M

Das Präteritum als Hauptzeitform von Erzähltexten

Die **Hauptzeitform** von **Erzähltexten** ist in der Regel das **Präteritum**. Mit ihm wird signalisiert, dass die erzählten Ereignisse **früher** geschehen sind und dass ein gewisser **Abstand** zum Leser besteht.

Will der Erzähler aber eine besonders **spannende Szene** wie mit einem Kamerazoom nahe an den Leser heranholen, kann er für eine solche Stelle das **Präsens** wählen. Dieses stilistische Mittel nennt man **szenisches Präsens**.

Bernhardiner als Retter

Einsames Bauernhaus in den südlichen Alpen – Bewohner: ein Ehepaar mit Kind – nachts: Eltern und Kind schlafen – plötzlich aufgeregtes Bellen – der Hund springt gegen die Tür – zerrt das Kind aus dem Bett – springt gegen die Klinke der Schlafzimmertür der Eltern – öffnet sie – alle stürzen aus dem Haus – sie sehen: Dachstuhl brennt – sie packen ihre Habseligkeiten – laufen aus dem Haus – sie fallen erschöpft neben ihrem Hund nieder – er hat sie alle gerettet, bevor das Haus zusammenstürzt.

13 **Gestalte aus den stichwortartigen Notizen einen Erzähltext. Die Hauptzeitform soll das Präteritum sein; die spannendste Stelle soll aber im szenischen Präsens stehen.**

Bernhardiner als Retter

In einem einsamen Bauernhaus in den südlichen Alpen (wohnen) ein Ehepaar mit seinem achtjährigen Jungen. Eines Nachts, die Familie (schlafen) schon, (fangen) der Hund plötzlich an, aufgeregt zu bellen. Er (springen) gegen die Tür des Kinderzimmers, (zerren) den Jungen aus dem Bett, (öffnen) dann die Klinke zum Schlafzimmer, in dem die Eltern noch (schlafen), und (bellen) die beiden aufgeregt an. Alle (stürzen) sofort in großer Aufregung aus dem Haus. In diesem Augenblick (sehen) sie, dass der Dachstuhl ihres Hauses lichterloh (brennen). In letzter Minute (können) sie noch ihre Habseligkeiten packen, danach (müssen) sie sehen, wie ihr Haus (zusammenstürzen). Am Ende (fallen) sie erschöpft neben ihrem Hund nieder, der ihnen das Leben (retten).

14 **Schreibe diese Anekdote auf. Die Hauptzeitform soll das Präteritum sein. Manchmal kannst du aber auch andere Zeitformen wählen. Die spannendste Stelle soll im Präsens stehen. Beachte die gelben Markierungen vorerst nicht.**

Zeitformen

→ Zeitformen: Vorzeitigkeit – Gleichzeitigkeit – Nachzeitigkeit

A Während Leonie mit ihren Hausaufgaben beginnt, klingelt es an der Haustür.
B Nachdem Leonie ihre Hausaufgaben gemacht hatte, klingelte es an der Haustür.
C Bevor Leonie mit ihren Hausaufgaben begann, klingelte es an der Haustür.

1 Lest die drei Sätze aufmerksam.
Ordnet die Buchstaben **A**, **B** und **C** jeweils den folgenden drei Aussagen zu:

a) In einem Satz geschieht der Beginn der Hausaufgaben **zur gleichen Zeit** wie das Klingeln an der Haustür.
b) In einem Satz geschieht der Beginn der Hausaufgaben **nach** dem Klingeln an der Haustür.
c) In einem Satz geschieht der Beginn der Hausaufgaben **vor** dem Klingeln an der Haustür.

2 Schreibt die Sätze aus Aufgabe 1 ab. Hinter welche Sätze müssen die folgenden drei Sätze angefügt werden? Begründet eure Entscheidung.

Ehe sie die Tür öffnete, sah sie durchs Glas schon ihre Freundin Olivia.
Nachdem sie die Tür geöffnet hatte, sah sie ihre Freundin Olivia.
Als sie die Tür öffnet, sieht sie ihre Freundin Olivia.

3 Und zu welchen Sätzen gehören diese drei Sätze? Ordnet sie richtig zu und schreibt sie auf.

Während Leonie ihre Freundin begrüßt, sieht sie, wie vor ihrem Haus zwei Autos zusammenstoßen.
Als Leonie sie begrüßt hatte, sah sie, wie vor ihrem Haus zwei Autos zusammenstießen.
Ehe Leonie sie begrüßen konnte, sah sie, wie vor ihrem Haus zwei Autos zusammenstießen.

4 Vergleicht noch einmal eure Ergebnisse. Wurden alle Sätze richtig zugeordnet?

5 Stellt fest, in welchen Zeitformen die Nebensätze und Hauptsätze bei Gleichzeitigkeit, bei Vorzeitigkeit und bei Nachzeitigkeit der Nebensätze stehen.

6 Unterstreicht die einleitenden Konjunktionen der Nebensätze mit unterschiedlichen Farben:
- die Konjunktionen, die Gleichzeitigkeit signalisieren, gelb;
- die Konjunktionen, die Vorzeitigkeit signalisieren, blau;
- die Konjunktionen, die Nachzeitigkeit signalisieren, grün.

Sprache und Sprachgebrauch

7 Finde heraus, in welchem Zeitverhältnis jeweils die Haupt- und Nebensätze zueinander stehen:
Vorzeitigkeit: ... *Gleichzeitigkeit: ...* *Nachzeitigkeit: b) ...*

a) Nachdem ich gegessen habe, gehe ich zu Vanessa.
b) Bevor ich nach Kiel kam, arbeitete ich in Berlin.
c) Nachdem ich den Bahnsteig erreicht hatte, fuhr der Zug gerade los.
d) Der Dieb sah sich um, während er die Tür aufhebelte.
e) Seitdem Pit Mittelstürmer spielt, laufen unsere Kombinationen viel besser.
f) Du musst rühren, bis der Teig cremig ist.
g) Er ging sofort ins Bett, als er nach Hause gekommen war.
h) Sie ging sofort ins Bett, als sie nach Hause kam.
i) Wir machten keine Pause, bis wir mit der Arbeit fertig waren.

8 **Schreibe selbst ein Satzgefüge auf, in dem die Handlung des Nebensatzes zu gleicher Zeit stattfindet wie die Handlung des Hauptsatzes.**

9 Schreibe selbst ein Satzgefüge auf, in dem die Handlung des Nebensatzes vor der des Hauptsatzes liegt.

10 **Schreibe selbst ein Satzgefüge auf, in dem die Handlung des Nebensatzes nach der des Hauptsatzes liegt.**

M

Vorzeitigkeit, Gleichzeitigkeit, Nachzeitigkeit

In Satzgefügen können die Hauptsätze und Nebensätze in drei unterschiedlichen **Zeitverhältnissen** zueinander stehen:

Vorzeitigkeit:
Die Handlung des Nebensatzes liegt **vor** der Handlung des Hauptsatzes:

Als Leonie ihre Hausaufgaben gemacht hatte, sah sie noch ein bisschen fern.
Vorzeitigkeit Plusquamperfekt Präteritum

Nachdem Leonie ihre Hausaufgaben gemacht hat, sieht sie noch ein bisschen fern.
Vorzeitigkeit Perfekt Präsens

Die Konjunktionen **als** und **nachdem** signalisieren die Vorzeitigkeit.

Gleichzeitigkeit:
Die Handlung des Nebensatzes geschieht **zur gleichen Zeit** wie die des Hauptsatzes.
Der Nebensatz steht in der gleichen Zeitform wie der Hauptsatz:

Seitdem ich sie kenne, muss ich immerzu an sie denken.
Gleichzeitigkeit Präsens Präsens

Während ich den Verletzten versorgte, rief Paul per Handy die SMH.
Gleichzeitigkeit Präteritum Präteritum

Die Konjunktionen **während, seitdem, sobald** signalisieren die Gleichzeitigkeit.

Nachzeitigkeit:
Die Handlung des Nebensatzes liegt **nach** der des Hauptsatzes:

Bis die Gäste kamen, musste die Mutter noch viel vorbereiten.
Nachzeitigkeit Präteritum Präteritum

Er studiert in Dresden, bevor er als Ingenieur in Leipzig anfängt zu arbeiten.
Präsens **Nachzeitigkeit** Präsens

Die Konjunktionen **bevor, bis, ehe** signalisieren die Nachzeitigkeit.

Zeitformen

→ Überprüfe dein Wissen und Können

Fahrt im Heißluftballon

1) Herr Meier hatte sich zum Geburtstag etwas Besonderes gewünscht:
2) Er wollte unbedingt einmal mit einem Heißluftballon fahren.
3) Zum Geburtstag schenkte ihm seine Frau einen Gutschein für eine Fahrt.
4) „Das wird dir viel Freude machen!", sagte sie.
5) Am Nachmittag sind sie hinaus zum Abflugplatz gefahren.
6) Der Ballonführer hatte das Fluggerät schon vorbereitet
7) und lud die Mitfahrer in die Gondel ein.

8) Und dann *(füllen)* sich der Ballon prall mit Heißluft	Plusquamperfekt
9) und *(abheben)* in den abendlichen Himmel.	Präteritum
10) Unten auf dem Feld *(klatschen)* die Zuschauer.	Präteritum
11) Herr Meier *(winken)* seiner Frau begeistert zu,	Präteritum
12) doch sie *(sehen)* ihn leider schon gar nicht mehr.	Perfekt

13) Der Ballon *(steigen)* rasch höher und höher.
14) Die Stadt unten *(aussehen)* wie ein Gemälde.
15) Als der Ballon etwa eine Stunde *(fahren)*,
16) *(setzen)* er wieder zur Landung an.
17) Alle Passagiere *(kommen)* heil aus der Gondel heraus.
18) Alle *(schauen)* sich erstaunt an,
19) denn sie *(landen)* auf einer Wiese des Stadtfriedhofes.

20) Doch was dann *(kommen)*,	Präteritum
21) *(können)* niemand vorausahnen.	Präteritum
22) Als die Passagiere den Friedhof verlassen *(wollen)*,	Präteritum
23) *(finden)* sie die Ausgangstür bereits abgeschlossen.	Präteritum
24) Es *(dauern)* noch zwei Stunden,	Perfekt
25) bis ein Friedhofsangestellter *(kommen)*	Perfekt
26) und sie aus der misslichen Lage *(befreien)*.	Perfekt

27) Herr Meier hat die Ballonfahrt trotzdem prima gefallen
28) und er meinte zu seiner Frau:
29) „Eine Landung auf einem Friedhof erlebt man wohl auch nur einmal im Leben!"

1 Schreibe auf, in welchen Zeitformen die unterstrichenen Verben der Sätze 1) bis 7) stehen.

2 Schreibe die Sätze 8) bis 12) mit den angegebenen Zeitformen auf.

3 Schreibe die Sätze 13) bis 19) in den Zeitformen auf, die dir am besten zu passen scheinen.

Sprache und Sprachgebrauch

4 Schreibe die Sätze 20) bis 26) mit den angegebenen Zeitformen auf.

5 Schreibe auf, in welchen Zeitformen die unterstrichenen Verben der Sätze 27) bis 29) stehen.

6 Über welche Zeit sagt der folgende Satz etwas aus? Schreibe die Zeit auf.
Früher saßen in einer Klasse bis zu 50 Schülerinnen und Schüler.

7 In welcher Zeitform steht dieser Satz? Gib die Zeitform an.

8 Welche der folgenden Aussagen sind richtig?
Schreibe die Buchstaben auf.
a) Das Präsens verwenden wir, wenn wir etwas über die Gegenwart aussagen.
b) Das Präteritum verwenden wir, wenn wir etwas über die Vergangenheit aussagen.
c) Das Präteritum verwenden wir meistens, wenn wir mündlich über Vergangenes reden.
d) Das Plusquamperfekt sagt, dass ein Ereignis in der Zukunft stattfindet.
e) Das Perfekt verwenden wir meistens, wenn wir über Vergangenes schreiben.
f) Das Futur I verwenden wir manchmal, wenn wir über die Zukunft schreiben.

9 Manchmal kommen in einem Text, der im Präteritum steht, einige Sätze im Präsens vor:
**Wir bummelten durch die Stadt und sahen uns die Schaufenster an.
Plötzlich tippt mir jemand von hinten auf die Schulter. Ich drehe mich um.
Und da stand meine Freundin Sarah.**
Wie nennt man dieses Präsens? Schreibe den Begriff auf.

10 Welche der Aussagen zu den beiden Sätzen ist richtig?
**In einigen Tagen habe ich die Arbeit erledigt.
In einigen Tagen werde ich die Arbeit erledigt haben.**

a) Die beiden Sätze bedeuten etwas anderes.
b) Die beiden Sätze bedeuten dasselbe.
c) Das Perfekt sagt immer nur etwas über die Vergangenheit aus.
d) Das Futur II sagt immer nur etwas über die Zukunft aus.

11 Die Bestimme, in welchem Zeitverhältnis jeweils die Haupt- und Nebensätze zueinander stehen: **Vorzeitigkeit – Gleichzeitigkeit – Nachzeitigkeit**.
a) **Bis meine Freundin auf meiner Geburtstagparty erschien, verging eine Ewigkeit.**
b) **Kurz nachdem sie gekommen war, musste sie unbedingt ins Bad.**
c) **Während sie sich dort schminkte, konnte die Torte nicht angeschnitten werden.**

12 Mit welchen Wörtern kann man die folgenden Sätze verbinden?
Schreibe sie auf und verbinde sie jeweils mit zwei passenden Wörtern.
a) **Ich kam leider erst an der Haltestelle an, ... der Bus schon abgefahren war.**
b) **Ich kam zum Glück rechtzeitig an der Haltestelle an, ... der Bus abgefahren war.**

Das Passiv

→ Wer handelt – und wer ist Betroffener?

Das war nicht fair!
Der Torwart wurde im Torraum auf eine ganz böse Art gefoult. Der unfaire Spieler wurde unverzüglich verwarnt. Der Sünder wurde erbarmungslos ausgepfiffen. Bald danach wurde der Mann glücklicherweise ausgewechselt.

Das war nicht fair!
Der Stürmer foulte den Torwart im Torraum auf eine ganz böse Art. Unverzüglich verwarnte der Schiedsrichter den unfairen Spieler. Das Publikum piff den Sünder erbarmungslos aus. Bald danach wechselte der Trainer den Mann glücklicherweise aus.

1 Zweimal dieselbe Situation, zweimal fast derselbe Text! In jedem geht es um Menschen, die etwas tun, und um Menschen, mit denen etwas geschieht. Wie viele Personen werden in den beiden Texten jeweils genannt? Nennt sie so, wie sie in den Texten bezeichnet werden:

Personen, die etwas tun:
...

Personen, mit denen etwas geschieht:
Torwart ...

Personen, die etwas tun:
Stürmer ...

Personen, mit denen etwas geschieht:
...

2 Von welchen Personen ist im ersten Text überhaupt nicht die Rede? Wieso erkennt man trotzdem, wer da etwas getan hat? Sprecht darüber.

3 Schaut euch genauer an, wie sich die einzelnen Sätze jeweils unterscheiden. Stellt sie in verkürzter Form einzeln gegenüber und unterstreicht die Verbformen:

Der Torwart wurde ... gefoult. – Der Stürmer foulte den Torwart ...
Der ... Spieler ... – ... den ... Spieler.
Der Sünder ... – ... den Sünder ...
... der Mann ... – ... den Mann ...

Aktiv – Passiv: Wer handelt – und wer ist Betroffener?

M

Die meisten deutschen Sätze stehen im **Aktiv**, und es werden oftmals **drei** Inhalte benannt:

- ein **Täter** an der Stelle des **Subjekts**: *der Stürmer*
- eine **Tätigkeit** oder ein **Vorgang** im **Prädikat**: *foult*
- einer/etwas, worauf sich die Handlung richtet, ein **Betroffener** im **Objekt**: *den Torwart*

Es gibt aber auch Sätze, in denen nur **zwei** dieser Inhalte vorkommen, sodass von dem **Täter** nicht mehr die Rede ist. Solche Sätze stehen im **Passiv**:

- ein **Betroffener** an der Stelle des **Subjekts**: *der Torwart*
- eine **Tätigkeit** im **Prädikat**: *wird gefoult*

Der **Täter** kann allerdings auch im Passiv genannt werden:
Der Torwart wird vom Stürmer gefoult.

Sprache und Sprachgebrauch

Einbruch

In einem Haus in der Bergstraße wurde ein Einbruch verübt.
Die Terrassentür wurde aufgehebelt.
Der Kühlschrank wurde ausgeräumt und sein Inhalt wurde verspeist.
Von nebenan wurden die zechenden Gesellen beobachtet.
Sofort wurde die Polizei benachrichtigt.
Die Einbrecher wurden bald danach gefasst.

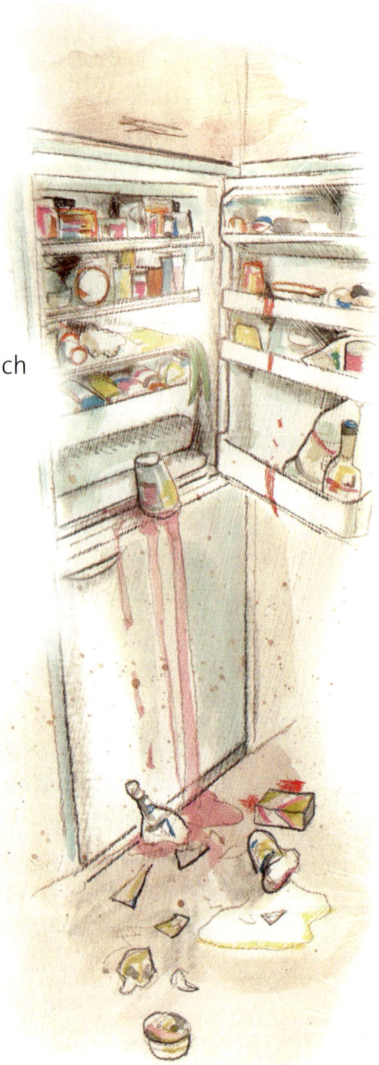

4 In diesem Text stehen alle Sätze im Passiv. Was wiederholt sich dabei ständig? Beschreibt es möglichst genau:
... wurde verübt ...

5 Warum werden die Personen, die jeweils etwas tun, hier nicht genannt? Stellt Vermutungen an:
Sie werden nicht genannt, weil ...

249

6 **Stelle einen eigenen Text aus den zwei Texten *Das war nicht fair!* zusammen, in dem du Aktiv- und Passiv-Sätze abwechselst, sodass nicht in jedem Satz *wurde* vorkommt.**

7 Forme die Sätze des Textes *Einbruch* ins Aktiv um. Dabei musst du diejenigen, die etwas getan haben, einfügen. Manchmal ist es klar, wer das ist, manchmal kann man es nur vermuten.
Einbrecher verübten in einem Haus in der Bergstraße einen Einbruch. ...

8 **Schreibe eine eigene Zeitungsnachricht über den Einbruch, in der du Aktiv- und Passivsätze miteinander abwechselst.**

Fußball

Am Anfang feuert einen das Publikum an,
am Ende feiern alle den Sieg.
Zwischendurch spielt man gut
und erzielt ab und zu ein Tor.
Das Publikum beklatscht die eigne Mannschaft.
Danach tratscht man über das Spiel.
Die Zuschauer loben den Sieger oft sehr,
bei Niederlagen toben alle.

9 **Aus diesem Text wird ein Gedicht mit Reimen, wenn du jeden Satz ins Passiv umformst. Dabei musst du den, der etwas tut, stets weglassen:**
Am Anfang wird man angefeuert ...

Das Passiv

→ Sätze aus Hausordnungen an Schulen

1 Schaut euch an, auf wie viele Arten Sätze in Hausordnungen an Schulen formuliert werden können:

a) Nach der letzten Stunde stellen wir die Stühle auf die Tische.
b) Nach der letzten Stunde werden die Stühle auf die Tische gestellt.
c) Nach der letzten Stunde sind die Stühle auf die Tische zu stellen.
d) Nach der letzten Stunde müssen die Stühle auf die Tische gestellt werden.

2 Welchen Satz würdet ihr in eurer Hausordnung am liebsten lesen? Begründet.

3 Die folgenden Sätze zeigen euch, wie Hausordnungen grammatisch gebildet sein können. Entscheidet auch hier, welche Sorte von Sätzen euch am sympathischsten – und am unsympathischsten ist.

a) Passivsätze mit *müssen*:
Fahrräder müssen an den dafür vorgesehenen Plätzen abgestellt werden.
b) Passivsätze mit *dürfen nicht*:
Fahrräder dürfen nicht auf dem Schulhof abgestellt werden.
c) reine Passivsätze:
Fahrräder werden an den dafür vorgesehenen Plätzen abgestellt.
d) Infinitivsätze mit *ist/sind* und *zu*:
Fahrräder sind an den dafür vorgesehenen Plätzen abzustellen.
e) Aktivsätze mit *wir*:
Fahrräder stellen wir an den dafür vorgesehenen Plätzen ab.

In der Regel wechseln diese Formen innerhalb eines solchen Textes ab.

4 Stellt fest, wie in eurer eigenen Hausordnung die Sätze formuliert sind.

5 Verfasse aus den folgenden Wortgruppen Sätze für eine Hausordnung. Entscheide dich dabei für Satzformen von a) bis e), wie sie oben angegeben sind. Natürlich kannst du die Formen auch wechseln:
Das Schulgebäude wird zwanzig Minuten …

Schulgebäude – öffnen – zwanzig Minuten vor Unterrichtsbeginn
Stundenausfälle und Raumänderungen – bekannt geben – am Schwarzen Brett
Klasse zehn Minuten nach Unterrichtsbeginn ohne Lehrer – Sekretariat benachrichtigen
Stühle – auf die Tische stellen – am Ende der letzten Stunde
Klassenräume – verlassen – während der großen Pausen
In Fluren und Treppenhäusern – nicht drängeln – niemanden anrempeln
Sich so verhalten – andere nicht gefährden

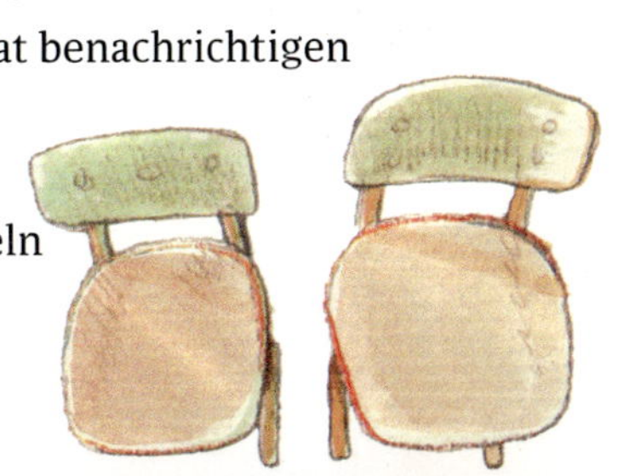

Sprache und Sprachgebrauch

Das Passiv

→ Überprüfe dein Wissen und Können

Spiegelbild mit Folgen

Vorgestern war Carl mit Emma auf dem Weihnachtsmarkt.

a) Dort fotografierte Emma Carl.
   Das aber bemerkte Carl gar nicht.

b) Heute legte Emma das Foto dem Carl heimlich auf den Schultisch.
   Carl war erstaunt, als er das Bild sah.
   Er konnte sich kaum wiedererkennen.

c) Emma hat Carl nämlich vor einem Zerrspiegel fotografiert.
   Deshalb konnte man nur sein Spiegelbild sehen.
   Er stand da wie ein Mops: klein und dick.

d) Emma hat Carl zu einem Witzbild gemacht.
   Komisch fand Carl das nicht!
   Als Emma das Bild den anderen Schülern zeigte,

e) lachten ihn alle aus.

f) Seitdem beachtet Carl Emma überhaupt nicht mehr.

g) Carl lädt Emma nun auch nicht mehr zu seinem Geburtstag ein.

1 Formuliere die Sätze a) bis g) ins Passiv um. Dann wird der Text besser. Lass im Satz g) den Namen *Carl* weg.

2 Welche der folgenden Aussagen sind richtig? Schreibe die entsprechenden Buchstaben auf.

a) In einem Passivsatz ist der Täter immer das Subjekt.
b) In einem Passivsatz steht der Betroffene in der Regel am Satzanfang.
c) In einem Passivsatz kann der Täter weggelassen werden.
d) Das Passiv wird mit dem Hilfsverb *werden* und dem Partizip II gebildet.
e) Das Passiv wird mit dem Hilfsverb *werden* und dem Infinitiv gebildet.
f) Die meisten deutschen Sätze kommen im Passiv vor.

3 Welche der folgenden Sätze stehen im Passiv? Schreibe die entsprechenden Buchstaben auf.

a) In der nächsten Woche wird unsere Klasse ins Landheim fahren.
b) Der Gruppenfahrschein für den Bus wird von Herrn Beister bestellt.
c) Er wird sich auch über die Abfahrtszeit informieren.
d) Am Tag vor der Fahrt werden wir über das Verhalten im Landheim belehrt.
e) Danach werden wir die Belehrung durch unsere Unterschrift bestätigen müssen.
f) Karla wird sich um die Organisierung der Heimabende kümmern.
g) Von unserer Klassenlehrerin, Frau Schreiber, wird auf alle Fälle eine Nachtwanderung vorbereitet.
h) Das Ziel dieser Wanderung wird aber von ihr noch nicht verraten.

Der Konjunktiv I

→ Inhalte in verkürzter Form wiedergeben

Schulhof der Pestalozzi-Schule wird vergrößert

Auf einem Schulfest sagte der Bürgermeister von Arnsheim unter anderem:

„Liebe Schülerinnen und Schüler der Pestalozzi-Schule, ich kann euch heute die freudige Mitteilung machen, dass der Ortsrat der Gemeinde Arnsheim am letzten Mittwoch beschlossen hat: Der Schulhof eurer Schule, der ja, wie ihr wisst, für die vielen Schüler viel zu klein geworden ist, wird vergrößert und mit Anpflanzungen von Bäumen und Büschen verschönert. Dafür steht in der Gemeinde der ansehnliche Betrag von 5000 Euro zur Verfügung."

Im Regionalteil der Zeitung konnte man es so lesen:

Der Bürgermeister sagte den Schülerinnen und Schülern der Pestalozzi-Schule, er könne ihnen die Mitteilung machen, dass der Gemeinderat von Arnsheim beschlossen habe, der Schulhof der Pestalozzi-Schule werde vergrößert und mit Anpflanzungen verschönert.

Dafür ...

1 Zähle in den markierten Teilen zunächst die einzelnen Wörter, die der Bürgermeister tatsächlich gesagt hat, und vergleiche dein Ergebnis dann mit der Anzahl der Wörter, die in der Zeitung standen. Vergleiche dann die unterstrichenen Verbformen.

2 Welche Gründe mag es wohl geben, dass die freundlichen Worte, die der Bürgermeister zu den Schülern sagte, nicht wörtlich in der Zeitung abgedruckt worden sind? Hier sind vier mögliche Gründe. Sprecht in der Klasse darüber:

a) Der Reporter glaubte dem Bürgermeister nicht alles.
b) Er wusste nicht mehr alles, was der Bürgermeister genau gesagt hatte.
c) Die Zeitung hatte keinen Platz dafür, die ganze Rede abzudrucken.
d) Der Reporter musste das Wichtigste auf den Punkt bringen.

Indirekte Rede

M

Möchte man eine **direkte** wörtliche Rede wiedergeben, dann verwendet man in der Regel die **indirekte Rede** im **Konjunktiv I**. Dabei verändert sich das Pronomen *ich* zu *er*:
*Der Bürgermeister sagte: „Ich **kann** mitteilen, dass ..."*
*Der Bürgermeister sagte, er **könne** mitteilen, dass ...*
Der Konjunktiv I wird aus der **Grundform** (Infinitiv) gebildet – **ohne *-n*** am Ende:
sein – er sei, haben – er habe, werden – er werde, können – er könne, sehen – er sehe ...

In der indirekten Rede **berichtet** ein Schreiber darüber, was andere gesagt haben. Die indirekte Rede erfüllt zwei Aufgaben:
1. Das von anderen Gesagte wird in **verkürzter** Form wiedergegeben;
2. eine gewisse **Distanz** zum Gesagten wird hergestellt.

3 Füge den letzten Satz, den der Bürgermeister gesagt hat, in indirekter Rede dem Zeitungsbericht hinzu: *Dafür ...*

4 Überprüft, was im Zeitungsbericht aus der Rede des Bürgermeisters alles weggelassen worden ist.

5 **Im Zeitungsbericht stand am Schluss Folgendes:**

Er freue sich, dass er ihnen diese Nachricht überbringen könne.
Damit werde ein langjähriges Vorhaben abgeschlossen.

Was mag der Bürgermeister aber wörtlich gesagt haben? Sicher etwas mehr! Schreibt auf, was er in der wörtlichen Rede wohl gesagt haben könnte.

Zweifelhaftes Tor

Das Spiel war zu Ende. Die Mädchen der Grün-Weißen aus Pagelsdorf hatten gewonnen. Doch ob der Sieg verdient war, darüber habe ich meine Zweifel. Und es gab noch eine lange Diskussion darüber. Die Gegnerinnen aus Maßberg meinten: „Das ist doch nicht mit rechten Dingen zugegangen!" Anke Polheim hatte nämlich in letzter Minute den Ball ins gegnerische Tor geköpft und wurde als Heldin gefeiert. Doch hatte sie den Ball tatsächlich geköpft – oder war da nicht die Hand im Spiel? Ich bin mir nicht sicher. Als die Torfrau der Roten nach dem Spiel gefragt wurde, sagte sie böse: „Das war eindeutig Hand! Die Anke hat doch den Ball gar nicht mit dem Kopf berührt!" Doch auch Anke selbst wurde gefragt: „Sag mal ehrlich, hast du das Ding nicht mit der Hand reingemacht?" Sie antwortete darauf nur: „Ich gebe dazu keine weitere Auskunft. Die Schiedsrichterin hat nun mal ein Tor gegeben. Und dann ist es auch ein Tor. Mehr sage ich nicht. Wie auch immer, der Sieg ist jedenfalls verdient!"

6 **Schreibe dazu eine kurze Nachricht, wie sie in der Zeitung stehen könnte. Verwende dabei folgendes Textgerüst:**

Die Mädchen von Grün-Weiß Pagelsdorf haben das Match gegen die Roten von Maßberg in letzter Minute gewonnen. Die Gegnerinnen meinten allerdings, ... Und deren Torfrau gab an, ... Anke Polheim reagierte auf die Frage unseres Reporters, ob ..., nicht ganz eindeutig. Sie sagte, ... Jedenfalls bleibt das Tor trotz des durchaus verdienten Sieges zweifelhaft.

7 **Forme den Erzählbericht *Zweifelhaftes Tor* in eine kurze Nachricht um, wie sie in der Zeitung gestanden haben könnte. Beachte dabei, was im Kasten auf der gegenüberliegenden Seite steht.**

Gesagt – erzählt – geschrieben

Die Schiedsrichterin sagte auf Befragung eines Reporters:
„Die Spielerin hat den Ball eindeutig mit dem Kopf berührt. Ein Handspiel ist mir überhaupt nicht aufgefallen."

Diesen Satz gibt der Reporter mündlich so wieder:
Die Schiedsrichterin hat mir gesagt,
dass die Spielerin den Ball mit dem Kopf berührt hat und dass ihr ein Handspiel nicht aufgefallen ist.

In der Zeitung schreibt der Reporter dann:
Die Schiedsrichterin sagte,
dass die Spielerin den Ball mit dem Kopf berührt habe, ein Handspiel sei ihr nicht aufgefallen.

8 Vergleicht zunächst das, was die Schiedsrichterin wirklich gesagt hat, mit dem, was der Reporter weitererzählt hat. Was ist anders?

9 Vergleicht dann, was der Reporter mündlich erzählt hat, mit dem, was er geschrieben hat. Was ist nun anders? Versucht, es so genau wie möglich zu beschreiben.

Die Wiedergabe der indirekten Rede

M

Will ein Schreiber einen Satz, den ein anderer gesagt hat, möglichst **genau** wiedergeben, dann verwendet er die **wörtliche** Rede: Er **zitiert** den Sprecher.
Möchte er aber über das, was ein anderer gesagt hat, nur **berichten**, dann verwendet er die **indirekte** Rede. Dafür hat er mehrere Möglichkeiten:

a) **Konjunktiv I:** *Anke meinte, der Sieg **sei** verdient.*
b) **dass-Satz im Konjunktiv I:** ***dass** der Sieg verdient **sei**.*
c) **dass-Satz im Indikativ:** ***dass** der Sieg verdient **ist**.*

10 Welche dieser Formen hat der Reporter oben in Aufgabe 8 und 9 in seinem Satz mündlich gebraucht? Welche hat er schriftlich verwendet?
- *mündlich wiedergegeben: ...*
- *schriftlich in der Zeitung verwendet: ...*

11 **Schreibt den nebenstehenden Merkkasten mit passenden Ergänzungen auf. Nehmt dabei die Fachbegriffe aus dem Merkkasten darüber zu Hilfe.**

M

Wenn wir mündlich wiedergeben, was ein anderer gesagt hat, verwenden wir selten die ? . Hier gebrauchen wir meistens Nebensätze mit der Konjunktion ? , die im ? stehen.
In der geschriebenen Sprache werden aber Sätze im ? bevorzugt.

Sprache und Sprachgebrauch

Der Konjunktiv I

→ Von der wörtlichen Rede zur indirekten Rede

1 Übertrage die folgenden wörtlichen Reden in indirekte Reden. Denke daran, dass die indirekten Reden immer kürzer sind als die wörtlichen Reden. Fragesätze werden in indirekten Reden mit einem Fragepronomen *(wann, wo, wie ...)* oder der Konjunktion *ob* ... eingeleitet. Beachte auch die Formen unten im Kasten: ***Niklas sagte, er gehe an den Heidesee. Er müsse ...***

Niklas sagte: „Ich gehe morgen an den Heidesee. Ich muss dort unbedingt einmal meinen neuen Kite ausprobieren."

Carla fragte: „Kann ich mitkommen? Ich will doch so gern auch einmal einen großen Drachen steigen lassen!"

Niklas meinte: „Das ist aber ein Problem! Du musst nämlich die Gurte an deinem Körper befestigen, damit der Kite nicht wegfliegt."

Carla erwiderte: „Wenn du mir alles genau zeigst, dann wird es wohl gehen. Ich verlasse mich auf dich."

Die Klassenlehrerin verkündete: „Ab morgen sind die Fahrradständer gesperrt. Die Stadt baut nämlich – und das wird ja auch höchste Zeit – eine neue Fahrradgarage auf dem Schulgelände."

Alex fragte: „Und wo sollen wir unsere Fahrräder in der nächsten Zeit abstellen?"

Darauf antwortete die Lehrerin: „Im hinteren Teil des Schulhofs wird erst mal ein provisorischer Fahrradstand aufgebaut, an dem man vorübergehend die Räder abstellen kann. Aber das Radfahren auf dem Schulhof bleibt natürlich verboten."

Die Polizistin fragte den Schüler: „Was genau hast du denn beobachtet? Berichte mal so genau wie möglich!"

Der Junge sagte: „Ich sah, wie der Autofahrer plötzlich rechts abbog und dabei die Radfahrerin streifte. Die ist dann vom Rad gestürzt."

Die Polizistin fragte: „Ist die Radfahrerin denn wirklich auf dem Radfahrweg gefahren?"

Der Junge antwortete: „Ja, das habe ich genau gesehen. Und das Mädchen fuhr geradeaus weiter, während der Autofahrer in die Nebenstraße einbog. Der hat ihr doch die Vorfahrt genommen!"

Die Polizistin sagte: „Ich habe noch zwei Fragen: Bist du sicher, dass der Autofahrer etwas von dem Unfall bemerkt hat? Und: Hast du dir das Kennzeichen des Autos oder den Fahrzeugtyp gemerkt?"

Der Junge antwortete: „Nein, das Kennzeichen habe ich mir nicht gemerkt. Aber es war ein blauer Lieferwagen. Und der Mann hat noch aus dem Fenster geguckt und den Kopf geschüttelt."

M

Von der wörtlichen Rede zur indirekten Rede

Das **Präsens** der wörtlichen Rede bleibt in der indirekten Rede erhalten:

*Er sagte: „Ich **arbeite** mit dir zusammen."* — *Er sagte, er **arbeite** mit ihr zusammen.*

Das **Präteritum** und das **Perfekt** der wörtlichen Rede werden beide mit dem **Perfekt** wiedergegeben:

*Er sagte: „Ich **arbeitete** mit dir zusammen."* — *Er sagte, er **habe** mit ihr **zusammengearbeitet**.*

*Er sagte: „Ich **habe** mit dir **zusammengearbeitet**."* — *Er sagte, er **habe** mit ihr **zusammengearbeitet**.*

Wenn man die Form des Konjunktivs I in der indirekten Rede nicht erkennen kann, dann wählt man den Konjunktiv II als **Ersatzform**:

*Er sagte: „Wir **haben** gut **zusammengearbeitet**."* — *Er sagte, sie **hätten** gut **zusammengearbeitet**.*

Der Konjunktiv I

→ Inhalte und wörtliche Reden wiedergeben

Anekdote: Guter Rat

nach einer alten Geschichte

Bei dem Arzt Dr. Hamilton in Manchester erschien 1808 ein Lebensmüder. Der Mann berichtete: „Mir macht nichts mehr Freude. Ich will meinem Leben ein Ende setzen." Und er fragte den Arzt: „Können Sie mir helfen?" Der Arzt riet ihm: „Gehen Sie heute in den Zirkus. Sehen Sie sich den Clown Grimaldi an. Das bringt Ihren Lebensmut wieder zurück." Da schüttelte der Patient traurig den Kopf und sagte: „Grimaldi, das bin ich doch selbst!"

1 Eine Anekdote ist ein kurzer Text, meist über eine berühmte Person, in der oft gar keine wörtlichen Reden vorkommen. Im Original kommen auch in dieser Anekdote keine wörtlichen Reden vor – bis auf eine Ausnahme.
Schreibe die Anekdote auf, indem du die wörtlichen Reden in indirekte Reden umformst – und daraus nur das Wichtigste in Kurzform wiedergibst. Allerdings: *Eine* direkte Rede sollte als Zitat erhalten bleiben. Entscheide, welche.

Anekdote: Das Ei des Kolumbus

unbekannter Verfasser

Neidische Menschen hatten Kolumbus um seine Erfolge bei der Entdeckung Amerikas beneidet. Sie behaupteten: „Diese Entdeckung ist doch überhaupt nichts Besonderes gewesen. Du hast doch Amerika nur zufällig entdeckt! Das hätten wir auch gekonnt!" Kolumbus wehrte sich auf ungewöhnliche Weise. Er nahm ein Ei und sagte zu seinen Kritikern: „Ihr sollt versuchen, dieses Ei auf die Spitze zu stellen, sodass es stehen bleibt." Sie versuchten es, aber es kippte immer wieder um. „Das ist unmöglich", sagten sie. „Du hast uns eine unlösbare Aufgabe gestellt." Und einer sagte: „Das musst du uns beweisen, dass das geht!" Da löste Kolumbus das Problem mit Witz und List: Er schlug das Ei so auf den Tisch, dass sich die Spitze eindellte – und das Ei stehen blieb. „Das ist ja einfach", sagte einer, „das hätte ich natürlich auch gekonnt!" Kolumbus sagte: „Der Unterschied ist: Ihr hättet es gekonnt. Aber ich habe es getan!"
So ist die Redensart vom *Ei des Kolumbus* entstanden, die bedeutet, dass man ein scheinbar unlösbares Problem mit Einfallsreichtum lösen kann.

2 Eine Anekdote ist ein kurzer Text, meist über eine berühmte Person, in der oft gar keine wörtlichen Reden vorkommen.
Auch in dieser Anekdote kommen im Originaltext keine wörtlichen Reden vor.
Schreibe die Anekdote auf, indem du die wörtlichen Reden in indirekte Reden umformst – und daraus nur das Wichtigste in Kurzform wiedergibst. *Eine* wörtliche Rede sollte aber als Zitat erhalten bleiben. Entscheide, welche.

Sprache und Sprachgebrauch

Der Konjunktiv II

→ Was ist Wirklichkeit – was ist Wunsch?

Was man sich wünscht oder vorstellt

a) Gestern habe ich Laura eine Mail geschrieben.
b) Wenn ich doch endlich eine Antwort bekäme!
c) Gut, ich habe ihr am Freitag einen Vorwurf gemacht.
d) Aber den müsste sie mir doch nicht so übel nehmen.
e) Sie könnte doch wenigstens auf meine Entschuldigung reagieren.
f) Ich würde sie so gern am Sonntag ins Kino einladen, wenn sie käme.
g) Und dann gäbe ich ihr noch ein großes Eis aus.
h) Nun gut, ich warte halt!

1 In diesen Sätzen sagt jemand etwas, was er wirklich getan hat oder tut, und etwas, was er sich innerlich vorstellt und wünscht. Welche Sätze sagen etwas über die Wirklichkeit? In welchen Sätzen werden Wünsche und Vorstellungen zum Ausdruck gebracht? Und woran merkt man das eigentlich? Schreibt auf:
Wirklichkeit: Satz a) … Wünsche: Satz b) …

2 Schreibt die Formen der Verben heraus, an denen man erkennt, dass Wünsche ausgedrückt werden: *b) bekäme, d) …*

M

Der Konjunktiv II

Der **Konjunktiv II** ist eine Verbform, die **Wünsche** und **Vorstellungen** ausdrückt.
Sie wird vom **Präteritum** der Verben abgeleitet:

An die Form des Präteritums wird bei vielen Verben ein ***-e*** angefügt:
Ich ***schrieb*** (Präteritum) *ihr eine Mail. Wenn sie mir doch auch eine* ***schriebe*** (Konjunktiv II)*!*

Bei anderen Verben wird der Konjunktiv II außerdem mit einem **Umlaut** gebildet:
Sie ***sprach*** (Präteritum) *nicht mehr mit mir. Wenn sie doch nur mit mir wieder* ***spräche*** (Konjunktiv II)*!*

Wenn sich das Präteritum vom Konjunktiv II **nicht unterscheidet**, verwendet man Formen mit ***würde***:
Die beiden ***stritten*** *nicht mehr miteinander.*
Wenn sie sich doch wenigstens ***streiten würden*** *(statt: stritten)!*

3 Wie würde man wohl die folgenden Sätze ausdrücken, wenn es nur Wünsche wären? Schreibe sie auf:
a) Ich würde gern eine große Reise machen. …

a) Ich mache gern eine große Reise.
b) Auf diese Reise nehme ich einige Freunde und Freundinnen mit.
c) Einer von ihnen besitzt ein Segelboot.
d) Mit dem gehen wir dann segeln.
e) Wir fahren auf dem Ammersee umher.
f) Am Abend machen wir am Strand ein Lagerfeuer.
g) Dann gibt es etwas vom Grill.
h) Wir sehen den See unter uns und die Berge darüber.
i) Das kann mir gefallen!

4 Vergleicht eure Sätze. Habt ihr die Wünsche immer mit dem Wort *würde* ausgedrückt – oder auch manchmal anders?

Traum und Wirklichkeit

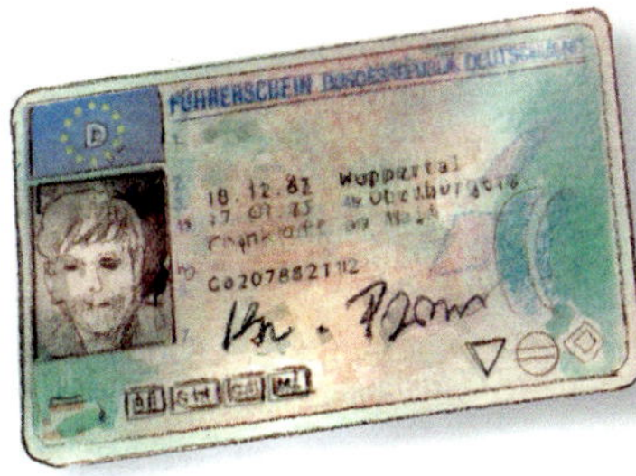

Ein Schüler träumt in seinem Bette:
Ich habe schon den Führerschein
und bin auch schon 18 Jahre,
dann kommt mir nicht in die Quere,
dass ich stets ganz früh aufstehn muss
und manchmal überhaupt nicht weiß,
wer mich mit in die Schule nimmt,
wenn ich den Bus nicht mehr bekomme.
Darüber bin ich sehr froh!
Doch leider, leider ist's nicht so!

5 Formuliere den Text in den Konjunktiv II um mit Verben wie *hätte, wäre, käme, müsste* ...
Dann wird deutlich, dass alles nur Wünsche sind.
Wenn du es richtig aufschreibst, reimt es sich:
Ein Schüler träumt in seinem Bette:
Wenn ich den Führerschein schon ...

Wenn ... dann ...

a) Wenn ich heute Morgen nicht zu spät aufgewacht wäre,
b) dann hätte ich nicht in Hektik meine Schultasche gepackt.
c) Wenn ich nicht ganz schnell aus dem Haus gelaufen wäre,
d) dann hätte ich den Wohnungsschlüssel nicht vergessen.
e) Wenn ich die Schultasche nicht auch noch vergessen hätte,
f) dann hätte ich nicht ohne Schulsachen in die Schule gehen müssen.

6 Schreibe einmal auf, was in Wirklichkeit passiert ist:
a) Ich bin heute Morgen zu spät aufgewacht, b) und ich habe ...
c) Ich bin ..., *d) und* ...
e) Ich habe ..., *f) und* ...

7 **Die Geschichte ist leider nicht so ausgegangen, wie es die folgenden Sätze zeigen. In Wahrheit ist das Gegenteil geschehen. Formt sie in den Konjunktiv II um:**
g) Hätte ich wenigstens mein Handy dabeigehabt! h) Dann ...

g) Ich habe wenigstens mein Handy dabeigehabt.
h) Dann ist es leicht gewesen, meine Mutter anzurufen.
i) Die ist gekommen und hat mir aufgeschlossen.
j) Dann habe ich zumindest zur zweiten Stunde die Schule erreicht.
k) Und ich habe auch die Arbeit noch mitschreiben können.
So aber ist das alles nicht passiert.

Der **Konjunktiv II** ist eine Verbform, die auch ausdrücken kann,
dass etwas in **Wirklichkeit nicht geschehen** oder **nicht so geschehen** ist.
Solche Sätze werden oft mit ***wenn*** gebildet:
*Wenn ich doch nur mit ihr **geredet hätte**, dann **wäre** vieles anders **gekommen**.*
***Hätte** ich doch nur mit ihr **geredet**, dann ...*
Die **Wirklichkeit** war aber so:
*Leider **habe** ich nicht mit ihr **geredet**. Und so **ist** es **gekommen**, wie es kommen musste.*

M

Sprache und Sprachgebrauch

Der Konjunktiv II

→ Wünsche und Vorstellungen formulieren

Jackpot

Immer wieder einmal wächst der Lotto-Jackpot in unvorstellbare Dimensionen. Vor Kurzem war es wieder einmal so weit. Ein Reporter hat Jugendlichen auf der Straße die Frage gestellt: „Was würdet ihr tun, wenn ihr den Jackpot mit 35 Millionen Euro geknackt hättet?" Hier einige Antworten:

Da ich mir den Lottoschein mit einer Freundin teile, *(müssen)* ich natürlich zuerst mal die Hälfte des Gewinns abgeben. Ansonsten *(werden)* ich einen Teil des Geldes spenden, z.B. an Tierheime und an die Aids-Hilfe in Afrika. Außerdem *(können)* ich endlich mal große Reisen machen. *Karsten*

Na ja, ich habe drei Geschwister, denen *(abgeben)* ich einen großen Teil – und auch meinen Eltern. Dann *(haben)* die Familie keine Sorgen mehr. Klar, dass ich auch etwas *(spenden)*. Und dann natürlich für mich selbst: Ich *(anlegen)* einen Teil des Geldes – für später. *Julia*

In den ersten Tagen danach *(werden)* ich ganz viel Geld auf den Kopf hauen und groß einkaufen gehen. Ich *(werden)* mir mein Zimmer neu einrichten. Und dann *(nehmen)* ich eine Auszeit von der Schule und *(fahren)* dorthin, wo die Sonne scheint. Erst dann *(kommen)* wohl die Zeit, in der ich *(überlegen)*, wie ich mit dem Geld vernünftig umgehe. *Sarah*

So viel Geld, das *(sein)* für mich beängstigend. Im ersten Augenblick *(wissen)* ich überhaupt nichts damit anzufangen. Auf alle Fälle *(weiterleben)* ich so wie bisher. Halt, ich *(kaufen)* mir ein Klavier. Dann *(können)* ich endlich auf einem eigenen Klavier üben. Oder vielleicht sogar auf einem Flügel! Aber dazu *(müssen)* ich erst unser Haus umbauen. Dafür *(reichen)* das Geld ja auch. *Paul*

1 Schreibt die einzelnen Abschnitte mit Konjunktiven auf:
Da ich mir den Lottoschein mit einer Freundin teile, müsste ich natürlich ...
In den ersten Tagen danach würde ich ...
Na ja, ich habe drei Geschwister, denen gäbe ich ...

2 Schreibe eigene Vorstellungen auf. Was wäre, wenn ...
Wenn ich den Jackpot gewonnen hätte, dann ...

Bewerbungssätze

Ich würde eine Praktikumsstelle in der Nähe meines Wohnsitzes vorziehen. Ich würde es gut finden, wenn der Arbeitsplatz mit öffentlichen Verkehrsmitteln erreichbar sein würde. Ich würde gern wissen, wann die Arbeitszeit beginnt und endet. Ich würde mich auch in der Lage sehen, eine Stelle im Umkreis von bis zu 40 km anzunehmen. Es würde mir angenehm sein, wenn es in der Nähe eine Bushaltestelle geben würde. Ich würde auch eine Stelle als technische Zeichnerin annehmen. Es würde nichts dagegen sprechen, wenn die Lehrstelle nur mit dem Moped erreichbar sein würde. Es würde meinen Interessen entsprechen, wenn ich in Ihrem Betrieb eine Praktikumsstelle bekommen würde.

3 Schreibe diesen Text so auf, dass die markierten Verben im Konjunktiv II stehen, damit sich die Formen mit *würde* nicht ständig wiederholen. Manchmal kannst du aber auch die *würde*-Form beibehalten.

Der Konjunktiv II

→ Überprüfe dein Wissen und Können

Was habe ich denen nur getan?

Annika: „Na, wie geht es euch denn so?"
Janette: „Mit so einer wie dir wollen wir nichts mehr zu tun haben. Du bist die längste Zeit unsere Freundin gewesen."
Annika: „Was habe ich euch denn getan? Seid ihr übergeschnappt?"
Katrin: „Das wirst du wohl am besten wissen!"
Annika: „Nein! Ich weiß das nicht."
Janette: „Du bist zu Frau Schwarz gegangen und hast alles gepetzt, was in der Turnhalle gestern passiert ist."
Annika: „Das stimmt überhaupt nicht! Das ist nicht fair von euch!"
Katrin: „Ach, das hat doch alles keinen Zweck mehr mit dir!"

1 Übertrage die wörtlichen Reden in indirekte Reden.

Ein schöner Traum

Wenn wir morgen das Spiel gewinnen, dann haben wir unser großes Ziel erreicht. In der nächsten Woche können wir dann zum Finalturnier nach Köln reisen. Ich bin dann das erste Mal in dieser Stadt und fliege dann auch zum ersten Mal in einem Flugzeug. Dann kann ich den Kölner Dom von oben sehen. Wenn wir am Sonntag auch im Endspiel stehen, dann träume ich bestimmt noch in 20 Jahren davon. Und wenn mir dann auch noch ein Tor gelingt, dann weiß ich vor Freude bestimmt nicht, was ich tue.
Aber erst einmal müssen wir das Spiel morgen für uns entscheiden.

2 Schreibe diesen Text so auf, dass der Leser von Anfang an merkt: Das ist erst einmal nur ein schöner Traum. Verwende dabei die verschiedenen Formen des Konjunktivs II: Verben im Konjunktiv II und Formen mit *hätte, wäre, würde.*

3 Welche Aussagen zum Konjunktiv I und Konjunktiv II sind richtig? Schreibe die entsprechenden Buchstaben auf.

a) Der Konjunktiv I wird aus dem Infinitiv des Verbs ohne **-n** am Ende gebildet.
b) Möchte man eine wörtliche Rede wiedergeben, dann verwendet man die indirekte Rede im Konjunktiv II.
c) Der Konjunktiv II wird vom Präsens der Verben abgeleitet.
d) Die indirekte Rede gebraucht man, um das von anderen Gesagte verkürzt wiederzugeben.
e) Den Konjunktiv II gebraucht man, wenn man Wünsche und Vorstellungen ausdrücken will.

Die Satzglieder

→ Die Stellung der Satzglieder in Texten

Ihr habt über die Satzglieder in den vergangenen Schuljahren schon vieles gelernt. Die vier Satzglieder Subjekt, Prädikat, Adverbiale und Objekte könnt ihr unterscheiden. Auf den nächsten Seiten soll einiges davon noch einmal wiederholt werden. Aber es wird euch auch einiges angeboten, das neu für euch ist.

	Subjekt	Prädikat 1. Teil	Adverbiale	Objekte	Prädikat 2. Teil
1)	Ein Mann	fiel	in einer Schulpause	einem Schüler	auf.
2)	Der Typ	hat sich	sehr lange	die Fahrräder	angeschaut.
3)	Das	kam	merkwürdig	dem Schüler	vor.
4)	Er	rief		dem Mann	zu:
5)	„Sie	suchen	hier	was?“	
6)	Der Mann	schnappte sich	da	ein Fahrrad.	
7)	Er	fuhr	wie ein Wilder		davon.
8)	Der Junge	alarmierte	sofort	den Hausmeister.	
9)	Der	rief		die Polizei	an.
10)	Sie	kam	kurz darauf.		
11)	Sie	stellte	in der Bergstraße	den Dieb.	
12)	Sie	nahm	an Ort und Stelle	ihn	fest.
13)	...				
14)	...				

1 Lest euch den Text in dieser Übersicht vor.
Manche Sätze mussten wegen der Tabellenform so gebildet werden, dass der Text nicht besonders gut klingt. Bildet mündlich die Sätze so, dass ein besserer Textzusammenhang entsteht. Dabei müsst ihr die Satzglieder einiger Sätze umstellen:
In einer Schulpause fiel einem Schüler ein Mann auf.
Oder: *Einem Schüler fiel in einer Schulpause ein Mann auf.*

2 Prädikate können aus zwei Teilen bestehen. Das kommt daher,
- dass Verben wie *auffallen, anschauen* usw. im Satz getrennt werden
- und dass manche Zeitformen aus Hilfsverb und Verb bestehen: *hat sich ... angeschaut.*

Wie heißen die Verben in den zweiteiligen Prädikaten?

3 Schreibe die beiden letzten Sätze des Textes so auf, dass sie in die Tabelle passen.
13) Die Polizei lobte den Schüler wegen seiner Beobachtung.
14) Nach der Festnahme des Mannes war die Serie von Fahrraddiebstählen beendet.

4 Schreibe aus den Sätzen der Tabelle und den Sätzen 13 und 14 einen gut zusammenhängenden Text.

Die Stellung der Satzglieder in Texten

Die normale Satzgliedstellung ist:

Subjekt →	**Prädikat 1. Teil →**	**Adverbiale →**	**Objekte →**	**Prädikat 2. Teil:**
Das Fahrrad	*wurde*	*bald danach*	*dem Schüler*	*zurückgegeben.*

Oftmals nehmen die Satzglieder aber eine andere Stellung ein. In Texten steht dasjenige Satzglied meistens am Satzanfang, das einen Zusammenhang zum vorausgehenden Satz herstellt: *Bald danach wurde dem Schüler das Fahrrad zurückgegeben.*

M

5 Bildet aus den folgenden Satzgliedern einen zusammenhängenden Text und schreibt ihn dann auf.

	Prädikate	Subjekte	Objekte	Adverbiale
1)	starteten	Wanderer, Radfahrer und Inline-Läufer		beim Volkslauf, am letzten Sonntag
2)	durften bestreiten	nur Wanderer	diesen Lauf	bisher
3)	war zurückgegangen	die Anzahl der Teilnehmer		aus diesem Grund, von Jahr zu Jahr
4)	wollte gewinnen	man	möglichst viele Mitwirkende	diesmal, durch Erweiterung des Teilnehmerfeldes
5)	ist gelungen	das	den Veranstaltern	auch, tatsächlich
6)	waren	die Strecken für die einzelnen Disziplinen		unterschiedlich lang
7)	mussten zurücklegen	die Wanderer	acht Kilometer	so
8)	war	die Strecke für die Inline-Läufer		mehr als doppelt so lang
9)	mussten bewältigen	die Radfahrer	eine Strecke von 28 Kilometern	sogar
10)	erhielt	ein 68-jähriger Wanderer	die Trophäe für den ältesten Teilnehmer	
11)	bekam	die 8-jährige Nicola Schwarz	den Pokal für die jüngste Starterin	
12)	überreichte	man	den Volkslaufpokal dem 15-jährigen Felix Nolte	auf dem Höhepunkt der Veranstaltung

6 Lest euch eure Texte gegenseitig vor und vergleicht sie.

Sprache und Sprachgebrauch

Die Satzglieder

→ Das nominale Prädikat

1 Ermittelt die Satzglieder in folgenden Sätzen.
Stellt dazu die Fragen *wer?, wo?, wen?, was?*.
Lisa (wer? – Subjekt) *wohnt* (Prädikat) *in Leipzig* (wo? – Lokaladverbial).

a) Lisa	wohnt	in Leipzig.
b) Sie	macht	ihren Realschulabschluss.
c) Tiere	sind	ihre Leidenschaft.
d) Die Schülerin	wird	Tierpflegerin.
e) Das	bleibt	ihr großer Wunsch.

2 Sprecht darüber, in welchen Sätzen es euch möglicherweise etwas schwerer gefallen ist, alle Satzglieder richtig zu ermitteln. Und wie begründet ihr das?

3 In den Sätzen c), d), e) besteht das Prädikat aus zwei Teilen.
- Nennt diese Teile.
- Mit welcher Frage könnt ihr den zweiten Teil des Prädikats ermitteln?
- Welche Wortart kommt in allen drei Beispielen vor?

4 Über welches andere Satzglied gibt dieser Prädikatsteil (das Prädikativ) genauer Auskunft?

M

Das nominale Prädikat

Eine besondere Art des zweiteiligen Prädikats ist das **nominale Prädikat.** Es besteht aus einer Personalform von *sein, werden, bleiben* **(1. Teil)** und einem **Substantiv,** das auch durch **Attribute** ergänzt werden kann **(2. Teil).** Den zweiten Teil des Prädikats nennt man **Prädikativ.**

	1. Teil des Prädikats	**2. Teil** des Prädikats **(Prädikativ)**
(Wer?) *Malte*	*ist*	(was?) *ein sehr guter Schüler.*
(Wer?) *Paul*	*wird noch*	(was?) *ein sehr guter Schüler.*
(Wer?) *Malte und Paul*	*bleiben*	(was?) *die besten Schüler.*

Das Prädikativ bezieht sich immer auf das Subjekt. Es stellt ein Merkmal des Subjekts dar:
ein sehr guter Schüler → *Malte.*

5 Verbinde die Satzglieder zu sinnvollen Sätzen. Unterstreiche in jedem Satz das nominale Prädikat. Markiere die Verbform und das Prädikativ mit unterschiedlichen Farben, z. B. so: *Anna wird Stewardess*.

a) Stewardess	wird	Anna
b) Greifvögel	sind	Adler
c) ein cooler Typ	ist	der Schauspieler
d) viele Fußballspieler	sind	gute Elfmeterschützen
e) unsere Lehrerin	ist	eine gute Geschichtenerzählerin
f) ein Angsthase	bleibt	der kleine Paul
g) seltene Vogelart		Birkhühner
h) echte Gemeinschaft		Schüler der Klasse 8b
i) Fatima		immer meine Freundin

Die Satzglieder

→ Das präpositionale Objekt

Die häufigsten Objekte sind das Akkusativ- und das Dativ-Objekt. Hier lernt ihr noch ein weiteres Objekt kennen, das ihr ebenfalls in vielen Sätzen verwendet.

Paula wartet auf dem Bahnsteig.

Paula wartet auf ihren Freund.

1 Zwei Sätze, die ziemlich ähnlich aussehen! Sie enthalten aber verschiedene Satzglieder. Wie würdet ihr die beiden Satzglieder *auf dem Bahnsteig – auf ihren Freund* erfragen? Und bei welchem Satzglied seid ihr sicher, wie es heißt?

a) Paul hat sich in Lisa verliebt.
b) Paul hat sich in Bremen verliebt.

c) Laura steht auf dem Stuhl.
d) Laura steht auf diesen tollen Typ.

e) Sie schaut nach dem Baby.
f) Sie schaut nach Süden.

g) Der Schläfer träumte von Mitternacht an.
h) Der Schläfer träumte von seiner Freundin.

2 Stellt Fragen nach den unterstrichenen Satzgliedern in den Sätzen a) bis h):
Wo? Worauf? Wohin? Seit wann? In wen? Nach wem? Von wem? Auf wen?

3 Wie würdet ihr die unterstrichenen Satzglieder in den Sätzen a), d), e), h) erfragen?

4 In welchen Sätzen kommen Adverbiale des Ortes oder der Zeit vor?

Adverbiale – Präpositionale Objekte

M

Adverbiale erkennt man daran, dass man sie mit **W-Fragen** erfragt:
wo, wann, wie, warum, wie lange, wohin, seit wann, womit ...?
Ich komme zum Sportplatz – wohin? → zum Sportplatz.

Präpositionale Objekte erkennt man daran, dass man sie mit der **Präposition** erfragt, die das Objekt enthält:
auf was, zu wem, nach was, von wem, bis zu was, auf was ...?
Ich komme jetzt zur Sache – zu was? → zur Sache.
Sie achtet auf das Baby – auf wen? → auf das Baby.

Adverbial oder präpositionales Objekt?

a) Er denkt am Abend noch lange an seine Freundin.
b) Anna wartet auf dem Busbahnhof auf ihren Bus.
c) Die Mädchen lästern auf dem Schulhof laut über die Jungen.
d) Sie passte auf dem Spielplatz auf ihre kleine Schwester auf.
e) Der Junge suchte nach dem Unterricht vergeblich nach seinem Freund.
f) Der Vater regte sich vor dem Fernseher über seinen Sohn auf.
g) Er drückt sich auf der Baustelle um jede Arbeit herum.

5 Alle diese Sätze haben zwei Satzglieder, die mit einer Präposition eingeleitet sind. Stellt zunächst einmal Fragen, mit denen man diese Satzglieder ermitteln kann:
Er denkt am Abend (wann?)
an seine Freundin (an wen?). ...
Welche der unterstrichenen Satzglieder sind präpositionale Objekte?

→ Präpositionale Objekte bilden

1 Bildet mündlich mit folgenden Verben Sätze. Die dazugehörigen Präpositionen stehen am Rand – oder ihr müsst sie selbst finden:
Ich lege mich manchmal mit ... an.

sich anlegen, sich fürchten, sich gewöhnen, schimpfen	***mit, vor, an, über***
sich konzentrieren, sich sorgen, stöhnen, angeben	***über, mit, um, auf***
verzichten, protestieren, mitwirken, beitragen, sich drücken	***???***

Sauberer Schulhof

Wir diskutierten ? die Unordnung auf unserem Schulhof. Einige trugen etwas Wesentliches ? diesem Thema bei. Andere kümmerten sich aber nur wenig ? den etwas chaotischen Zustand. Sie gaben sogar ? ihrer eigenen Unordentlichkeit an. Mir ist aber wirklich ? einem sauberen Schulhof gelegen. Und deswegen kann ich mich wirklich ? Nachlässigkeiten empören. Nun gut, wir haben uns schließlich ? einen Beschluss geeinigt: Jeder Einzelne hat ? Ordnung auf dem Schulhof zu sorgen. ? etwas Besserem haben wir es leider nicht gebracht!

2 **Schreibe den Text auf und ergänze die fehlenden Präpositionen.**

Gegen Doping

Im Sport freut man sich nur ? ein* anständig* Sportler. Doch manche Sportler kümmern sich offenbar nicht ? ein* fair* Sport. Sie streben im Wesentlichen ? Geld. So können Dopingsünder ? ein* Ablehnung einer ganzen Sportart beitragen. Man vertraut ? ein* fair* Wettkampf, und dann steht manchmal ein Gedopter ? d* Siegertreppchen. Ich plädiere daher ? ein* Bestrafung von Dopingsündern und ? ein* anständig* Sport. Und ich appelliere ? d* Vernunft eines jeden Sportlers. Sonst können wir uns im Sport ? kein* echt* Sieger mehr verlassen.

3 **Schreibe den Text auf, ergänze die Präpositionen und Wortendungen.**
Unterstreiche die präpositionalen Objekte.
Aber Achtung: Einmal ergänzt du kein präpositionales Objekt, sondern ein Adverbial!

M

Präpositionales Objekt

In einem präpositionalen Objekt gehört die **Präposition** fest **zum Verb**:
beitragen zu etwas, sich kümmern um etwas oder jemanden, sich anlegen mit jemandem, plädieren für etwas, sich brüsten mit etwas, sich einigen auf etwas, appellieren an jemanden ...

Zu einem Pädikat kann es in der Regel nur **ein einziges** präpositionales Objekt geben.

4 In den folgenden Sätzen kann immer nur ein einziges Satzglied präpositionales Objekt sein. Welches ist es? Begründet!

a) Der Ritter floh vor seinen Feinden über Basel nach Straßburg.
b) Sie beklagte sich bei der Party mit den Sportlern über die entsetzliche Musik.
c) Sie einigten sich auf der Versammlung auf jeden Fall auf einen Beschluss.
d) Er konnte sich an diesem Abend an der Tankstelle an den Mann nicht mehr erinnern.

Die Satzglieder

→ Die Satzglieder in der Übersicht

Wie sie heißen	Was sie können, wo sie stehen	Beispiele
Subjekt (Wer oder was?)	Sagt aus, **wer** oder **was** der Handlungsträger ist. Steht zumeist am Satzanfang.	***Die Schüler*** *bilden einen Kreis.* ***Sie*** *diskutieren.*
Prädikat (Was tut einer, was geschieht?)	Sagt aus, was **getan** wird, was **passiert**. Steht im Aussagesatz an zweiter Stelle. Kann aus zwei Teilen bestehen.	*Ein Schüler* ***redet*** *zu viel.* *Er* ***hat*** *sich nicht* ***gemeldet.*** *Er* ***hört*** *nicht richtig* ***zu.***
Nominales Prädikat (Was?)	Sagt aus, **was** ist, wird, bleibt. Ist immer ein zweiteiliges Prädikat.	*Tom* ***wird Diskussionsleiter.*** *Lina* ***bleibt Protokollantin.*** *Alle Schüler* ***sind Teilnehmer.***
Akkusativ-Objekt (Wen oder was?)	Sagt aus, auf **wen** oder **was** die Handlung gerichtet ist. Steht im Satz nach den Adverbialen.	*Tom ruft* ***einen Schüler*** *auf.* *Der liefert oft* ***Redebeiträge.***
Dativ-Objekt (Wem?)	Sagt aus, **wem** etwas geschieht. Steht vor dem Akkusativ-Objekt.	*Der Leiter erteilt* ***ihm*** *das Wort.*
Genitiv-Objekt (Wessen?)	Kommt nur bei wenigen Verben vor!	*Mehrere enthalten sich* ***der Stimme.***
Präpositionales Objekt (In/Auf ... wen/was?)	Sagt aus, auf **wen** oder **was** sich die Handlung richtet. Die Präpositionen sind fest an das Verb gebunden.	*Man meckert* ***über die lauten Zwischenrufe.*** *Man beginnt* ***mit der Wahl.***
Adverbial des Ortes Lokaladverbial (Wo, wohin, woher?)	Sagt aus, **wo** etwas geschieht.	*Man zählt* ***in der Klasse*** *die Stimmen aus.*
Adverbial der Art und Weise Modaladverbial (Wie?)	Sagt aus, **wie** etwas geschieht.	*Alle warten* ***gespannt*** *auf das Ergebnis.*
Adverbial der Zeit Temporaladverbial (Wann, wie lange?)	Sagt aus, **wann** etwas geschieht.	***Nach fünf Minuten*** *wird es bekannt gegeben.*
Adverbial des Grundes Kausaladverbial (Warum?)	Sagt aus, **warum** etwas geschieht. Alle Adverbiale stehen in der Regel vor den Objekten.	*Alle klatschen* ***vor Freude,*** *dass Lukas die Wahl gewonnen hat.*

1 Bestimmt die Satzglieder in den folgenden Sätzen. Orientiert euch an der Übersicht.

a) Die meisten / hatten / das Ergebnis / erwartet.
b) Manche / diskutierten / noch einige Zeit / über das Abstimmungsverhalten.
c) Bald / kehrte / Ruhe / im Klassenzimmer / ein.
d) In der Pause sprach Tom mit einigen anderen über die zukünftigen Pläne der Klasse.
e) Die Schülerinnen und Schüler sind eine verschworene Gemeinschaft.

Sprache und Sprachgebrauch

Die Satzglieder

→ Attribute und Relativsätze

Verboten
Auf den Straßen ist Radfahren verboten. Auf der Straße ist es auch verboten. Doch auf den Straßen ist es erlaubt.

Verboten
Auf den Straßen der Fußgängerzone ist Radfahren verboten. Auf der Straße vor dem Kindergarten ist es auch verboten. Doch auf den meisten Straßen ist es erlaubt.

1 Vergleicht die Sätze. Worin unterscheiden sie sich?

2 Schreibe die Stellen heraus, an denen sich die Texte unterscheiden:
Straßen → Straßen der Fußgängerzone, Straße → …

In der Zeitung stand allerhand Neues – aber in welcher?

a) In der heutigen **Zeitung** stand allerhand Neues.
b) In der **Zeitung** von heute stand allerhand Neues.
c) In der **Zeitung** des Landkreises stand allerhand Neues.

3 Bildet ähnliche Beispiele mit Sätzen über *Buch, Fahrrad, Film …*:
a) In dem spannenden Buch … b) In dem Buch … c) In dem Buch …

M

Attribute

Wenn man das, was ein Substantiv bezeichnet, genauer kennzeichnen möchte, hat man mehrere Möglichkeiten. Man **erweitert** es:

1. durch ein **Adjektiv**-Attribut: *das **benachbarte** Haus*
2. durch ein **Genitiv**-Attribut: *das Haus **des Nachbarn***
3. durch ein **präpositionales** Attribut: *das Haus **vom Nachbarn***

Attribute (Beifügungen) sind Ausdrücke, die einem Substantiv eine **weitere Information beifügen**. Deswegen werden sie auch **Beifügungen** genannt. Sie können links vor dem Substantiv oder rechts hinter dem Substantiv stehen.

Attribute sind **keine Satzglieder**, sondern **Teile** von Satzgliedern:
Im Haus des Nachbarn (Adverbial mit Attribut) / *bellt* (Prädikat) / *der Hund* (Subjekt).
Das Attribut *des Nachbarn* gehört also zum Adverbial dazu.

4 Um welche Sorte von Attributen handelt es sich bei den Beispielsätzen a) bis c) oben?
a) Adjektiv-Attribut,
b) …,
c) …

5 Probiere Möglichkeiten der Erweiterung von Substantiven durch Attribute mit dem folgenden Satz aus:
In der Zeitung war ein … Foto … abgedruckt.
- Schreibe weitere Sätze:
  Es soll sich um ein Foto handeln, das du selbst fotografiert hast, das dich abbildet, das interessant ist usw.
- Unterstreiche die Attribute.

6 Der folgende Text zeigt dir, dass in jedem Satz mehrere Attribute vorkommen. Einige von ihnen sind bereits unterstrichen. Schreibe den Text ab und unterstreiche darin die Attribute: Es sind insgesamt drei Adjektiv-Attribute, vier Genitiv-Attribute und drei präpositionale Attribute.

Bauarbeiten

Mit Beginn der Woche werden am alten Schulzentrum umfangreiche Arbeiten durchgeführt. Damit die Schüler ihr Gebäude problemlos erreichen können, müssen die Zuwege zur Schule neu angelegt werden. Im Zuge der Bauarbeiten müssen nach Mitteilung der Gemeinde auch Bäume am Straßenrand gefällt werden. Die beiden Bushaltestellen der Schule werden vorübergehend an den Parkplatz neben der Kirche verlegt.

7 Schreibe einen kurzen Text, in dem mehrere Attribute vorkommen.
Der Text könnte so anfangen:
Ich liege am Strand in der … Sonne.
Hinten am Horizont sehe ich die … Segel der …
Dann laufe ich durch den … Sand in das … Wasser.
Das Wasser im … ist mir aber zu kalt. …

Relativsätze als Attribute

Auch Relativsätze können Attribute sein. Sie sind dann meistens aus Adjektiv-Attributen hervorgegangen:
Bellende Hunde beißen nicht.
→ *Hunde, die bellen, beißen nicht.*

M

Pandabär entwichen

Im Stadtpark entdeckten am Freitag Spaziergänger, *die verdutzt waren,* einen Pandabären, *der aus dem Zoo entwichen war.* Tierpfleger, *die aus dem Zoo stammen,* brachten das Tier, *das völlig verstört war,* in sein Gehege zurück. Dort wartete schon seine Partnerin, *die liebevoll war,* auf ihn.

8 **Schreibe den Text neu auf. Dabei sollst du die Relativsätze in andere Attribute umformen. Dann entsteht ein Text daraus, wie er tatsächlich in der Zeitung gestanden hat.**

Sicherheit in Schulbussen

Immer wieder kommt es in Schulbussen, *die voll besetzt sind,* zu Verletzungen, *die allerdings geringfügig sind.* Sie kommen häufig durch ein Verhalten zustande, *das unsachgemäß ist.* Zwischenfälle gibt es hin und wieder bei Bussen, *die bremsen.* Sie betreffen vor allem Personen, *die keinen Sitzplatz haben.* Schüler, *die stehen müssen,* sollten ihre Taschen auf den Boden stellen. Sie müssen mindestens eine Hand haben, *die frei ist,* um sich an den Halteschlaufen festhalten zu können. Nach Angaben, *die von einem Sprecher stammen, der zur städtischen Busgesellschaft gehört,* wird jeder Unfall ausgewertet. Die Erkenntnisse, *die ausgewertet wurden,* sollen dann zu Einrichtungen führen, *die besser sind.*

9 **Dieser Text ist sehr umständlich formuliert. Schreibe ihn zu einem Zeitungsbericht um, indem du die markierten Relativsätze in andere Attribute umformst.**
Unterstreiche die umgeformten Attribute:
Immer wieder kommt es in voll besetzten Schulbussen zu allerdings geringfügigen Verletzungen. …

→ Satzglieder kann man in Nebensätze umformen

Kopfschmerzen 1

a) Heute Morgen beim Aufstehen hatte ich Kopfschmerzen.
b) Wegen der Schmerzen ging es mir in der Schule ziemlich schlecht.
c) Eine Beteiligung an der Diskussion war mir auch nicht möglich.
d) Ich hörte nur das Gerede der anderen.
e) Mein Desinteresse tat mir leid.
f) Zum Glück gingen die Kopfschmerzen zu Beginn der großen Pause allmählich weg.

Kopfschmerzen 2

a) Als ich heute Morgen aufstand, hatte ich Kopfschmerzen.
b) Weil ich Schmerzen hatte, ging es mir in der Schule ziemlich schlecht.
c) Dass ich mich an der Diskussion beteilige, war mir nicht möglich.
d) Ich hörte nur, dass die anderen redeten.
e) Dass ich desinteressiert war, tat mir leid.
f) Zum Glück gingen die Kopfschmerzen, als die große Pause begann, allmählich weg.

1 Lest erst den Text 1 im Zusammenhang, dann den Text 2.
Hören sie sich unterschiedlich an? Und worin besteht der Unterschied?

2 Findet gemeinsam heraus, wie sich die beiden Texte in ihrem Aufbau unterscheiden.

3 Hier sind einige Aussagen zu den beiden Texten. Welche sind richtig, welche falsch?
a) Text 1 besteht nur aus Hauptsätzen.
b) Text 1 enthält weniger Verben als Text 2.
c) Text 1 enthält weniger Nomen als Text 2.
d) Aus dem Subjekt in Satz 1d) ist in Satz 2d) ein Nebensatz geworden.

4 Wie heißen die Satzglieder, die in Text 1 a) bis f) in Text 2 zu Nebensätzen umgeformt sind?
1a): Adverbial, 1b): …, 1c): …, 1d): …

5 In welchen Text gehören wohl jeweils folgende Sätze? Begründet eure Entscheidung.

a) Denn ich beteiligte mich immer gern an Diskussionen.
b) Dass ich so gehandicapt war, ärgerte mich.
c) Heftige, länger andauernde Kopfschmerzen sind nun mal eine schreckliche Sache.

6 **Formuliere die unterstrichenen Satzglieder in den folgenden Sätzen in Nebensätze mit *dass* um, sodass Sätze wie in Text 2 daraus werden.**

a) Ich ließ aber meine Kopfschmerzen nicht erkennen.
b) Ich wollte kein Mitleid zulassen.
c) Ich kann nämlich mitleidige Blicke nicht vertragen.

Fahrt im Heißluftballon

a) Wir warteten ungeduldig darauf, dass wir starten konnten.
b) Wir schauten dem Ballonführer zu, wie er alles vorbereitete.
c) Nachdem die heiße Luft eingelassen worden war, wurden wir aufgefordert, in den Korb einzusteigen.
d) Damit wir aufsteigen konnten, wurden die Halteseile losgelassen.

e) Der Ballonführer hoffte darauf, dass er günstigen Wind bekam. f) Er war voll damit beschäftigt, den Aufstieg zu überwachen. g) Indem er die Gasflasche öffnete, zündete die Flamme. h) Als heiße Luft in den Ballon einströmte, hob sich das Ungetüm höher und höher. i) Wir freuten uns darauf, dass wir unsere Stadt von oben anblicken konnten. j) Weil die Luft klar war, konnten wir bis zu den fernen Bergen sehen. Es war alles ganz still um uns herum. k) Nur wenn die Brenner rauschten, wurde es manchmal laut. l) Nachdem wir lange gefahren waren, fand der Ballonführer ein geeignetes Feld, m) auf dem wir landen konnten. n) Dadurch dass der Ballon unsanft aufsetzte, wurden wir kräftig durchgeschüttelt. o) Nachdem ich dies erlebt hatte, beschloss ich, p) dass ich eine solche Fahrt wiederhole.

a) Wir warteten ungeduldig auf den Start.
b) Wir schauten dem Ballonführer bei seinen Vorbereitungen zu.
c) Nach dem Einlassen heißer Luft wurden wir zum Einsteigen in den Korb aufgefordert.
d) Für den Aufstieg wurden die Halteseile losgelassen.
e) ... hoffte auf ...
f) ... war voll mit ... beschäftigt.
g) Beim ...
h) Während des ...
i) ... freuten uns auf ...
j) Wegen ...
k) Nur beim ...
l) Nach ...
m) für ...
n) ...
o) ...
p) ...

7 Den Anfang dieses Erlebnisberichtes könnt ihr hier in zwei Fassungen lesen. Wie bezeichnet man die Nebensätze in den Sätzen a) bis d) des linken Textes?
a) Objektsatz, b) ..., c) ..., d) ...

8 Forme den übrigen Text um:
e) Der Ballonführer hoffte auf günstigen Wind. f) ...

9 Lest eure Umformungen vor und vergleicht sie.

10 **Wie bezeichnet man die Satzglieder und Nebensätze in dem Text, den du umgeformt hast?**
e) Objektsatz – präpositionales Objekt, f) ...

Subjektsätze – Objektsätze – Adverbialsätze

M

Viele **Satzglieder** können zu **Nebensätzen** umgeformt werden – und umgekehrt. Die Nebensätze nennt man dann **Subjektsätze**, **Objektsätze**, **Adverbialsätze**.

Subjekt:	*Mein dummes Verhalten tut mir leid.*
Subjektsatz:	→ *Dass ich mich dumm verhalten habe, tut mir leid.*
Akkusativ-Objekt:	*Ich erkannte seine Lügen.*
Objektsatz:	→ *Ich erkannte, dass er log.*
Adverbial:	*Wegen des Regens blieb ich zu Hause.*
Adverbialsatz:	→ *Weil es regnete, blieb ich zu Hause.*

→ Verknüpfung von Sätzen: Satzglieder umstellen

Verspätung

Antonia sitzt im Intercity nach Köln. Sie möchte dort ihre Freundin Lina besuchen. Der Zug nähert sich endlich dem Rhein. Er bleibt aber vor der Rheinbrücke erst einmal stehen. Er rührt sich eine halbe Stunde nicht von der Stelle.

Antonia benachrichtigt ihre Freundin mit dem Handy: Sie habe mindestens dreißig Minuten Verspätung. Sie liest aus Langeweile in einer Zeitschrift.

Die Fahrt geht endlich weiter. Der Zug fährt langsam in den Bahnhof ein. Antonia sieht Lina auf dem Bahnsteig stehen. Sie läuft ihrer Freundin mit ausgebreiteten Armen entgegen.

Pünktlich

Carlo sitzt im Intercity nach Kiel. Er möchte dort seinen Freund Timm besuchen. Er will am Sonntag mit ihm eine Segeltour machen. Er freut sich schon darauf.

Die Fahrt dauert aber ewig! Carlo spielt auf seinem Handy herum. Er sieht zwischendurch ab und zu aus dem Fenster: Wiesen und Kühe! Kühe und Wiesen!

Der Zug nähert sich endlich der Stadt. Sein Freund steht schon auf dem Bahnsteig. Er kommt ihm aufgeregt entgegengerannt. Die beiden begrüßen sich freundschaftlich. Sie werden morgen auf der Ostsee segeln. Sie haben sicher viel Spaß dabei.

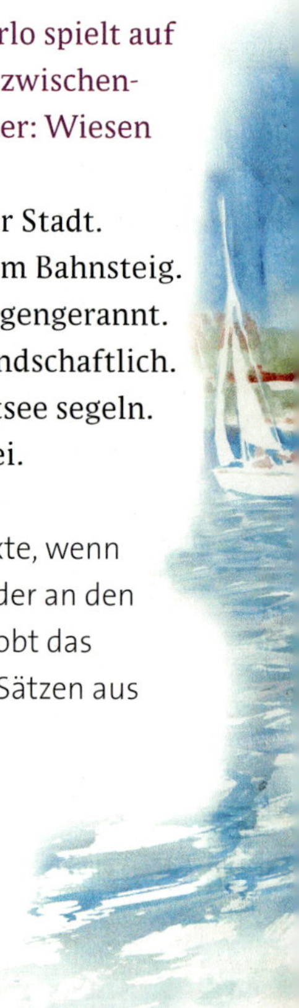

1 Lest euch die beiden Texte vor.

2 Schaut euch jetzt einmal genauer an, mit welchem Satzglied und mit welchen Wörtern die Sätze immer anfangen.

3 Etwas spannender wären die Texte, wenn man manchmal andere Satzglieder an den Anfang verschieben würde. Erprobt das einmal mit den ersten vier, fünf Sätzen aus jedem Text.

4 Wähle dir einen der beiden Texte aus und schreibe ihn neu auf. Verschiebe hin und wieder andere Satzglieder an den Anfang der Sätze.

5 Lest euch eure Texte vor. Achtet darauf, wie der Text nun klingt.

M

Die Stellung der Satzglieder in Texten

In **Texten** richtet sich die **Stellung der Satzglieder** nach folgenden Gesichtspunkten:

- Am **Satzanfang** steht meistens etwas, was die Sätze gut **verbindet** oder die **Beziehung** zu vorausgehenden Sätzen herstellt.
- Am **Satzende** steht meistens etwas, was für die **Information** besonders **wichtig** ist.

Bei einer solchen Anordnung lassen sich Sätze im Text besser verstehen.
Laura und Lotte wollen in den Ferien Reitstunden nehmen.

Nicht so:
Sie freuen sich ganz besonders darauf. Sie haben nämlich großen Spaß am Reiten.

Sondern so:
Darauf freuen sie sich ganz besonders. Am Reiten haben sie nämlich großen Spaß.

Die Ameise und die Taube

nach Äsop

Zu einer Quelle kam eine Ameise herabgestiegen.
Sie wollte dort ihren Durst stillen.
Sie wäre aber fast ertrunken dabei.
Eine Taube saß zu ihrem Glück auf einem danebenstehenden Baum.
Diese brach ein Blatt ab.
Sie warf das der Ameise zu.
Die Ameise konnte sich auf diese Weise retten.
Ein Vogelfänger kam bald darauf an diesen Ort.
Er wollte mit einem Pfeil die Taube schießen.
Er legte gerade den Pfeil auf den Bogen,
die Ameise biss ihn da in den nackten Fuß.
Der Pfeil verfehlte dadurch sein Ziel.
Die Taube wurde so gerettet.

6 Schreibe die Fabel so um, dass hin und wieder ein anderes Satzglied am Anfang steht. So lässt sie sich besser verstehen. Einige der Satzglieder, die du umstellen solltest, sind bereits unterstrichen.

Die Mäuse und die Katzen

nach Äsop

Die Mäuse / führten / wieder einmal / Krieg / gegen die Katzen.
Dabei / erlitten / sie / wie gewöhnlich / eine Niederlage.
Also / kamen / sie / zu einer Beratung / zusammen.
Hier / kamen / sie / zu folgendem Ergebnis:
Sie / mussten / die Niederlagen / immer / einstecken / wegen ihrer ständigen Uneinigkeit.
Sie / erwählten / darum / zu Feldherren / einige aus ihrer Mitte.
Von den übrigen Mäusen / sollten sich / diese / deutlich / unterscheiden.
Die Feldherren / setzten sich / also / auf ihre Köpfe / große Hörner.
Sie / sollten / dadurch / den Katzen / Furcht / einjagen.
Die Mäuse / führten / eine weitere Schlacht / gegen die Katzen / wenig später.
Diese / haben / sie / auch wieder / natürlich / verloren.
Die Mäuse / verschwanden / in ihre Löcher.
Ihre Feldherren / passten / jedoch / nicht hinein / wegen der großen Hörner.
Die / wurden / so / von den Katzen / verspeist.

7 **Schreibe diese Fabel auf. Setze an die Satzanfänge immer ein Satzglied, das sich auf den vorausgehenden Satz bezieht, und setze an die Satzenden immer ein Satzglied, in dem das Neue und Wichtigste steht. Beachte aber: Die ersten Sätze sind bereits so aufgebaut:**

Die Mäuse führten wieder einmal ***Krieg gegen die Katzen****.*
← *Dabei erlitten sie wie gewöhnlich* ***eine Niederlage****.*
← *Also kamen sie zu einer* ***Beratung*** *zusammen. (…)*

Sprache und Sprachgebrauch

Die Satzglieder

→ Überprüfe dein Wissen und Können

1 Schreibe mit den angegebenen Satzgliedern jeweils einen sinnvollen Satz im Präteritum auf. Die Satzglieder sollen in der vorgegebenen Reihenfolge vorkommen.
a) Subjekt – Prädikat – Akkusativ-Objekt.
b) Subjekt – Prädikat – Adverbial des Ortes.
c) Adverbial des Grundes – Prädikat, Teil 1 (Modalverb) – Subjekt – Prädikat, Teil 2 (Infinitiv).
d) Subjekt – Prädikat – präpositionales Objekt.

2 Wie heißen die Satzglieder im folgenden Satz?
Der Sportler ist der weltbeste 100-Meter-Läufer.
- Schreibe den Satz ab und die Satzgliedbezeichnungen in Klammern hinter die Satzglieder.
- Woran hast du erkannt, welches Satzglied das Subjekt ist? Gib eine Begründung dafür.

3 Wie heißen die unterstrichenen Satzglieder in folgenden Sätzen?
- Schreibe sie auf und die Satzgliedbezeichnungen in Klammern hinter die Satzglieder.
- Woran hast du erkannt, dass die beiden Satzglieder mit *auf* ... unterschiedliche Namen haben? Gib eine Begründung dafür.

a) Wir warteten leider vergeblich auf dem Bahnhof auf unseren Zug.
b) Wir warteten leider vergeblich auf unseren Gast.

4 Lies zunächst alle Beispielsätze zu den Aufgaben 4 bis 6. Füge dann in die folgenden Sätze passende Attribute ein. Schreibe die Sätze vollständig auf.
a) Gestern habe ich ein → ? Erlebnis gehabt. ← Adjektiv Attribut
b) Ein → ? Hund ist mir nachgelaufen. ← Adjektiv-Attribut
c) Auf dem Weg → ? bin ich ihn einfach nicht mehr losgeworden. ← Präpositionales Attribut
d) Am Aussehen → ? konnte man seine Rasse nicht erkennen. ← Genitiv-Attribut

5 Forme die unterstrichenen Attribute zu Relativsätzen um.
Denke daran, dass Relativsätze durch Kommas abgetrennt werden!
e) Der freudig mit dem Schwanz wedelnde Hund sprang an mir hoch.
f) Dann machte ich mich mit dem wieder neben mir herlaufenden Tier auf den Heimweg.

6 Forme die folgenden Relativsätze in Adjektiv-Attribute um.
g) Zu Hause gaben wir dem Hund, der ausgehungert war, etwas zu fressen.
h) Was sollten wir mit dem Tier, das so anhänglich war, machen?

7 Forme die unterstrichenen Satzglieder in Nebensätze um.
Benutze dabei die Konjunktionen *weil, bevor, nachdem*. Schreibe die Sätze auf.
a) Nach Ankunft des Zuges begrüßte der Bürgermeister die polnischen Gäste.
b) Leider mussten die Gäste wegen des Niedergangs eines starken Gewitters auf die geplante Besichtigung der Altstadt verzichten.
c) Diesen Besuch konnte die Delegation noch vor ihrer Abreise nachholen.

Wörter und ihre Bedeutung

→ Synonyme

Im Zoo

„Schaut mal zu den Elefanten da drüben!“, sagte Charly zu seinen Freunden.
„Ich kann da nichts Besonderes entdecken“, murmelte Anna.
Und auch Elias fragte: „Was soll denn da zu sehen sein?“
Charly rief: „Ihr müsst mal richtig hingucken!“
„Ich bemerke aber auch nichts“, sagte Franzi.
Charly starrte die drei enttäuscht an: „Muss ich euch erst die Augen öffnen, oder was? Wenn ihr nur so gafft, könnt ihr auch nichts sehen!“
„Hey“, rief Anna, „ich gaffe nicht. Ich schau mich um!“
Sie musterte nun noch einmal das Elefantengehege.
„Braucht ihr ein Fernglas, um zu erspähen, was dort los ist?“, fragte Charly.
Er beobachtete ungeduldig seine Freunde.
Franzi schielte zu Elias hinüber. Und der glupschte zurück und sagte:
„Glotz mich doch nicht so an! Du hast doch bisher auch noch nichts erblickt.“
Charly hielt es nicht mehr aus und rief: „Betrachtet doch bloß mal das Gehege!“
Die drei richteten ihre Blicke noch einmal auf das Elefantengehege.
„Ach ja! Jetzt sehen wir was!“ Sie schauten sich an und prusteten los, denn in Wahrheit hatten sie noch immer nichts checken können.
Charly blickte sie entgeistert an.
„Los, geht noch näher heran, dann erkennt ihr es bestimmt.“
Und jetzt fiel es ihnen wie Schuppen von den Augen: Ein Elefantenbaby war unter eine Regenplane geraten, hatte sich darin verheddert und nicht mehr herausgefunden. Nur sein Rüsselchen schaukelte draußen hin und her.
Das sah so komisch aus, dass die vier Freunde lauthals lachen mussten.
Sie konnten dann noch beobachten, wie ein Wärter das Elefantenbaby aus seiner misslichen Lage befreite.

1 In dieser Geschichte sprechen vier Freunde miteinander. Dabei geht es immer wieder um die Art, etwas zu sehen. Sammelt die Verben, in denen es um verschiedene Arten des Sehens geht, und schreibt sie im Infinitiv auf: *schauen, entdecken* ...

2 In dem Gespräch kommen auch zwei Redewendungen vor. Sucht sie heraus.

3 Im Text kommen viele Synonyme für das Wortfeld *etwas mit dem Auge wahrnehmen* vor:
Macht einmal folgendes Experiment:
- Lest euch den Text einmal so vor, dass ihr dabei für diese Synonyme immer das Verb *sehen* einsetzt.
- Wie wirkt diese Textvariante auf euch?

4 Sicher fallen euch noch weitere Verben zum Wortfeld *sehen* ein, die ihr verwendet:
besichtigen, starren ...

Sprache und Sprachgebrauch

5 Ermittle die Bedeutungsunterschiede zwischen den folgenden Synonym-Paaren:

anschauen – anstarren *beobachten – besichtigen* *gucken – gaffen*
bemerken – erkennen *anblinzeln – anblicken* *betrachten – glotzen*

Du kannst die Unterschiede am besten ermitteln,
wenn du Sätze mit diesen Synonymen bildest:
Er schaute sich das Bild an. – Er starrte seinen Freund erschrocken an.

6 Im folgenden Text sind die Verben des Wortfeldes *sehen* falsch verwendet. Setze beim Abschreiben die passenden Synonyme ein:
anschauen, bemerken, beobachten, besichtigen, durchschauen, entdecken, erkennen, gucken, schauen, schielen, sehen, überblicken

Du schielst wohl!

a) Auf dem Klassenausflug *blinzelten* die Schüler eine alte Ritterburg *an.*
b) Sie *gafften* sich den alten Rittersaal *an.*
c) Auch auf dem Burghof gab es eine Menge zu *mustern.*
d) Sie *fixierten* eine japanische Reisegruppe.
e) Die Japaner *überschauten* durch ihre Videokameras immer wieder den Burgturm.
f) Luisa sagte: „Ich kann dort oben Menschen *besichtigen.*"
g) Ihre Freundin *glotzte* nach oben.
h) „Ich kann dort oben nichts *blicken*!", sagte sie.
i) Luise meinte: „Du *guckst* wohl!"
j) „Aber ich *erkenne* dich! Du möchtest nur da oben hin!"
k) „Natürlich!", sagte die Freundin. „Von da oben würde ich ganz gern mal runter*beobachten.*"
l) Wahrscheinlich kann man von dort aus die ganze Gegend *bemerken.*

M

Synonyme

Wörter mit ähnlicher Bedeutung nennt man **Synonyme:**
schauen, ins Auge fassen ...

Zu den Synonymen gehören auch wenige Wörter, die genau dasselbe bedeuten: *anfangen – beginnen, Aufzug – Lift ...*
Mehrere Synonyme mit ähnlichen Bedeutungen bilden oft ein größeres **Wortfeld.**

Synonyme machen die Sprache abwechslungsreicher, weil man nicht immer dasselbe Wort wiederholen muss. Außerdem kann man mit ihnen einen Sachverhalt sehr genau darstellen und feine Bedeutungsunterschiede betonen.

Auseinandersetzung um die Schülerdisco

Der Schülerrat hat eine Schuldisco geplant und in einer Vorbesprechung beschlossen, dass die Musikanlage in Zukunft nur noch im Wechsel von drei Personen bedient werden soll.

„Es hat keinen Zweck, dass wir so weitermachen wie bisher!“, sagte[1] Lukas.
Und er sagte[2] noch: „Ihr habt ja gesehen, was passieren kann.“
„Na gut“, sagte[3] Lea, „da hat einer mal nicht aufgepasst.“
„Was heißt nicht aufgepasst!“, sagte[4] Lukas. „Er hatte keine Ahnung von der Anlage!“
Jannik sagte[5]: „Er hat einen großen Schaden angerichtet!“
Und Lukas sagte[6]: „Die Reparatur war sauteuer.“
Jannik sagte[7]: „Nur wer die Anlage bedienen kann, sollte als DJ auftreten dürfen!“
„Außerdem müssen es wirklich zuverlässige Leute sein“, sagte[8] Nick.
„Du willst doch wohl nicht jedem einen Kursus im Auflegen geben“, sagte[9] Lea.
„Warum nicht?“, sagte[10] Nick. „Auf alle Fälle muss er eingewiesen werden“, sagte[11] er noch.
„Und ehrlich müssen die Typen auch sein“, sagte[12] Jannik.
„Wie willst du das denn vorher wissen?“, sagte[13] Lea.
Nick sagte[14]: „Jedenfalls dürfen nicht wieder CDs verschwinden wie beim letzten Mal.“
„Willst du hinter jeden DJ einen Aufpasser stellen?“, sagte[15] Lea.
Lukas sagte[16]: „Einer von uns muss immer verantwortlich sein.“
„Wir können uns ja dabei abwechseln“, sagte[17] Lea.
„Das find ich gut“, sagte[18] Nick.
Und Jannik sagte[19] noch: „Wichtig ist, dass nicht jeder einfach an die Anlage rankann.“
Und darauf einigten sich die vier dann auch.

7 In den einzelnen Beiträgen dieser Schüler wird ihr Bemühen deutlich, aufeinander einzugehen und zielgerichtet zu diskutieren.
Aber immer steht vor oder nach den wörtlichen Reden nur *sagte*.
Setze für das Verb *sagte* jeweils ein passendes Synonym ein.
Du kannst dafür das folgende Wortfeld nutzen.

Wortfeld von Verben, die die wörtliche Rede begleiten

bemerken	*beklagen*	*entgegnen*	*antworten*	*äußern*	*befehlen*
ergänzen	*fordern*	*fragen*	*behaupten*	*mahnen*	*wissen wollen*
hinzufügen	*meinen*	*schimpfen*	*beklagen*	*berichten*	*erkundigen*
spotten	*unterstreichen*		*zurufen*	*einwenden*	*jammern*
			zustimmen	*erwidern*	*protestieren*
			versichern	*einwerfen*	*vorschlagen*

Schreibe deine Lösung so auf:
1 schimpfte, 2 …

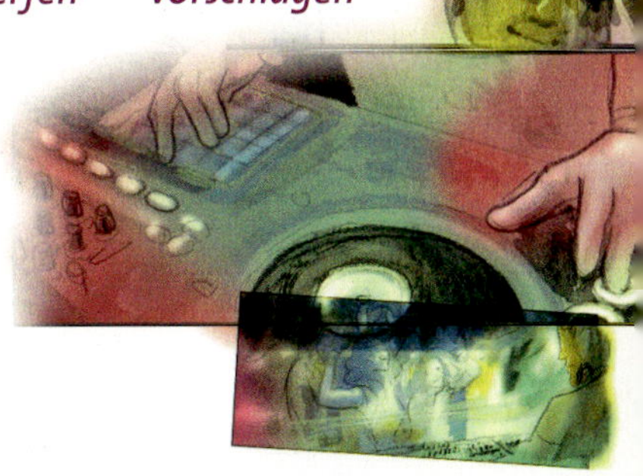

8 Lest euch den Text mit den passenden Synonymen vor.
Jeder übernimmt dabei einen Satz.

Sprache und Sprachgebrauch

9 Lies folgenden Text aufmerksam.
Schreibe auf einen Zettel, was dir an diesem Text auffällt.
Tauscht eure Lösungen in der Klasse aus.

Klassenausflug!

Auf unserem Ausflug gingen wir gemütlich durch Görlitz. In der Stadt gab es eine Menge zu sehen. Zuerst gingen wir zur Sternwarte, die wir uns angesehen haben. Anschließend sind wir in den Görlitzer Naturschutz-Tierpark gegangen. Wir konnten in einem 4000 m^2 großen Gehege die Fischotter bei der Fütterung sehen. Danach gingen wir auf den 45 m hohen Dicken Turm der Nikolaikirche. Von hier aus konnten wir über die gesamte Stadt sehen. „Gib mir doch mal dein Fernglas!“, sagte mein Freund Ole zu mir. „Ich möchte auch mal genauer sehen, was da unten passiert.“ Ich sagte: „Du hättest dir ja selbst eins mitbringen können!“ Da sagte er: „Wenn ich doch keins habe!“ „Tut mir leid“, sagte ich. Durch das Fernglas konnten wir dann sogar die Landeskrone sehen. Zum Schluss unseres Ausfluges gingen wir zur Grenzbrücke an der Neiße. Wir durften sogar über die Brücke nach Polen gehen.

10 Schreibe den kleinen Text so auf, dass er durch Synonyme genauer und abwechslungsreicher wird.
Du kannst den folgenden Anfang nutzen:
Auf unserem Ausflug spazierten wir gemütlich durch Görlitz …

11 Im folgenden Text findest du an vielen Stellen jeweils drei Synonyme zur Auswahl. Von den dreien ist aber meistens nur eins wirklich zutreffend.
Entscheide dich für dieses Synonym.
Schreibe deine Lösung so auf: *a) erklärt, b) …*

Essbare Baumrinde

Wenn dir jemand *a) berichtet, sagt, erklärt,* dass du manchmal Baumrinde *b) isst, frisst, knabberst,* dann schüttelst du sicher *c) verschreckt, erschrocken, ungläubig* den Kopf. Und dennoch *d) flunkert, übertreibt, betrügt* er nicht damit. Wir *e) pfeffern, salzen, würzen* nämlich wirklich mit einem *f) Produkt, Ergebnis, Resultat* aus Baumrinde so *g) genießbare, leckere, essbare* Sachen wie Grießbrei oder Pflaumenkuchen. Es handelt sich dabei um Zimt. Die Zimtrinde wird auch Zimtschale oder Zimtstange *h) gerufen, ausgesprochen, genannt.* Sie dient nicht nur der *i) Verschönerung, Verfeinerung, Vervollkommnung* von Speisen. Die Zimtrinde findet auch *j) Verwendung, Benutzung, Gebrauch* in der Parfümindustrie. Hier wird sie zu teurem Zimtöl *k) verschönert, verbessert, veredelt.*

Zimtbäume *l) wachsen, grünen, gedeihen* in warmen Ländern wie Sri Lanka und Südchina. „Zimtbaum“ bedeutet *m) vor allem, ursprünglich, eigentlich* „süßes Holz“. Die alten Römer nannten ihn „cinnum“, und unsere *n) Alten, Vorfahren, Urahnen* machten daraus später das Wort „Zimt“.

Wörter und ihre Bedeutung

→ Homonyme

Was hat ein *Niederschlag der feuchten Nachtluft* mit einem *dicken Schiffsseil* zu tun?

Auf den ersten Blick haben diese beiden Dinge gar nichts miteinander zu tun. Sie bedeuten ja etwas völlig Unterschiedliches.
Und doch gibt es zwischen beiden Dingen eine auffällige Beziehung.
Die bekommt ihr heraus, wenn ihr wisst,

- wie man den Niederschlag der feuchten Nachtluft, den man am frühen Morgen auf den Wiesen oder auf den Autos sieht, nennt
- und wie man ein dickes Seil, mit dem man Schiffe im Hafen festmacht, bezeichnet.

1 Wie nennt man die Niederschlagsart, wie das Schiffsseil?

Es ist doch überraschend, dass die beiden gefundenen Wörter total übereinstimmen: Man spricht sie beide gleich aus und man schreibt sie auch gleich.
Früher war das anders. Da hatte man für beide Dinge unterschiedliche Wörter.
Die Niederschlagsart nannte man im Alt- und Mittelhochdeutschen **tou.**
Im Laufe der Zeit änderte sich das **ou** zu **au**. Das entstandene Wort hieß nun **Tau.**
Und weil es dieses Wort damals schon gab, nämlich das aus dem Niederdeutschen stammende Wort ***Tau*** für ein dickes Schiffsseil, existieren bis heute zwei gleiche Wörter mit jeweils unterschiedlicher Bedeutung.

2 Gib mit deinen Worten wieder, warum es heute für die beiden unterschiedlichen Dinge jeweils das gleiche Wort gibt.

3 Wie nennt man die abgebildeten Gegenstände?

M

Homonyme

In unserer Sprache gibt es Wörter, die zufällig **gleich ausgesprochen** und **gleich geschrieben** werden, aber eine **unterschiedliche Bedeutung** haben. Solche Wörter nennt man **Homonyme.**
Sie sind in keiner Weise miteinander verwandt:

der Ton (lat. *tonus* → mhd. *don*)
Beim Posaunenspiel trifft Celina immer den richtigen ***Ton*** *(= Laut, Klang).*

der Ton (ahd. *thaha* → mhd. *dahe*)
Der Töpfer benutzt für seine Arbeiten einen feinen ***Ton*** *(= Erdart).*

Welche Bedeutung die Homonyme haben, ergibt sich aus der konkreten Sprachsituation.

Sprache und Sprachgebrauch

Hallo, hier soll man sich Muskelkater holen können?

Zwei Männer unterhalten sich.
Einer fragt den anderen: „Welches ist dein Lieblingsgericht?"
Der andere antwortet: „Das ist wirklich schwer zu sagen. Bis zum heutigen Tag hat mich noch keins freigesprochen."

Wähle eine der beiden folgenden Aufgaben aus.

4 Erkläre mit deinen Worten, wodurch in der Karikatur oben links der Witz zustande kommt.

5 Schreibe auf, worauf die Pointe des Witzes beruht. Achte dabei auf die Bedeutung, die die beiden Personen mit dem Wort *Gericht* verbinden.

6 Vergleicht eure Erklärungen in der Klasse miteinander.

[1] **kosten** ahd. *koston*, mhd. *kosten*, ursprüngliche Bedeutung: *prüfend wahrnehmen*, heute beschränkt auf: *prüfen durch den Geschmack.*

[2] **kosten** lat. *constare*, mhd. *kosten*, ursprüngliche Bedeutung: *zu stehen kommen*, heute: *Preis, der zu zahlen ist.*

7 **Erklärt, warum die beiden Verben *kosten* zwei Homonyme sind.**

Eins für zwei!

a) Tanzvergnügen – Sportgerät = ?
b) mittellose Menschen – Gliedmaße = ?
c) Grundbalken eines Schiffs – Schaft der Vogelfeder = ?
d) einfältiger Mensch – Einfahrt = ?
e) gefrorener Tau – Haarschmuck = ?
f) lästige dicke Fliege – Vorrichtung, mit der Fahrzeuge zum Stehen kommen = ?
g) Geldabgabe an den Staat – Einrichtung zum Lenken von Fahrzeugen = ?

8 Für die Bezeichnung der jeweils beiden Dinge existieren in unserer Sprache Homonyme. Du musst nur ein Homonym aufschreiben: *a) Ball, b) ...*

Wörter und ihre Bedeutung

→ Überprüfe dein Wissen und Können

1 Welche Aussagen treffen zu? Schreibe die entsprechenden Buchstaben auf.

a) Synonyme sind Wörter mit immer derselben Bedeutung.
b) Homonyme sind in keiner Weise miteinander verwandt.
c) Synonyme bilden oft ein größeres Wortfeld.
d) Homonyme sind Wörter, die immer etwas Unterschiedliches bedeuten.
e) Synonyme braucht man, um etwas genau darzustellen und feine Bedeutungsunterschiede zu verdeutlichen.

2 Im folgenden Text kommen stets nur die beiden Verben *gehen* und *sehen* vor. Verwende beim Abschreiben Synonyme zu *gehen* und *sehen*, damit der Text abwechslungsreicher und interessanter für den Leser wird.

Kleine Wanderung

Am Mittag gingen wir los. Plötzlich brauten sich schwarze Wolken am Himmel zusammen, und wir konnten wenig sehen. Noch schlimmer wurde es, als wir durch einen Wald gehen mussten. Dort sahen wir bald gar nichts mehr. Eine große Kuhle konnten wir erst im letzten Moment sehen. Endlich war der Wald zu Ende, und wir sahen eine Wiese. Über die mussten wir gehen, obwohl sie voll unter Wasser stand. Wir sahen einfach keinen anderen Weg. Wir gingen vorsichtig über die Wiese, keiner wollte ja ausrutschen. Endlich sahen wir eine kleine Straße. Auf der gingen wir gemächlich ins nächste Dorf. Wir waren alle hungrig und freuten uns, als wir auf eine kleine Gaststätte sahen ...

3 Suche zu den folgenden Bedeutungserklärungen die Homonyme.
Es reicht, wenn du hinter die Buchstaben jeweils nur ein Homonym aufschreibst.

a) ein Gerät zum Steigen – der Chef einer Abteilung
b) größere Meeresbucht – ein Rasenspiel
c) Transportauto – schlechte Eigenschaft eines Menschen
d) Los, das nichts gewonnen hat – Metallbolzen zum Verbinden
e) Musikrichtung – Kleidungsstück für Frauen
f) Lenkvorrichtung – Abgabe an den Staat

4 Schreibe auf, worauf die Pointe dieses Homonymenwitzes beruht.

*

Ein Mann ist ins Wasser gefallen und ruft: „Hilfe!"
Ein anderer Mann kommt vorbei und fragt: „Warum schreien Sie so?"
Der im Wasser antwortet: „Ich habe keinen Grund!"
Da stellt der andere fest: „Wenn Sie keinen Grund haben, dann hören Sie doch auf zu schreien", und geht seelenruhig weiter.

*

Bildhafte Ausdrucksweise

→ Metaphern

Urlaubsparadies Usedom

Jeden Tag zaubert der Himmel eine andere Farbe herbei.
Und die Sonne ist hier oft zu Gast.
In glänzendes Gold eingerahmt, breiten sich die Perlen der Inseldörfer hinter geheimnisvollen Kiefernwäldern aus.
Die schattigen Wege durch die Wälder gleichen einem Spinnennetz, auf dem Sie zu Fuß oder mit dem Rad unterwegs sein können.
Ihre Wandergesellen sind die Möwen und der Wind.
Der weht mal sanft, mal ist er erfrischend oder auch übermütig.
Der Usedomer Strand streckt kilometerweit seine Flügel aus.
So zieht er im Sommer, aber auch im Winter viele Gäste an.
Am Abend am Strand zu sitzen und die Möwen über dem Wasser tanzen zu sehen, das sollten Sie sich nicht entgehen lassen.
Reservieren Sie sich eine der zahlreichen Ferienwohnungen oder Ferienhäuser im Paradies Usedom!

1 Dieser Text wirbt mit vielen Metaphern, damit möglichst viele Urlauber auf die Insel Usedom kommen.
- Sucht im Text einige Beispiele dafür.
- Sprecht in der Klasse über die besondere Wirkung dieser Wörter auf die Leser.

2 Ersetzt einige dieser Metaphern durch „normale" Wörter:
eine andere Farbe herbeizaubern – eine andere Farbe haben;
zu Gast sein – zu sehen sein ...

29–33

M

Metaphern

In unserer Sprache verwenden wir häufig Wörter, die zur ursprünglichen Bedeutung eine weitere, eine **übertragene** Bedeutung erhalten. Diese Wörter nennt man **Metaphern.** Die Bedeutungsübertragung erfolgt aufgrund *ähnlicher Merkmale* (äußere Form, bestimmte Eigenschaft).
Das Wort **Perle** bedeutet ursprünglich *kostbares Schmuckstück.*
In der Wortgruppe *die Perlen der Inseldörfer* ist das Wort *Perle* eine Metapher geworden: Es bezeichnet in diesem Fall die Inseldörfer als *schön* und *kostbar*, sie sind sozusagen *Schmuckstücke.*
Metaphern machen also unsere Sprache bildhaft, farbig und lebendig.

Eine der häufigsten Metaphern ist die **Personifizierung** (Vermenschlichung): Eigenschaften von Personen werden auf Tiere, Gegenstände und Sachverhalte übertragen.

eigentliche Bedeutung	**übertragene Bedeutung**
ein Junge zaubert etwas	eine unbelebte Sache zaubert etwas
Er zaubert ein Kaninchen aus dem Hut.	*Der Himmel zaubert oft andere Farben herbei.*

3 Schreibe den Text *Urlaubsparadies Usedom* auf, und zwar möglichst ohne Metaphern zu verwenden.
Jeden Tag hat der Himmel hier eine andere Farbe.
Auf der Insel scheint besonders oft die Sonne.
Die vielen Inseldörfer befinden sich aneinandergereiht hinter dunklen Kiefernwäldern …

4 Lest euch eure Texte gegenseitig vor. Tauscht euch darüber aus, wie sich das Fehlen von Metaphern auswirkt.

5 **Schreibe auf, wie die markierten Metaphern entstanden sein könnten.**
a) Warum spricht man eigentlich von einer *Glühbirne*, aber nicht von einem Glühapfel oder einer Glühgurke?
b) Keiner sagt: Ein Lastwagen blitzt durch die Straße. Jeder sagt: Ein Lastwagen *donnert* durch die Straße. Warum?
c) Warum klickt man während der Computerbenutzung auf eine *Maus,* warum nicht auf einen Fuchs?

6 **Die *kursiv* gedruckten Wörter sind Metaphern. Um die folgenden Fragen beantworten zu können, musst du erklären, was die Wörter eigentlich bedeuten.**

Warum

a) … ist eine *Leseratte* für Bücher völlig ungefährlich?
b) … pikt es nicht, wenn man *angestachelt* wird?
c) … kann ein Gespräch *dahinplätschern,* auch wenn man nicht an einem Bach steht?
d) … kann man eine *bittere* Niederlage einstecken, ohne etwas zu schmecken?
e) … brennt das Tor nicht, wenn ein Stürmer darauf *feuert?*
f) … befinden sich in Büchern *Eselsohren,* wenn doch Esel gar nicht lesen können?

So sind Mütter nun mal!

Als ich gestern eine halbe Stunde zu spät nach Hause kam, wollte ich mich heimlich in mein Zimmer verkrümeln. Doch meine Mutter hatte das spitzgekriegt. Sie war so was von sauer! Ich solle ihr ja nichts vormachen.
„Bist du so blauäugig oder tust du nur so?“, fragte sie mich vorwurfsvoll. „Weißt du nicht, wie gefährlich es um diese Zeit auf der Straße sein kann?“ So polterte sie auf mich ein, sodass ich ihr gar nicht sagen konnte, dass mir doch nur der letzte Bus davongerauscht war. Ich meine, ich bin doch schon 14 und kein Küken mehr. Aber so sind Mütter eben!

naiv
Kind
wütend
schimpfte
merken
lügen
zurückziehen
davongefahren

7 Im Text befinden sich acht Metaphern. Schreibe sie heraus. Notiere dahinter, was die Metaphern **eigentlich** bedeuten.
Wenn du dabei Schwierigkeiten hast, kannst du in die Wortsammlung rechts schauen.

Bauindustrie hinkt bei Konjunktur hinterher

Geplante Autobahn verärgert die Anwohner

Solarindustrie sucht Ausweg aus Krise

Karlsruher Gericht nimmt sich Zeit

Zittau bastelt weiter am Aufstieg

Verkehrsmuseum lädt zum kostenfreien Besuch ein

Görlitzer Stadttheater feiert seinen Geburtstag

Tornado *Sandy* singt ein grausames Lied

Stadtverwaltung muss ihre Hausaufgaben machen

Kleinstadt sucht Wege aus der Krise

Neues Herzzentrum empfängt erste Patienten

Börsenhandel ging gestern baden

8 Schaut euch diese Schlagzeilen an.
- Sprecht darüber, wie jede Schlagzeile auf euch wirkt.
- Inwiefern kann z. B. ein Industriezweig hinterherhinken, ein Tornado singen, ein Museum jemanden einladen oder eine Stadtverwaltung ihre Hausaufgaben machen?

Orientiert euch dabei an den Aussagen im Merkkasten.

282

9 Sieh dir folgende Werbeslogans an.
- Schreibe auf, wofür die Texte werben könnten.
- Vergleicht anschließend eure Lösungen.

a) Gelbe Seiten machen das Leben leichter.
b) Trag mich. Dann gehst du mit der Zeit.
c) Auf meinem Edelstahlboden fühlt sich jedes Fleisch wohl.
d) Ich passe zu jedem Fahrrad und auf jeden Kopf.
e) Ohne Wasser läuft gar nichts. Ihr Wasserwerk kümmert sich darum.

10 Mit welcher Absicht lassen die Werbetexter ihre Produkte hier wie Menschen sprechen und handeln?

11 Personifizierungen kommen in unserem sprachlichen Alltag häufig vor. Aufgrund ihres häufigen Gebrauchs fallen sie uns aber als solche kaum noch auf. Vier der folgenden Alltagssätze enthalten Personifizierungen. Schreibt die entsprechenden Buchstaben auf und vergleicht eure Ergebnisse.

a) In jedem Wettkampf versuchen Sportler, ihre eigenen Rekorde zu überbieten.
b) Die Nacht verläuft bis jetzt ruhig.
c) Die Stunde der Wahrheit ist gekommen.
d) Heute Morgen steht plötzlich ein neuer Schüler in der Tür.
e) Die Uhr ist für eine Stunde stehen geblieben, dann ging sie wieder.
f) Marias Blicke zu Lars sagen alles.

12 Sammelt Personifizierungen aus eurem alltäglichen Sprachgebrauch: *die Krähe schimpft, der Wind heult, unser Verein feiert Geburtstag …*

Bildhafte Ausdrucksweise

→ Den Gebrauch von Metaphern üben

1 Lest euch den folgenden Text laut vor.

Eine „tierische" Angelegenheit

Mutter geht am Sonntag gegen elf ins Zimmer von Jason, der noch immer schläft. Sie rüttelt ihn unsanft aus dem Schlaf: „Steh endlich auf, du Hecht (1)!" „Muss das sein?", murrt Jason, kriecht dann aber aus dem Bett, geht wortlos ins Bad und macht nur eine Mausewäsche (2). Mutter weiß das und murmelt nur: „Du Pferd (3)!" Anschließend verzieht sich Jason in sein Zimmer, setzt sich an seinen Computer und klickt auf den Fuchs (4). Man kann vieles über Jason sagen, aber in Computersachen ist er ein wahres Murmeltier (5). Er kann sogar seinem Vater helfen, wenn der wieder einmal völlig verzweifelt vor seinem Laptop sitzt, weil gar nichts mehr zu gehen scheint. Und das geht in einer bienenfleißigen (6) Geschwindigkeit, dass Vater nur staunend bemerken kann: „Du bist wirklich eine tolle Katze (7)!", und fügt einschränkend hinzu: „Jedenfalls, was den Computer betrifft." Damit spielt er vor allem auf Jasons Leistungen im Sport an, da schafft er gerade mal so den Hocksprung übers Ferkel (8). Aber daran arbeitet er – affenartig (9), wie er ist.

2 In diesem Text befinden sich die „tierischen" Metaphern an der falschen Stelle.
Ordne die Metaphern richtig zu. Schreibe deine Lösungen so auf:
(1) „Steh endlich auf, du Murmeltier!"
(2) eine ...wäsche machen ...

3 Lest euch eure Lösungen vor und vergleicht sie.

4 Suche dir **vier** bzw. **sechs** Beispiele heraus.
Übernimm die folgende Übersicht und ergänze sie.

Beispielwort	eigentliche Bedeutung	übertragene Bedeutung
Murmeltier	*Tier, langes Schlafen*	*Jason schläft lange*
...	...	...

Abend am Moor

Der Tag taucht seine bunte Schürze in den Wald, und in einer Birke hängt der Mond und spielt Goldapfel – auf ein Viertelstündchen. Der Laubfrosch kullert Liebesstrophen aus seinem weißen Kehlsack übers Buchenlaub. (...) Der Abendstern ist von der hellen Nacht verschüchtert, doch steigt und steigt er. Ein Glühwurm glimmt im Gras und zwinkert und hebt sich dann und ist ein Stern auf seine Weise.

5 Welche Stelle in diesem Text von *Erwin Strittmatter* gefällt dir am besten? Tauscht euch in der Klasse darüber aus.

6 Nennt Beispiele für Personifizierungen. Lest euch diese Stellen vor.

7 Suche eine Personifizierung aus und versuche, sie zu beschreiben.
Tauscht eure Ergebnisse in der Klasse aus.

Sprache und Sprachgebrauch

Bildhafte Ausdrucksweise

→ Feste Redewendungen

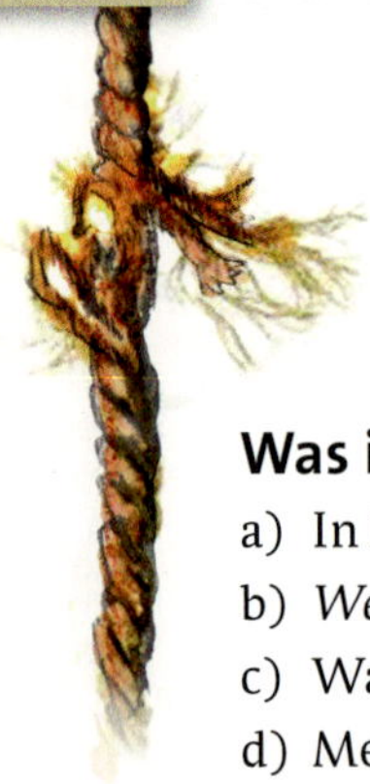

Im Alltag werden häufig bildhafte Redewendungen gebraucht, die eine ganz bestimmte Bedeutung haben. Die Verständigung klappt aber nur dann, wenn alle Beteiligten diese auch kennen.

Was ist gemeint?

a) In Physik wird Philipp wohl wieder *auf dem Schlauch stehen.*
b) *Wenn alle Stricke reißen,* muss uns Leonie noch einmal helfen.
c) Was du da erzählst, *da lachen ja die Hühner.*
d) Mein Vater sagt zu mir immer: „Du musst mal endlich *deine Löffel spitzen!*"
e) Das sollte sich Max endlich mal *hinter die Ohren schreiben!*
f) Ich weiß nicht, wie Klara das macht, aber kann man bei allen Leuten *einen Stein im Brett haben?*

- *sich etwas gut merken*
- *keine andere Möglichkeit haben*
- *aufmerksam zuhören*
- *nicht (sofort) begreifen*
- *große Sympathien haben*
- *unsinnig sein*

1 Ermittelt in Gruppen, welche Bedeutung die *kursiv* gedruckten Redewendungen haben. Wenn ihr nicht weiterwisst, dann orientiert euch an den Bedeutungsangaben rechts. Vergleicht eure Lösungen miteinander.

Wie die Redewendung *jemandem aufs Dach steigen* entstanden ist

Diese Redewendung wird heute gebraucht, wenn man jemanden zurechtweisen, in die Schranken weisen oder auch bestrafen will.
Im Mittelalter galt das Abdecken des Daches als eine Maßnahme gegen Verbrecher, sogenannte „Friedlose" oder „Vogelfreie". Diese Menschen sollte kein Dach mehr schützen, bis sie sich gestellt hatten. Man gab Leuten, die einen Verbrecher versteckten, eine gewisse Frist. War sie abgelaufen, stiegen ihnen die Häscher aufs Dach und deckten es ab. Man ließ sozusagen „den Himmel ins Haus". Jetzt konnte man den Übeltäter verhaften, denn er stand nun unter freiem Himmel. Er hatte kein Dach mehr über dem Kopf, das ihn schützen konnte. Das damals geltende Verbot, jemanden in einem Haus zu verhaften, war somit aufgehoben.

M

Feste Redewendungen

Feste Redewendungen haben immer eine **ganz bestimmte** Bedeutung. Man darf sie also nicht wörtlich nehmen:
jemandem einen Bären aufbinden → *jemanden belügen*
ein dickes Fell haben → *viel Ärger vertragen können*
den Faden verlieren → *beim Sprechen plötzlich nicht mehr weiterwissen*

Redewendungen sind **feste Verbindungen** von Wörtern:
jemandem einen Bären aufbinden.
In den Redewendungen kann man **kein Wort** einfach austauschen.
Nicht möglich ist also: *jemandem einen Affen aufbinden.*

2 Gebt mit euren Worten wieder, welche Geschichte die Redewendung *jemandem aufs Dach steigen* hat.

3 Wie sind die Redewendungen aus Aufgabe 1 entstanden? Ihr könnt in einem Wörterbuch nachschlagen oder im Internet recherchieren.

4 Welche Redewendungen geben die Zeichnungen wieder?
- Schreibe die Wendungen auf. Notiere dahinter, was sie bedeuten.
- Vergleicht eure Lösungen.

5 Versuche einmal, selbst eine Redewendung zu zeichnen. Wenn dir keine einfällt, kannst du dir eine aus den folgenden Beispielen aussuchen:

- *sein letztes Hemd hergeben*
- *wie die Faust aufs Auge passen*
- *das Handtuch werfen*
- *Geld aus dem Fester werfen*
- *jemanden hinters Licht führen*
- *das Heft in der Hand haben ...*

6 Zeigt euch eure Zeichnungen und lasst die entsprechende Redewendung erraten.
- Was ist mit den Redewendungen gemeint?
- Schreibe einen Satz auf, in dem eine der Redewendungen sinnrichtig verwendet wird.
  Marius würde sein letztes Hemd hergeben, um Emma aus der Klemme zu helfen.

7 **Schreibe aus der folgenden Sammlung nur die festen Redewendungen heraus. Notiere hinter jeder Wendung, was sie bedeutet.**

a) eine große Klappe haben
b) eine Sache auf Eis legen
c) eine Frage beantworten
d) jemanden etwas riechen lassen
e) jemanden nicht riechen können
f) Eis essen gehen
g) außer Frage stehen
h) die Klappe am Briefkasten schließen

8 **In den folgenden Redewendungen steckt immer ein Fehler.**
- **Schreibe die fünf festen Redewendungen richtig auf.**
- **Notiere hinter jeder Wendung, was sie bedeutet.**

a) Bei jeder Sache will Lenny *ein Extrasteak gebraten kriegen.*
b) Du darfst nicht so schnell *die Pistole ins Korn werfen.*
c) Wenn uns Maria nicht so unterstützt hätte, dann hätten wir ganz schön *jung ausgesehen.*
d) Unserem Team gelang sehr früh ein Tor, es hatte damit aber schon *seine Munition verschossen.*
e) Über den Vorfall sprechen wir nicht mehr, wir wollen *keine schlafenden Katzen wecken.*

Sprache und Sprachgebrauch

Bildhafte Ausdrucksweise

→ Sprichwörter

Ungewöhnliches Gespräch

A: Du weißt, dass du dich mehr anstrengen musst!

B: Du hast recht: Ohne Fleiß kein Preis.

A: Denke daran: Morgenstund hat Gold im Mund.

B: Ja doch: Der frühe Vogel frisst den Wurm.

A: Genau, aber da liegt bei dir der Hase im Pfeffer!

B: Ich hoffe ja noch immer: Ein blindes Huhn findet auch mal ein Korn.

A: Ich bin optimistisch: Du musst nur wollen, dann wird die nächste Mathearbeit nicht wieder in die Hose gehen.

B: Ich hab's verstanden: Jeder ist seines Glückes Schmied.

A: Na bitte: Einsicht ist der erste Weg zur Besserung.

- *Das ist die eigentliche Ursache.*
- *Jeder ist für sein Glück selbst verantwortlich.*
- *Etwas zu erreichen, braucht eigenes Bemühen.*
- *Das Eingestehen eines Fehlers ist der Anfang dafür, ihn zu beseitigen.*
- *Etwas misslingt, geht daneben.*
- *Wer früh mit der Arbeit beginnt, erreicht viel.*
- *Auch dem Schlechtesten gelingt einmal etwas.*
- *Rechtzeitiger Beginn mit der Arbeit bringt den Erfolg.*

1 Tauscht euch aus, was das Ungewöhnliche an diesem Gespräch ist.

2 Ordnet die Erklärungen rechts den Sprichwörtern richtig zu.

M

Sprichwörter

Ein **Sprichwort** ist ein allgemein bekannter Satz, der eine Lebensweisheit kurz und bündig ausdrückt: *Es ist nicht alles Gold, was glänzt.*

→ Nicht alles, was auf den ersten Blick wertvoll aussieht, ist es auch wirklich.
Der Schein trügt.

3 Schreibe mit einem Partner das Gespräch auf, wie ihr es führen würdet.

A: Du weißt, dass du dich mehr anstrengen musst!
B: Du hast recht. Ich muss fleißiger sein, wenn ich meine Leistungen verbessern will.
A: …

4 Lest euch eure Gespräche gegenseitig vor und vergleicht sie miteinander.

5 Welche Lebensweisheit wird durch welches Sprichwort ausgedrückt? Ordne die Zahlen und Buchstaben einander richtig zu.

a) Wer den Kern essen will, muss die Nuss knacken.
b) Man wird alt wie ein Baum und lernt nie aus.
c) Eine Schwalbe macht noch keinen Sommer.

1) Man hört im Leben nie auf zu lernen.
2) Einen günstigen Einzelfall darf man nicht verallgemeinern.
3) Um ein Ziel zu erreichen, darf man keine Mühe scheuen.

6 Die folgenden Sprichwörter sind etwas durcheinandergeraten.
- Schreibe die Sprichwörter richtig auf.
- Notiere hinter jedes Sprichwort, welche Lebensweisheit es vermittelt.

Viele Köche haben kurze Beine.

Morgenstund lacht am besten.

Wer rastet, gewinnt.

Lügen verderben den Brei.

Wer nicht hören will, hat die Qual.

Ein Unglück gibt nach.

Wer anderen eine Grube gräbt, fällt nicht weit vom Stamm.

Der Klügere kommt selten allein.

Wer wagt, der rostet.

Der Apfel fällt selbst hinein.

Wer zuletzt lacht, hat Gold im Mund.

Wer die Wahl hat, muss fühlen.

7 Sammle ein paar Sprichwörter. Schau in einem Lexikon oder im Internet nach. Frage aber auch deine Eltern oder Großeltern.
- Schreibe die Sprichwörter auf und bringe sie in den Unterricht mit.
- Lest sie euch gegenseitig vor und erklärt, welche Lebensweisheit sie zum Ausdruck bringen.

Zwölf Sprichwörter rund um Angst und Mut

1. Wer nicht wagt, der nicht gewinnt.
2. Wer sich in Gefahr begibt, kommt darin um.
3. Übermut tut selten gut.
4. Vorsicht ist die Mutter der Porzellankiste.
5. Frisch gewagt ist halb gewonnen.
6. Vorsicht ist der bessere Teil des Mutes.
7. Dem Mutigen gehört die Welt.
8. Wenn alle mutig sind, ist das Grund genug, Angst zu haben.
9. Wenn man den Kopf in den Sand steckt, bleibt doch der Hintern zu sehen.
10. Angst ist ein schlechter Ratgeber.
11. Nur wer gegen den Strom schwimmt, kommt zur Quelle.
12. Keine Gefahr ist dem Mut gewachsen.

8 Welche Sprichwörter warnen euch vor zu viel Mut?
- Welche Sprichwörter widersprechen sich direkt?
- Welche Erklärung habt ihr dafür, dass es solch widersprüchliche Ratschläge gibt?

9 Mancher von euch kennt bestimmt einige von den Sprichwörtern. Bei welchen Gelegenheiten habt ihr sie gehört oder sogar selbst verwendet? Erzählt davon.

Gewusst wie:
Arbeits- techniken

Nachschlagen im Wörterbuch
→ Das Nachschlagen im Wörterbuch üben

In der Regel gibt es für jedes Wort eine bestimmte Schreibung, die im DUDEN und in anderen Rechtschreibwörterbüchern festgelegt ist. Ein Wort wie *Facelifting (Schönheitsoperation)* kann man im Deutschen nur so – und nicht anders schreiben. Nahezu alle Wörter, bei deren Schreibung du unsicher bist, findest du in den großen Rechtschreibwörterbüchern. Allerdings ist z. B. das Wort *Facebook* in der 25. Ausgabe des DUDEN noch nicht aufgeführt. Es dauert immer eine Zeit lang, bis ein neues Wort aufgenommen wird.

Wie du das Nachschlagen üben kannst, soll hier an einigen Beispielen gezeigt werden. Zu einem kompetenten Rechtschreiber gehört auch, dass er in einem Wörterbuch ein Wort rasch auffinden kann.

Paralympics – ein schriftliches Referat

Das Interesse an diesem Thema habe ich gewonnen, als ich einen Bein amputierten jungen Mann kennenlernte, der Leistungssport betreibt. Er erzählte mir, dass er gern brustschwimmt und sich auf die Paralympics vorbereitet. Die Meisten, so sagte er mir, glauben, dass so etwas unmöglich sei. Er sei aber durch das ständige Training hochqualifiziert und rechne sich im Hundert-m-Schwimmen durchaus Schangsen aus, nominiert zu werden.

Ich habe mich aus diesem Anlass mit dem Thema näher beschäftigt, das mich im allgemeinen bisher nicht besonders intressiert hat. Dann sah ich mir zum erstenmal eine Übertragung im Fernsehen an und war begeistert von den unglaublichen Leistungen der Sportler.

Der Gründer der Paralympics war der Englische Arzt Guttmann. Er arbeitete mit schwerverletzten Soldaten nach dem zweiten Weltkrieg. Seit 1992 finden alle vier Jahre immer im Gastgeberland der olympischen Spiele die Wettkämpfe der Paralympics statt. Es geht bei ihnen um absoluten Hochleistungs-Sport. Der steht durchaus nicht im Wiederspruch zu einer Behinderung; und die Paralympics haben nicht das mindeste mit bloßen Freizeitspielen zu tun. Die Sportler versuchen dort, wie alle Atlethen, ihre hoch gesteckten Ziele zu erreichen, zu denen eine absolut professionelle Vorbereitung notwendig ist. ...

1 Im ersten Absatz des Textes sind sechs Stellen unterstrichen.
- Überprüfe die Wörter, indem du dich im Wörterverzeichnis auf Seite 294 informierst, wie sie geschrieben werden. Korrigiere sie, wenn etwas daran falsch ist.
- Außerdem befindet sich im Text ein weiterer, nicht unterstrichener Fehler. Entnimm die richtige Schreibung dem DUDEN.

Achtung: Beachte unten die Hinweise zu den Informationen im DUDEN! Manche Wörter können auf zweierlei Weise geschrieben werden!

2 Im zweiten Absatz sind zwei Fehler unterstrichen. Schau im Wörterverzeichnis auf Seite 294 nach, wie diese Wörter geschrieben werden. Darüber hinaus ist noch ein weiterer Fehler vorhanden. Finde und korrigiere ihn. Nutze bei Bedarf den DUDEN.

3 **Im letzten Absatz sind sechs Wörter unterstrichen, deren Schreibung du dem Wörterverzeichnis auf Seite 294 entnehmen kannst. Außerdem befinden sich aber in dem Text noch vier weitere Fehler. Schau im DUDEN nach, wie die Wörter richtig geschrieben werden.**
Achtung: Manche Wörter können auf zweierlei Weise geschrieben werden!

Hinweise zu den Informationen im DUDEN

Im „DUDEN – Die deutsche Rechtschreibung“ gibt es für alle Wörter und Wortfügungen Hinweise, wie sie zu schreiben sind. Solche Wörter sind schwarz gedruckt:

meis|ten|teils, min|des|tens

In blauen Regelkästen werden Beispiele für die Schreibung aufgeführt:

meis|te

Im Allgemeinen wird »meiste« kleingeschrieben:

– die meiste Zeit, das meiste Geld, die meisten Menschen ...

Wenn ein Wort gelb markiert und ein anderes mit der Abkürzung od. (= oder) hinzugefügt ist, dann wird darauf hingewiesen, dass der DUDEN die gelb markierte Schreibung bevorzugt, die andere aber nicht verbietet:

die meisten *od.* Meisten glauben, ...

Immer wenn zwei Schreibungen angegeben sind, bedeutet dies für den Schreibenden: Er kann sich für eine von beiden selbst entscheiden. Als richtig gilt stets beides:

• vom DUDEN bevorzugt:	Pappplakat	Liveshow	Cousine	...
• aber auch möglich:	Papp-Plakat	Live-Show	Kusine	...

4 Schreibe die ersten beiden Absätze des Textes über die Paralympics auf. Wenn es zu Wörtern zwei verschiedene Schreibungen gibt, dann entscheide dich für diejenige, die du für besser hältst.

5 **Schreibe den gesamten Text über die Paralympics auf. Wenn es zu Wörtern zwei verschiedene Schreibungen gibt, dann entscheide dich für diejenige, die du für besser hältst.**

Wörterverzeichnis

allgemein, im Allgemeinen, allgemein verständlich *od.* allgemeinverständlich

beinamputiert; der Beinamputierte

brustschwimmen, Brust schwimmen; *aber nur:* er schwimmt Brust, das Brustschwimmen

deutsch: *Das Adjektiv wird kleingeschrieben:* deutsche Meisterin, deutsche Sprache; *Kleinschreibung gilt auch in Verbindung mit Verben:* er spricht deutsch; *großgeschrieben wird das Adjektiv, wenn es im Sinne von „deutsche Sprache" verwendet wird:* etwas auf Deutsch sagen, der Brief ist in Deutsch abgefasst

englisch: *siehe* deutsch

hoch: hoch qualifiziert, hochqualifiziert; hochgesteckt, hochgesteckte Ziele

hundert: Hundertmeterlauf, Hundert-Meter-Lauf, 100-Meter-Lauf, 100-m-Lauf

kennen lernen *od.* kennenlernen

Mal/mal: *Großschreibung:* jedes Mal, dieses Mal, zum ersten Mal, beim zweiten Mal, letztes Mal, viele Male; *Klein- und Zusammenschreibung:* diesmal, keinmal, auf einmal; *Getrennt- oder Zusammenschreibung:* tausendmal *od.* tausend Mal, ein paarmal *od.* ein paar Mal

die meisten *od.* Meisten; das meiste *od.* Meiste

mindeste: nicht das Mindeste *od.* mindeste, nicht im Mindesten *od.* mindesten

olympisch: *Kleinschreibung:* das olympische Dorf, das olympische Feuer; *Großschreibung in Namen:* die Olympischen Spiele, das Internationale Olympische Komitee

schwer: schwer krank *od.* schwerkrank; schwer verletzt *od.* schwerverletzt, die Schwerverletzten *od.* schwer Verletzten

zweite: *Kleinschreibung:* der zweite Stock, die zweite Geige spielen; *Großschreibung in Namen:* das Zweite Programm, die Zweite Bundesliga, der Zweite Weltkrieg, das Zweite *od.* zweite Gesicht

6 Schreibe die folgenden Sätze richtig auf. Was in ihnen falsch ist – und ob überhaupt in jedem Satz etwas falsch ist –, musst du selbst herausfinden. Verwende den DUDEN zur Überprüfung. Wenn es zwei verschiedene Schreibungen gibt, entscheide dich für eine!

a) Durch die Paralympics werden Behinderte in unserer Gesellschaft auf neue Weise wahr genommen.
b) Die Deutschen Sportlerinnen und Sportler gehören zur Weltspitze bei den Paralympics.
c) Um den Grad der Behinderung im großen und ganzen angemessen zu berücksichtigen, gibt es verschiedene Startklassen.
d) Die unterschiedlichen Handycaps werden nach einem Punktesystem berechnet.
e) Heute werden auch die wichtigsten Disziplinen der Paralympics im ersten und zweiten Programm des Fernsehens übertragen.
f) Deutsche Sportlerinnen und Sportler haben schon viele male Goldmedallen gewonnen.

Gutes und richtiges Deutsch

→ Zweifelsfälle der Sprache

Am ersten Samstag im August sind wir auf der Insel angekommen. Leider konnten wir uns am Strand kaum aufhalten. In der zweiten Woche war das Wetter noch schlechter wie in der ersten. Wir mussten wegen dem Regen viel im Haus bleiben. Der einzigste Tag, wo wir baden konnten, war der Freitag. Ich fand das Wetter aber nicht so schlimm, weil wir konnten dann zum Shoppen gehen, und zwar in's große Inselkaufhaus.

Ich habe mir dort zum Beispiel das gleiche Halstuch gekauft, das meine Cousine Olivia hat. Ich habe es gar nicht glauben gekonnt, dass ich so etwas Schönes noch finden würde. Doch leider ist es vom Regen schon bald nass geworden. Ich habe es zum Trocknen auf die Leine unter unserem Vordach gehangen. Die Nässe hat ihm zum Glück nicht geschadet.

Am nächsten Tag habe ich mir noch ein paar pinke Turnschuhe gekauft. Die fand ich so schön, dass ich sie mir gleich gekauft habe. Und natürlich brauchten wir Regenjacken, da wir schon öfters pitschnass geworden waren. Danach konnte uns das Wetter kaum noch etwas anhaben. Wir hatten uns schon fast daran gewohnt. Die Leute sagen hier den Spruch: „Nehme es, wie es kommt! Es gibt kein schlechtes Wetter, sondern nur schlechte Kleidung." Aber wenn es vierzehn Tage lang regnet, dann kann man diesen Spruch wirklich nicht mehr hören.

Wenn du einen Text überarbeiten möchtest, musst du nicht nur auf Rechtschreibfehler und Fehler in der Zeichensetzung achten, sondern auch auf Ausdrucksfehler und grammatische Fehler.
Manchmal zweifelst du selbst, ob etwas richtig oder falsch ist. Dann hilft es oft schon, einen anderen zu fragen. Manchmal musst du aber selbst entscheiden; dann hilft dir das Wörterbuch, in dem du nachschlagen kannst.

1 In diesem Text sind einige grammatische Fehler und Ausdrucksfehler enthalten, die ihr verbessern sollt. Im ersten Absatz sind sechs mögliche Fehler bereits unterstrichen. Schau in den Hinweisen auf den nächsten Seiten nach, ob die unterstrichenen Stellen falsch sind – und wie du sie berichtigen musst:
schlechter wie → Nr. 13: schlechter als;
wegen dem Regen → …

2 Im zweiten Absatz sind zwei Stellen nicht korrekt. Gehe auf die Suche nach ihnen und vergleiche mit den Hinweisen in den Kästen. Berichtige die Stellen.

3 **Im dritten Absatz gibt es eine Reihe weiterer Fehler und Unkorrektheiten. Suche sie heraus, vergleiche mit den Hinweisen in den Kästen und berichtige sie.**

4 **Schreibe die ersten beiden Absätze in überarbeiteter Fassung auf.**

5 **Schreibe den gesamten Text in überarbeiteter Fassung auf.**

Gewusst wie: Arbeitstechniken

Hinweise, wie sie ähnlich im „DUDEN – Richtiges und gutes Deutsch“ stehen:

1. Apostroph: *geht´s – ins:*
Der Apostroph steht in der Regel bei Wegfall eines einzelnen Buchstabens: *Mir geht's gut.* Bei der Verschmelzung eines Wortes mit *das (in das Kino, auf das Sofa)* steht kein Apostroph: *ins Kino, aufs Sofa.*

2. Befehlsform – Imperativ: *Lies! Gib! Nimm! ...:*
Der Imperativ wird heute bei den meisten Verben ohne die Endung -e verwendet: *Wasch deine Hände!* Bei den Verben mit -d oder -t am Ende steht das Endungs-e: *Binde dir die Schuhe zu.* Viele unregelmäßige Verben bilden den Imperativ mit i/ie: *Lies! Wirf! Iss! Sprich! Nimm! Erschrick nicht!* Formen wie *Lese! Werfe! Esse! Spreche! Nehme!* sind standardsprachlich nicht korrekt.

3. *dasselbe ... – das gleiche ...:*
Beide Formen drücken aus, dass zwei Dinge selbst oder in ihrer Art miteinander gleich oder identisch sind. Eine strenge Unterscheidung ist (außer in der Fachsprache) nicht nötig. Sobald aber Missverständnisse möglich sind, sollte man unterscheiden: *Vater und Mutter fahren denselben Wagen* (sie haben nur einen Wagen). *Sie fahren den gleichen Wagen* (sie fahren zwei Wagen desselben Typs).

4. *einzig:*
Einzig bedeutet, dass etwas nur einmal vorkommt. Deswegen macht es keinen Sinn, dieses Wort zu steigern. *Die einzigste Möglichkeit* gilt als umgangssprachlich und ist standardsprachlich nicht korrekt.

5. Farbadjektive: *lila – beige – pink:*
Einige Farbadjektive werden anders flektiert als normale Adjektive. Normale Flexion: *ein violett-es Kleid.* Aber ohne Flexionsendung: *ein lila Kleid.* Bei *beige* und *pink* gelten nebeneinander: *ein beigefarbenes/beiges Kleid; ein pinkfarbenes/pinkes Kleid.* Die Bildungen *pinkenes/beigenes Kleid* gelten als umgangssprachlich.

6. *gewöhnt/gewohnt:*
Man verbindet *gewöhnt* in der Regel mit der Präposition *an: Die Kinder sind (haben sich) an das Zähneputzen gewöhnt.* Hingegen verbindet man *gewohnt* in der Regel mit einem Infinitiv mit *zu* oder dem reinen Akkusativ: *Die Kinder sind gewohnt, sich die Zähne zu putzen. – Sie sind das Zähneputzen gewohnt.* Nicht korrekt ist einerseits: *Sie sind (haben sich) an das Zähneputzen gewohnt.* – Nicht korrekt ist andererseits: *Sie sind gewöhnt, die Zähne zu putzen.*

7. *hängen:*
Das Verb *hängen* hat zwei Formen: *hängen, hing, gehangen; hängen, hängte, gehängt.* Ohne Akkusativ-Objekt heißt es: *Die Wäsche hing auf der Leine – hat auf der Leine gehangen.* Mit Akkusativ-Objekt: *Sie hängte die Wäsche auf die Leine – hat die Wäsche auf die Leine gehängt.* Formen wie *Sie hing die Wäsche auf die Leine* oder *Ich habe die Wäsche aufgehangen* sind falsch.

8. *können – gekonnt:*
Wird das Wort *können* als Vollverb gebraucht, so lautet das Perfekt: *Ich habe das nicht gekonnt.* Steht das Modalverb mit einem anderen Verb, so lautet das Perfekt: *Ich habe das nicht tun können.*

9. *oft/öfter:*
Der Komparativ von *oft* lautet *öfter*. Nicht korrekt sind die Bildungen *öfterst/öfters*, die in der Umgangssprache häufig vorkommen.

10. *paar/Paar:*
Sind mehrere Dinge gemeint, so heißt es: *ein paar Leute, ein paar Cents, in ein paar Tagen ...* Sind zwei zusammengehörige Dinge gemeint, heißt es: *ein glückliches Paar, sich zu Paaren aufstellen, ein Paar Schuhe ...*

11. *wegen:*
Nach der Präposition *wegen* steht in der Standardsprache der Genitiv: *wegen des Unfalls.* In Regional- und Umgangssprache kommt häufig der Dativ vor: *wegen dem Hund.* Das gilt schriftsprachlich als nicht korrekt.

12. *weil:*
Mit der Konjunktion *weil* werden Nebensätze eingeleitet, in denen das Verb am Satzende steht: *Er konnte am Spiel nicht teilnehmen, weil er wegen Krankheit verhindert war.* In der gesprochenen Sprache nimmt jedoch der Gebrauch von *weil* mit dem Verb an Hauptsatzstelle zu: *Er konnte am Spiel nicht teilnehmen, weil – er war wegen Krankheit verhindert.* Dieser Gebrauch sollte in der Schriftsprache vermieden werden. Hier steht die Konjunktion *denn* zur Verfügung: *Er konnte am Spiel nicht teilnehmen, denn er war wegen Krankheit verhindert.*

13. *wie/als:*
Die Grundform des Adjektivs steht mit dem Vergleichswort *wie: Sie ist so alt wie ich.* Der Komparativ steht mit *als: Sie ist älter als ich.* Auch: *anders als ich.* In einigen Verbindungen gelten *als* und *wie* beide als korrekt: *so bald wie (als) möglich – so wenig wie (als) möglich – doppelt so alt wie (als) ich.* Vergleiche wie *älter als wie ich – älter wie ich* sind unkorrekt. Verbindungen wie *so schnell als möglich* sind umgangssprachlich.

14. *wo:*
Das Wort *wo* gibt in der Regel etwas Räumliches an: *Die Stelle, wo er sie fand.* Das Wort kann aber auch etwas Zeitliches angeben: *In dem Augenblick, wo er sie sah.* In manchen Gegenden wird das Wort *wo* mit Dingen und Namen in Beziehung gebracht: *Der Mann, wo auf der Bank saß.* In der korrekten Standardsprache heißt es: *Der Mann, der auf der Bank saß.*

6 Lest euch die folgenden Sätze vor. Berichtigt sie dann, wenn nötig. Zieht dabei die Regeln in den Kästen zurate.

a) Sprech aus, was dich ärgert! Nehme kein Blatt vor den Mund!
b) In dem Moment, wo sie ihn sah, wusste sie: Das ist der Mann, wo mir mein Geld gestohlen hat.
c) Sie hatte zu dem Diebstahl keinerlei Hinweise geben gekonnt.
d) Er verstand den Text nicht, weil er war viel zu kompliziert formuliert.
e) Als sie zurückkam, hängte der Mantel noch an dem Haken, an den sie ihn gehangen hatte.
f) Wegen dem Umweg und dem anschließenden Stau kam sie zu spät.
g) Es war ihr einzigster Wunsch, ein eigenes Pferd zu besitzen.
h) Mutter und Vater fahren dasselbe Auto – Mutter fährt um acht ins Büro, Vater zu seiner Baustelle.

Gewusst wie: Arbeitstechniken

Bewerbung um ein Praktikum

→ Offizielles Anschreiben – Lebenslauf

1 Auf der gegenüberliegenden Seite findet ihr ein Anschreiben für die Bewerbung um einen Praktikumsplatz. Lest euch den Brief aufmerksam durch.

2 Bei offiziellen Briefen wie diesem Anschreiben hält man bestimmte Formen ein.[1]
- Schaut euch das Anschreiben daraufhin genau an.
- Erklärt euch die Hinweise in den Randbemerkungen in eigenen Worten.

3 Bringt folgende Teile des Anschreibens in die richtige Reihenfolge von oben nach unten:
Unterschrift, Betreffzeile, Anrede, Gruß, Adresse des Empfängers, Brieftext, Anlagen, Adresse des Absenders, Datum

4 Stellt Überlegungen an, warum man solche Formvorschriften eingeführt hat. Nennt die praktischen Vorteile.

5 **Welche Aussagen über den Inhalt des Brieftextes treffen zu?**

a) Felix bewirbt sich um einen Praktikumsplatz im Beruf Gestalter für visuelles Marketing.
b) Er möchte ein vierwöchiges Ferienpraktikum absolvieren.
c) Er nennt die genauen Termine für das Praktikum.
d) Er erinnert daran, dass er deswegen schon angerufen hat.
e) Er erzählt von seinen Hobbys.
f) Er begründet seinen Wunsch nach einem Praktikumsplatz im Kaufhaus.
g) Er interessiert sich vor allem für die Arbeit in der Buchhaltung.
h) Er hat sich vorab im BIZ (Berufsinformationszentrum) informiert.
i) Er möchte den Berufsalltag in der Theorie kennen lernen.
j) Er bekundet abschließend, dass er sich über eine Zusage freuen würde.

6 **Der Brieftext ist durch Leerzeilen in vier Abschnitte gegliedert. Ordnet ihnen die folgenden Zwischenüberschriften zu. Manchmal passen mehrere. Notiert: Erster Abschnitt: a), e) ... Zweiter Abschnitt: ...**

a) Bezug auf einen vorherigen Kontakt nehmen
b) Motivation und Interesse für einen bestimmten Beruf zeigen
c) Um einen Praktikumsplatz bitten
d) Angaben zur Person und Schule machen
e) Informationen zur schulischen Organisation des Praktikums geben
f) Freude über eine mögliche Zusage äußern

[1] Die Form des Anschreibens und des Lebenslaufes basiert auf den Vorgaben der Bundesanstalt für Arbeit, Stand 11 / 2011.

linker Rand: 2,5 cm | oberer Rand : vier Leerzeilen | rechter Rand: 2 cm

Die Punkte stehen für Leerzeilen.

●
●
●
●

Felix Kramer
Elsterwerdaer Straße 12
01239 Dresden
Tel.: 0351 5678910
E-Mail: f.kramer@e-mail.de

Anschrift des Absenders rechtsbündig ausrichten

●
●
●
●

Anschrift des Empfängers linksbündig ausrichten

Kaufhaus am Schlosspark
Personalabteilung
Susanne Maier
Am Schlosspark 34
01239 Dresden

●
●
●
●

29. Januar 2013

Datum rechtsbündig ausrichten, Monatsnamen als Wort schreiben

●
●

Betreffzeile
- fett formatieren
- linksbündig ausrichten (gilt für alle weiteren Teile des Anschreibens)

Bewerbung um einen Schüler-Praktikumsplatz im Beruf Gestalter/-in für visuelles Marketing

●
●

Anrede
- Komma setzen
- klein weiterschreiben

Sehr geehrte Frau Maier,

●

wie ich Ihnen bereits am Telefon sagte, führt meine Schule vom 06. bis 17. Mai ein Betriebspraktikum durch. Dieses Praktikum würde ich gern in Ihrer Firma absolvieren.

●

Ich bin 14 Jahre alt und gehe in die Klasse 8c der Mittelschule Cossebaude.
Mein Klassenlehrer Herr Peter Franke wird das Praktikum betreuen.

●

Brieftext
- in vier Abschnitte gliedern

Die Arbeit in einem Kaufhaus finde ich sehr spannend. Besonders interessieren mich die Arbeitsabläufe in der Dekorationsabteilung. Deshalb habe ich mich bereits im Internet über den Beruf eines Gestalters für visuelles Marketing informiert. Nun möchte ich gern erfahren, wie die Praxis aussieht.

●

Ich würde mich sehr freuen, wenn Sie mir das ermöglichen könnten.

●

Gruß

Freundliche Grüße

●

Unterschrift
- in blauer oder schwarzer Tinte

Felix Kramer

●

Anlagen
- Überschrift fett formatieren
- alles linksbündig ausrichten

Anlagen
Lebenslauf mit Foto
letztes Schulzeugnis
Schulbescheinigung

●
●
●
●

unterer Rand: mindestens vier Leerzeilen

Gewusst wie: Arbeitstechniken

7 Bei förmlichen Briefen ist nicht nur die Form „offiziell", sondern auch der Sprachstil. Kennt man z. B. den Namen des Ansprechpartners oder der Ansprechpartnerin nicht, darf man nicht einfach ***Hi Leute*** schreiben, sondern korrekt heißt es dann ***Sehr geehrte Damen und Herren.***
Begründet, welche der folgenden Anreden und Grüße **nicht** zum offiziellen Stil eines Anschreibens passen.

a) Hallo, Herr Müller, ...
b) Guten Tag, sehr geehrte Frau Müller, ...
c) Sehr geehrter Herr Dr. Müller, ...
d) Liebe Frau Müller, ...
e) Sehr geehrte Frau Dr. Marianne Müller, ...
f) Mit freundlichen Grüßen
Martin Meier
g) Liebe Grüße
von Kati
h) Freundliche Grüße
Katharina Meier
i) Herzliche Grüße
Ihr Martin Meier
j) Tschüss
Eure Kati Meier
k) Einen schönen Tag
wünscht der Martin.

M

Bewerbung: Das Anschreiben

Das Anschreiben ist nicht länger als eine **DIN-A4-Seite**. Es wird mit einem Textverarbeitungsprogramm am Computer geschrieben und dann fehlerfrei auf weißem DIN-A4-Papier ausgedruckt. Man darf es aber auch sauber mit der Hand schreiben. Nachträgliche Korrekturen sind allerdings nicht erlaubt.

Das Anschreiben ist ein **offizieller Brief**. Deshalb werden beim Schreiben bestimmte **Formen** eingehalten.

Man wählt Schriftart Times New Roman (Schriftgröße: 12) oder Arial (Schriftgröße: 11).

Die Seitenränder richtet man folgendermaßen ein: 2,5 cm links, 2 cm rechts; oben und unten lässt man jeweils vier Zeilen leer.

Der **Briefkopf** besteht aus Absender- und Empfängeradresse, dem aktuellen Datum und der Betreffzeile.

Auf die höfliche Anrede folgt der eigentliche **Brieftext**, in dem die Bewerbung dargestellt wird. Der Brieftext sollte nicht mehr als zehn Zeilen umfassen und übersichtlich in Abschnitte gegliedert sein.
Dann verabschiedet man sich freundlich und unterschreibt handschriftlich.

Ganz zum Schluss wird unter **Anlagen** alles aufgelistet, was man dem Anschreiben hinzufügen, also „anlegen" will, – also der Lebenslauf mit Foto, eine Kopie des letzten Schulzeugnisses und Bescheinigungen, die für das Praktikum wichtig sind.

8 Schaut euch den Lebenslauf auf der nächsten Seite aufmerksam an.
- Wie ist er aufgebaut?
- Über welche Bereiche des Lebens gibt er Auskunft?
- Wie sind die Daten geordnet?
- Besprecht die Hinweise in den Randbemerkungen.

linker Rand: 2,5 cm

Punkte stehen für Leerzeilen

oberer Rand: vier Leerzeilen
rechter Rand: 2 cm

Überschrift, Zwischenüberschriften fett formatieren
Tabulator ausrichten

Lebenslauf

Bewerbungsfoto einscannen oder aufkleben

Überschriften, Stichwörter, Angaben – alles in zwei Spalten linksbündig ausrichten

Angaben zur Person

Name:	Felix Kramer
Anschrift:	Elsterwerdaer Straße 12 01239 Dresden Tel.: 0351 5678910 E-Mail: f.kramer@e-mail.de
Geburtstag:	28.11.1998
Eltern:	Cornelia Hansen Peter Kramer
Hobbys:	Tischtennis, Keyboard, Zeichnen

Doppelpunkte direkt hinter die Stichwörter setzen

Erfahrungen mit der Berufswelt

seit Herbst 2012	gelegentliches Babysitten
seit 01.06.2012	Austragen von Zeitungen

Schulbildung

Schulabschluss:	Realschulabschluss im Sommer 2015
01.09.2009 – 31.08.2015	Mittelschule Cossebaude
01.09.2005 – 31.08.2009	Grundschule Cossebaude

Persönliche Fähigkeiten und Kompetenzen

Computerkenntnisse:	Grundkenntnisse MS Word und MS Excel
Sprachkenntnisse:	Grundkenntnisse Englisch
Persönliche Stärken:	Zuverlässigkeit, Teamfähigkeit, Belastbarkeit, Kommunikationsfähigkeit, Organisationsfähigkeit

derselbe Ort wie in der Anschrift
dasselbe Datum wie im Anschreiben

Dresden, 29. Januar 2013

Felix Kramer

Unterschrift mit blauer oder schwarzer Tinte – wie im Anschreiben

unterer Rand: mindestens vier Leerzeilen

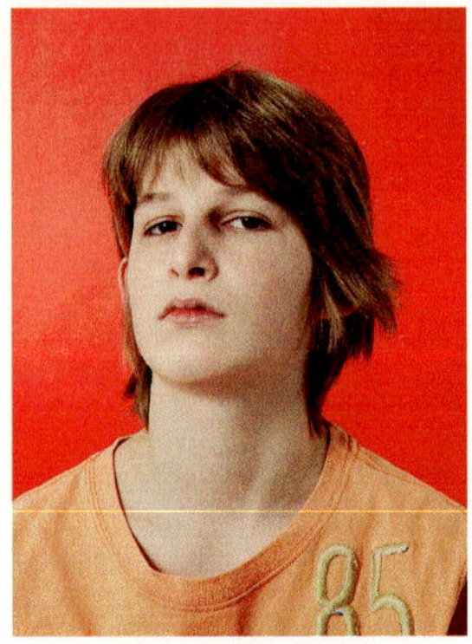

M

Bewerbung: Der Lebenslauf

Der Lebenslauf ist ein wichtiger Bestandteil der schriftlichen Bewerbung und gehört zu den **Anlagen** des Bewerbungsschreibens. Knapp und übersichtlich wird er in **tabellarischer Form** dargestellt.

Es gibt vier Teilabschnitte:

- **Angaben zur Person:** Alle Informationen zur Familie sind freiwillig, Angaben zu Hobbys sagen etwas über die Persönlichkeit aus.
- **Berufserfahrung:** Erfahrungen mit der Berufswelt nennen, z. B. ein Ehrenamt oder ein bereits absolviertes Praktikum.
- **Schulbildung:** Mit dem voraussichtlichen Schulabschluss beginnen, dann zeitlich zurückgehen bis zur Grundschulzeit.
- **Persönliche Fähigkeiten und Kompetenzen:** Eigene Stärken herausstellen.

Der Lebenslauf ist **kein Brief,** deshalb enthält er auch keinerlei Anrede- oder Grußformeln. Mit der **Unterschrift** versichert man, dass die Angaben im Lebenslauf der Wahrheit entsprechen und aktuell sind.

9 Welches dieser Fotos würdet ihr in einen Lebenslauf einkleben oder einscannen, welches eher nicht? Begründet eure Wahl.

10 In manchen Lebensläufen findet man noch weitere Stichwörter und Angaben, z. B. *Geburtsort, Lieblingsfächer, Staatsangehörigkeit, Religionszugehörigkeit, Berufe der Eltern, Geburtsname von Mutter oder Vater, eigener Berufswunsch.*

- In welche Teilabschnitte könnte man diese Punkte in den Lebenslauf auf Seite 299 aufnehmen? 299
- Besprecht, unter welchen Bedingungen ihr die eine oder andere Angabe für wichtig erachten und deshalb in euren Lebenslauf aufnehmen würdet.
- Manchmal weiß man vielleicht nicht genau, was man schreiben soll. Was macht man z. B. mit dem Teilabschnitt *Erfahrungen mit der Berufswelt,* wenn man dazu nichts aufzuweisen hat? Macht man dann einen Strich oder lässt man den Teilabschnitt ganz weg? Wie würdet ihr euch entscheiden?

Bewerbung um ein Praktikum

→ Ein offizielles Anschreiben überarbeiten

Anschrift des Absenders rechtsbündig ausrichten.

Melisa Langner
An der Feuerwehr 11
09224 Chemnitz
Tel.: 0371 5678910
E-Mail: melisa.langner@e-mail.de

Eine Angabe gehört nicht hierher – weglassen.

Gärtnerei Lehmann
Renate Müller-Lehmann
Gartenstraße 12
09224 Chemnitz
Tel.: 0371 7654321

Datum rechtsbündig ausrichten. Monatsnamen als Wort schreiben.

12.01.2013

Betreffzeile korrigieren.

Bewerbung als Gärtnerin / Fachrichtung Landschafts- und Gartenbau

Nicht so vertraulich! Andere Anrede wählen.

Liebe Frau Müller-Lehmann,

Anredepronomen großschreiben.

gern würde ich in ihrem Gartenbaubetrieb ein Schülerpraktikum absolvieren. Wie ich ihnen bereits telefonisch mitgeteilt habe, handelt es sich um ein einwöchiges Praktikum, das vom 06. bis zum 17. Mai 2013 stattfindet.

Hier etwas weglassen.

Ich bin 15 Jahre alt und besuche die Klasse 8b der Baumgarten-Mittelschule in Chemnitz. Meine Klassenlehrerin Frau Karin Vogel, die ich total nett finde, begleitet das Praktikum.

Dieser Satz ist viel zu lang. Daraus mindestens drei kürzere Sätze bilden. Das eine oder andere *und* weglassen.

Wir haben zu Hause einen großen Garten, in dem ich oft arbeite, und der Umgang mit den Pflanzen und die Arbeit draußen an der frischen Luft, auch bei Wind und Wetter, liegen mir und machen mir Spaß, und da ich mir sehr gut vorstellen kann, nach der Schule eine Ausbildung als Gärtnerin zu machen, habe ich mich auch schon im BIZ über die Fachrichtung Landschafts- und Gartenbau informiert.

Keine Jugendsprache, keine Smileys! Eine andere Formulierung finden.

Wenn Sie einen Praktikumsplatz für mich bereitstellen könnten, wäre das einfach super.☺

Mit freundlichen Grüßen

Falsche Farbe! Schwarz oder Blau wählen.

Melisa Langner

Hier fehlt etwas. Genaue Angaben ergänzen!

Anlagen

1 Hier ist die Rohfassung eines Anschreibens. Sie enthält noch Fehler und Ungenauigkeiten.

- Überarbeite das Anschreiben und korrigiere es. Beachte dabei die Hinweise am Rand.
- Tipp den Brief entweder am Computer ab oder schreibe ihn sauber mit der Hand auf ein DIN-A4-Blatt. Dann solltest du ein Linienblatt benutzen.

Gewusst wie: Arbeitstechniken

Bewerbung um ein Praktikum

→ Bausteine eines Lebenslaufes tabellarisch ordnen

1 Ordne die folgenden Bausteine eines tabellarischen Lebenslaufs richtig an.
Aber Achtung! Ein Baustein gehört nicht in den Lebenslauf. Lass ihn weg.
Tipp den Lebenslauf am Computer ab.
Oder schreibe ihn mit der Hand sauber auf ein DIN-A4-Blatt.

2 **Denke dir aus, welche sinnvollen Angaben unter dem Teilabschnitt *Erfahrungen mit der Berufswelt* gemacht werden könnten. Füge diese passend in den Lebenslauf ein.**

Lebenslauf

Angaben zur Person

Geburtsort: Chemnitz

Name: Melisa Langner

Hobbys: Tanzen, Leichtathletik, Lesen

Geburtstag: 05.01.1998

Eltern: Lara Langner, geb. Juhnke
Torsten Langner

Anschrift: An der Feuerwehr 11
09224 Chemnitz

Schulbildung

01.09.2005– 31.08.2009 Grundschule Mittelbach

01.09.2009 – 31.08.2015 Baumgarten-Mittelschule

Schulabschluss: Realschulabschluss im Sommer 2015

Persönliche Fähigkeiten und Kompetenzen

Sprachkenntnisse:
Grundkenntnisse Spanisch,
fließend Englisch

Computerkenntnisse:
Grundkenntnisse MS Word
und MS PowerPoint

Persönliche Stärken:
Teamfähigkeit, Kommunikationsfähigkeit,
Ausdauer, körperliche Fitness

Herzliche Grüße

Melisa Langner

Chemnitz, 12. Januar 2013

Bewerbung um ein Praktikum

→ Eine Bewerbung für einen Praktikumsplatz schreiben

1 Auf den Internetseiten vieler Unternehmen findet ihr Angebote und Hinweise für Schülerpraktika. Sie können so ähnlich aussehen wie das „Angebot" hier rechts. Lest die Anzeige genau.

2 Sprecht über die Branche und die Berufe, in denen hier Praktikumsplätze angeboten werden.

3 Erste Informationen zu den drei Berufen findet ihr unten. Recherchiert im Internet nach genaueren Informationen, z. B. unter: www.berufenet.arbeitsagentur.de

4 Suche dir nun einen Beruf aus und bewirb dich um einen Praktikumsplatz.
- Beachte dabei die Vorgaben aus der Anzeige.
- Nutze den Merkkasten auf Seite 298 als Hilfe während des Schreibens und zur anschließenden Kontrolle.

298

Perspektiven schaffen mit interessanten Praktika

Möbella Einrichtungshäuser bieten interessierten Schülern/-innen die Möglichkeit, die spannende Welt unserer jungen frechen Einrichtungshäuser kennen zu lernen.

Wir bieten Einblicke in folgende Ausbildungsberufe:

- **Kauffrau/Kaufmann im Einzelhandel**
- **Fachkraft für Möbel-, Küchen- und Umzugsservice**
- **Fachlagerist/in**

Sind Sie interessiert? Dann richten Sie Ihre schriftliche Bewerbung mit Lebenslauf auf dem Postweg an unsere Personalabteilung.

Möbella Einrichtungshäuser
Personalabteilung, Jürgen Richter
Kieler Straße 65
04357 Leipzig

Kurzinfos zu den Berufen

Kaufleute im Einzelhandel beraten Kunden und verkaufen ihnen Waren aller Art. Hauptsächlich arbeiten Kaufleute im Einzelhandel in Einzelhandelsgeschäften verschiedener Wirtschaftsbereiche: vom Modehaus über den Supermarkt bis zum Gemüseladen. Auch im Versand- und Internethandel oder in großen Tankstellen mit gemischtem Warenangebot sind sie beschäftigt.

Fachkräfte für Möbel-, Küchen- und Umzugsservice liefern, montieren und bearbeiten Küchen- sowie Möbelteile und installieren elektrische Einrichtungen und Geräte. Hauptsächlich arbeiten Fachkräfte für Möbel-, Küchen- und Umzugsservice in Unternehmen des Küchen- und Möbelhandels sowie in Umzugsfirmen und Möbelspeditionen. Darüber hinaus sind sie in Betrieben der Möbelherstellung tätig.

Fachlageristen und -lageristinnen nehmen Waren an und lagern diese sachgerecht. Sie stellen Lieferungen für den Versand zusammen bzw. leiten Güter an die entsprechenden Stellen im Betrieb weiter. Hauptsächlich arbeiten Fachlageristen und Fachlageristinnen bei Speditionsbetrieben und anderen Logistikdienstleistern. Darüber hinaus können sie in Industrie- und Handelsunternehmen unterschiedlichster Wirtschaftsbereiche tätig sein.

Gewusst wie: Arbeitstechniken

Bewerbung um ein Praktikum

→ Tipps und Checkliste für eine Bewerbung nutzen

Was du alles brauchst:

- weißes DIN-A4-Papier
- Klarsichthülle
- Bewerbungsfoto
- Fotokopien vom letzten Schulzeugnis, von Bescheinigungen ...
- einen großen Briefumschlag (Blätter nicht knicken!)
- ausreichend Briefmarken

So solltest du schreiben!

- Schreibe am Computer und wähle sachliche Schriftarten wie Times New Roman (Schriftgröße 12) oder Arial (Schriftgröße 11).
- Formatiere nicht *kursiv*, unterstreiche nicht.
- Formatiere nichts **fett** (außer der **Betreffzeile** und dem Wort **Anlagen** im Anschreiben und den Überschriften im Lebenslauf).
- Speichere für eine spätere Überarbeitung alles auf Festplatte und / oder USB-Stick.
- Auch handschriftliche Bewerbungen sind möglich. Schreibe sie sauber mit Füller und verwende unbedingt ein Linienblatt.
- Nachträgliche Korrekturen machen in jedem Fall keinen guten Eindruck.

Und ganz zum Schluss – alles gründlich kontrollieren!

Nimm dir dafür ausreichend Zeit und bitte andere (Eltern, Lehrer, Freunde oder ältere Geschwister) um Rat und Hilfe.
Nutze auch die folgende Checkliste zur Kontrolle.

CHECKLISTE

✓ Ich habe die Formvorschriften eingehalten (korrekte Seitenränder, Leerzeilen, Formatierungen ...).
✓ Die Adresse des Empfängers und meine Anschrift sind vollständig und korrekt.
✓ Das Datum ist aktuell und stimmt in Anschreiben und Lebenslauf überein.
✓ Die Betreffzeile ist vollständig und korrekt.
✓ Ich habe meinen Ansprechpartner korrekt angesprochen.
✓ Ich habe den Brieftext verständlich und flüssig formuliert.
Im Brieftext habe ich geschrieben, ...
✓ ... um welchen Praktikumsplatz ich mich bewerbe.
✓ ... wann das Praktikum genau stattfinden soll.
✓ ... woher ich von dem Praktikumsplatz weiß / worauf ich mich beziehe.
✓ ... wie alt ich bin, welche Klasse / Schule ich besuche.
✓ ... warum ich mich für diesen Beruf / Betrieb interessiere.
✓ ... über welche berufsbezogenen Informationen und Erfahrungen ich gegebenenfalls bereits verfüge.
✓ In meinem Lebenslauf sind alle wichtigen Angaben vorhanden.
✓ Rechtschreibung und Zeichensetzung sind korrekt. Ich habe alle Anredepronomen großgeschrieben.
✓ Ich habe den Umschlag korrekt adressiert und ausreichend frankiert.

Bewerbung um ein Praktikum

→ Überprüfe dein Wissen und Können

1 Welche Sätze über Anschreiben und Lebenslauf treffen zu? Notiere die Buchstaben.
a) Bei Anschreiben und Lebenslauf werden bestimmte Formen eingehalten.
b) Der Lebenslauf ist ein offizieller Brief.
c) Im Lebenslauf sind Angaben über die Familie freiwillig.
d) Der Lebenslauf beginnt mit der Anrede und endet mit dem Gruß.
e) Mit der Unterschrift im Lebenslauf versichert man, dass alle Angaben korrekt sind.
f) Die Betreffzeile im Anschreiben wird fett formatiert.
g) Das Bewerbungsfoto wird in das Anschreiben eingescannt oder aufgeklebt.

2 Was steht im Lebenslauf? Notiere die passenden Wörter.

Name – Ort und Datum – Gruß – Anschrift des Bewerbers – Anschrift des Betriebs – Brieftext – Anrede – Betreffzeile – Zwischenüberschriften – Unterschrift – Geburtstag – Anlagen

3 Sven bewirbt sich um einen Praktikumsplatz als Bäcker. Lies den Brieftext aufmerksam.

Sehr geerter Herr Meier,

auf ihrer Internetseite habe ich gelesen, dass sie in ihrem Betrieb Praktikumsplätze für Schüler anbieten. Hiermit möchte ich mich bei ihnen im Juli um ein zweiwöchiges Ferien-Praktikum im Beruf Bäcker bewerben.

Zurzeit besuche ich die 8. Klasse der Wolfgang-Borchert-Gesamtschule, die ich in zwei Jarhen mit dem Realschulabschluß abschießen werden.

Mit ein Praktikum in Ihrer Firma möchte ich herrausfinden, ob ich für den Beruf des Bäckers geignet bin.
… interessiere mich für … Umgang mit Lebensmitteln … Herstellung von Backwaren
… backe oft Kuchen und Brötchen … zu Hause … z. B. für Weihnachtsbasar
… Spaß … neue Rezepte ausprobieren
… Lieblingsfächer in der Schule … Hauswirtschaft, Mathematik
… engagierte und zuverlässige Mitarbeit im Schulcafé

Über die einladung zu einem persöhnlichen Gespräch würden ich mich sehr freuen.

Mit freundlichen Grüssen

Sven Krause

4 Schreibe den Brieftext nun korrekt auf. Beachte dabei folgende Punkte:
- Schreibe im ersten Absatz die Anredepronomen groß.
- Korrigiere die Fehler, die rot oder grün unterkringelt sind.
- Ein Flüchtigkeitsfehler ist nicht gekennzeichnet. Finde und korrigiere ihn.
- Formuliere aus den Stichwörtern eine flüssige Begründung des Praktikumswunsches.

5 Lies noch einmal nach, womit Sven seinen Praktikumswunsch erklärt hat. Nutze diese Informationen für den Lebenslauf und schreibe den Teilabschnitt „Erfahrungen mit der Berufswelt“ auf.

Fachausdrücke der Rechtschreibung und Grammatik

Adjektiv: → Wortart; Adjektive geben an, was jemand oder etwas ist *(das blonde Mädchen)* und wie etwas vor sich geht *(Der Sieg fiel uns leicht.)*. Wichtigstes Kennzeichen: Alle Adjektive können zwischen → Artikel und → Substantiven vorkommen *(ein leichter Sieg)*. Viele Adjektive lassen sich steigern: *lieb – lieber – am liebsten.* → 201, 204, 209, 234

Adverb: → Wortart; Adverbien geben an, **wo** *(dort, links ...)*, **wann** *(heute, dann ...)*, **wie** *(gern, vielleicht ...)*, **warum** *(deshalb, doch ...)* etwas passiert. Adverbien gehören zu den Wörtern, die man nicht beugen kann. → 201, 234

Adverbial: → Satzglied, *auch* adverbiale Bestimmung / Umstandsbestimmung:
- Adverbial der **Zeit** (temporal): *wann?: am frühen Morgen;*
- Adverbial des **Ortes** (lokal): *wo?, wohin?: auf der Landstraße;*
- Adverbial des **Grundes** (kausal): *warum?: wegen des starken Sturms;*
- Adverbial der **Art und Weise** (modal): *wie?: mit großer Kraft.* → 262–263, 265, 267, 271

Adverbialsatz: Wird das Satzglied Adverbial in einen Nebensatz umgeformt, so entsteht ein Adverbialsatz. Adverbial: *wegen des starken Sturms* → Adverbialsatz: *..., weil der Sturm so stark wehte.* → 271

Akkusativ: → Deklinationsform, Wenfall: *den Hund, den Brief, an ihn, auf den Schulhof ...*

Akkusativ-Objekt: → Satzglied; Ergänzung des → Prädikats durch ein → Substantiv oder → Pronomen im Akkusativ. Das Akkusativ-Objekt kann man mit den Fragen *wen? (Er trifft seinen Freund / ihn.)* bzw. *was? (Sie schreibt einen Brief / ihn.)* ermitteln. → 267, 271

Aktiv: Form des Verbs – im Gegensatz zum → Passiv. In Aktivsätzen bezeichnet das Subjekt in der Regel den „Täter“, von dem eine Handlung ausgeht: *Die Lehrerin → lobt den Schüler.* → 249

Anredepronomen → Pronomen

Artikel: → Wortart; Begleiter des → Substantivs; man unterscheidet zwei Arten:
- **bestimmter** Artikel: Er gibt an, ob ein → Substantiv männlich (Maskulinum), weiblich (Femininum) oder sächlich (Neutrum) ist: *der Löffel, die Gabel, das Messer* (Singular), *die Löffel, die Messer, die Gabeln* (Plural).
- **unbestimmter** Artikel: Er gibt an, ob ein → Substantiv in einem Text vorher noch nicht genannt bzw. noch unbekannt ist: *Vor dem Haus steht ein Taxi. Auf wen wartet das nur?* → 234

Attribut: Satzgliedteil; Attribute sind Beifügungen zu → Substantiven. Die wichtigsten von ihnen sind:
- **Adjektiv-Attribut:** *das benachbarte Haus;*
- **Genitiv-Attribut:** *das Haus des Nachbarn;*
- **präpositionales Attribut:** *das Haus vom Nachbarn;*
- **Relativsatz-Attribut:** Ich sehe das **Haus**, ← das dem Nachbarn gehört. → 218, 264, 268–269

Begleitsatz: Teil der → wörtlichen Rede; je nach der Stellung zum → Redesatz unterscheidet man:
- **vorangestellter** Begleitsatz: *Sie fragte: „Kommst du morgen mit in den Zirkus?“*
- **nachgestellter** Begleitsatz: *„Kommst du morgen mit in den Zirkus?“, fragte sie.*
- **eingeschobener** Begleitsatz: *„Kommst du“, fragte sie, „morgen mit in den Zirkus?“* → 215

Dativ: → Deklinationsform, Wemfall: *dem Brief, in dem Brief, in einem Brief ...*

Dativ-Objekt: → Satzglied; Ergänzung des → Prädikats durch ein → Substantiv oder → Pronomen im Dativ. Das Dativ-Objekt kann man mit der Frage *wem?* ermitteln: *Das Buch schenke ich meiner Freundin / ihr.* → 267

Deklination: Beugung (Flexion) von → Substantiven, → Pronomen, → Artikeln, → Adjektiven nach den vier Fällen: *das interessante Spiel, des interessanten Spiels, dem interessanten Spiel, das interessante Spiel; du, deiner, dir, dich.* → Fall

Demonstrativpronomen → Pronomen

Dialekt: Erscheinungsform der Sprache; Unterart der Sprache, die seit früheren Zeiten in mehr oder weniger großen Regionen gesprochen (selten geschrieben) wird, z. B. *Plattdeutsch, Berlinerisch, Bayrisch, Sächsisch.* → 164–173

Fall: Form der Deklination von → Substantiven, → Pronomen, → Artikeln, → Adjektiven. Man unterscheidet vier Fälle:
→ **Nominativ:** *der große Sieger,*
→ **Akkusativ:** *den großen Sieger,*
→ **Dativ:** *dem großen Sieger,*
→ **Genitiv:** *des großen Siegers*

Femininum → Grammatisches Geschlecht

Feste Redewendungen: Feste Redewendungen haben immer eine ganz bestimmte Bedeutung: *Jemandem auf die Hühneraugen treten* bedeutet, jemanden durch sein Verhalten an einer empfindlichen Stelle zu treffen. In den Redewendungen darf man kein Wort einfach austauschen. Nicht möglich ist: Jemandem auf die Gänsefüße treten. → 286–287

Fragepronomen → Pronomen

Fremdwort: Fremdwörter sind Wörter, die aus fremden Sprachen stammen und durch ihre Schreibung und/oder Aussprache ihre Herkunft zu erkennen geben: *fair, cool, Clown, Computer* ... → 199, 201

Futur I: → Zeitform des → Verbs; das Futur I wird vor allem verwendet, wenn man über etwas spricht oder schreibt, was vielleicht noch passieren wird. Es wird mit dem Hilfsverb *werden* gebildet: *Am Ende werden wir doch noch gewinnen.* → 241–242

Futur II: → Zeitform des → Verbs, mit der man auf etwas hinweist, das in der Zukunft abgeschlossen ist. Es wird mit den Hilfsverben *werden* und *sein* oder *haben* und dem Partizip II gebildet: *Morgen werde ich das erledigt haben. Morgen um diese Zeit werde ich abgereist sein.* Das Futur II kann durch das → Perfekt ersetzt werden: *Morgen habe ich das erledigt. Morgen um diese Zeit bin ich abgereist.* → 241–242

Gebeugte (finite) Verbform: nach Person, Zahl und Zeit veränderte Form des → Verbs, *auch* finite Verbform: *du sprichst, wir hielten an, er ist gekommen;* Gegensatz: → ungebeugte Verbform (infinite Verbform, z. B. Grundform): *sprechen, anhalten, kommen.*

Genitiv: → Deklinationsform, Wesfall; er antwortet auf die Frage *wessen?*: *Das ist das Haus meiner Mutter, während des Unterrichts.*

Genitiv-Objekt: Satzglied; Ergänzung des → Prädikats durch ein → Substantiv oder → Pronomen im Genitiv. Das Genitiv-Objekt kann man mit der Frage *wessen?* ermitteln: *Er rühmte sich seiner Erfolge / ihrer.* → 267

Getrenntschreibung: Zwei Wörter, die in enger Beziehung stehen, werden manchmal getrennt und manchmal zusammengeschrieben: *Die beiden Wörter muss man zusammenschreiben.* Aber: *Wir beide wollen eine Geschichte zusammen schreiben.* Diese zum Teil schwierigen Verhältnisse sind durch die Regeln der Rechtschreibung bestimmt. Im Zweifelsfalle sollte immer ein Wörterbuch zu Hilfe genommen werden. → 200–202

Grammatisches Geschlecht: Form des → Substantivs, die durch den → Artikel angezeigt wird; man unterscheidet:
→ **Maskulinum** (männlich): *der Berg;*
→ **Femininum** (weiblich): *die Straße;*
→ **Neutrum** (sächlich): *das Gebirge.*
Nur selten stimmt das grammatische Geschlecht mit dem natürlichen überein: *der Vater, die Mutter;* aber: *das Mädchen.*

Großschreibung: Großgeschrieben werden Namen, → Substantive und das erste Wort in einem Satz: *Der kleine Felix ist ein großer Angeber.* Welche Wörter Substantive sind und großgeschrieben werden, kann man meistens an „Erkennungszeichen" im Satz sehen: → Artikel *(das Glück)*, versteckte Artikel *(zum Glück)*, Adjektive *(großes Glück)*, → Pronomen *(dein Glück)* und an bestimmten → Suffixen *(Fröhlichkeit, Gesundheit, Verwandtschaft, Zeichnung, Ärgernis, Eigentum)*. Großgeschrieben werden auch bestimmte Zeitangaben, wenn sie einen Artikel oder versteckten Artikel haben können: *der Sonntag, am Sonntag, eines Sonntags* ... Können sie keinen Artikel haben, werden Zeitangaben kleingeschrieben: *sonntags, abends, morgens* ... Stehen zwei Zeitangaben hintereinander, wird die zweite großgeschrieben: *gestern (am) Abend, morgen (am) Mittag.* → 203–207

Hauptsatz: Satz, der allein vorkommt und für sich verständlich ist: *Wir gewinnen das nächste Spiel.* Das gebeugte Verb des → Prädikats steht im Hauptsatz in der Regel an zweiter Stelle nach dem → Subjekt. → 221–222, 227

Hilfsverb: Es gibt drei Hilfsverben: *haben, sein, werden.* Sie werden zur Bildung von → Zeitformen (Futur, Perfekt, Plusquamperfekt) sowie vom → Passiv benötigt: *Sie ist gekommen, sie hat geweint, sie war verschwunden, es wird sich geben, sie wird gelobt.*

Hochsprache: Die Hochsprache (*auch:* Standardsprache) ist die allgemein verbindliche Form der Sprache, die wir sprechen und schreiben. → 164–173

Homonyme: Wörter, die zufällig gleich ausgesprochen und geschrieben werden, aber unterschiedliche Bedeutungen haben: *Miete* als Monatspreis für die Nutzung einer Wohnung – *Miete* als Grube für die Überwinterung aufgeschichteter Feldfrüchte. → 279–280

Imperativ: Aufforderungsform des → Verbs: *Nimm das weg! Nehmt das weg! Nehmen Sie das weg!*

Indefinitpronomen → Pronomen

Indikativ: Der Indikativ ist die neutrale Verbform, mit der man auf Tatsachen hinweist *(Sie liest ein Buch).* Er steht im Gegensatz zum → Imperativ *(Lies doch mal* *dieses Buch!)* und zum → Konjunktiv II *(Sie läse das Buch sehr gern).* → 255

Indirekte Rede: Die indirekte Rede gibt eine wörtliche Aussage *(Er sagte: „Ich war unheimlich müde.")* in verkürzter Form wieder. Sie tritt in verschiedenen Formen auf:
- im → Konjunktiv I: *Er sagte, er sei müde gewesen;*
- in dass-Sätzen: *Er sagte, dass er müde war (gewesen sei).* → 253, 255–256

Infinitiv: Grundform des → Verbs → ungebeugte Verbform → 230, 253

Komma: Satzzeichen; das Komma wird gesetzt bei:
- **Nebenordnung** von Wörtern und Sätzen: *Carolin, Daniela und Andreas fahren in Urlaub. Carolin gefallen die Ferien, Daniela würde sogar noch länger bleiben, nur Andreas findet die Ferien nicht ganz so schön.*
- **Unterordnung** von Sätzen: *Nachdem wir unser Gepäck abgestellt hatten, erkundeten wir unseren Ferienort.*
- **Hervorhebung** von Wörtern: *Das sollte dir nicht noch einmal passieren, mein Lieber. Tom, komm endlich!* → 217–233

Komparativ: Steigerungsform des → Adjektivs, *auch* Vergleichsstufe: *nahe – näher, weit – weiter.* Der Komparativ wird mit dem Vergleichswort *als* gebildet: *Sie ist größer als ich.* → Steigerung

Konjugation: Veränderung (Beugung) des → Verbs nach Person, Zahl und Zeit. → gebeugte Verbform

Konjunktion: → Wortart, *auch* Verbindungswort; Konjunktionen verbinden Wörter und Sätze miteinander:
- **nebenordnend:** *Vater und Mutter, Sieg oder Niederlage; Peter kann nicht kommen, denn er muss seine Hausaufgaben machen.*
- **unterordnend:** *Ich denke, dass er noch kommen wird. Ich weiß nicht, ob du das verstanden hast. Ich konnte nicht kommen, weil ich deine Adresse nicht mehr wusste.*

Konjunktionen gehören zu den Wörtern, die man nicht beugen kann. → 234, 246

Konjunktiv I: Verbform, mit der man → wörtliche Reden auf indirekte Weise wiedergeben kann (→ indirekte Rede). Der Konjunktiv I wird aus der Grundform des Verbs ohne -n am Ende gebildet: *Er sagte, er (können) könne das nicht. Sie sagte, sie (müssen) müsse sich ausruhen.* → 253–257

Konjunktiv II: Verbform, mit der man Wünsche und Vorstellungen ausdrücken kann. Er wird aus dem → Präteritum von Verben (oft mit Umlaut) gebildet: *Ich (war) wäre gern bei dir. Ich (hatte) hätte gern ein Pferd. Ich (gab) gäbe mir viel Mühe mit ihm.* → 258–261

Maskulinum → Grammatisches Geschlecht

Metapher: Wort, das zu seiner eigentlichen Bedeutung eine weitere, eine übertragene Bedeutung erhält: *Maus* als kleines Nagetier – *Maus* als Steuerungsgerät des Computers. Die Bedeutungsübertragung erfolgt aufgrund ähnlicher Merkmale. → 282–285

Modalverb: spezielles Verb, mit dem man die Inhalte von Verben modifiziert: *Ich will das nicht essen. Ich darf das nicht essen. Ich mag das nicht essen.*

Mundart: kleinere regional bedingte Sprachformen innerhalb eines Dialektes; z. B. im sächsischen Dialekt *das Vogtländische, das Oberlausitzische, das Erzgebirgische.* → 174–179

Nebensatz: vollständiger Satz, der nicht allein stehen kann und zu verstehen ist; Nebensätze können in der Regel nur in Verbindung mit → Hauptsätzen vorkommen. Zwischen ihnen muss immer ein Komma stehen: *Wir wollten gerade losfahren, als Muna kam. Ob das in dieser Zeit zu schaffen ist, wissen wir nicht. Das Stadion, in dem wir spielen, befindet sich am Stadtrand.* → 221–227, 270–271

Neutrum → Grammatisches Geschlecht

Nominales Prädikat: zweiteiliges Prädikat, das aus einer gebeugten Form von *sein, werden* oder *bleiben* (1. Teil) und einem → *Substantiv* im → Nominativ (2. Teil) besteht: *Mein Bruder ist Schlosser. Das Handballspielen bleibt Tinas große Leidenschaft.* → 264, 267

Nominativ: → Deklinationsform, Werfall; er antwortet auf die Frage *wer? (der Hund, die Katze, das Tier).* → Subjekt

Oberbegriff – Unterbegriff: Ein Wort, das einem Wortfeld eine Art Namen gibt, nennt man *Oberbegriff: gehen: laufen, rennen, bummeln, waten ...; Möbel: Stuhl, Tisch, Schrank ...* Wörter, die unter dem Oberbegriff stehen wie *laufen, Stuhl,* nennt man *Unterbegriffe.* → 276

Objekt: → Satzglied; Ergänzung des Prädikats durch ein → Substantiv oder → Pronomen. → Akkusativ-, → Dativ-, → Genitiv-, → präpositionales Objekt → 249, 262–263

Objektsatz: Wird das Satzglied → Objekt in einen → Nebensatz umgeformt, entsteht ein Objektsatz: *Ich bemerkte* (Objekt:) *ihr freundliches Lächeln.* → *Ich bemerkte,* (Objektsatz:) *dass sie freundlich lächelte.* → 271

Partizip I: ungebeugte Form des Verbs; das Partizip I wird mit *-d* am Wortende gebildet: *lachend.* Es kann sowohl ein → Substantiv als auch ein → Verb näher bestimmen: *mit einem strahlenden Lächeln begrüßen, strahlend vor Freude begrüßen.* → 204, 232

Partizip II: ungebeugte Form des Verbs; das Partizip II wird mit *ge-* am Anfang und mit *-en* oder *-t* am Wortende gebildet: *gelaufen, geglaubt*. Es dient vor allem der Bildung des → Perfekts, des → Plusquamperfekts und des → Passivs: *Sie ist / war schnell gelaufen. Wir haben / hatten ihr geglaubt. Er wurde von den Fans gefeiert.* → 232

Passiv: Form des Verbs – im Gegensatz zum → Aktiv. Das Passiv wird mit dem → Hilfsverb *werden* und dem Partizip II gebildet. In Passivsätzen bezeichnet das Subjekt in der Regel den von einer Handlung Betroffenen: *Der Schüler* ← *wird von der Lehrerin gelobt.* → 249–252

Perfekt: Zeitform des → Verbs; das Perfekt verwendet man vor allem dann, wenn man über etwas spricht, was bereits vorbei ist: *Am Sonntag bin ich nach Hamburg gefahren und habe mir das Spiel des HSV angesehen.* → 239, 241–242, 246, 256

Personalpronomen → Pronomen

Personifizierung: die Vermenschlichung von Dingen, Tieren, Pflanzen, indem menschliche Eigenschaften auf sie übertragen werden: *Der Sommer malt ein Lächeln auf Peters Gesicht.* → 282

Plural: Mehrzahlform von → Substantiven und → Pronomen: *die Menschen, die Gedanken, die Mäuse; wir, ihr, sie;* Gegensatz: → Singular: *der Mensch, der Gedanke, die Maus; ich, du, er, sie, es.*

Plusquamperfekt: → Zeitform des → Verbs; das Plusquamperfekt wird verwendet, wenn etwas in der Vergangenheit bereits passiert ist: *Nachdem ich in Hamburg angekommen war, fuhr ich mit der S-Bahn zum Stadion.* → 241–242, 246

Positiv: Grundform des Adjektivs: *nahe, weit, groß*. Der Positiv wird mit dem Vergleichswort *wie* gebraucht: *Sie ist doppelt so groß wie du.* → Steigerung

Possessivpronomen → Pronomen

Prädikat: → Satzglied; das Prädikat enthält eine → gebeugte Verbform. Man unterscheidet Prädikate, die nur aus **einer Verbform** bestehen: *Die Kinder spielen.*, und Prädikate, die aus **mehreren Teilen** bestehen: *Er lachte mich aus. Mein Bruder wird Lehrer. Das Spiel war nicht zu gewinnen. Er wird das doch nicht vergessen haben.* → 249, 262–263, 267

Präfix: Vorsilbe, die vorn an einen Wortstamm angefügt wird. Dadurch wird die Bedeutung des Wortes verändert: *zählen → er-zählen, ab-zählen, aus-zählen.* → Wortbildung

Präposition: → Wortart; Präpositionen setzen Sachverhalte miteinander in Beziehung: *Ich warte auf dem Bahnhof, ich warte hinter dem Bahnhof, ich warte vor dem Bahnhof.* Sie setzen das nachfolgende → Substantiv oder → Pronomen in einen bestimmten Fall:

- in den **Genitiv**: *wegen des Regens, trotz der Warnung;*
- in den **Dativ**: *auf dem Platz, in dem Regen, neben dir;*
- in den **Akkusativ**: *für dich, ohne ihn;*
- in den **Dativ** und **Akkusativ**: *auf dem Gerüst stehen, auf das Gerüst klettern; an der Mauer stehen, an die Mauer fahren.* → 234

Präpositionales Objekt: → Satzglied; präpositionale Objekte werden mit einer → Präposition eingeleitet, die fest zum Verb gehört: *sich freuen über, danken für, aufpassen auf, sich verlieben in …: Ich* ***kümmere*** *mich* ***um*** *meine kleine Schwester.* → 265–267

Präsens: → Zeitform des → Verbs; das Präsens verwendet man vor allem dann, wenn man über etwas spricht oder schreibt, was in der Gegenwart passiert: *Da kommt der erste Fahrer um die Kurve, er sieht sich noch einmal um, aber keiner folgt ihm.* → 241–242, 244, 246, 256

Präteritum: → Zeitform des → Verbs; das Präteritum verwendet man vor allem dann, wenn man über etwas schreibt, was bereits passiert ist: *Als ich gestern Nacht nach Hause kam, hörte ich plötzlich ein Geräusch.* → 241–242, 244, 246, 256, 258

Pronomen: → Wortart; Pronomen können → Substantive im Text ersetzen oder anstelle eines → Artikels begleiten: *mein Fahrrad, dieses Fahrrad, einige Fahrräder …* → 234–237

- **Anredepronomen:** Die Anredepronomen *Sie, Ihre, Ihnen …* werden großgeschrieben: *Ich gebe Ihnen hiermit Ihre Schlüssel zurück.* → 235
- **Demonstrativpronomen:** Die Demonstrativpronomen (Hinweispronomen) *dieses, jenes, das …* weisen mit Nachdruck auf etwas hin: *Dieser Text ist von mir.* → 236
- **Fragepronomen:** Die Fragepronomen *wer, was, welcher …* fragen nach Einzeldingen oder Sachverhalten: *Was hast du gesagt?* → 236
- **Indefinitpronomen:** Die Indefinitpronomen (Unbestimmtheitspronomen) *alle, einige, etwas, manche …* geben an, dass etwas nicht näher bestimmt ist: *Alle jubelten ihm zu.* → 237

• **Personalpronomen:** Die Personalpronomen *ich, du, sie, wir* ... stehen stellvertretend für ein → Substantiv: *Das Haus gefällt mir, weil es so geräumig und hell ist.* → 235

• **Possessivpronomen:** Die Possessivpronomen (besitzanzeigende Pronomen) *mein, dein, sein, unser* ... weisen auf einen Besitz oder eine Zugehörigkeit zu etwas hin: *Mein Freund sagt mir, dass unser Bus heute ausfällt.* → 235

• **Reflexivpronomen:** Die Reflexivpronomen (rückbezügliche Pronomen) *mir, mich, dir, dich, sich* ... beziehen sich auf ein anderes Wort im Satz zurück: ***Wir** haben ← uns gestern getroffen. **Die meisten** langweilten ← sich.* → 237

• **Relativpronomen:** Die Relativpronomen (Beziehungspronomen) *der, die, das* ... leiten → Relativsätze ein, die sich auf ein → Substantiv beziehen, das im Hauptsatz vorausgeht: *Ich sehe das **Mädchen**, ← das dort drüben steht.* → 236

Redesatz: (*auch* Redeteil); der Teil der wörtlichen Rede, der in Anführungszeichen steht: *„Warum muss ich immer die Tafel abwischen?", murrte Eddy. Eddy murrte: „Warum muss ich immer die Tafel abwischen?" „Warum", murrte Eddy, „muss ich immer die Tafel abwischen?"* → 215

Reflexivpronomen → Pronomen

Relativpronomen → Pronomen

Relativsatz: Ein Relativsatz bezieht sich in der Regel auf ein → Substantiv, das im vorhergehenden Hauptsatz steht: *Mir gefällt das **Auto**, ← das sich mein Vater gekauft hat.* → 225, 269

Satzglied: Teil von Sätzen, den man geschlossen umstellen kann: */Manche Kinder/essen/am liebsten/Bratwurst mit Ketchup/.* → */Bratwurst mit Ketchup/essen/manche Kinder/am liebsten/.*
→ Adverbial, → Objekt, → Prädikat, → Subjekt
→ 262–274

Singular: Einzahlform von Substantiven und Pronomen: *der Baum, die Hand, das Spiel; ich, du, er, sie, es.* Gegensatz: → Plural: *die Bäume, die Hände, die Spiele; wir, ihr, sie*

Sprichwort: ein allgemein bekannter Satz, der eine Lebensweisheit kurz und bündig ausdrückt: *Wer rastet, der rostet.* → Man muss sich ständig betätigen, seine Fähigkeiten üben und anwenden, sonst verliert man seine Leistungsfähigkeit. → 288–289

Standardsprache → Hochsprache

Steigerung: Formen des → Adjektivs, die Gleichheit oder Verschiedenheit von Eigenschaften zum Ausdruck bringen: *Der Stern leuchtet hell* (Grundstufe / Positiv). *Der Stern leuchtet heller* (Steigerungsstufe / Komparativ). *Jener Stern leuchtet am hellsten* (Höchststufe / Superlativ).

Subjekt: → Satzglied; Subjekte bezeichnen Personen, Gegenstände, Sachverhalte, über die im Satz etwas ausgesagt wird: *Jakob (wer?) schreibt eine E-Mail. Der Computer (was?) ist ausgefallen.*
→ 249, 262–263, 267, 271

Subjektsatz: Wird das Satzglied → Subjekt in einen Nebensatz umgeformt, entsteht ein Subjektsatz: *Dein Erfolg* (Subjekt) *freut mich.* → *Dass du Erfolg hast* (Subjektsatz), *freut mich.* → 271

Substantiv: → Wortart (*auch* Nomen); Substantive bezeichnen Lebewesen, Gegenstände, Gedanken, Gefühle und Zustände. Sie werden immer großgeschrieben: *der Mensch, die Brille, das Hemd, die Wut, das Warten* ...
→ 200, 204, 225, 234, 264

Suffix: Wortbaustein (Nachsilbe), der hinten an einen Wortstamm angefügt wird. Suffixe dienen dazu, ein Wort in eine andere Wortart zu überführen: *Spiel* (Substantiv) → *spielen* (Verb) → *spielbar* (Adjektiv).

Superlativ: Steigerungsform des → Adjektivs: *lieb – am liebsten, weit – am weitesten.* → Steigerung

Synonyme: Synonyme (Ähnlichkeitswörter) sind Wörter, die eine ähnliche (selten dieselbe) Bedeutung haben: *krank, kränklich, schlapp ...; sprechen, brüllen, labern* ... Mehrere Synonyme bilden ein → Wortfeld.
→ 275–278

Umstellprobe → Satzglied

Ungebeugte (infinite) Verbform: Form des Verbs, die im Satz nicht nach Person, Zahl und Zeit verändert ist:
→ Infinitiv: *Er will nicht hören.*
→ Partizip I: *Max stört laufend das Gespräch.*
→ Partizip II: *Niemand hat mit ihm gesprochen.*
→ 230

Verb: → Wortart; Verben geben an, was geschieht bzw. was getan wird: *Der Zug kommt schon wieder zu spät. Gestern haben wir eine Mathearbeit geschrieben.*
→ 200–201, 204, 225, 234, 239, 266

Wortart: Einteilung der Wörter nach grammatischen Merkmalen und nach der Bedeutung; → Substantiv, → Verb, → Adjektiv, → Artikel, → Pronomen, → Adverb, → Konjunktion, → Präposition → 234–240

Wortbildung: Bildung neuer Wörter aus bereits vorhandenen durch → **Zusammensetzung:** *Lotto + Zahl → Lottozahl* – oder durch **Ableitung durch → Präfix bzw. → Suffix:** *ab + zahlen → abzahlen, Zahl + ung → Zahlung*

Wortfamilie: Gruppierung von Wörtern nach ihrer Wortverwandtschaft: *fahren, Fahrt, Fähre, gefährlich, Gefährte ...*

Wortfeld: Gruppierung von Wörtern nach der Ähnlichkeit ihrer Bedeutung: *gehen, laufen, rennen, waten, rasen ...* → 276

Wörtliche Rede: In einem geschriebenen Text unterscheidet man das, was der Schreiber schreibt, von dem, was ein anderer sagt:
Patrick hat mich beleidigt, doch gleich danach sagte er: „Es tut mir wirklich leid!" Damit man das, was einer sagt, von dem anderen Text unterscheiden kann, setzt man den Redesatz in Anführungszeichen. Es gibt folgende drei Muster wörtlicher Reden:
1) Reden mit vorausgestelltem Begleitsatz:
Er sagte: „Es tut mir wirklich leid!"
2) Reden mit nachgestelltem Begleitsatz:
„Es tut mir wirklich leid!", sagte er.
3) Reden mit eingeschobenem Begleitsatz:
„Es tut mir", sagte er, „wirklich leid!"
Am Ende des vorausgestellten Begleitsatzes steht ein Doppelpunkt. Der nachgestellte und der eingeschobene Begleitsatz werden durch Kommas abgegrenzt.
→ 215, 253, 255 256

Zeitform: Verbform, mit der man ein Geschehen als gegenwärtig, vergangen und zukünftig darstellen kann: → Präsens, → Perfekt, → Präteritum, → Plusquamperfekt, → Futur I, → Futur II → 241–248

Zusammenschreibung: Viele Einzelwörter unserer Sprache sind zusammengewachsen. So nannte der Dichter Eduard Mörike sein berühmtes Herbstgedicht *September Morgen*; heute liest man es unter der Überschrift *Septembermorgen*. Welche Wörter man getrennt oder zusammenschreibt, ist durch die Rechtschreibung geregelt. Im Zweifelsfall muss man in einem Wörterbuch nachschlagen. → 200–202

Zusammensetzung: Art der Bildung neuer Wörter, indem zwei oder mehrere Wortstämme aneinandergefügt werden: *Spiel + Feld → Spielfeld, hell + blau → hellblau, weg + laufen → weglaufen*
→ Wortbildung

Fachausdrücke der Literatur

Allwissender Erzähler: Der Autor einer Geschichte schlüpft innerhalb einer Erzählung in die Rolle eines Erzählers, der in alle anderen Figuren hineinschauen kann, über sie Bescheid weiß und Kommentare zu ihnen abgibt. → 129

Drama (das Dramatische): Dramatisch nennt man eine Dichtung, die im Gegensatz zu lyrischer und → epischer Dichtung bestimmt ist von Dialogen und Spannung. Während *Drama* eine Form der Dichtung wie das Theaterstück bezeichnet, weist das Dramatische auf den Aufbau von Texten hin. So können vor allem → Balladen, → Fabeln, → Sagen usw. einen dramatischen Aufbau haben. → 20–22, 146–163

Enjambement: (*franz.* enjamber = überspringen, überschreiten) Das Enjambement ist ein Stilmittel in der lyrischen Dichtung; bei ihm fällt das Ende des Satzes nicht mit dem Ende des Verses zusammen, sodass man beim Vortragen eines Gedichtes die Stimme nicht absinken lassen darf, sondern oben halten muss. Strenge, durch das Ende der Verse vorgegebene Pausen werden so überspielt. → 98

Epik (das Epische): Episch nennt man eine Dichtung, die im Gegensatz zu Lyrik in Prosa geschrieben ist. Das Epische ist das Erzählerische eines Textes. Der Begriff *episch* fasst alle Erzählformen zusammen wie *Märchen, Geschichten, Erzählungen, Romane* usw.
Epik ist erzählende Dichtung, die nicht durch Verse oder Reime gegliedert ist, sondern in fortlaufenden Zeilen geschrieben und in freier Sprechweise gesprochen wird. → 8–11, 15–19, 60–93, 122–133

Erzähler: Im Gegensatz zum Autor ist der Erzähler eine Figur, die innerhalb des Textes selbst vorkommt und die Geschichte erzählt, manchmal als → Ich-Erzähler, als → allwissender Erzähler, als → personaler Erzähler oder in Gedichten als → lyrisches Ich. → 129

Erzählung: In einer Erzählung wird mündlich oder schriftlich der Verlauf von Geschehnissen dargestellt, die tatsächlich passiert oder aber erdacht sind. Auch der Akt des Erzählens an sich wird als „Erzählung" bezeichnet. → 15–19, 60–93, 122–133

Expressionismus: Der Expressionismus (*lat.* Expressio – Ausdruck, Expressionismus = Ausdruckskunst) ist eine Kunstepoche, die in Europa ca. 1910 einsetzt und bis etwa 1925 andauert. Sie umfasst alle Kunstrichtungen wie z. B. Malerei und Literatur. Die überwiegend jungen Künstler dieser Epoche waren mit den vorhandenen Kunststilen nicht mehr einverstanden. Deshalb wandten sie sich bewusst von den bestehenden Kunstauffassungen wie dem Naturalismus, Impressionismus und Jugendstil ab und entwickelten parallel dazu ihren eigenen Stil. Sie wollten ergreifende und packende Kunstwerke schaffen und begannen, die Wirklichkeit so darzustellen, wie sie sie tatsächlich empfanden. Dabei brachten sie ihr inneres Erleben auf ungewöhnlich drastische Weise zum Ausdruck. Man spricht dabei auch vom „expressionistischen Schrei". Zentrale Themen des Expressionismus' sind die Großstadt (Entfremdung, Verlorenheit, Anonymität, Orientierungslosigkeit), der neue Mensch (Wandlung zu neuer Menschlichkeit, aktive Gestaltung der individuellen Existenz), Technik (Fabrik und Arbeitsmonotonie) sowie Krieg und Tod. Die Dichter verwenden in ihren Werken düstere Worte, aber auch überraschende Wortneuschöpfungen oder ungewöhnliche Zusammensetzungen von Substantiven. Sie verändern auch die Wortstellung auf ungewöhnliche Weise. Typisch für die Malerei im Expressionismus sind beispielsweise der Verzicht auf die naturgetreue Darstellung der Wirklichkeit und gewagte Farbkombinationen. Die Künstler des Expressionismus rebellieren mit ihrer Ausdruckskunst gegen die wirtschaftlichen, sozialen und politischen Zustände ihrer Zeit und wollen diese Welt durch aufsehenerregende Werke in neuen Formen verändern. → 100

Expressionistische Lyrik: Zu den Besonderheiten expressionistischer Lyrik zählen: die Bevorzugung des → Reihungsstils, anfänglich noch die Beibehaltung der Form des → Sonetts, Abweichungen von der strengen Form, z. B. keine oder unregelmäßige Reime, kein festes Versmaß, manchmal unregelmäßiger Strophenaufbau, Auffälligkeiten in Wortwahl und Satzbau, Verwendung sprachlicher Bilder in ungewohnten, fremden Zusammenhängen bis hin zur Chiffrierung (schwer durchschaubare Verschlüsselungen) sowie Wortneuschöpfungen und ungewöhnliche Wortzusammensetzungen. → 94–121

Expressionistische Prosa: In expressionistischer Prosa wird die Auseinandersetzung mit der modernen Gesellschaft und der Technik thematisiert. Im Mittelpunkt stehen häufig gesellschaftlich Schwache. Der Einzelne ist oft nicht handelndes Subjekt, sondern Objekt, mit dem etwas gemacht wird. Die Welt soll „ungeschminkt", in ihrem eigentlichen Zustand gezeigt werden. Nichts wird besser dargestellt, als es auch wirklich ist. Manchmal wird etwas aber auch → grotesk dargestellt, sodass der Leser eine distanzierte Haltung zum Geschehen einnehmen kann. → 122–133

Figur: Figuren nennt man die Personen, die in literarischen Texten vorkommen. Man nennt sie Figuren, da es sich bei ihnen um *erfundene Personen* handelt. → 18–19, 124

Gedankenrede: Im Gegensatz zu wörtlichen Reden, in denen die Figuren miteinander sprechen, bringen in Texten die Figuren oft auch ihre Gedanken zum Ausdruck, von denen nur die Leser etwas erfahren: *Es fiel ihm ein, dass er sich irren könnte, aber er glaubte es nicht.* Gedankenreden werden meist in der Er-Form und vorrangig im Präteritum geschrieben.

Gedicht: Das auffälligste Merkmal von Gedichten ist die äußere Form. Die Zeilen sind in Versen voneinander abgesetzt. Ein Vers ist eine Sinneinheit, nach der man in der Regel eine kleine Sprechpause macht. Gedichte bestehen im Wesentlichen aus vier Elementen: 1. aus der regelmäßigen Zeilenanordnung wie Versen, Strophen; 2. aus Klängen wie → Reim und Lautmalerei; 3. aus regelmäßiger Bewegung wie Metrum und Rhythmus; 4. aus Bildern wie Vergleichen und → Metaphern. Ein weiteres Merkmal von Gedichten ist ihre „verdichtete" Form. Was gesagt wird, ist auf engsten Raum begrenzt. Kein überflüssiges Wort! Manchmal sind Sätze stark verkürzt auf einzelne Wörter. Manchmal fehlen sogar die Verben. → 25–33, 97–121

Groteske: Unter diesem Begriff versteht man einen Text, in dem etwas sonderbar, übertrieben oder verzerrt dargestellt wird. Das kann lächerlich, märchenhaft, absurd (abwegig, sinnlos) oder schaurig wirken. → 127

Ich-Erzähler: Der Autor eines Romans oder einer Erzählung schlüpft in die Rolle eines erzählenden Ichs und erzählt, was er sieht und von den anderen Figuren hört. Er kann aber auch erzählen, was er selbst dabei denkt und fühlt. → 129

Innerer Monolog: In inneren Monologen werden uns die Gedanken und Gefühle einer literarischen Figur nahegebracht. In solchen stummen, rein gedanklichen „Selbstgesprächen" stellt die Figur Fragen an sich selbst, macht sich Vorwürfe, denkt über das eigene Verhalten und das Verhalten der anderen Figuren nach, schmiedet Pläne für die Zukunft, formuliert Ängste und Befürchtungen oder lässt ihren Gefühlen freien Lauf. Innere Monologe werden meist in der Ich-Form und vorrangig im Präsens geschrieben. → 129

Kriminalgeschichte: Bei einer Kriminalgeschichte geht es in der Regel um ein Verbrechen, meist um einen Mord oder ein anderes rechtlich schweres Vergehen, das den Leser, Hörer oder Zuschauer in Spannung versetzen soll. Meist spielt ein Kommissar, ein Detektiv oder eine andere Hauptperson die Rolle des Ermittlers. In dieser Rolle findet er den eigentlichen Grund des Geschehens – häufig mit Zwischenfällen – heraus und entdeckt den Täter. → 60–93, 146–163

Kurzgeschichte: Eine Kurzgeschichte ist eine kurze Erzählung, oft mit direktem Einstieg in die Handlung (keine Einleitung) sowie offenem, abruptem Ende. Es gibt keine Nebenhandlung, und die – meist wenigen – Figuren werden nicht ausführlich beschrieben. Die Handlung kann wie eine Momentaufnahme einen Ausschnitt aus dem alltäglichen Leben zeigen. Der Erzähler wirkt kühl und distanziert, als schildere er das Geschehen aus der Sicht eines Außenstehenden oder Unbeteiligten. → 15–19, 60–93, 122–133

Lyrisches Ich: Es bezeichnet das Ich, 1. Person Singular. In lyrischen Gedichten ist es das erlebende, empfindende und aussagende Subjekt in der Sprecherperspektive. Es kann – muss aber nicht zwingend – mit dem Autor des Gedichtes übereinstimmen. → 120

Metapher: Wörter oder Sätze, die man in übertragener oder bildlicher Form verwendet. Durch Metaphern werden insbesondere lyrische Texte sehr bildhaft und anschaulich. → 282–285

Paradoxon: Ein Paradoxon ist ein rhetorisches Mittel. Es enthält einen Widerspruch, der eine tiefer liegende Wahrheit zum Ausdruck bringen soll: *Weniger ist mehr! Er ist stärker als der Stärkste.* → 105

Personaler Erzähler: Der Erzähler einer Geschichte erzählt im Gegensatz zum → Ich-Erzähler und zum → allwissenden Erzähler die Begebenheiten in der Er-Form oder Sie-Form. Der personale Erzähler ist eine Figur des Textes, die alle Ereignisse aus ihrer Perspektive sieht. Sie kann nur sagen, was sie selbst fühlt und denkt – nicht aber, was die anderen Figuren denken. → 19, 129

Personifikation: Darunter wird die „Vermenschlichung" z. B. von Dingen, Tieren, Pflanzen verstanden. → 120, 238

Prosa: Prosa ist erzählende Dichtung, die nicht durch Verse oder Reime gegliedert ist, sondern in fortlaufenden Zeilen geschrieben und in freier Sprechweise gesprochen wird. → 8–11, 15–19, 60–93, 122–133

Reihungsstil (Simultantechnik): Beim Reihungsstil werden bildhafte Ausdrücke aneinandergereiht. Das lyrische Ich nimmt die Eindrücke ohne innere Verbindung wahr. Der Reihungsstil kann eine Reaktion auf die Reizüberflutung in der industriellen Gesellschaft sein. → 114

Reim(-e): Zwei Wörter reimen sich, wenn sie gleich oder ähnlich klingen. In der Regel ist es der Ausklang oder das Ende (nicht der Anfang!) von betonten Silben, die für den Gleichklang sorgen: *Meister – Geister, Werke – Stärke, Kopf – Topf.* Reime verbinden durch ihren Klang Verse miteinander; sie sorgen dafür, dass man sich einen Text besser merken kann. → 106, 116

Sonett: Ein Sonett ist ein Gedicht nach einer streng aufgebauten Form. Es besteht aus zwei vierzeiligen Strophen (Quartetten). Darauf folgen zwei dreizeilige Strophen (Terzette). Mit dem formalen Einschnitt (Zäsur) zwischen der zweiten und dritten Strophe geht in der Regel auch ein inhaltlicher Kontrast einher. → 98

Fachausdrücke zur Textproduktion

Lösungen: Überprüfe dein Wissen und Können

Entdeckungen: Printmedien

Seite 44:

Aufgabe 1: a) 2, b) 5, c) 6, d) 8, e) 7, f) 9, g) 4, h) 1, i) 3

Aufgabe 2:

Straßenverkaufszeitung: b), e), f), h)

Abonnementzeitung: a), c), d), g), i)

Seite 59:

Aufgabe 1:

- **Möglicher Lead:** Sie sind kaum aus den Windeln raus und trainieren schon bis zu acht Stunden täglich: kleine, ehrgeizige Sportskanonen. Sie schinden sich, während ihre Altersgenossen spielen. Und alle haben große Träume: Europameister, Olympiasieger oder dicke Werbeverträge. Oder geht es doch nur um die Hoffnungen ihrer Eltern?
- „Allein die Kinder-Cross-Maschine kostet ein paar Tausend Euro", so Michels Vater. „Dazu kommen die Fahrten zu den wöchentlichen Wettkämpfen, Startgelder und Spezialausrüstung."
- C, B, A

Aufgabe 2 (mögliche Lösung):

Es riecht nach Schweiß und Talkum. Ich treffe Rosa (14) in der Turnhalle des Chemnitzer Sportinternats. Das zierliche Mädchen mit dem braunen Lockenkopf ist ein großes Turnertalent der deutschen Junioren-Nationalmannschaft. Vor allem ihre Trainerin und Rosas Eltern setzen große Hoffnungen in sie. Rosa turnt, seit sie vier ist. Inzwischen trainiert sie täglich acht Stunden und muss nebenbei noch für die Schule lernen. Da bleibt natürlich keine Zeit mehr für Freunde oder Dinge, die Jugendlichen sonst Spaß machen. Doch Rosa wolle das alles von ganz allein, behauptet ihre Mutter. Der Leiter des Sportinternats weiß: „Die Kinder müssen hier viel leisten, sie haben eine 75-80-Stunden-Woche. Sonst schafft man es nicht an die Weltspitze." Und dafür tut die ehrgeizige Rosa alles: „Mein Traum, mein ganz großes Ziel ist Olympia. Da möchte ich unbedingt hin."

Die Welt der Bücher: Dem Täter auf der Spur

Seite 79:

Aufgabe 1: Richtig sind a) und d).

Aufgabe 2: Richtig sind c), d), e), g), h) und i).

Aufgabe 3: a) – 2), 4) und 5); b) – 3); c) – 1) und 6)

Aufgabe 4 (mögliche Lösung): Notwehr, Rache, Eifersucht, materielle Not, Hass, Vertuschung einer anderen Straftat ...

Aufgabe 5:

Der linke Textausschnitt gehört zu einem Krimi. Es geht um eine Straftat (Raub von Bildern), die der Ermittler (Schneider) aufklärt. Es tritt auch der Bestohlene, also das Opfer (Herr Richter) auf. Erzählt wird anschaulich und spannend (Adjektive, wörtliche Reden, spannende Wörter). Der rechte Textausschnitt berichtet zwar ebenfalls von einem Verbrechen, aber auf nüchterne Art. Als Handelnde werden nur unbekannte Täter, keine literarischen Figuren erwähnt. Dieser Text würde eher in eine Zeitung passen.

Seite 93:

Aufgabe 1: **1.** eine Idee suchen, **2.** einen Plot entwickeln, **3.** einen Einstieg schreiben, **4.** Figurenkarten entwerfen, **5.** Spannungselemente ausdenken, **6.** eine Überraschung für den Schluss entwerfen

Aufgabe 2:

Erzählperspektive: personale Erzählperspektive aus Sicht des Ermittlers, **Ort:** kümmerlich eingerichtetes Detektivbüro, **Zeit:** tagsüber, **Personen:** Privatdetektiv Freddy Forlando, **Andeutung einer Straftat:** dass Forlando angerufen wird, deutet an, dass ein Verbrechen verübt wurde / dass es etwas aufzuklären gibt

Aufgabe 3 (mögliche Lösung): Geheimnisse, falsche Fährten, falsche Verdächtige, falsche Alibis, Täuschungsmanöver, gerissene Gegenspieler ...

Aufgabe 4: a) 6, b) 4, c) 1, d) 2, e) 3, f) 5

Fantasie und Wirklichkeit: Form im Aufbruch

Seite 112:

Aufgabe 1: Richtig sind b), c), e) und g).

Aufgabe 2: a) naturgetreue, b) düstere, c) verschlüsselt, d) Wortkombinationen, e) Enjambement, f) aufrütteln, Lösungen, Gesellschaft

Aufgabe 3:

- *gewirktes Einerlei* **(Metapher)**: bedeutungsloser Alltag, eintöniger Arbeitstrott
- *... drängend fassen / Häuser sich so dicht an* **(Personifizierung, Enjambement)**: Häuser entlang der Straßen stehen sehr eng beieinander

Seite 133:

Aufgabe 1: Richtig sind c), d), f) und h).

Aufgabe 2:

A *Der Flieger:* Georg Henschke – der verschmitzte Hirt – die kleine Marie

B *Die Mangel:* der Wirt, ein großer Herr – die Mutter mit dem gleichen Schicksal

C *Berlin Alexanderplatz:* Franz Biberkopf – der Aufseher
D *Nacht im Hotel:* die grasgrüne Raupe
Aufgabe 3: Textstelle a) würde so nicht in einer Kurzgeschichte stehen (zu ausführlich, zu viele Details über Figuren, keine Leerstellen, zu komplizierter Satzbau).

Rechtschreibung und Zeichensetzung
Seite 207:
Aufgabe 2: 1: 2b, 2: 2c, 3: 2c, 4: 2b, 5: 2d, 6: 1b, 7: Kleinschreibung!, 8: 1c, 9: 2c, 10: 1a, 11: 1b, 12: 2c, 13: 2a, 14: 2d, 15: 1d
Aufgabe 3:
Die ganze **Hektik** war umsonst!
Am Morgen wurde Paul durch (1) heftiges **Poltern** an der Tür (2) am **Weiterschlafen** gehindert. Er sollte gefälligst (3) ans **Aufstehen** denken! Als er vor dem verschlossenen Bad stand, tönte von drinnen (4) lautes **Rauschen**. Seine Schwester war also mit (5) der **Duscherei** noch nicht fertig. Und dann hatte sie (6) nichts **Besseres** zu tun, als sich wahrscheinlich auch noch (7) zu schminken. (8) Im **Allgemeinen** brauchte sie ewig dafür. Paul verschlang dann (9) im **Stehen** sein Frühstück und packte seine Sachen ein. Er raste wie (10) ein **Wilder** zum Bus und fuhr zur Schule. Noch immer bemerkte er (11) nichts **Auffälliges**. Erst (12) beim **Erreichen** der Schule fiel ihm auf, dass er keinen sah. Doch dann fiel es ihm ein: (13) Der **Ausfall** des Unterrichts war ja gestern bekannt gegeben worden! All (14) seine **Hetzerei** war also umsonst gewesen! Ihn überfiel eine grenzenlose (15) **Traurigkeit**.
Seite 211:
Aufgabe 2:
die Vereinigten Staaten von Amerika (1a), das schwedische Königreich (2b), das Schwarze Meer (1a), das tschechische Grenzgebiet (2b), der französische Präsident (2b), die kleine Pause (2a), die Schweriner Straße (1b), die Sächsische Zeitung (1c), die Deutsche Bahn (1a), der Zweite Weltkrieg (1a), das Rheinische Schiefergebirge (1c), der Berliner Fernsehturm (1b), der Stille Ozean (1a), das Hessische Bergland (1c), der Thüringer Wald (1b), in grauer Vorzeit (2a), die schwere Musik (2a)
Aufgabe 3:
unsere *chinesischen* Freunde, einige *deutsche* Bundesländer, mit einer *indonesischen* Maschine, auf dem *Dresdner* Flughafen, die *Sächsische* Schweiz, Geschichte der *Hohnsteiner* Burg, *bayerische* Sehenswürdigkeiten, den *Münchner* Marienplatz, den *Englischen* Garten
Aufgabe 4: die großen Ferien, der Schweizer Grenzraum, der italienische Fußball

Seite 220:
Aufgabe 1: Im Begleitsatz steht, wer etwas sagt.
Im Redesatz steht, was einer sagt.
Aufgabe 2:
„Es gibt Geschöpfe", erklärt die Lehrerin, „bei denen die Sinne stärker ausgeprägt sind als beim Menschen." Sie fährt fort: „Wer kann mir zum Beispiel ein Tier nennen, das besser sieht als der Mensch?" Rudi weiß die Antwort sofort: „Der Adler." „Das ist richtig. Und wer riecht besser als der Mensch?", ist die nächste Frage der Lehrerin. Hans meldet sich und meint: „Die Rose."
Aufgabe 3: Richtig ist c).
Aufgabe 4:
Neues von „Nessie"
„Nessie", dem Ungeheuer von Loch Ness, ... Von diesem saurierhaften Fabelwesen, der wohl größten Attraktion Schottlands, gibt es ... Jetzt will Bob Manson, ein bekannter Sonarexperte, ... Hat Nessie, dieses Wundertier, ...?
Aufgabe 5: Richtig sind b) und d).
Aufgabe 6:
a) ... alle gewonnen, also auch ...; b) ... in London imponiert, besonders aber ..., c) ... im Winter, das heißt an den Paralympics in Sotschi 2014, teilnehmen
Seite 229:
Aufgabe 1: Richtig ist b).
Aufgabe 2: *Ich komme, sobald ich kann, zu dir.*
Aufgabe 3: Richtig sind Satzgefüge, die mit Konjunktionen wie als, weil, wenn ... anfangen: *Wenn du willst, nehme ich dich mit.*
Aufgabe 4: Richtig sind Sätze dieser Art: *Sie zeigte auf das Haus, das dort stand.*
Aufgabe 5:
Sie lobte ihr Pferd dafür, *dass* es über die Hürde sprang.
Sie lobte ihr Pferd, *das* über die Hürde sprang.
Aufgabe 6:
a) Es gab ein großes Unwetter, *als* das Popkonzert begann.
b) Die Zuschauer waren enttäuscht, *weil* das Konzert abgesagt wurde.
c) Wer weiß, *ob* das Konzert wiederholt wird.
Aufgabe 7:
Weil die Züge oft nicht pünktlich sind, kommen viele Reisende zu spät. Besonders ärgerlich ist es, wenn sie ihre Anschlusszüge verpassen. Zu Verspätungen kann es, auch wenn die Bahn keine Schuld trifft, immer wieder kommen. Häufig führen Unfälle auf Bahnübergängen dazu, dass die Fahrpläne durcheinandergeraten.

Aufgabe 8 (mögliche Lösung):
Ich war heute Morgen müde, weil ich zu spät ins Bett gegangen bin. Als ich auf den Wecker sah, war es schon sieben Uhr. Ich sprang aus dem Bett, obwohl ich noch gar nicht richtig wach war. Ich packte mein Frühstück in die Tasche, sodass ich es im Schulbus essen konnte.
Aufgabe 9: Mimi fragte Lilli: „Wo kommst du denn her?“ „Aus dem Schönheitssalon“, sagte Lilli. „Und bist du nicht drangekommen?“, fragte Mimi. „Das ist aber“, sagte Lilli, „ein beknackter Witz.“

Sprache und Sprachgebrauch
Seite 240:
Aufgabe 1: **8 Substantive:** Zirkus, Lamas, Koppel, Tiere, Anwohner, Polizei, Lama, Garten; **4 Adjektive:** drei, richtig, zwei, aufgeregt; **5 Adverbien:** nicht, schon, bald, wieder, dann; **5 Verben:** ausgebrochen, gesichert, eingefangen, meldeten, verirrt; **4 Hilfsverben:** waren, war, werden, hatte; **1 Modalverb:** konnten; **1 Konjunktion:** doch; **4 Präpositionen:** aus, von, bei, in; **4 Artikel:** einem, die, der, ein; **1 Personalpronomen:** ihnen; **1 Possessivpronomen:** ihren; **1 Indefinitpronomen:** einige; **2 Reflexivpronomen:** sich, sich; **1 Demonstrativpronomen:** dieser
Aufgabe 2: **Fragepronomen:** *wo, wann, wie, warum, wer, wohin …*; **Possessivpronomen:** *mein, dein, sein, unser, euer, ihr …*; **Demonstrativpronomen:** *dieser, jener, aber auch der, die, das*; **Indefinitpronomen:** *manche, einige, mehrere, alle, kein …*
Aufgabe 3: a) mich, b), uns, c) dir, d) euch, e) sich
Aufgabe 4: a) wollen, b) gekonnt, c) müssen / sollen, d) wollte
Aufgabe 5: wollen, deinem, der (vielen Klassenarbeiten), Baden, dann (auch gemacht), (beeile ich) mich
Seite 247–248:
Aufgabe 1: 1) Plusquamperfekt, 2) Präteritum, 3) Präteritum, 4) Futur I, 5) Perfekt, 6) Plusquamperfekt, 7) Präteritum
Aufgabe 2: 8) hatte gefüllt, 9) hob ab, 10) klatschten, 11) winkte, 12) hat gesehen
Aufgabe 3 (mögliche Lösung): 13) stieg (Präteritum), 14) sah aus (Präteritum), 15) gefahren war (Plusquamperfekt), 16) setzte an (Präteritum), 17) sind / waren herausgekommen / kamen heraus (Perfekt, Plusquamperfekt oder Präteritum), 18) schauten sich an / haben sich angeschaut (Präteritum oder Perfekt), 19) waren gelandet (Plusquamperfekt)
Aufgabe 4: 20) kam, 21) konnte, 22) wollten, 23) fanden, 24) hat gedauert, 25) gekommen ist, 26) befreit hat
Aufgabe 5: 27) Perfekt, 28) Präteritum, 29) Präsens
Aufgabe 6: Der Satz sagt etwas über die **Vergangenheit** aus.
Aufgabe 7: Der Satz steht im **Präteritum**.
Aufgabe 8: Richtig sind a), b) und f).
Aufgabe 9: szenisches Präsens
Aufgabe 10: Richtig ist b).
Aufgabe 11: a) **Vorzeitigkeit**; b) **Nachzeitigkeit**; c) **Gleichzeitigkeit**
Seite 252:
Aufgabe 1:
a) Dort wurde Carl von Emma fotografiert.
b) Heute wurde das Foto dem Carl heimlich (von Emma) auf den Schultisch gelegt.
c) Carl ist nämlich (von Emma) vor einem Zerrspiegel fotografiert worden.
d) Carl ist von Emma zu einem Witzbild gemacht worden.
e) …, wurde er von allen ausgelacht.
f) Seitdem wird Emma von Carl überhaupt nicht mehr beachtet.
g) Emma wird nun auch nicht mehr zu Carls Geburtstag eingeladen.
Aufgabe 2: Richtig sind b), c) und d).
Aufgabe 3: Passivsätze sind b), d), g) und h).
Seite 261:
Aufgabe 1:
Annika fragt ihre Mitschülerinnen, wie es ihnen gehe. Janette meint, mit so einer wie ihr wollten sie nichts mehr zu tun haben, sie sei die längste Zeit ihre Freundin gewesen. Annika erwidert, was sie ihnen getan habe und ob sie übergeschnappt seien. Katrin antwortet, dass sie das am besten wissen werde / wisse. Annika entgegnet, sie wisse es nicht. Janette behauptet, dass sie zu Frau Schwarz gegangen sei und alles gepetzt habe, was in der Turnhalle passiert sei. Annika sagt, das stimme nicht und das sei nicht fair von ihnen. Aber Katrin meint, es habe doch alles keinen Zweck mehr mit ihr.
Aufgabe 2: gewännen, hätten, könnten, wäre, würde, könnte, ständen, träumte, gelänge, wüsste, täte
Aufgabe 3: Richtig sind a), d) und e).
Seite 274:
Aufgabe 1 (mögliche Lösung):
a) Die Sportler zeigten gute Leistungen.
b) Wir wanderten zur Landeskrone.
c) Wegen des schlechten Wetters musste das Sportfest ausfallen.
d) Alle Zuschauer staunten über die Leistungen der Zirkusartisten.

Aufgabe 2:
- *Der Sportler* (Subjekt) *ist der weltbeste 100-Meter-Läufer* (nominales Prädikat).
- Man erkennt das Subjekt am Nominativ, an der Erststellung im Satz und an der Übereinstimmung zwischen dem Subjekt und dem Prädikat in der Zahl (Singular).

Aufgabe 3:
- a) Adverbial des Ortes, b) präpositionales Objekt
- Das Adverbial erfragt man mit der Frage *wo*; das präpositionale Objekt mit der Frage *auf wen*.

Aufgabe 4 (mögliche Lösung):
a) Gestern habe ich ein *merkwürdiges* Erlebnis gehabt.
b) Ein *streunender* Hund ist mir nachgelaufen.
c) Auf dem Weg *nach Hause* bin ich ihn einfach nicht mehr losgeworden.
d) Am Aussehen *des Hundes* konnte man seine Rasse nicht erkennen.

Aufgabe 5:
e) Der Hund, *der freudig mit dem Schwanz wedelte,* sprang an mir hoch.
f) Dann machte ich mich mit dem Tier, *das wieder neben mir herlief,* auf den Heimweg.

Aufgabe 6:
g) Zu Hause gaben wir dem *ausgehungerten* Hund etwas zu fressen.
h) Was sollten wir mit dem *anhänglichen* Tier machen?

Aufgabe 7:
a) *Nachdem der Zug angekommen war,* begrüßte der Bürgermeister die polnischen Gäste.
b) *Weil ein starkes Gewitter niederging,* mussten die Gäste leider auf die geplante Besichtigung der Altstadt verzichten.
c) Diesen Besuch konnte die Delegation nachholen, *bevor sie abreiste.*

Seite 281:

Aufgabe 1: Richtig sind b), c), d) und e).

Aufgabe 2 (mögliche Lösung):
Am Mittag *wanderten* wir los. Plötzlich brauten sich schwarze Wolken am Himmel zusammen, und wir konnten wenig *erkennen*. Noch schlimmer wurde es, als wir durch einen Wald *laufen* mussten. Dort sahen wir bald gar nichts mehr. Eine große Kuhle konnten wir erst im letzten Moment *entdecken*. Endlich war der Wald zu Ende, und wir *erblickten* eine Wiese. Über die mussten wir gehen, obwohl sie voll unter Wasser stand. Wir *erspähten* einfach keinen anderen Weg. Wir *wateten* vorsichtig über die Wiese, keiner wollte ja ausrutschen. Endlich sahen wir eine kleine Straße. Auf der *spazierten* wir gemächlich ins nächste Dorf. Wir waren alle hungrig und freuten uns, als wir auf eine kleine Gaststätte *blickten* ...

Aufgabe 3:
a) Leiter, b) Golf, c) Laster, d) Niete, e) Rock, f) Steuer

Aufgabe 4 (mögliche Lösung):
Der Witz spielt mit den Homonymen *Grund – Grund*. Der Mann im Wasser meint mit dem Begriff *Grund* den Boden des Gewässers. Der andere meint mit *Grund* die Ursache für das Verhalten des Mannes im Wasser. So kommt es zum Missverständnis und damit zur Pointe des Witzes: Der Mann auf dem Land hilft dem im Wasser nicht, weil er meint, dieser würde grundlos schreien.

Arbeitstechniken

Seite 305:

Aufgabe 1: Richtig sind a), c), e) und f).

Aufgabe 2: Name, Ort und Datum, Anschrift des Bewerbers, Zwischenüberschriften, Unterschrift, Geburtstag

Aufgabe 4 (mögliche Lösung):
Sehr *geehrter* Herr Meier,
auf *Ihrer* Internetseite habe ich gelesen, dass *Sie* in *Ihrem* Betrieb Praktikumsplätze für Schüler anbieten. Hiermit möchte ich mich bei *Ihnen* im Juli um ein zweiwöchiges Ferien-Praktikum im Beruf Bäcker bewerben.
Zurzeit besuche ich die 8. Klasse der Wolfgang-Borchert-Gesamtschule, die ich in zwei *Jahren* mit dem *Realschulabschluss abschließen werde*.
Mit *einem* Praktikum in Ihrer Firma möchte ich *herausfinden*, ob ich für den Beruf des Bäckers *geeignet* bin. Denn der Umgang mit Lebensmitteln und die Herstellung von Backwaren interessieren mich sehr. Zu Hause backe ich oft Kuchen und Brötchen, z. B. für den Weihnachtsbasar unserer Kirchengemeinde. Ich probiere dann auch gern einmal neue Rezepte aus. In der Schule habe ich Hauswirtschaftskurse belegt und engagiere mich im Schulcafé.
Über die *Einladung* zu einem *persönlichen* Gespräch *würde* ich mich sehr freuen.
Mit freundlichen *Grüßen* (...)

Aufgabe 5 (mögliche Lösung):

Berufserfahrung

seit August 2012	Mitarbeit im Schulcafé
im Dezember 2012	Herstellung von Gebäck für den Weihnachtsbasar der Kirchengemeinde St. Andreas

Quellen

Texte

Seite 8: Gregie de Maeyer / Koen Vanmechelen: Juul – Ein Jugendbuch. Aus dem Niederländischen von Mirjam Pressler. © Anrich Verlag GmbH. Weinheim 1997
Seite 15: Wolfgang Borchert: Die Küchenuhr. Aus: Ders.: Das Gesamtwerk. Hg. von Michael Töteberg unter Mitarbeit von Irmgard Schindler. Rowohlt Verlag. Reinbek bei Hamburg 2009
Seite 25: Hilde Domin: Unaufhaltsam. Aus: Dies.: Sämtliche Gedichte. Hg. von Nikola Herweg und Melanie Reinhold. © S. Fischer Verlag GmbH. Frankfurt / Main 2009
Seite 29: Interpretation zum Gedicht „Unaufhaltsam" von Hilde Domin: Originalbeitrag von Regina Juhnke
Seite 33: Hans-Curt Flemming: mitten in der schlacht. Aus: ein zettel an meiner tür. Gedichte von hans-curt flemming. Rotation Verlag. Berlin o. J.
Seite 36: Tageszeitungen und ihre Leser. Nach: Jahrbuch Zeitungen 2009 sowie 2012 / 2013. Hg. vom Bundesverband Deutscher Zeitungsverleger e. V.
Seite 45: An Tieren getestete Kosmetika verboten. Aus: Freie Presse vom 12.3.2013
Seite 45: Polizei sucht Weihnachtsschmuck. Aus: Freie Presse vom 14.2.2013
Seite 45: Zwei Millionen Euro für Verkehrsprojekte. Aus: Freie Presse vom 2.4.2013
Seite 46: Dreister Diebstahl in Schulsporthalle. Aus: Braunschweiger Zeitungsverlag. http://www.newsclick.de/index.jsp/menuid/10195179/artid/12851303 am 30.8.2010
Seite 46: Weniger Arbeitslose in Niedersachsen. Aus: Braunschweiger Zeitungsverlag. http://www.newsclick.de/index.jsp/menuid/10195179/ am 31.8.2010
Seite 46: Rettungsaktion für Kumpel in Chile gestartet. Aus: Rheinzeitung. http://www.rhein-zeitung.de/nachrichten/deutschland-und-welt_artikel,-Endlich-Rettungsbohrung-in-Chile-begonnen-_arid,130914.html am 31.8.2010
Seite 47: Falscher Zebrastreifen. Aus: Braunschweiger Zeitungsverlag. http://www.waz-online.de/Wolfsburg/Wolfsburg/Uebersicht/THG-Jugendliche-malten-nachts-Zebrastreifen-auf am 31.8.2010
Seite 49: Viel Spaß im Winter. Originalbeitrag von Ursula Sassen
Seite 51: Sonja Krell: Harte Strafen für Rosstäuscher. Aus: http://www.augsburger-allgemeine.de/meinung/Kommentare/Harte-Strafen-fuer-Rosstaeuscher-id24086846.html am 15.2.2013
Seite 52: Jörg Isringhaus: Raser im Sucher. Aus: http://www.rp-online.de/auto/news/Raser-im-Sucher_aid_166465.html am 27.10.2011
Seite 55: Geocaching. Nach: http://de.wikipedia.org/wiki/Geocaching am 23.10.2011
Seite 56–57: Notizen und Schreibgerüst „Moderne Schatzsucher". Nach: Alexandra Rojkov: Der Weg ist das Spiel. Aus: yuno 3/2011
Seite 59: Heike und Norbert Güldenpfennig: Mein Kind ein Star – Gewinnen um jeden Preis?
© Heike und Norbert Güldenpfennig. CL Consult GmbH. CH-6304 Zug
Seite 60: Thomas Eck: Das Herz der Störche. Rechte beim Autor. In: Herz der Störche. Schelfbuch Verlag. 1. Auflage Schwerin 2010
Seite 70: Der Anruf. Aus: Rainer Crummenerl: Schnell wie Kommissar Hell. 22 Ratekrimis. arsEdition. München 1999
Seite 74: Der Taschendieb. Aus: ebd.
Seite 77: Rainer Crummenerl: Der Überfall. Aus: ebd.
Seite 80: Eine aufregende Nacht. Aus: ebd.
Seite 85: Einstieg A: Es versprach, ein guter Sommer zu werden ... Aus: Thomas Eck: Herz der Störche, a. a. O.
Einstieg B: Der deutsche Polizist ... Aus: Sandra Lüpkes: Wellengang. 13 kurze Krimis von der Küste. 2006 edition BoD
Einstieg C: Schwere Schritte rissen Carola Bendix ... Aus: Michael Thode: Der fliegende Holländer. In: Herz der Störche. a. a. O.
Einstieg D: „Ja, würdest du denn ..." Aus: Sylke Hörhold: Emmelie. Lusatia Verlag. Bautzen 2009
Seite 86: Einstieg E: Manche Leute haben Angst ... Aus: Sandra Lüpkes: Wellengang. a. a. O.
Einstieg F: Diese alten Gichtknochen ... Aus: Christiane Schünemann: Tanz auf dem Terrazzo. In: Herz der Störche. a. a. O.
Einstieg G: „Gosh, darn it! ... Aus: Kerstin Zülsdorff: Freyas falsche Tränen. In: Herz der Störche. a. a. O.
Seite 87: Donald und Louise Peattie: Der geheimnisvolle Antiquitätenladen (Auszug). In: Das kalte Auge. Unheimliche Kriminalgeschichten. Hg. von Käthe Recheis. Hoch Verlag. Düsseldorf o. J.
Seite 91: Krimi-Anfang: Originalbeitrag von Roswitha Radisch
Seite 97: Georg Heym: Die Stadt (1911). Aus: Ders.: Das lyrische Werk. München 1977

Seite 101: Eine Gesellschaft im Umbruch. Nach: Horizonte 8. Geschichte für Gymnasien in Bayern. © Bildungshaus Schulbuchverlage GmbH. Braunschweig 2006
Seite 104: Alfred Wolfenstein: Städter (1914). Aus: Ders.: Die gottlosen Jahre. Berlin 1914
Seite 108: Jakob van Hoddis: Weltende (1911). Aus: „Der Demokrat" (Zeitschrift) vom 11.1.1911
Seite 110: Else Lasker-Schüler: Weltende (1903). Aus: Dies.: Der siebente Tag. Berlin 1905
Seite 113: Ernst Wilhelm Lotz: Aufbruch der Jugend (1913). Aus: Menschheitsdämmerung. Ein Dokument des Expressionismus. Hg. von Kurt Pinthus. Verlag Philipp Reclam jun. Leipzig 1968
Seite 115: Wilhelm Klemm: Schlacht am Nachmittag (1915). Aus: „Die Aktion" (Zeitschrift) vom 2.1.1915
Seite 117: Paul Zech: Fabrikstraße tags (1911). Aus: Menschheitsdämmerung, a. a. O.
Seite 120: Gottfried Benn: Schöne Jugend (1912). Aus: Ders.: Morgue und andere Gedichte. Meyer. Berlin-Wilmersdorf 1912
Seite 121: Georg Trakl: Verfall (1909). Aus: Die deutsche Dichtung in Text und Darstellung. Expressionismus und Dadaismus. Reclams Universalbibliothek Nr. 9653. Philipp Reclam jun. GmbH. Stuttgart 2000
Seite 122: Hermynia Zur Muhlen: Die Mangel. Aus: Die rote Perücke. Prosa expressionistischer Dichterinnen. Hg. von Hartmut Vollmer. Igel-Verlag Literatur. Paderborn 1996
Seite 125: Klabund: Der Flieger. Aus: Anbruch der Gegenwart. Deutsche Geschichten 1900–1918. Hg. von Marcel Reich-Ranicki. R. Piper & Co. Verlag. München 1971
Seite 128: Mit der 41 in die Stadt. Auszug aus: Alfred Döblin: Berlin Alexanderplatz. Fischer Verlag. Berlin 1929
Seite 131: Oskar Jellinek: Tagebuch I, 19. April 1912. Aus: Marbacher Katalog 42 / 1. Bd. I. Hg. von Ulrich Ott. Deutsches Literaturarchiv Marbach. Marbach am Neckar 1990
Seite 132: Hans Reimann: Nacht im Hotel. Aus: Arbeitstexte für den Unterricht. Prosa des Expressionismus. Reclam Verlag. Stuttgart 1996
Seite 135: Gottfried Benn: Mutter (1913). Aus: Ders.: Gedichte. Gesammelte Werke in vier Bänden. Band III. Hg. von Dieter Wellershoff. 3. Aufl. Klett-Cotta. Stuttgart 1993
Seite 147–161: Alle Auszüge aus: Ausgeliefert – Krimi für Jugendliche. Drehbuch von Andreas Schlüter und Mario Giordano. KiKA – Kinderkanal ARD / ZDF 2007; mit freundlicher Genehmigung von KiKA – Kinderkanal ARD / ZDF
Seite 166: Sing, mei Sachse, sing. Text: Jürgen Hart. Melodie: Arndt Bause. © Harth Musik Verlag. Pro musica Verlag Gmbh. Leipzig o. J.
Seite 169: Elisabeth Meyer-Runge: Philipp geiht eigen Weeg. Aus: Schölers leest Platt. Vorlesewettbewerb 2007/2008. Hg. Schleswig-Holsteinischer Heimatbund, o. O., o. J.
Seite 175: Lene Voigt: 's Heidereeslein in Sachsen. Aus: Dies.: Säk'sche Balladen. Rowohlt Verlag. Reinbek 1991
Seite 176: Hermann Klippel: Aebrlausitzer Muttersprooche. Aus: http://www.usermix.de/3-heimat/352-gedichte.html am 2.5.2012
Seite 177: Manfred Zill: Dr Streit drin Solatbeet. Aus: http://www.vogtlandmundart.de/index.php am24.4.2012
Seite 178: Kumm haar, mei gutes Gungel ... Aus: www.erzgebirgs-treff.de am 8.5.2012
Seite 179: Kaan schinnern Baam. Aus dem Erzgebirge. Aus: Manfred Grote: Liederbuch für die Schule. Volk und Wissen. Berlin 1999
Seite 180: Tabelle: Deutsche Dialekte (Mundarten) nach ihrer Beliebtheit. Aus: WELT online am 2.4.2012
Seite 184: Alexander Herwig: Kalennergeschichde. Aus: Griene Soße. Dierichs Verlag. Kassel 1978
Seite 184: Herbert Andert: Su a Nabl. Aus: Unse Äberlausitz labt. Lusatia Verlag. Bautzen 1997
Seite 185: Auf de schwäbsche Eisebahne. Aus: Rüdiger Sell u. a.. Liederbuch. Volk und Wissen. Berlin 1991
Seite 185: Hans Siegert: Frühgar. Aus: http://www.erzgebirgs-treff.de/Dicknischl/Dichter/dichter.html am 7.5.2012
Seite 189: Anpfiff mit Daniel Gerlach (16). Interview von Lars Preußner. Aus: Ortschaftsanzeiger Grüna. Mittelbach 02/2005 (Ausgabe April / Mai)
Seite 233: Am Fluss. Auszug aus: Ai Wu: Der Tempel in der Schlucht. Volk und Wissen. Berlin 1989
Seite 242: Zweierlei Passat. Nach: Rolf Wilhelm Brednich: Die Spinne in der Yucca-Palme. Beck Verlag. München 1990
Seite 257: Guter Rat. Das Ei des Kolumbus. Originalbeiträge von Wolfgang Menzel
Seite 273: Die Ameise und die Taube. Wolfgang Menzel nach Äsop
Seite 273: Die Mäuse und die Katzen. Wolfgang Menzel nach Äsop
Seite 285: Abend am Moor. Auszug aus: Erwin Strittmatter: Schulzenhofer Kramkalender. Aufbau Verlag. Berlin 1967

Seite 303: Kurzinformationen zu den Berufen: Kaufleute im Einzelhandel, Fachkraft für Möbel-, Küchen- und Umzugsservice, Fachlageristin/Fachlagerist. Nach: http://berufenet.arbeitsagentur.de/berufe/ am 25.04.2010

Bilder

Umschlagfotos: Getty Images, München (Personen) und mauritius images, Mittenwald (Karussell)
Seite 3 Mitte: Klaus Wefringhaus, Braunschweig;
Seite 3 oben: Vanmechelen, Koen / aus: Gregie de Maeyer, Koen Vanmechelen: Juul. Aus dem Niederländischen von Mirjam Pressler. © Anrich Verlag GmbH, Weinheim
Seite 3 unten: imagetrust, Koblenz
Seite 4: bpk – Bildagentur für Kunst, Kultur und Geschichte, Bildarchiv Preußischer Kulturbesitz, Berlin (Nationalgalerie, SMB / Jörg P. Anders)
Seite 5: INTERFOTO, München (Sammlung Rauch)
Seite 6: Panther Media GmbH, München
Seite 8, 9 und 10: Vanmechelen, Koen / aus: Gregie de Maeyer, Koen Vanmechelen: Juul. Aus dem Niederländischen von Mirjam Pressler. © Anrich Verlag GmbH, Weinheim
Seite 15: Denkmalschutzamt Hamburg / Bildarchiv, Hamburg
Seite 20: Klaus Wefringhaus, Braunschweig
Seite 35: Bundesverband Deutscher Zeitungsverleger e.V., Berlin
Seite 37: Axel Springer Syndication GmbH, Berlin
Seite 37: Freie Presse / Chemnitzer Verlag und Druck GmbH & Co. KG, Chemnitz
Seite 42: idowa.de mediendienste, Straubing
Seite 47: JOBWERK Pro Aktiv Center, Wolfsburg (Beate Kirchhoff)
Seite 50: Markt Colmberg
Seite 52: Picture-Alliance GmbH, Frankfurt / M.
Seite 55 unten, 2. v. oben, 2. v. unten: wikipedia.org
Seite 55 oben rechts: imagetrust, Koblenz
Seite 55 oben links: iStockphoto, Calgary
Seite 56: laif, Köln (Jörg Gläscher)
Seite 94: bpk – Bildagentur für Kunst, Kultur und Geschichte, Bildarchiv Preußischer Kulturbesitz, Berlin (Nationalgalerie, SMB / Jörg P. Anders)
Seite 105: mauritius images GmbH, Mittenwald (Günter Lenz)
Seite 107: Jüdisches Museum, Frankfurt / M. (Ludwig Meidner Archiv / Ludwig Meidner: Die brennende Stadt (1912)
Seite 117: INTERFOTO, München (Sammlung Rauch)
Seite 141: INTERFOTO, München (Felicitas)
Seite 143: akg-images GmbH, Berlin;
Seite 144, 148, 149, 152, 153, 154, 158, 160: ZDF Enterprises GmbH, Mainz. © Der Kinderkanal von ARD und ZDF
Seite 187: Panther Media GmbH, München
Seite 189: Gerlach, Daniel, Grüna
Seite 209: mauritius images GmbH, Mittenwald (Steve Vidler)
Seite 210: Picture Press Bild- und Textagentur GmbH, Hamburg (Ronald Wittek)
Seite 218: fotolia.com, New York (Marco Bonan)
Seite 257: akg-images GmbH, Berlin
Seite 278: Picture-Alliance GmbH, Frankfurt / M.
Seite 300, 302: Klaus Wefringhaus, Braunschweig